Patrimônio colonial latino-americano

**Sesc**

**SERVIÇO SOCIAL DO COMÉRCIO**
Administração Regional no Estado de São Paulo

**Presidente do Conselho Regional**
Abram Szajman
**Diretor Regional**
Danilo Santos de Miranda

**Conselho Editorial**
Ivan Giannini
Joel Naimayer Padula
Luiz Deoclécio Massaro Galina
Sérgio José Battistelli

**Edições Sesc São Paulo**
*Gerente* Marcos Lepiscopo
*Gerente adjunta* Isabel M. M. Alexandre
*Coordenação editorial* Francis Manzoni, Clívia Ramiro, Cristianne Lameirinha
*Produção editorial* Antonio Carlos Vilela
*Coordenação gráfica* Katia Verissimo
*Produção gráfica* Fabio Pinotti
*Coordenação de comunicação* Bruna Zarnoviec Daniel

# Patrimônio Colonial Latino-Americano

Urbanismo | Arquitetura | Arte sacra

Percival Tirapeli

© Percival Tirapeli, 2018
© Edições Sesc São Paulo, 2018
Todos os direitos reservados

*Preparação de texto* Tiago Ferro
*Revisão* Beatriz de Freitas Moreira, Elba Elisa de Souza Oliveira
*Projeto gráfico e diagramação* Guen Yokoyama
*Capa* baseada em foto de Günter Heil *in memoriam*
[Forro da Sé de Salvador com emblema da Companhia de Jesus. Salvador, BA]; 2ª e 3ª capas montagem de Victor Hugo Mori a partir de fotos de Percival Tirapeli [Mosteiro de Santa Mônica, Guadalajara, México]

Dados internacionais de catalogação na publicação (CIP)

| | |
|---|---|
| T511p | Tirapeli, Percival |
| | Patrimônio colonial latino-americano / Percival Tirapeli. – São Paulo: Edições Sesc São Paulo, 2018. – 320 p. il. |
| | Bibliografia ISBN 978-85-9493-111-5 |
| | 1. Arquitetura Colonial Latino-americana. 2. Urbanismo. I. Título. |
| | CDD 721.918 |

**Edições Sesc São Paulo**
Rua Cantagalo, 74 – 13º/14º andar
03319-000 – São Paulo SP Brasil
Tel. 55 11 2227-6500
edicoes@edicoes.sescsp.org.br
sescsp.org.br/edicoes
/ edicoessescsp

# Sumário

| | |
|---|---|
| Patrimônio colonial e latinidades | 7 |
| | |
| Panorama do barroco na América Latina como patrimônio | 11 |
| Urbanismo colonial | 14 |
| Arquitetura | 16 |
| A contrarreforma e o barroco | 20 |
| Ornamentação: pintura e escultura | 23 |
| Barroco na América Latina – crítica e terminologias | 26 |
| Barroco no Brasil | 31 |
| Barroco além das fronteiras | 32 |
| | |
| Cap. I | Urbanismo colonial | 35 |
| Urbanismo nas capitais | 42 |
| A consolidação da conquista por uma rede urbana | 42 |
| Cidades fortificadas e os engenheiros militares | séculos XVI e XVII | 62 |
| Cidades fortificadas e portuárias | séculos XVI e XVII | 64 |
| A cidade brasileira | 69 |
| Cidades fortificadas no Brasil | 70 |
| Cidades de mineração | 73 |
| Cidades de mineração no vice-reino da Nova Espanha, México | 76 |
| Cidades de mineração no Brasil | século XVIII | 84 |

| | |
|---|---|
| Cap. II | Arquitetura eclesiástica | 93 |
| Catedrais maneiristas e barrocas | séculos XVI-XVIII | 95 |
| Bispos e cabido | 98 |
| Arquitetura das catedrais | 98 |
| Arquitetura dos *tremblores* (terremotos) | 103 |
| Ordens religiosas | 151 |
| Franciscanos | 152 |
| Análise das igrejas franciscanas | 160 |
| Agostinianos | 182 |
| Dominicanos | 189 |
| Mercedários | 202 |
| Carmelitas | 210 |
| Beneditinos | 215 |
| Capelas e missões | 220 |
| Missões jesuíticas | séculos XVI-XVIII | 227 |
| Mosteiros femininos na América espanhola | 238 |
| Espírito de religiosidade | 238 |
| Arquitetura | 241 |
| Iconografia e arte | 244 |
| Análise de mosteiros femininos | 245 |
| Mosteiros femininos no Brasil | 262 |
| Considerações sobre arquitetura eclesiástica no urbanismo | 266 |

| | |
|---|---|
| Cap. III \| Arte sacra \| mobiliário e ornamentação | 271 |
| Programa ornamental | 273 |
| Fachadas-retábulos: platerescas e barrocas | 276 |
| Análise das fachadas-retábulos | 279 |
| Fachadas no Brasil | 282 |
| Retábulos | 284 |
| Escultura nos vice-reinos | 289 |
| Forros caixotonados | 291 |
| Estuques | 292 |
| Escultura no Brasil \| séculos XVII e XVIII | 295 |
| Pintura sacra colonial na América \| séculos XVI-XVIII | 297 |
| Pintura ilusionista no Brasil | 304 |
| Azulejos | 306 |
| | |
| Considerações finais | 311 |
| A tipologia do urbanismo | 311 |
| Urbanismo no Brasil | 312 |
| Catedrais no traçado urbano | 312 |
| Arquitetura das ordens primeiras | 313 |
| Fachadas-retábulos e ornamentação | 313 |
| Artistas europeus e modelos na América | 314 |
| | |
| Bibliografia geral | 315 |
| Glossário visual | 318 |
| Índice toponímico | 318 |

# Patrimônio colonial e latinidades

Nas últimas décadas, cresceu em diversos setores da sociedade a percepção acerca da complexidade dos discursos relacionados à História. A desconfiança em relação a visões totalizantes caminhou *pari passu* ao surgimento de narrativas paralelas, configurando o campo da memória como uma trama de leituras nem sempre coincidentes.

O tema do patrimônio absorveu em boa medida tais dinâmicas, deixando de ser tratado como assunto apenas para especialistas e se transformando num território em disputa. Nesse contexto, ganha fôlego e visibilidade a chamada educação patrimonial, conjunto de estratégias educativas – encontros formativos, publicações, produções audiovisuais, passeios, entre outros – cujo objetivo é disseminar saberes e questões ligados ao patrimônio. A presente obra insere-se nesse cenário, jogando luz sobre o legado arquitetônico e artístico da América colonial.

Trata-se de um panorama marcado ora pela imposição, ora pela mistura de elementos estéticos, simbólicos e técnicos. Sobre as camadas arquitetônicas de cidades pré-colombianas, operou a ação dos conquistadores europeus, com a introdução de novas técnicas e projetos urbanísticos que orientaram a configuração das cidades, sendo perceptíveis até os dias atuais. As marcas da colonização portuguesa e espanhola em suas interfaces – *grosso modo* opressoras – com os povos originários constituíram o núcleo da formação das identidades das sociedades latino-americanas.

As reflexões sobre pós-colonialismo na América Latina investigaram os modos pelos quais os povos subjugados se apropriaram dos conhecimentos, artes e símbolos de matriz europeia, redefinindo-os de modos múltiplos. Tal amálgama simbólico-religioso deu origem a manifestações artísticas importantes, como a arquitetura do barroco mineiro e a pintura colonial peruana da Escola de Cusco.

Este livro é fruto de intensa pesquisa e viagens do autor pela América Latina, inicialmente no Brasil e, em seguida, pelos países que configuravam o vice-reino da Nova Espanha. Para dar conta de um levantamento com tal amplitude, foram mobilizados e coordenados conhecimentos técnicos e históricos ligados à arquitetura e à arte colonial.

Abrange três séculos de arte colonial e divide-se em três partes – "Urbanismo colonial", "Arquitetura eclesiástica" e "Arte sacra – mobiliário e ornamentação" –, articulando-se em torno do espírito de integração das artes visuais. O olhar ampliado que aqui se desenvolve confere destaque a aspectos urbanísticos, como a relação entre o traçado das cidades hispano-americanas e luso-americanas, bem como as diferenças entre o urbanismo planejado de cidades portuárias e o desenho espontâneo das cidades de mineração.

Partindo dos projetos urbanísticos, o autor avança em direção ao estudo do mobiliário e da ornamentação dos templos religiosos, centrais ao desenvolvimento de práticas artísticas posteriormente incorporadas ao repertório nos países da América Latina. O interesse do autor pela arquitetura eclesiástica permite um aprofundamento na história da arte colonial, que ocupa parte privilegiada da edição – fartamente ilustrada por fotos, em sua maioria do próprio autor.

Numa época em que os debates sobre identidades e multiculturalismo adquirem novos matizes à luz de relações internacionais crescentemente complexas, olhares retrospectivos são desejáveis. Debruçar-se sobre o terreno da memória e do patrimônio inscreve-se nesse registro, principalmente quando são mobilizados para compreender os dias que correm. A obra *Patrimônio colonial latino-americano* torna-se, nessa perspectiva, um convite para novas ponderações acerca de antigos dilemas.

Danilo Santos de Miranda
*Diretor Regional do Sesc São Paulo*

*Dedico esta obra a Laura, esposa e companheira
em todas as viagens de pesquisas.*

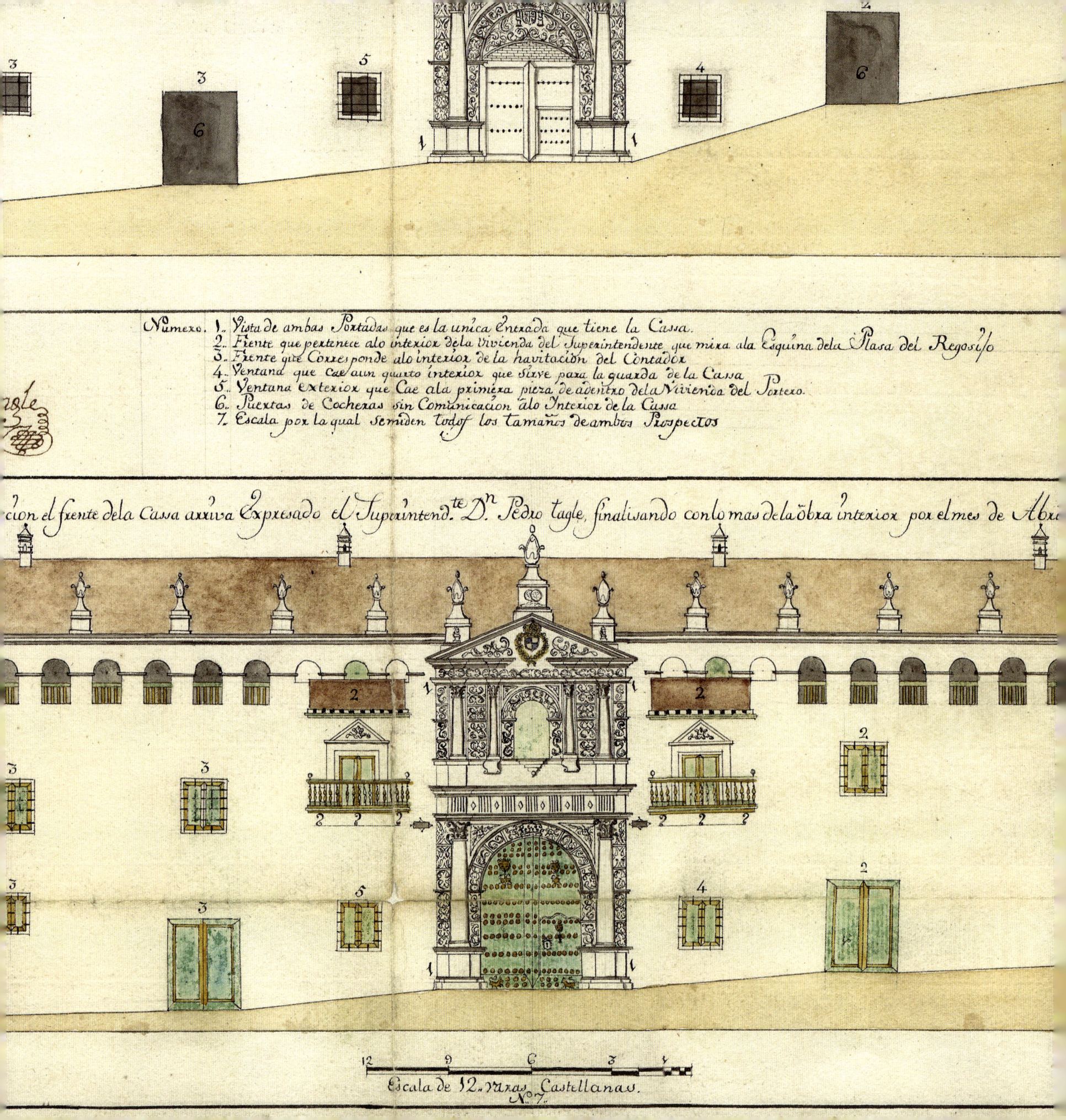

Numero. 1. Vista de ambas Portadas que es la unica entrada que tiene la Cassa.
2. Frente que pertenece alo interior de la Vivienda del Superintendente que mira ala Esquina de la Plasa del Regosijo
3. Frente que Corresponde alo interior de la havitacion del Contador
4. Ventana que Cae aun quarto interior que sirve para la guarda de la Cassa
5. Ventana Exterior que Cae ala primera pieza de adentro de la Vivienda del Portero.
6. Puertas de Cocheras sin Comunicacion alo Interior de la Cassa
7. Escala por la qual se miden todos los tamaños de ambos Prospectos

...cion el frente de la Cassa arriva Expresado el Superintend.te D.n Pedro tagle, finalisando con lo mas de la obra interior por el mes de Abr...

Escala de 12 v.ras Castellanas.
N.o 7.

# Panorama do barroco na América Latina como patrimônio

Frente ou fachada da nova Real Casa de Moneda de Potosí: estado em que fez a obra o ouvidor D. Pedro de Tangle em 1770 (acima) e estado final da fachada em 1772.

O barroco é o período artístico que predominou na Europa durante todo o século XVII e floresceu de maneira espetacular na América Latina. Tem raízes italianas, pois Roma tornou-se o centro artístico do mundo europeu, e foi o primeiro estilo de arte a ultrapassar barreiras em tempos de descobertas e evangelização. Assim, sempre nos remetemos ao barroco como estilo exuberante de formas quando se trata de patrimônio colonial da América Latina. Em solo de conquista e divulgação da fé, as igrejas diferenciaram-se dentro do espaço urbano; suas massas arquitetônicas e fachadas-retábulos extrapolaram os limites dos adros convidando os novos fiéis ao catolicismo romano. As artes, em especial as pinturas, ornamentaram as igrejas e, sempre que havia espaço, as esculturas e altares avançavam sobre a alvura das paredes e mostravam-se em todo o esplendor dourado. Esse estilo artístico foi além das regras das artes, tornando-se maneira de viver tanto na Europa como na América Latina. Aqui perdurou por mais de dois séculos, presente especialmente na arte sacra, que hoje constitui riquíssimo acervo cultural aclamado como patrimônio da humanidade pela Unesco.

Estudá-lo requer olhar atento para compreender suas distintas categorias enunciadas por diversos pesquisadores europeus e americanos. Tão vasto período deve ser compreendido dentro de tendências artísticas que se renovaram em fases como o Renascimento (c. 1400-1550), com pinturas e esculturas que procuravam o equilíbrio e a sobriedade das formas representadas e pela busca da tridimensionalidade e do verismo. O maneirismo (c. 1550-1600) dos italianos alimentou-se da própria arte com os referenciais tornando-se enigmáticos. Na Espanha, o estilo plateresco ou isabelino procurava uma definição entre o antigo estilo gótico e o então novo Renascimento para os ibéricos. Em Portugal essa inovação denominou-se estilo manuelino português (c. 1500-1550) exaltando as descobertas do rei dom Manuel, o Venturoso. Passado o século XVI inicia-se o barroco (c. 1600-1750) valorizando os poderes tanto dos reis absolutistas como da Igreja da Contrarreforma, que se tornaria triunfante ante o protestantismo de Lutero.

As formas grandiloquentes serviram tanto para palácios como catedrais. Em busca de arrebatamentos que levassem o fiel ao êxtase na terra, as igrejas tornaram-se douradas, as pinturas dramáticas e as esculturas gesticulantes. Já nos anos 1750 essas formas tenderam para um aclaramento espacial e os altares dourados barrocos passaram a receber elegantes filetes ao gosto das cortes afrancesadas. Estava implantado o rococó (c. 1750-1800). Com os ideais da Revolução Francesa, o gosto, antes palaciano e de prazeres, endurece com as formas da Antiguidade evocadas pelo neoclassicismo (c. 1780-1840) revolucionário. Mas as formas estéticas barrocas foram persistentes, manifestando-se em especial na arte sacra da América Latina. Já o espírito barroco influenciou tanto a religião como a política no modo de governar e viver até as guerras de independência, iniciadas em 1811.

À época do primeiro período da conquista espanhola do Novo Mundo (1492-1532), na Europa florescia a renascença, seguida pelo maneirismo (1550-1600) e o barroco, que se estendeu pela América Latina até a segunda metade do século XVIII, quan-

EDIFÍCIOS NA CALLE LAS DAMAS. CONSTRUÍDOS NO INÍCIO DO SÉCULO XVI.
É RECONHECIDA COMO A PRIMEIRA RUA DAS AMÉRICAS INTERLIGANDO A FORTALEZA OZAMA AO
ALCÁZAR DE DIEGO COLÓN | REPÚBLICA DOMINICANA.

do as primeiras ideias do neoclassicismo foram divulgadas. Durante o período maneirista foram traçadas as primeiras cidades portuárias americanas, e outras em áreas de difícil acesso na cordilheira dos Andes, sobrepondo-se às antigas cidades incaicas. Nas terras planas do México, as novas povoações abandonaram o conceito medieval de cidades amuralhadas europeias, que durante séculos se instalaram no alto de montanhas. Em terra firme foram planejadas cidades ao longo dos caminhos do escoamento do ouro e da prata até os portos que a partir daqueles pontos constituíam o caminho marítimo – do Caribe até Sevilha, pelo oceano Atlântico e pelo oceano Pacífico, até as ilhas Filipinas no Oriente.

Na Europa, as novas cidades renascentistas eram projetadas em terrenos planos e em geral cortadas por um rio e fortificadas com muralhas, para sua defesa contra a nova modalidade de guerra que incluía o uso de armas de fogo. Na península Ibérica, a Espanha unificava-se e terminava uma guerra de séculos para a expulsão dos muçulmanos, marcada pela queda de Granada (1492), expulsão essa que Portugal já havia feito. Naquele momento, Portugal, dos mais antigos reinos europeus (1297, Tratado de Alcanizes delimitando as fronteiras com a Espanha) armava-se com velozes caravelas para fundar postos avançados de comércio em todo o Oriente (1415, conquista de Ceuta, na África, e o navegador Vasco da Gama, em 1498, chega à Índia). A disputa entre os dois reinos ibéricos continua fora de seus limites geográficos, agora além dos oceanos. Com a descoberta da América (1492) por Cristóvão Colombo, firmou-se o Tratado de Tordesilhas (1494) e a tomada de posse da terra do Brasil (1500), tornando as duas nações ibéricas detentoras das terras recém-descobertas no globo.

## Urbanismo colonial

A fundação de portos em acidentes naturais do oceano Atlântico foi a primeira providência, seguida pela descoberta do oceano Pacífico e a consequente abertura da nova rota marítima que ligava Panamá e Acapulco, no México, até as terras orientais conquistadas pelos espanhóis nas ilhas Filipinas. Por terra, os conquistadores ergueram sobre as ruínas das antigas capitais mexicanas e incas as novas capitais dos vice-reinos da Nova Espanha (México) e do Peru (Cusco, Lima e Quito). São as chamadas cidades sobrepostas. Já a capital peruana, Lima, tornou-se modelo de cidade planejada. As cidades

Plaza de Armas com o conjunto jesuítico (frontal) constituído de igreja, capela do Loreto e entrada para o antigo colégio. À esquerda, torres da catedral. Cusco, Peru.

La Ciudad de México-Tenochtitlán: su primera traza, 1524-1534. Este plano da nova capital mostra o domínio espiritual e militar sobre a antiga capital lacustre asteca. O risco da primitiva catedral sobre as pedras "demoníacas" da pirâmide do Templo Maior, o desenho do novo palácio de Hernán Cortés, antigo palácio de Montezuma, pórticos da Plaza de Armas e um canal com embarcações e pontes. Detalhes das fachadas das casas dos conquistadores e fachada da casa principal dos guerreiros. No centro do desenho, o novo quadrante urbano isolando os indígenas nas zonas de San Sebastián, Santa Maria, San Juan e San Pablo.

calle de s. sebastian

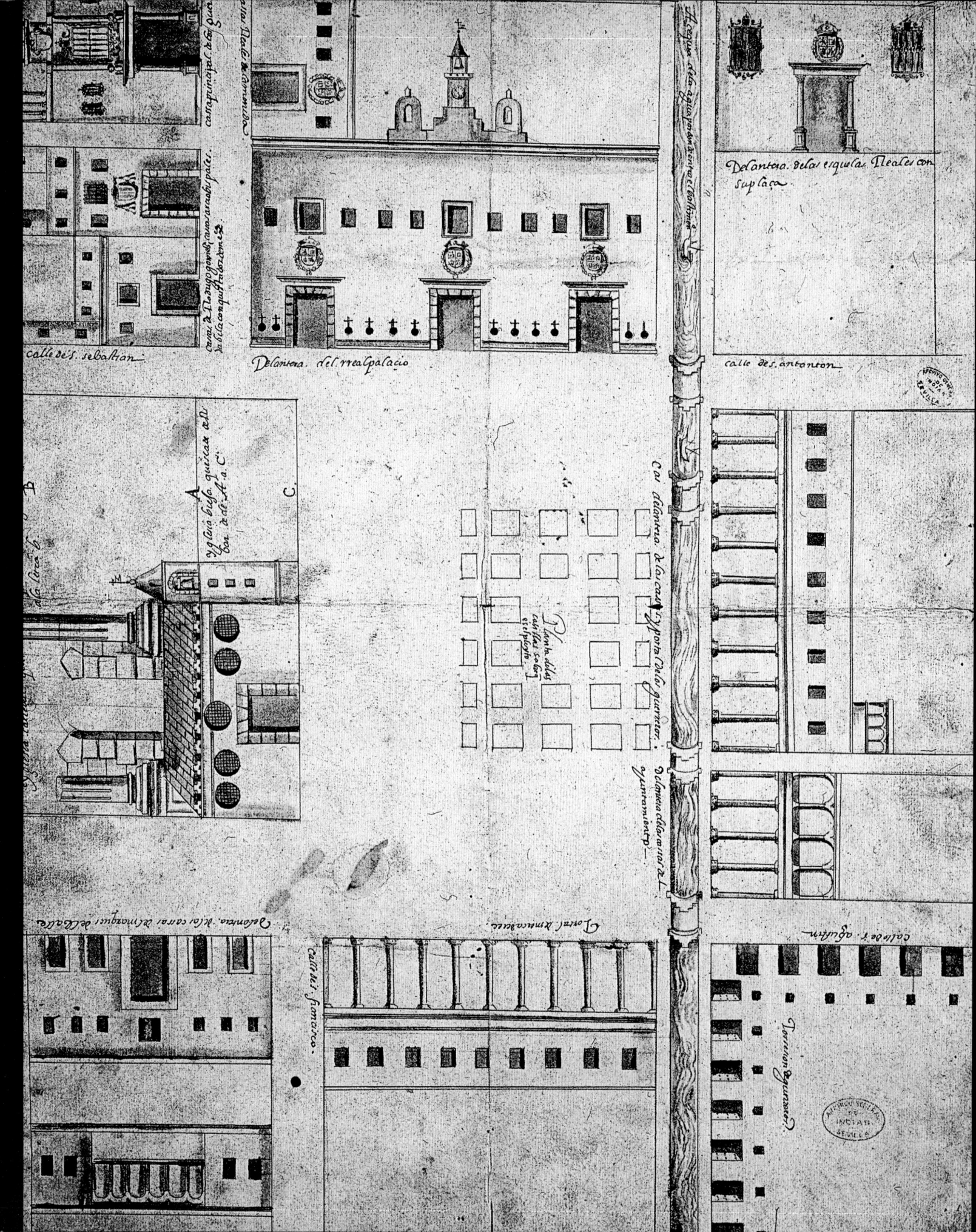

Delantera del rrealpalacio

calle de s. antonton

Delantera de las esquelas Reales con su plaça

Planta delas casas Reales en el pueblo

calle de s. francisco

calle de s. agustin

de mineração – com urbanismo espontâneo – completaram os caminhos percorridos pelo ouro e pela prata, tanto pelos desertos mexicanos como nas terras altas da cordilheira andina boliviana, a partir de Potosí (1545), até os portos do Caribe com cidades amuralhadas ou fortificadas, como Havana em Cuba (1519).

Lima (1534) inaugura um novo urbanismo com cidades planejadas de forma quadriculada, chamada de *tabuleiro*, modelo de Francisco Pizarro, posto em execução a partir do exemplo da nova capital, sede do vice-reino. No mesmo período a Cidade do México, conquistada por Hernán Cortés, foi replanejada sobre o urbanismo já existente daquela mítica cidade lacustre. A cidade de Puebla de Los Angeles, sede do bispado, foi totalmente planejada no sistema de quadrícula, assim como Morelia e Guadalajara. No Cone Sul, o exemplo é Buenos Aires, capital do vice-reino de La Plata, que teve seu traçado hipodâmico.

Já as cidades de mineração, como Zacatecas e Guanajuato (ambas de 1546) no México e Potosí na Bolívia, seguiram a configuração geográfica das vilas de montanha, e são casos de urbanismo espontâneo. As cidades portuárias, como Havana em Cuba, Villa Rica de la Vera Cruz (1519), primeira cidade continental fundada por Hernán Cortés, na península de Yucatán, no México, Santo Domingo (1502), na República Dominicana, e Cartagena de Índias, na Colômbia (antigo vice-reino de Granada), tornaram-se verdadeiras fortalezas amuralhadas e planejadas com vias retas. No Brasil as vilas foram fundadas junto a portos naturais para as naus, e a população foi abrigada em geral sobre morros, caso de Olinda (1537) em Pernambuco. Salvador (1549) na Bahia, capital da Colônia, foi fortificada com baterias e fortalezas defensivas pelo mar, e muralhas e açudes em terra firme. Das primeiras vilas, apenas São Paulo (1554) foi fundada serra acima, no dito sertão; de resto, todo o povoamento foi litorâneo.

## Arquitetura

As diretrizes estéticas do maneirismo foram seguidas pelos primeiros arquitetos, pintores e escultores americanos, iniciando assim as transposições dos modelos estéticos europeus para a nova realidade da América. Ainda nas primeiras décadas depois da conquista, as ordens religiosas, distante dos olhares da corte e de suas matrizes, aventuraram-se a construir imensos mosteiros

Vista da fortaleza de San Juan de Ulúa. Battista Antonelli, 1582. Cidade de Vera Cruz. Golfo do México.

e catedrais segundo as lições do gótico tardio. Assim são as catedrais de Santo Domingo (1512-1540) e a maioria das construções religiosas daquela que foi a morada do clã de Cristóvão Colombo. No México, os mosteiros-fortalezas, assim designados por terem características góticas, parecidos com muralhas, mostram seteiras e arcos em cruzaria na nave, coro e capela lateral aberta, a exemplo de Cuernavaca (1529), Acolman (1539), San Gabriel de Cholula (1549), Actopan (1546) e Yuririapúndaro (1547).

Essas construções de grandes proporções, que logo seriam proibidas pelas leis régias, marcaram a arquitetura sacra no alvorecer da cristandade na América. Sem dúvida, lembranças de suas células-mães ainda medievais na Espanha. A esse período de arquitetura do gótico tardio acrescenta-se a denominação de plateresco – o estilo que expressa a tentativa de transpor as formas europeias de ornamentação para as igrejas, principalmente do México, em obras realizadas pela mão de obra indígena com projetos de arquitetos religiosos ou enviados pelo reino. A transmissão dos ensinamentos do mestre espanhol para o indígena se dava através de

Plaza de las Tres Culturas. Frei Juan de Torquemada, Igreja de Santiago de Tlatelolco, 1604-1610. Esta praça contém arquiteturas símbolos dos períodos culturais do México: pré-colombiano, o colonial espanhol e o atual, *mestizo*, com arquitetura moderna, México.

gravuras europeias como referência para a ornamentação. Na Espanha, a correspondência desse tipo de ensino e realização artística, do mestre para o artesão, é definida como gótico-*mudéjar*, pois naquele caso os artistas cristãos ensinavam os artífices espanhóis que conviveram com a cultura árabe por séculos, unindo assim os estilos dos europeus cristãos com a arte e a cultura árabes. Essas expressões sobrevivem nos forros *mudéjares* de igrejas de Quito, Tunja na Colômbia e Potosí e Sucre na Bolívia.

O maneirismo tornou-se a tônica das construções das grandes catedrais, dos edifícios dos *Ayuntamientos*, palácios dos governadores, a partir das *Leyes de Ordenanzas* de Felipe II, de 1573. Essas leis organizavam o espaço das cidades, bem como o de suas fundações. O traçado das cidades chamado de *dameiro* (em referência ao tabuleiro do jogo de damas) ou quadrícula tinha suas bases em ideais renascentistas, com uma ampla *Plaza*: os poderes religioso e real dispostos com grande visibilidade no centro do povoado, rodeados pelas mansões solares dos conquistadores. Na arquitetura, o maneirismo continua sob os ditames dos tratadistas, acrescidos agora das normas do arquiteto bolonhês que atuou em Roma, Giacomo Barozzi da Vignola, responsável por apresentar o projeto da igreja do Gesù (1568), em Roma, para os jesuítas. Duas catedrais se tornarão símbolos do maneirismo: a da Cidade do México (c. 1573) e a de Puebla de los Angeles (c. 1575).

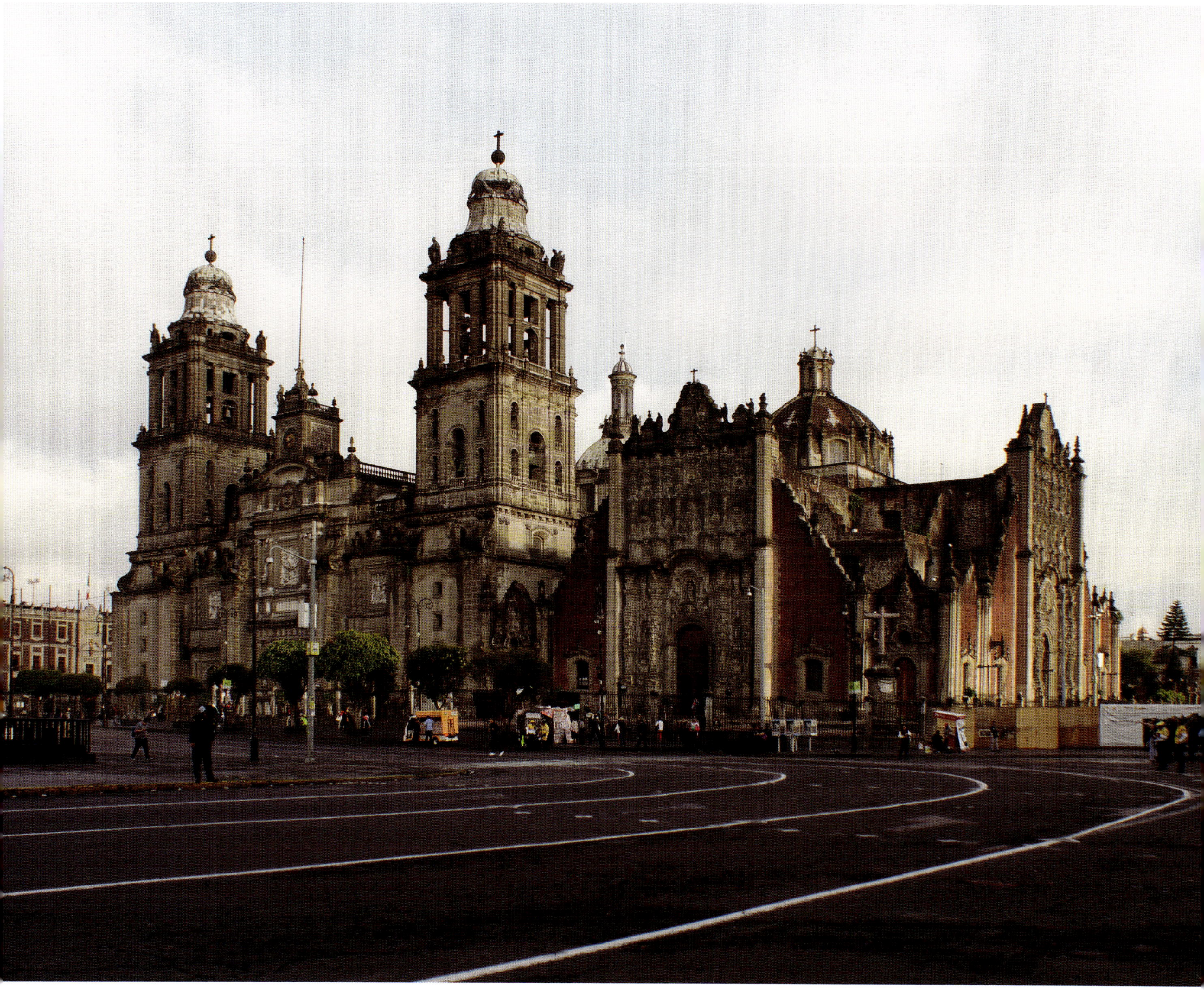

Vista do conjunto da Catedral Metropolitana do México, catedral e *sagrario*. Iniciada no século XVI e finalizada com fachada neoclássica no século XIX por Manoel Tolsá. Cidade do México.

Colégio Nossa Senhora da Graça, da Companhia de Jesus. Olinda. Conhecida como Pequena Lisboa, é das mais antigas cidades coloniais brasileiras (1537), fundada por Duarte Coelho, em Pernambuco. Foi incendiada pelos holandeses em 1631 e reconstruída pelos portugueses em 1654 sobre as mesmas verdejantes colinas. Olinda, PE.

Na Espanha, construía-se o imenso palácio conventual El Escorial (1563-1584), obra de Juan de Herrera (1530-1597), que se convencionou chamar de estilo *desornamentado* por sua severidade de linhas livres de ornamentação. Em Portugal, com as igrejas jesuíticas a exemplo de São Roque (1565), projetada pelos arquitetos Afonso Álvares e Bartolomeu Álvares em Lisboa, e do Espírito Santo, em Évora, 1566, a arquitetura denomina-se chã. Também é desornamentada na parte externa, porém internamente, com a nave à maneira de um grande salão, recebe ornamentação nos altares ora maneirista, ora barroca. Essa prática de grandes construções maneiristas com pouca ornamentação externa estendeu-se também pelas colônias portuguesas até o início do século XVII, quando se inicia o barroco mais ornamentado, principalmente no interior dos edifícios religiosos.

No Brasil as primeiras construções arquitetônicas ocorrem após a vinda do governador-geral Tomé de Sousa (1549), para a fundação da capital da Colônia, em Salvador, na Bahia. Vindos na comitiva oficial, os jesuítas se esforçavam para construir suas primeiras igrejas e colégios na Bahia (1549), São Vicente e São Paulo (1554), em construções simples, denominadas estilo chão (extrema simplicidade externa, com ornamentos internos). Nesse ponto não se pode comparar as primeiras igrejas portuguesas com as espanholas na América. A tradição construtiva dos povos conquistados era surpreendente até mesmo para os espanhóis, enquanto a brasileira, com a população indígena nômade, era precária. Os tronos de Espanha e Portugal estiveram unificados por um período curto, entre os anos 1580 e 1640. As construções das igrejas e conventos ficaram paralisadas enquanto o domínio holandês se manteve no Nordeste (1620-1640). As poucas obras oficiais e religiosas seguiam os ditames maneiristas, em especial as fortalezas, até a segunda metade do século XVII.

## A CONTRARREFORMA E O BARROCO

A religião católica romana na Europa sofreu por sua vez um cisma ou uma separação, na primeira metade do século XVI, com o protestantismo propalado a partir dos ensinamentos de Martinho Lutero (1483-1546). Foi a chamada Reforma Protestante (1517), que não mais reconhecia a infalibilidade papal e, portanto, não mais obedeceria às ordens de Roma. A reação da Igreja veio décadas depois, com o Concílio de Trento (1545-1563), momento em que seus maiores aliados, Portugal e Espanha, estavam colonizando a América. A união do poder papal com o dos reis ibéricos já fora selada na forma da Lei do Padroado (1456), pela qual o papa concedia a esses reis, por exemplo, o poder de determinar os bispos para suas cidades. Como consequência, o rei passava a ter o poder espiritual e terreno sobre seus súditos.

Os jesuítas da Companhia de Jesus foram favorecidos pelos reis portugueses para que cuidassem do ensino das artes em todo o reino, evangelizassem o Oriente e criassem reduções indígenas, sendo eles os primeiros religiosos a chegarem ao Brasil. Na América espanhola as ordens mendicantes que primeiro chegaram foram os mercedários, franciscanos, agostinianos e dominicanos.

Passada a época do fervor das conquistas, coincidente com o final da renascença e do maneirismo, as novas diretrizes da Igreja para a construção dos templos passou pelo entusiasmo de uma Igreja triunfante sobre o protestantismo que deveria ser barrado para não se disseminar pela América. A partir do início do século XVII o novo estilo foi o barroco, que passou a evocar linhas curvas e grandiloquentes para as catedrais em toda a Europa. A Florença renascentista deixa de ser o centro cultural e artístico da Itália e passa a dividir com Veneza e Roma os poderios comercial e temporal.

Roma surge como a grande cidade barroca, com base nos conceitos renascentistas de Rafael Sanzio (1483-1520). Conceitos estes que se repetem na grande cúpula da basílica de Michelangelo Buonarroti (1475-1564), tendo como referencial aquela do panteão, nas perspectivas que interligavam as basílicas romanas nas praças, em especial a de forma elíptica do Vaticano, assim como as igrejas de Gian Lorenzo Bernini (1598-1680) e de Frances-

DETALHE DO SACRÁRIO DO RETÁBULO-MOR DA IGREJA DA COMPANHIA DE JESUS. SÉC. XVII. QUITO, EQUADOR.

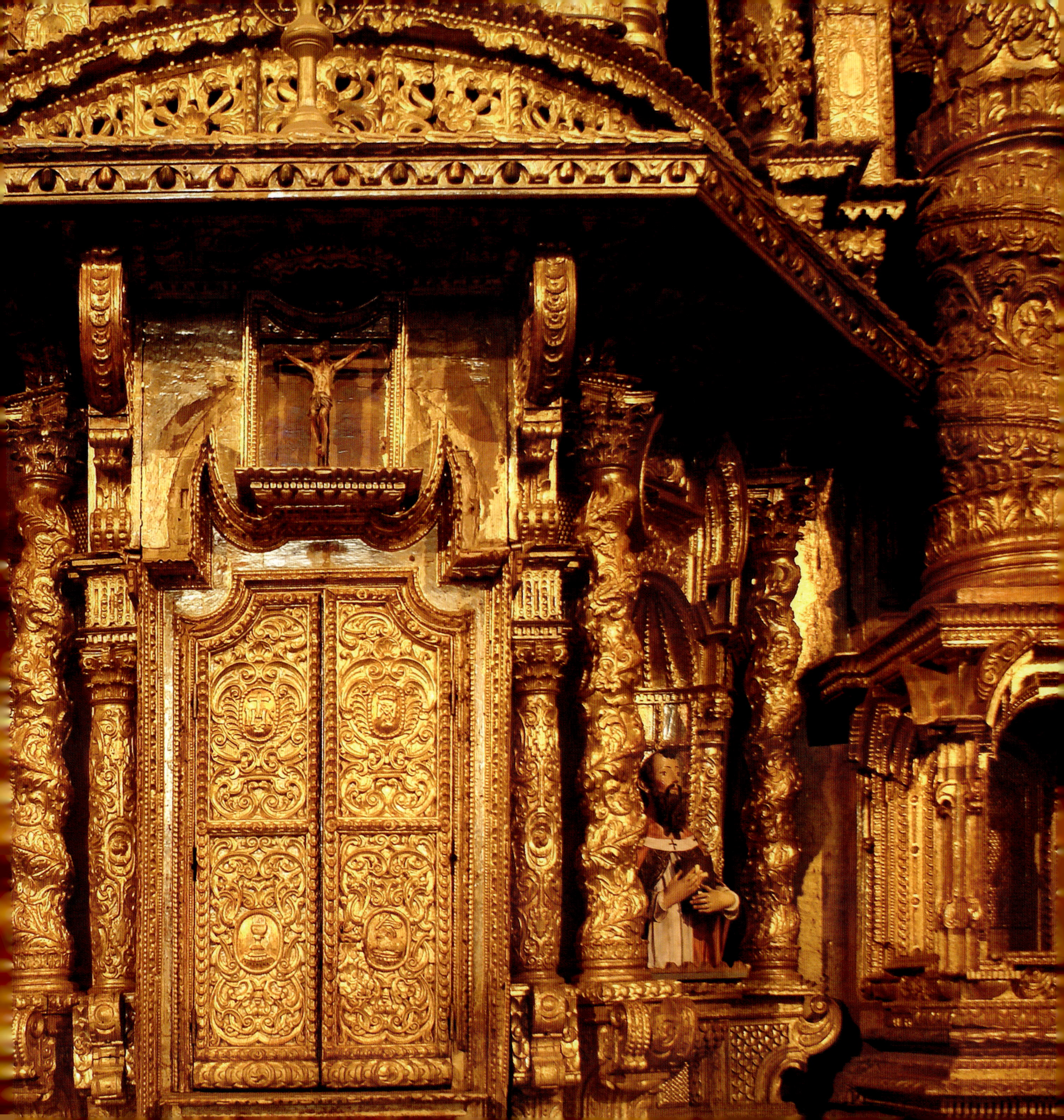

co Borromini (1599-1667). Os palácios papais dos Barberini iriam inspirar aqueles dos reis franceses que mais tarde construiriam o palácio de Versalhes (1664). Assim, o barroco se espalha por toda a Europa nos dois sentidos – o do poder temporal e do espiritual, unidos, porém, no fausto e no luxo, na grandiosidade e na complexidade ornamental, tanto para palácios como para igrejas.

Na Espanha, como em outros países, antigas catedrais góticas passaram por reformas ganhando novas fachadas barrocas, a exemplo das cidades de Jerez de la Frontera (1695), Múrcia (1751) e Santiago de Compostela (c. 1670). Essa prática chega à América e a catedral da Cidade do México segue essa tipologia de introdução de novas tendências estilísticas na arquitetura, o que se faz ao longo de quase dois séculos, com planta maneirista, ornamentação barroca e fachada neoclássica. Em Portugal, o barroco é tardio, pois dependeu do ouro brasileiro de Minas Gerais, encontrado em abundância a partir de 1700. O mosteiro de Mafra (1717-1730), obra de João Frederico Ludovice, é a maior e mais dispendiosa obra barroca, realizada por dom João V. No Norte de Portugal, as cidades sedes de bispados, como Porto, Coimbra e Braga, foram centros irradiadores do barroco, com grande repercussão nos estados de Minas Gerais e do Rio de Janeiro.

Em toda a Europa e América Latina, as características formais do barroco são coincidentes: o gosto cenográfico toma conta da arquitetura, que – sem negar as lições renascentistas de colunas e frontões – tem em suas fachadas o foco de interesse recorrendo a linhas curvas grandiosas e volumosas. Os triângulos frontões, antes retos do maneirismo, curvam-se de maneira fantasiosa em inúmeras contracurvas. Em muitos casos, todo o edifício ganha ondulações destacando-se no urbanismo renascentista.

Plantas elípticas como as de Francesco Borromini são coroadas com grandes abóbadas que dominam as massas da construção, a exemplo da igreja de Sant'Ivo alla Sapienza (1642-1660) em Roma, sobressaindo a cúpula externamente com lanternim e internamente com curvas sobrepostas. Exemplo seguido por Guarino Guarini (1624-1683) e levado ao extremo da complexidade na capela do Santo Sudário (1667-1690) na Turim dos Saboia. O espetáculo ornamental atinge o ápice com as lições de Gian Lorenzo Bernini aplicadas sobre a estrutura renascentista da basílica de São Pedro no Vaticano, com o triunfal baldaquino (1623-1634) com colunas salomônicas em bronze sobre o túmulo do primeiro papa. Materiais nobres como mármores coloridos dão o tom da riqueza, que segue nos ornamentos dourados oriundos de entalhes profusos.

Na Espanha do século de ouro, a arquitetura chamada então de desornamentada de Juan de Herrera destaca-se na construção do palácio de El Escorial. A ornamentação barroca do altar da igreja de Santo Estevão, em Salamanca, dos dominicanos, executada por José Benito de Churriguera (1655-1725), substituiu as colunas renascentistas e maneiristas por uma ornamentação original, imitando formas triangulares invertidas denominadas *estípites*, que logo se disseminou pela Espanha. Já em terras mexicanas, o altar de Los Reyes foi feito dessa mesma maneira na catedral da Cidade do México, e assim espalhou-se o gênero, que também passou a recobrir as fachadas-retábulos com esculturas que imitavam os altares de madeira dispostos no interior do templo. A este novo gosto denominou-se ultrabarroco mexicano, caso da catedral de Zacatecas, do *sagrario* da catedral da Cidade do México, das igrejas da Santísima Trinidad e San Felipe Neri, na capital, da igreja do seminário jesuítico de Tepotzotlán e Santa Prisca em Taxco, com o excesso equilibrado entre fachada ladeada pelas paredes lisas das bases das torres e a liberdade expressiva dos campanários.

Os ensinamentos dos tratadistas renascentistas e maneiristas, baseados nas ordens clássicas advindas da Grécia e de Roma, alimentaram a invenção dos arquitetos até o neoclassicismo no final do século XVIII e início do XIX. Passado, portanto, os períodos da conquista (século XVI) e estabilização dos vice-reinos – Nova Espanha (México), Nova Granada (Colômbia e Venezuela), Peru (do Equador ao Chile) e La Plata (Argentina, Paraguai e Uruguai) nos séculos XVII e XVIII –, entram nas Américas as ideias da Revolução Francesa (final do século XVIII), que se concretizam com os ideais de liberdade nas duas primeiras décadas do século XIX.

As guerras da independência latino-americanas no século XIX paralisam as construções das grandes catedrais, já versadas segundo os ditames neoclássicos mais severos (regras francesas), de uma arquitetura despojada dos ornamentos barrocos (regras italianas e espanholas). Os palácios de governo nas *Pla-*

zas Mayores foram ampliados ou remodelados seguindo as linhas neoclássicas com colunas lisas em suas fachadas e cúpulas imitando o Capitólio da capital norte-americana, novo ideal a ser seguido em toda a América do Sul, agora fracionada em mais de 17 nações.

## Ornamentação: pintura e escultura

A pintura espanhola inspirou-se naquela italiana de Jacopo Tintoretto, que teve como discípulo El Greco, ainda no maneirismo do século XVI. As ágeis pinturas barrocas de Diego Velázquez, o tenebrismo de Francisco de Zurbarán e a delicadeza de Bartolomé Esteban Murillo glorificam a pintura espanhola durante o século de ouro. Os artistas portugueses, por sua vez, estudaram com os espanhóis. Na América espanhola, o padre jesuíta italiano Bernardo Bitti (1548-1610) introduz a pintura maneirista e o gosto pela pintura flamenga, gerando as escolas americanas de pintura do Peru – conhecidas como escolas regionais de Cusco – e outras de Quito e de Potosí, além daquela do México. A pintura parietal com modelos renascentistas ornamentais, adaptada ao gosto popular, foi profícua em toda região dos Andes, em especial nas capelas rurais e nas missões franciscanas e jesuíticas.

No Brasil, a pintura em perspectiva em *trompe l'oeil* nos forros das igrejas, de tradição italiana e portuguesa, teve seu expoente na obra de José Joaquim da Rocha (1737-1807), atuante em Salvador, Bahia. Essa pintura caracteriza-se pelo recurso de um desenho de arquitetura fingida que continua sobre as cimalhas das naves das igrejas. No meio dessas pinturas há um quadro central, chamado de visão, com santos representados no espaço celeste. Essa tradição renascentista teve continuidade e chegou à sua grandiosidade por meio dos tratados pictóricos do irmão jesuíta Andrea Pozzo no período barroco. Além da pintura sacra, foram executados retratos da nobreza, de clérigos e de religiosos para governantes, palácios e conventos.

A escultura barroca está intimamente interligada à arquitetura, e, quando localizada no exterior do edifício, cria infinitas perspectivas nos jardins e nas es-

Francisco Xavier de Brito. *Maria Madalena*. Madeira policromada, c. 1740. Museu de Arte Sacra de São Paulo.

cadarias. A ornamentação por vezes tem função de coluna de sustentação, como as cariátides e os atlantes. Os brasões se espalham sobre as janelas, arrematam frontões ou convivem com os túmulos, altares, monumentos comemorativos. As alegorias das virtudes – fé, esperança, caridade, temperança – aliaram-se aos santos em estado de êxtase, constituindo provas reais de que a passagem desta vida para a eterna deve ser um desejo a ser cultivado por toda a existência humana. A escultura barroca caracteriza-se por representar um ato em seu ápice, daí a conturbação da alma expressa na gestualidade excessiva.

Gian Lorenzo Bernini (1598-1680), no Vaticano, concebeu a praça elíptica diante da basílica de São Pedro (finalizada em 1675) e, no seu interior, criou o baldaquino com as colunas salomônicas, imitando aquelas que supostamente teriam existido no Templo de Salomão em Jerusalém, com o primeiro terço torso e espiralado, seguindo acima apenas torso com ornamentos como flores ou cachos de uvas. Essas colunas foram construídas nos altares e, entre elas, nos nichos dos retábulos, as esculturas em madeira dourada e policromada povoaram os altares das igrejas barrocas. A movimentação por meio de gestos largos e panejamentos revoltos, como que ampliados pelo vento, cria uma estética de estado de espírito em êxtase, como o *Êxtase de Santa Teresa,* em Roma.

Na Espanha, o escultor Juan Martinez Montañés (1568-1649), de Granada, com ateliê em Sevilha, teve suas esculturas realistas como protótipo difundido em toda a América espanhola. As pinturas de Bartolomé Esteban Murillo (1617-1682) e Francisco de Zurbarán (1598-1664) serviram de modelo para os artistas americanos. Em Lisboa, quase todas as igrejas barrocas, com pinturas e altares dourados repletos de esculturas, desapareceram no terremoto de 1755, enquanto no Porto e no norte de Portugal os artífices criaram uma escola escultórica reconhecida como das mais eruditas. Muitos daqueles escultores atuaram no Rio de Janeiro e em Minas Gerais devido ao ciclo do ouro. Antônio Francisco Lisboa, o Aleijadinho (1730-1814), filho de um arquiteto português e de uma escrava africana, foi um dos mais importantes escultores coloniais da América Latina. A beleza das obras barrocas e rococós chegou até o tempo da Revolução Francesa em 1789. Depois, o espírito barroco que tanto inspirara papas, reis, imperadores e religiosos foi relegado a uma classificação de arte carregada de elementos

CÚPULA REVESTIDA DE AZULEJO NA CAPELA-MOR DO CONVENTO DE SANTO ANTÔNIO. RECIFE, PE. SÉC. XVIII.

RETÁBULO-MOR E CÚPULA DA IGREJA DE NOSSA SENHORA DE TONANTIZINTLA, CHOLULA. PUEBLA, MÉXICO. SÉC. XVIII.

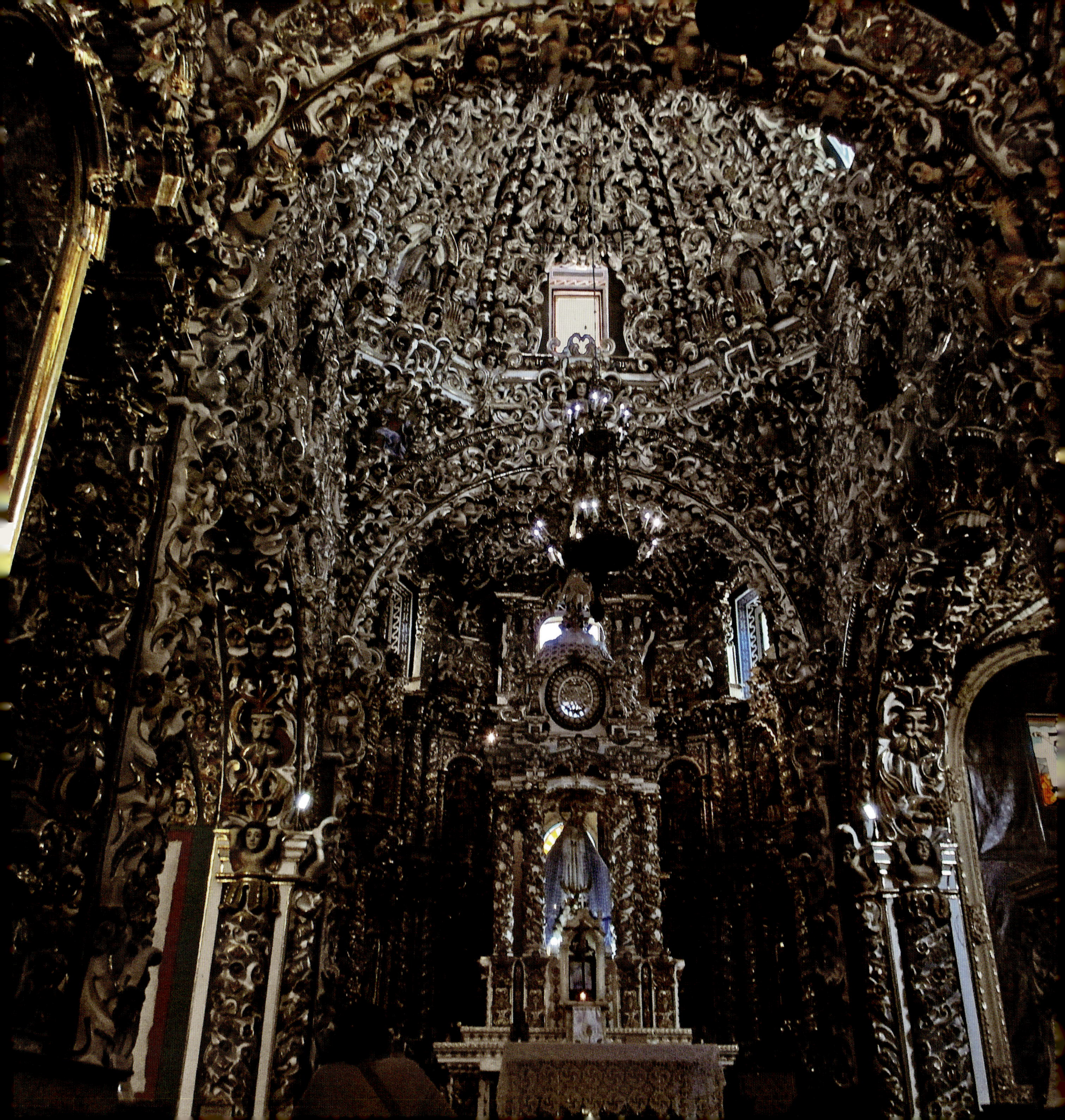

ornamentais que não mais agradava. Foi substituído pela severidade do neoclássico, segundo ideais da burguesia revolucionária napoleônica. Também a América entra nesse novo ideário de liberdade e todos os vice-reinos tornam-se países cujo legado urbanístico e arquitetônico respira hispanidade. As novas nações iniciam a compreensão daquele período colonial tendo como legado a arte barroca e a espiritualidade católica. Não apenas as *plazas de armas* continuam a dominar a cena urbana das novas nações, mas também as catedrais, as igrejas e os conventos continuam sendo as peças fundamentais da visualidade urbanística. A ornamentação das fachadas e seus altares dourados com santos e pinturas catequéticas continuam durante todo o século XIX, com as construções de novas catedrais neoclássicas. Compreender esse legado fabuloso da arte é o desafio dos pesquisadores ibéricos e latino-americanos. Os primeiros na busca das persistências das matrizes europeias; os segundos nas diferenças e afloramentos da beleza trabalhada pelas mãos de artífices indígenas. Essa luta foi também travada na Europa para reabilitação do barroco como um estilo que foi além da arte e constituiu um espírito de época – tal como ocorreu em toda a América espanhola, luta esta liderada por Alejo Carpentier ainda no início do século XX.

## Barroco na América Latina – crítica e terminologias

Os estudos sobre o estilo barroco ganharam adeptos na Europa no final do século XIX. O suíço Heinrich Wölfflin (1864-1945) publicou *Renascença e Barroco* (1888), mas foi com seu *Conceitos fundamentais da história da arte* (1915) que se intensificaram, no século moderno, novos olhares a respeito das diferenças entre os estilos da renascença e do barroco. Traçando cinco categorias distintas sobre esses dois estilos, foi possível diferenciá-los formalmente entre o renascimento, em que nas artes predomina o sentido linear, e o oposto, no barroco, com o sentido pictórico. Formas fechadas e formas abertas; multiplicidade de elementos na composição para o renascimento e unidade compositiva para o barroco; clareza absoluta para as composições renascentistas e clareza relativa para o barroco e, por fim, linguagem plana, em oposição à linguagem de profundidade barroca, exemplificada nos intensos claros e escuros.

A Europa só reabilitou o barroco no início do século XX, com os estudos iniciados no final do século XIX por Heinrich Wölfflin. Seguiram-se a ele muitos outros entendendo o barroco[1] de forma mais ampla, como um espírito do tempo, com o catalão, filho de cubana, Eugene d'Ors (1881-1954), e com o húngaro Arnold Hauser (1892-1978)[2], que aprofundou as artes plásticas inserindo no movimento a literatura e o desenvolvimento da sociedade. O barroco latino-americano sofreu uma crítica eurocentrista que se arrastou por quase todo o século XX, na busca exata dos modelos europeus, em especial da arquitetura espanhola transplantada para a América. O cubano Alejo Carpentier (1904-1980) assumiu o desafio de provar que o barroco no Novo Mundo estava além de um mero estilo, propondo analisá-lo como uma constante humana que poderia renascer em qualquer momento e em muitas criações. Assim pôde desenvolver a teoria de transculturação adequada à realidade latino-americana. Teoria seguida por José Lezama Lima e Severo Sarduy, que retirou o barroco americano do nicho da história da arte que apenas imitava modelos europeus e o elevou ao *status* de ideologia e estética de diferenciação cultural[3].

Outros pesquisadores se orientaram pela invariabilidade dos modelos espanhóis, discutindo como nas Américas eles foram aplicados. Esse debate – que o historiador da arte norte-americano George Kubler (1912-1996) desaprova – passa pelo pensamento etnocêntrico do conceito de *alma latina* e ibérica que perduraria na península e seria transportado para o Novo Mundo. Segundo ele, essa linha condutora das pesquisas levou a uma visão que comprime e reduz o barroco espanhol e ibero-americano a um nicho de particularidades, e que necessariamente excluiu seu valor mais amplo no cenário historiográfico.

A reação logo veio com a prerrogativa de que só a expressão indígena adaptada às formas europeias adquiriria um *status* de arte latino-americana. O ponto de equilíbrio estaria nas publicações sobre a compreensão do barroco amparado por outras ciências, conceito este que esteve decisivamente presente no processo cultural da conquista das Américas. No caso do urbanismo, Ramón Gutiérrez (1939) avança no discernimento entre as cidades espanholas e o traçado das americanas, ampliando seu estudo para os modelos arquitetônicos que utilizaram novos materiais, impondo soluções diferenciadas e adequadas às regiões.

FACHADA-RETÁBULO DA IGREJA DA
COMPANHIA DE JESUS. SÉC. XVII.
AREQUIPA. PERU.

As pesquisas avançaram no momento em que o barroco foi estudado como uma cultura expressiva do século XVII, como comportamento social, baseado na leitura da história, como fez o espanhol José Antonio Maravall (1911-1986) em *A cultura do barroco – análise de uma estrutura histórica*. O autor elucida a Espanha renascentista tal como fizera o suíço Jacob Burckhardt (1818-1897) com a renascença italiana, que levara seu discípulo Heinrich Wölfflin a estudar o barroco em sua expressão europeia. Pesa sobre a Espanha que seu barroco é completamente contrarreformista. Pesou sobre a América espanhola que seu barroco é apenas religioso, um braço inquisitivo de um tempo, defasado dos estilos artísticos das metrópoles. Portanto, periférico. Daí a busca incessante pelos modelos europeus aplicados nas Américas o mais fielmente possível.

Por outro lado, existe a polêmica causada sobre a terminologia do estilo *mestizo*, utilizada pelo historiador e urbanista argentino Ángel Guido (1896-1960). Desde 1925, Ángel passou a caracterizar a produção ornamental da região sul peruana-boliviana como ornamentação planiforme. Posteriormente ampliou as possibilidades de leitura para além do estudo morfológico e suas variações de modelos europeus, acrescendo os modelos autóctones aplicados a esse tipo de ornamentação. Nessas leituras que transcenderam as regiões andinas, avançou-se para uma diferenciação da produção mexicana, guatemalteca e peruana, dentro do mesmo período histórico. Dessa forma apontou-se a possibilidade de compreender a América espanhola como um todo, e não mais segundo a divisão atual das diversas nações pós-independências (quase todas obtidas por volta de 1820).

Tendo a homogeneidade espanhola como pano de fundo, os estudos avançaram no que diz respeito às fachadas americanas ornamentadas com modelos europeus. Os populares padrões têxteis americanos começaram a ser aplicados sobre as estruturas das fachadas renascentistas, maneiristas e barrocas. Assim, análises que se propuseram a ir além da visão do regionalismo – ou até mesmo do provincianismo a que essas obras de feitura indígena estavam relegadas – passaram a ser mais bem compreendidas, e não apenas louvadas. A polêmica sobre o uso do termo *mestizo* na arquitetura foi superada apenas no final da década de 80 do século modernista, ao se excluir a palavra *arquitetura*, passando-se a empregar apenas o termo *ornamentação*.

Concluía-se assim um ciclo de discussões sobre termos e por querer saber se a mão de obra indígena contribuíra para as artes quanto à sensibilidade ou adaptara os modelos europeus com maior ou menor habilidade. Enfim, abandonou-se a visão unívoca e simplista de questionar se o artesão indígena teria ou não dominado o ofício produzindo ora obras de grande rusticidade, ora seu lavor em nada devendo à mão de obra europeia. A discussão deslocou-se então para a ornamentação, pois se concluiu que o trabalho do artífice americano em nada modificara a arquitetura, mas, segundo o pesquisador italiano, atuante na Venezuela, Graziano Gasparini (1924), repercutira apenas na ornamentação[4].

Olhar a produção barroca nas Américas do ponto de vista de que Estado e Igreja serviram-se das formas estilísticas de persuasão para se imporem ao território conquistado é ato semelhante ao ocorrido em grande parte do território europeu. Bernini e Borromini disso se serviram, segundo o italiano Giulio Carlo Argan (1909-1992)[5] em seus ensaios sobre o barroco e sua retórica. Gasparini continua afirmando que a Igreja encontrou campo fértil em solo americano para difundir essa retórica, que passa a ser obsessiva pelas atividades artísticas. A utilização de todos os recursos ornamentais produziu imagens, pinturas e retábulos de efeitos puramente persuasivos com recursos visuais visando levar os fiéis à devoção e despertando um sentimento religioso exacerbado, apartado da realidade. Na Europa esses mesmos recursos, utilizados com igual intensidade artística, provocariam não apenas a religiosidade, mas também maior inserção na vida cívica. Realeza, nobreza, burguesia utilizaram os recursos estéticos com a mesma intensidade que a Igreja. É isso que afirma o historiador espanhol de arquitetura Fernando Chueca Goitia (1911-2004): diferentemente das Américas, onde "a arquitetura americana é uma arquitetura eminentemente religiosa, mesmo nos seus exemplos de arquitetura civil"[6].

Quanto aos modelos europeus executados na América, sejam eles de arquitetura ou ornamentais, não precisariam passar pela matriz ibérica da Espanha ou de Portugal. Segundo Goitia, em *Invariantes castizos de la arquitectura española*, um modelo tem repercussões onde for aplicado segundo a leitura e as possibilidades, independentemente de depois vir a ser denominado matriz ou periférico. Assim, os modelos italianos e flamengos podem ser bem-sucedidos tanto em Madri como em Lima. O que se pode notar é que a circulação dos modelos – sob a forma de tratados publicados – se deu de forma diferente na Nova Espanha se comparada com a América do Sul, onde a presença de religiosos nórdicos foi

Fachada-retábulo da igreja de San Lorenzo de Carangas, paróquia dos índios. Pedra esculpida, barroco mestiço. Séc. xviii. Potosí, Bolívia.

maior. Porém, todos, incluindo-se os portugueses, estavam unidos em uma religião única com objetivos similares refletidos em suas construções e consequentes ornamentações.

Tanto a unidade como a diversidade de um modelo podem explicar as diferentes aplicações do desenho original que foi seguido pelo artista na América. Ao se tomar a expressão americana como uma ampliação daqueles modelos, sem dúvida se ganha no avanço das pesquisas, em vez de, a todo o momento, apenas apontar a matriz como uma invariável[7]. Esse tipo de análise, tendo a forma invariável como premissa, tem levado a distorções apontando o espírito ibérico, e em especial a Espanha, a um isolamento sob o signo de *alma latina*. Enquanto a Europa do século xvii caminhava para o *reino do homem*, a Espanha continuava no *reino de Deus*, segundo o historiador venezuelano Mariano Picón Salas (1901-1965).

A racionalidade é um dos aspectos de que se lança mão no momento de análise de uma obra arquitetônica, ao lado do equilíbrio entre os elementos compositivos e/ou ornamentais. Tanto nas igrejas barrocas portuguesas como nas espanholas, há uma tendência de descompasso entre o interior e o exterior, fato que se reflete diretamente no equilíbrio do conjunto do edifício. Se Bernini e Borromini buscaram o equilíbrio entre arquitetura e ornamentação em Roma, essa afirmativa não é uma constante nos países ibéricos. Juan de Herrera (1536-1597) prenunciou a arquitetura desornamentada no El Escorial (1563-1584), e arquitetos portugueses na arquitetura chã, segundo definição de George Kubler (1912-1996) em *A arquitetura portuguesa chã: entre as especiarias e os diamantes (1521-1706)*.

Na península Ibérica os exteriores podem ser severos ou ornamentados; para os lusos, revelam-se os esplendores nas talhas douradas dos retábulos. Mas, na América, a racionalidade das

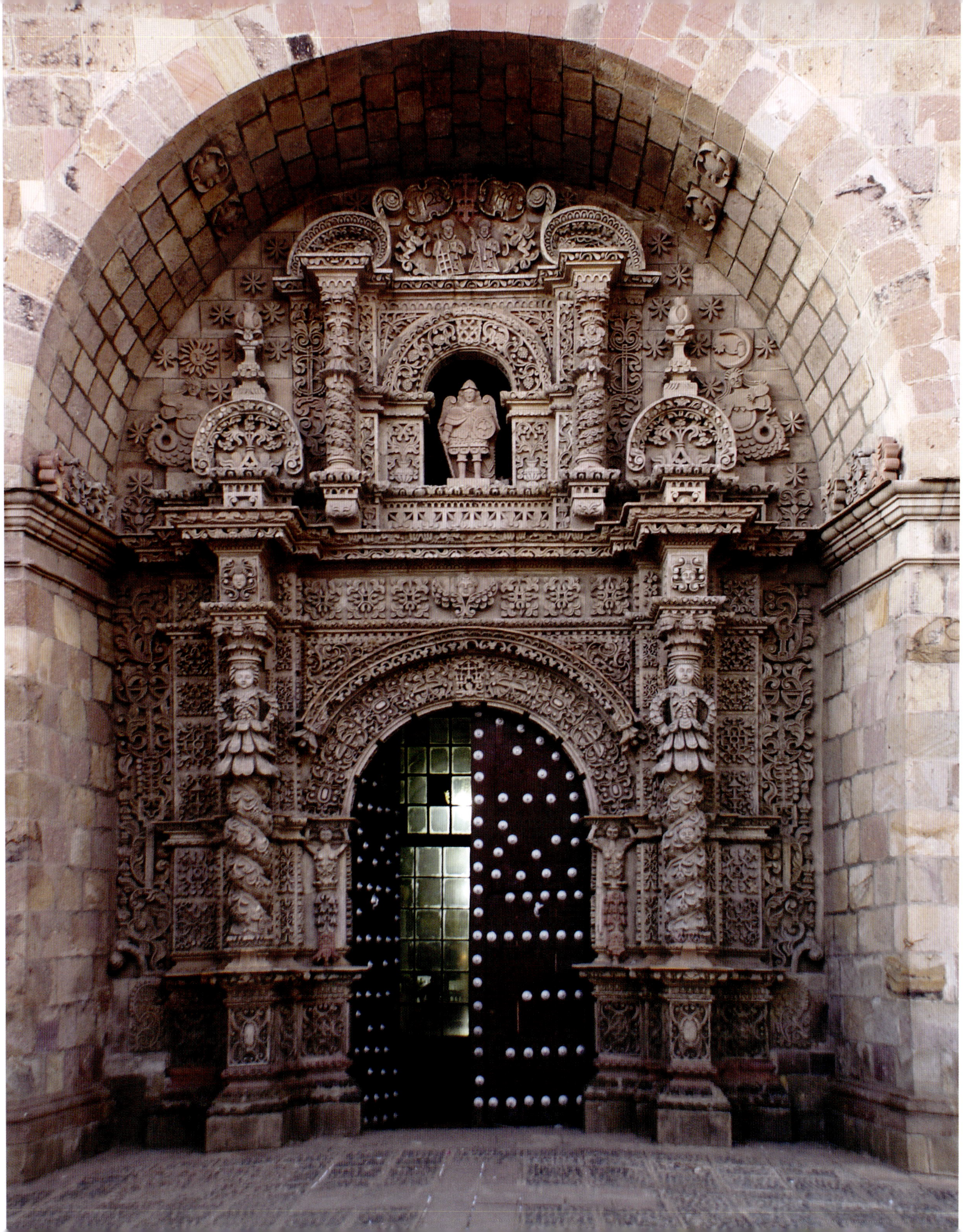

fachadas-retábulos das igrejas sul-americanas não corresponde às sensações das fachadas-retábulos do ultrabarroco dos templos mexicanos com suas estípites. Há, porém, arquitetura tanto severa – segundo os tratadistas – como aquelas de barroquismo exacerbado, do México, que ultrapassou as fronteiras, atingindo a América Central até chegar ao planalto Andino.

Nas Américas a tendência foi a emoção, gerando acúmulo na ornamentação e assim levando a uma dissociação da arquitetura. Similar situação ocorreu na Espanha: trata-se de um ponto de união entre os ibéricos e os americanos. Com a criação das academias de ensino neoclássico, no final do século XVIII, o barroco persistiu nos pontos mais distantes e, no Brasil, mesmo o rococó que a ele se seguiu adentrou o século XIX.

Se a ornamentação excessiva estimula a crítica dos mais acadêmicos, Ramón Gutiérrez aponta que a materialidade empregada nas construções e ornamentações das igrejas – as pedras em vários tons, dureza e porosidade – auxiliam em soluções estruturais formando um *corpus* para uma pesquisa, que vai além de apenas explicitar os modelos. Não seria a materialidade que alteraria a base da arquitetura europeia em solo americano, mas sim as soluções encontradas é que diferenciam essas construções daquelas da metrópole e as dos vice-reinos americanos.

O primeiro exemplo dessas soluções criativas é o das cúpulas, solução que une e diferencia as igrejas americanas. Quando sobre tambor ou bases octogonais são mais frequentes na Nova Espanha que no Peru, onde, assim como em toda a América do Sul, toma-se como solução a cúpula circular.

O segundo relaciona-se às fachadas-retábulos, que no México chegam a um clímax estilístico, com o emprego das colunas estípides. Estas são praticamente ausentes na América do Sul, que se apegou mais às colunas barrocas berninianas helicoidais. Mesmo nas regiões de grande concentração de mineração, portanto com predisposição econômica abundante, Zacatecas e Taxco no México, Arequipa, no Peru, Potosí e região do lago Titicaca, na Bolívia, as soluções de ornamentação plana, chamadas de *mestizas*, desta última região se distanciam da exuberância da mencionada zona colonial aurífera mexicana. Em todas se podem destacar exemplos de emprego de soluções mais clássicas, porém na zona de mineração mexicana contava-se com a presença de artistas como Jerónimo de Balbás e Lorenzo Rodrigues, que facilitavam a divulgação de suas próprias produções.

O ritmo de construções de igrejas na Nova Espanha (1690-1790), segundo Gasparini, é alucinante: em média duas novas igrejas por semana. Isso concorre para o desnivelamento estilístico. Em Quito, Equador, havia as ordens religiosas dos agostinianos, dominicanos e franciscanos que se esforçavam para um alinhamento aos novos ditames do barroco europeu da segunda metade do século XVII. Lá, tinham a certeza da produção de alto nível de seus artífices já *crioulizados* e acostumados às adaptações. A igreja da Companhia de Jesus é síntese dessa assimilação dos artífices locais, com soluções diferenciadas dos artistas jesuítas oriundos de outras nações, não mais da Espanha.

Enquanto na produção urbana respiravam-se ares mais desenvolvidos, nas zonas mais distantes as soluções mais simplificadas continuavam a ganhar espaço. Assim, a escolha de um modelo que foi repetido e difundido ganhou ares de tendência a ser ampliada até a exaustão e consequente transformação. Exemplo são as torres da catedral de Cusco, que ecoaram bem longe, para além do lago Titicaca. A fachada-retábulo da Companhia de Arequipa, com ornamentação plana, chegou até Potosí na fachada-

IGREJA DE SAN FELIPE NERI, ATUAL MUSEU CANCILLERIA. CIDADE DO MÉXICO.

-retábulo de San Lorenzo de los Indios, de maneira espetacular, suplantando o modelo peruano. Vale notar que as soluções estéticas do barroco da escola quitenha chegaram até Tunja e Popayán, na Colômbia.

Depois de admirar as fachadas-retábulos, ao adentrar o interior das igrejas, sente-se que a ornamentação tomou liberdades e licenças poéticas que suplantaram as estruturas arquitetônicas. O ultrabarroco mexicano existe por si só, oriundo dos exemplares dos artistas espanhóis que lá entalharam os retábulos com as estípites. São ímpares, ainda que algum crítico queira compará-los aos espanhóis. Os limites entre a arquitetura – fachada-retábulo – e a ornamentação interna – retábulo-mor –, mesmo que executados em materiais tão diferentes como pedra e madeira dourada, prestam-se à persuasão tanto do fiel transeunte como de quem ora nas entranhas daquelas capelas douradas. A Guatemala, região de grande incidência sísmica, levou Pál Kelemen (1951) a designar como arquitetura de *tremblores* aquela que tem entre suas soluções espessas paredes, fachadas horizontalizadas, baixas torres e abóbadas de canhão executadas com materiais mais leves. Tais soluções chegaram até o vice-reino do Peru, como Arequipa, indo além daquelas fronteiras da Audiência da Guatemala.

## Barroco no Brasil

Na presente obra, inseri os exemplos brasileiros ao final de cada capítulo, pois eles ocorreram cronologicamente depois de 1549. Aqui, o que se tem bem definido são os programas construtivos das ordens religiosas, segundo o historiador francês Germain Bazin (1901-1990) em *Arquitetura religiosa e barroca no Brasil*. Em especial, os jesuítas, segundo Lúcio Costa (1902-1998) no artigo "A arquitetura dos jesuítas no Brasil". A arquitetura chã[8], simples no exterior, com triângulo frontão retilíneo, uma porta de entrada e duas janelas no coro, foi o modelo mais disseminado, apenas acrescido de uma torre na fachada. Mas na igreja de São Roque, em Lisboa, há apenas o campanário na lateral, como lembra o historiador da arte português José Eduardo Horta Correia[9].

Os conventos das outras ordens – franciscanos e carmelitas – tinham em seus programas as igrejas conventuais e capelas terceiras. Os beneditinos apenas a igreja monástica com o mosteiro contíguo. No Nordeste brasileiro os conjuntos se destacam pelo trabalho de cantaria, tanto nos claustros como nas fachadas, elaborado com as capelas terceiras conjugadas, segundo modelos portugueses. Na região Sudeste, em Minas Gerais, onde as ordens

Pintura do forro da igreja de N. Sra. da Conceição dos Militares. Pintura e madeira policromada. Séc. xviii. Recife, pe.

## Barroco além das fronteiras

As análises das artes coloniais suplantam as divisões geográficas, como na península Ibérica, fazendo profundas distinções entre Espanha e Portugal. Nas Américas, no entanto, deve-se adotar o conceito das fronteiras coloniais, e não a dos países criados pós-independência. Sem se considerar essa divisão colonial, há o risco de se perpetuar os interesses escusos da política e da economia. Nesse sentido, temos o exemplo do catálogo da exposição *Revelaciones*, cuja apresentação do peruano Mario Vargas Llosa analisa a unidade e a dispersão na América Latina – e aponta a arte como motivo para essa unidade.

Se os conquistadores quiseram impor modelos europeus, tiveram também que admitir que aqui havia uma civilização avançada, e que os artesãos não esqueceram de seus saberes e fazeres, e impregnando subliminarmente todas as manifestações da arte americana colonial, imprimiram matizes próprios que, sem romper com os protótipos trazidos pelo colonizador, foram renovando-os com acréscimos ou alterações afins à idiossincrasia nativa. As fachadas das igrejas, seus altares, seus púlpitos e retábulos, seus afrescos e suas esculturas se iriam sutilmente americanizando, com uma erupção incontrolável de flores e frutos oriundos, as virgens e os anjos acriolando-se ou indianizando-se, na pele, nos traços faciais e corporais, nas vestimentas, nas cores e na paisagem, a imprecisão da perspectiva e o sincretismo do cristão e das religiões abolidas. O articulista avança em seu pensamento: seria um erro atribuir esta mestiçagem exclusivamente aos artistas e santeiros indígenas. Os europeus emigrados para as colônias americanas se acriolaram assim que chegaram. Ainda que seguramente involuntária, a americanização da arte europeia se inicia na Amé-

primeiras foram proibidas de atuar junto às cidades de mineração, as capelas de ordem terceira ganharam nova espacialidade nas praças[10]. Livres das massas arquitetônicas dos conventos, ganharam em volumetria, com contornos sinuosos dos ornamentos rococós e graciosas portadas em pedra-sabão com cores distintas.

A ornamentação barroca, ora contida, ora exuberante, recebeu influências, em especial dos artistas da região Norte de Portugal. Nos dois primeiros séculos foi a talha elaborada no estilo nacional português, conformado em comprimir-se nas aberturas arquitetônicas. No século xviii, quando se descobriram as minas de ouro e diamantes, o estilo exuberante do barroco joanino, de influência italiana, ganhou refinamento e volumetria, e expandiu-se por toda a arquitetura. Na segunda metade, ainda do século do ouro, o rococó gracioso, de influência francesa e bávara, distinguiu totalmente a arte da zona da mineração da de outras partes do Brasil, segundo a historiadora da arte brasileira Myriam Andrade Ribeiro de Oliveira.

rica hispânica e lusa do século XVII até afirmar-se de maneira flagrante no XVIII[11].

Esta discussão ampliada já está sem dúvida incorporada aos novos pesquisadores, curadores de exposições internacionais, papel este cumprido por estrangeiros, com publicações realizadas a partir da segunda metade do século XX, apaixonados pelo barroco como alguns aqui citados: George Kubler, Pál Kelemen, Germain Bazin, Robert Chester Smith e aqueles que praticamente impuseram às suas publicações a missão da união das artes visuais, dos povos sem fronteiras políticas, a exemplo de Ramón Gutiérrez e Damián Bayón.

Na literatura, a América Latina tem seu lugar assegurado na inventividade, no realismo fantástico assim como a arte moderna com o muralismo mexicano e a contemporaneidade pujante dos cinéticos. As novas interpretações baseadas na linguística, semiótica e leituras das relações entre os arquétipos mesoamericanos e as manifestações artísticas coloniais trarão novos olhares sobre a arte da América ibérica. Também aqui dividida como na Europa entre Espanha e Portugal. Lá a rugosidade da terra árida e a ancestralidade cultural relutam em embates seculares. Aqui, porém, os horizontes sem fim das Américas são barrados naturalmente pelos infinitos limites de selvas pujantes, de alturas intransponíveis com cumes límpidos, e pela movimentação das águas imensas dos oceanos. Há esperança.

Tal complexidade é assim expressa por Gasparini:

> Do ponto de vista da significação retórica do termo barroco, os retábulos mexicanos representam a manifestação mais "barroca". Neles alcança-se uma expressividade que se desenvolve com invenções sempre novas, ricas e complexas, que trazem à luz visões que partem da imaginação e atingem formas atormentadas, carregadas, abstratas e fundamentalmente emotivas. Formas que continuam sendo vivas, dinâmicas, variantes e retóricas. Nesses retábulos, densos e ligeiros, há toda uma poética integração que oscila entre a aparência do fantástico e a do irreal. Há excesso de ouro disputando com santos e querubins. Há elementos inesperados somados a uma dimensão alucinante. Há, finalmente, uma sabedoria nova das formas que a experiência pretende deslumbrar. Massas e ritmos frenéticos, às vezes subindo paredes e abóbadas para formarem ocos dourados que motivam exclamações de maravilhamento. Enfim, retábulos feitos para atuarem sobre os sentimentos dos homens, cumprindo suas funções de elementos propagandísticos convincentes. Há grande mobilização nos aparatos decorativos que não são senão o pretexto para criarem espaços ilusórios e despertarem a imaginação. A única realidade é a da imaginação e todo esse espetáculo de ilusão é um bom substituto da realidade[12].

Com Gasparini, um dos tantos eloquentes anteriormente citados, compartilho essa retórica linguística contundente. Certo de que cheguei a algum lugar, sem ainda desvendar o outro, mas com a alma plena de emoção, entrego minha contribuição ao leitor, na certeza de que ao amanhecer poderei ter novas descobertas ainda a serem reveladas.

Dessa maneira esta publicação desenvolve-se em torno do espírito de integração das artes visuais, e de um estado de consciência das sensações transmitidas pelo estilo barroco. A obra é dividida em três capítulos: "Urbanismo colonial", "Arquitetura eclesiástica" e "Arte sacra – mobiliário e ornamentação". Cada um deles subdivide-se em temas, seguidos de análises de obras a eles pertinentes.

O capítulo I, "Urbanismo colonial", exemplifica os tipos de urbanismo nas cidades de influências espanholas, com o conceito de plano em quadrícula e, por parte dos portugueses, a construção do urbanismo nas denominadas cidades de urbanismo vernacular. O capítulo II, "Arquitetura eclesiástica", mostra a importância da construção das catedrais, seguindo-se os conventos das ordens primeiras – franciscanos, agostinianos, dominicanos, mercedários, carmelitas e jesuítas –, finalizando com os conventos femininos, de ordem segunda. No capítulo III, "Arte sacra – mobiliário e ornamentação", há análises das esculturas que compõem as fachadas-retábulos e os retábulos-mores seguidas da escultura e pintura no interior das igrejas.

### Notas

1  Eugenio d'Ors, *Lo Barroco*, 2002.

2  Arnold Hauser, *História social da literatura e da arte*, São Paulo: Mestre Jou, 1980.

3  Lois Parkinson Zamora, *La Mirada exuberante: barroco novomundista y literatura latino-americana*, Espanha: Iberoamericana/Vermuert/Conaculta, 2011, pp. 137-8.

4  Graziano Gasparini, "Space, Baroque and Indians". *Americas*, Washington: The Organization of American States, 1971, pp. s 18-s 21.

5  Carlo Giulio Argan, *Imagem e persuasão. Ensaios sobre o barroco*, São Paulo: Companhia das Letras, 2004. *Clássico anticlássico*, São Paulo: Companhia das Letras, 1999.

6  Fernando Chueca Goitia, *Invariantes castizos de la arquitectura española*. Em: Gasparini, *op. cit.* p. 47.

7  George Kubler, 1971, *apud* Gasparini, *op. cit.* p. s 18.

8  George Kubler, *A arquitectura portuguesa chã: entre as especiarias e os diamantes (1521-1706)*. Lisboa: Editora Veja, 2005, p. 86.

9  José Eduardo Horta Correia, *A arquitectura: maneirismo e estilo chão*, Lisboa: Editorial Vega, 1988.

10 Lourival Gomes Machado, *Barroco mineiro*, São Paulo: Perspectiva, 1969.

11 Mario Vargas Llosa, "Unidad y dispersión en América Latina". Em: *Revelaciones. Las artes en América Latina, 1492-1820*. Joseph J. Rishel (org). México D.F.: Fondo de Cultura Económica, 2007, p. xxv.

12 Gasparini, 1997, p. 56.

# I | Urbanismo colonial

O urbanismo nas Américas espanhola e portuguesa deve ser entendido de forma ampla, segundo diversos olhares – geográfico, pelas condições do terreno e pelo uso do solo; econômico e mercantil, pelo encontro de culturas, em seu aspecto civilizatório. Nascem assim muitas teorias que se completam mas que são, por vezes, antagônicas. Pelo olhar teórico do urbanismo somam-se os estudos sobre a história das cidades ao próprio urbanismo onde entram os fundamentos sociológicos, ocupação dos espaços com as construções, arquitetura, transportes e vias de comunicação. Enfim, um olhar amplo pode dar diretrizes sobre esse fenômeno americano iniciado no século XVI, mas com características do final da Idade Média, amalgamado com o auge do Renascimento.

A religião também ganha um espaço considerável nas teorias sobre modelos urbanísticos e a construção das utopias nas terras virgens do Novo Mundo. De certo modo, com o sistema da Lei do Padroado (1456) os reis de Portugal e da Espanha adquiriram o *status* de comandantes de questões administrativas da Igreja, podendo designar bispos como braços de seus interesses e escolher as ordens religiosas que atuariam na catequese de suas posses, tendo os reis que defendê-las, ordená-las e embelezá-las com suas prerrogativas de chefe de Estado, religioso e militar. Assim, os edifícios administrativos como palácios de governo estavam competindo visualmente com as catedrais e igrejas das ordens religiosas nos espaços públicos. Dessa forma, a visão da formação das cidades nas Américas passa a ganhar uma abrangente vertente de teorias fundamentais, desenvolvida durante parte do século XIX (os modelos) e todo o século modernista (funcionalidade).

Algumas teses se ocupam da compreensão do antagonismo da ação de criação de centros urbanos nas Américas espanhola e portuguesa que, sendo de evidente proximidade territorial na península Ibérica, se deu de maneira tão distinta. Talvez nem sequer essa aproximação tenha existido, mesmo com a união das duas Coroas durante sessenta anos (1580-1640). Ainda assim, tentar esclarecer essa bipolaridade – urbanismo em quadrícula por parte dos espanhóis *versus* urbanismo vernacular dos portugueses – não é tarefa fácil.

Existem pontos convergentes que explicariam as distintas atitudes civilizatórias. Por parte dos portugueses, os contatos anteriores com outros povos considerados menos civilizados, como os provenientes da África, ou culturas milenares e exóticas do Oriente, em tempos pouco anteriores à descoberta da América. Esses encontros que produziram experimentos de núcleos populacionais cujas bases foram militares, de posse territorial e atividade comercial, teriam gerado um sistema no qual foram transportados os experimentos tanto do solo português na Europa como das colônias, de maneira similar, para os solos africano, asiático e americano, sempre, porém, adaptando-se a soluções locais.

A Espanha, por sua vez, no final do século xv, esteve empenhada na luta pela reconquista de seu próprio território, em verdadeira cruzada para a expulsão dos mouros, que envolveu principalmente regiões espanholas ao sul, de Andaluzia e Estremadura, e ao centro, de Castela, o mesmo local de onde saíram importantes conquistadores para a América. Pode-se dizer que os experimentos para a conquista e para a criação de cidades, conjugados a uma rede de vias por parte dos espanhóis, foi pioneiro em solo americano. Segundo o pesquisador argentino Ramón Gutiérrez, foi criado um programa totalmente direcionado para o Novo Mundo (pela bula *Inter Cetera*, de 1458, do papa Calixto III), e não mera transposição de um reino que também se consolidava em seu próprio território. O pesquisador discorre sobre a cultura do dominador e do dominado, experiência ainda vivida também pelos andaluzes, e o processo assimétrico de aculturação para a América receptora e dominada. Aponta que houve uma síntese seletiva, pois para a América espanhola foi escolhido um idioma, o castelhano, em detrimento do galego ou do catalão, para que houvesse uma unidade linguística em conjunção com aquela do poder. Em termos agrícolas, por exemplo, modernizaram ao adotar apenas dois tipos de arado, em contraposição aos doze que havia na Espanha.

Os modelos habitacionais também foram seletivos e mostram uma síntese de modelos construtivos e de distribuição de várias regiões ibéricas de tal modo que não se pode afirmar que houve uma transposição do modelo de povoado espanhol para povoados indígenas americanos[1]. Enfim, estavam os espanhóis diante de um continente então imensurável e uma política centralizadora para tudo controlar, até o imaginável.

Ambos os reinos (a designação para os espanhóis era de império) estiveram por sua vez em igual cruzada pela divulgação da fé católica romana pelo mundo desconhecido, tanto das Américas quanto do Oriente. Esse sistema teológico-conquistador e mercantilista garantiu ao reino de Portugal uma grande duração baseada na ideia de um império não apenas material, mas também espiritual. Ou seja, todo o poder do rei reverteria em benefício dos súditos, como expressão de sua bondade, advinda dos valores espirituais. O aspecto material seria consequência.

Nesse ponto convergente, o que mais interessa para este livro é o embricamento entre Igreja e Estado, quando os reinos temporal e espiritual por vezes não apresentam distinção entre religião e política. O reflexo desse pensamento nos leva a crer que o edifício religioso para cuja construção o rei colaborava era o reflexo de sua magnanimidade. Portanto, um palácio do governo ou da câmara não necessariamente deveria competir com a construção de um convento, pois em ambos estava a expressão de seu poder. A arte foi um meio ideal de materializar tanto o poder da religião como o poder secular, tendo o rei como mecenas e a religião como instrumento simbólico de união do reino. É singular notar o roteiro construído pela rainha Isabel, a Católica (1451-1504), desde Burgos até Granada, iniciado com

Desenho aquarelado da nova Cidade do Panamá. Eduardo Tejeira Davis. Em *Guía de Arquitectura y Paisaje de Panamá*, 2007, p. 98. Séc. XVII.

monumentos do gótico tardio no início de suas conquistas até a tomada de Granada (1492), local onde seu túmulo tem características renascentistas ditas platerescas.

Em Portugal, por sua vez, o rei dom Manuel I, o Venturoso (1495-1521), celebra as conquistas do Oriente com a construção (1514-1520) da Torre de Belém, em um estilo próprio, o manuelino, misto de medieval com renascentista, sendo os autores Francisco de Arruda e Diogo Boitaca. Na literatura, Luís Vaz de Camões (1524-1580) vai cantar as glórias das descobertas no épico *Os lusíadas*.

Seria ousadia afirmar que modos divergentes de celebrar arquitetonicamente seus feitos teriam influenciado modos civilizatórios sobre seus dominados. Os dois cenários são distintos, e a América a ser transformada em espanhola tinha civilizações estruturadas em um sistema ancestral de agricultura e uso da terra, vias e antigos caminhos mercantis consolidados entre as cidades santuários dos indígenas. Já os portugueses encontraram o silvícola nômade, de sistema construtivo efêmero, de linguagem não codificada e sem a prática do comércio. Nas artes, porém, como citamos a respeito dos monumentos, pode-se aventar a hipótese de que ambos os reinos apresentam passagens graduais dos sistemas dos mundos estilísticos medieval para o renascentista e posteriormente para o maneirismo, com certa defasagem às matrizes francesas, flamengas e italianas. O barroco, devido às riquezas das minas de ouro e prata da América espanhola, desenvolveu-se na Espanha em sintonia com os modelos contemporâneos do século XVII, conhecido como século de ouro espanhol, com grandes artistas e literatos, como Miguel de Cervantes (1547-1616), Francisco de Quevedo (1580-1645), entre tantos.

Urbanismo colonial 39

Falido o sistema político de Capitanias Hereditárias, Portugal viu seu esplendor apenas no final do século XVII, quando são descobertas as minas de ouro em Minas Gerais, no Brasil. Dois séculos antes, o poder de troca mercantilista passara de Portugal para a Espanha com a prata e as rotas marítimas pelo Pacífico.

Se a tese de que os portugueses, ao transpor seus modos urbanísticos e construtivos, seguiam seus modelos de acertos e adaptações, no caso do Brasil, estiveram mais livres que os espanhóis, é porque estes foram obrigados a dominar os espaços já construídos, criar novas vias de conquista e expansão territorial com um modelo hipoteticamente reconhecível em milhares de quilômetros e em tão diferentes geografias. À transposição do modelo medieval do povoado situado sobre as colinas, para vigilância, somou-se a morfologia urbana vernacular, ou orgânica, da implantação das primeiras vilas nos acidentes geográficos aliados às funções de posse da terra e atividade econômica extrativista.

Tanto o posicionamento de Olinda sobre a colina (1537), também aclamada como Pequena Lisboa, quanto a adaptação das ruas à rugosidade do terreno, reafirmam o pensamento medieval – assim como o sistema de divisão de terras entre os nobres hereditários. A função do povoado era de vigilância e de recepção do comércio extrativista. Daí a importância dos construtores militares para os projetos dos fortes. Do fracasso deste modelo é fruto a nova tentativa do convívio da forma orgânica, popular com a erudita, planejada e geométrica, como a primeira capital colonial Salvador, em 1549, que tinha em sua natureza a necessidade da permanência, da instalação do poder político convivendo com o ideal de expansão da fé, projeto de catequização dos jesuítas com os índios. O convívio entre os poderes dos padres jesuítas com os governadores gerou conflitos no sertão de São Paulo (1554), nas causas entre a escravidão e a catequização dos índios. Mácula em todas as Américas, tanto com o sistema de *encomiendas* (sistema de tributação com trabalho temporário) como com a importação dos negros da África (escravidão hereditária ao trabalho).

O comércio das especiarias do Oriente pelo oceano Atlântico foi iniciado por Portugal ao longo da costa africana até chegar ao Japão. A Espanha, por sua vez, com Colombo, o fez pelo Atlântico até o Caribe e posteriormente através do Panamá pelo Pacífico depois da descoberta das terras firmes da América. Ambos os reinos buscavam os caminhos marítimos e as consequentes posses das terras conquistadas. Tais conquistas foram investidas de caráter religioso, semelhante às guerras internas de expulsão dos mouros que ocorrera antes em Portugal e depois na Espanha, em 1492, ano da descoberta da América.

Portugal buscou o comércio, implantou pequenos fortes e vilas litorâneas. A Espanha teve que conquistar povos americanos com culturas avançadas como os mexicas, maias e incas. Tais povos tinham seus reinos, sistemas agrários e religiões que tiveram que ser combatidos, cidades conquistadas e reconstruídas. Novas rotas comerciais e de escoamento das riquezas como o ouro e a prata foram criadas. No Brasil, esse embate não ocorreu de forma tão perversa como a destruição de reinos inteiros, já que os indígenas eram nômades com estruturas tribais e frágeis modelos de aglomeração. Cada reino teve que impor suas formas de conquista: a Espanha por meio de batalhas, fundando novas capitais de vice-reinos e criando caminhos para o escoamento da riqueza. Já Portugal, construindo um rosário de vilarejos ao longo do litoral para o comércio extrativo do pau-brasil em locais estratégicos proporcionados pela geografia como estuários dos rios.

Desenho da Fortaleza
La Real Fuerza, 1558-1577.
Havana, Cuba.

Os espanhóis construíram cidades fortificadas no Caribe e nas zonas costeiras dos oceanos Atlântico e Pacífico para o escoamento do ouro e da prata do México e Peru, sendo que essas riquezas chegavam aos portos por meio de rotas comerciais no interior do território. Tanto os portugueses como os espanhóis estavam preocupados com a praticidade e a defesa de suas cidades, e não com um embelezamento da cidade ideal como projetos renascentistas. Portanto, nem sempre os arquitetos e artistas tiveram papel preponderante em seus traçados, missão esta delegada para engenheiros, em geral militares, com formação suficiente para projetar tanto as fortalezas como as igrejas e mosteiros, além dos edifícios reais e municipais.

As cidades litorâneas com fortificações por vezes tiveram seu crescimento cercado por construções do aparato militar, tornando-se cidades praticamente medievais, reféns de suas funções dentro de muralhas. Porém, ambas, tanto as antigas cidades medievais europeias como as novas povoações americanas litorâneas, foram fortificadas com muralhas, e, do centro, a partir da grande praça, segundo tratados de Vitrúvio (escritos entre 27 e 16 a.C.), deveriam sair as ruas principais em direção aos quatro pontos cardeais, mais largas, se nas proximidades de defesas, para o uso dos cavalos, e o foco visual recaindo sobre as construções que deveriam representar os poderes religiosos, os reais, os militares e, por fim, os civis e comerciais. Nos centros menores, a igreja deveria estar livre para sua visibilidade ser completa.

Os indígenas, subjugados, continuariam no sistema antigo dos *ayllus*, cuidando dos animais, cultivo da terra, terraceamento e canais de irrigação. A mineração teve sua continuidade no sistema de *encomiendas*, pois a partir daquele momento, todos os povos indígenas eram considerados vassalos obrigados a pagar tributos regulares por meio de trabalho. As aglomerações surgidas nas proximidades das minas de prata ou ouro se compunham de maneira mais espontânea conforme a topografia. A distribuição espacial era, porém, distinta para os mandatários, *encomenderos* e os religiosos. Na periferia, os indígenas eram segregados em paróquias mais distantes e separados por diferentes etnias em igrejas separadas. Apenas em Potosí havia mais de quinze igrejas, uma para cada etnia indígena.

Para os espanhóis, a divisão dos quarteirões obedecia a uma hierarquia a partir das terras doadas à Igreja, seguida por construções administrativas, comerciais e casas de ricos senhores. Aos bispos foram dados poderes não apenas religiosos, mas também de ensino, formação cultural, com amplas bibliotecas e universidades, e de coerção – com a implantação dos tribunais da Inquisição.

Nas primeiras construções, a solução foi erguer seus mosteiros e catedrais sobre os antigos templos com suas próprias pedras já lavradas, substituindo seus deuses e criando uma situação de culto entre os espaços abertos – capelas de índios – e os fechados, dos novos templos.

Para os portugueses, a saída foi criar vilas que designassem a posse do território, com singelas capelas, depois substituídas por igrejas, e marcar o novo sistema urbano de vida, desconhecido pelos índios nômades, que seriam catequizados.

As reduções e missões jesuíticas materializaram por dois séculos a união do Estado com a Igreja, dissolvida quando ambos os reinos buscaram novos rumos que não mais impérios simbólicos impulsionados pela ação evangelizadora. A expulsão dos jesuítas foi iniciada pelo marquês de Pombal em 1750, quando, em um inventário sobre as terras que pertenciam ao reino e aquelas às ordens religiosas, viu-se que quase metade das terras de todo o reino estava nas mãos de religiosos. Entre outras razões, a expulsão dos jesuítas culminou em 1759, em Portugal, seguida por outros reinos, como a Espanha, em 1767. Os motivos de Pombal foram sempre claros. Já o rei Carlos III não revelou suas razões além daquelas de motins forjados contra ambas as famílias imperiais.

## Urbanismo nas capitais
### A consolidação da conquista por uma rede urbana

Quando as *Leyes de Ordenanzas de Poblamiento* de Felipe II, em 1573, chegaram para sua implantação no reino do Novo Mundo, o conquistador Francisco Pizarro González (1476-1541) praticamente já consolidara uma rede urbana sobre a qual o traçado ortogonal (ou jogo de xadrez, ou damas) estava pronto. A teoria da cidade ideal renascentista permeia todo esse documento régio, porém, o conquistador do império dos incas, Pizarro, era não apenas um criador de cidades com traçado quadriculado, mas também um semeador de cidades, impulsionado sem dúvida pelas cobiças dos metais preciosos e pelo comércio com o Oriente, bem antes do que pela fé. O processo civilizatório é uma consequência do convívio possível entre cultura dominadora e cultura dos derrotados, entre a espada e a cruz, que estava em busca de soluções de domínio de todas as formas: culturais, religiosas, comerciais; a desarticulação do sistema familiar agrário e a continuidade das famílias nobres, ainda com poderes, sem, porém, imiscuir-se nas lutas internas entre os dominados.

Coincidente com a conquista foi o encontro da mina de prata de Potosí (1545), que exigiu rapidamente um sistema novo de caminhos de escoamento do metal, reorganização dos antigos sistemas produtivos para o abastecimento das populações urbanas, o desenraizamento constante de suas terras e tradições e a conversão e prática da nova religião cristã. Os *encomenderos* foram fundamentais nesse sistema de trabalho dos indígenas obrigados a trabalhar para o reino por determinado período do ano. Deslocados de suas terras para as distantes minas, entravam em um novo sistema de vida no qual a religião tinha papel relevante nas novas práticas.

Planta da capital Lima de 1744. Juan J. e Ulloa A. *Relación histórica del viaje a la América Meridional*. folio 58 e 59, segunda parte da obra. Madri, 1748. Em: Cantó, 1985, p. 25.

Portugal, no entanto, comercializava com o Oriente, impunha-se em pontos estratégicos da África e mantinha sua rota marítima, sendo a costa brasileira de interesse secundário. Diante da ameaça de perda das terras para os franceses, iniciava a criação de uma rede de fortalezas em locais estratégicos reforçados pela natureza, como desembocaduras de rios transformados em portos para garantir a posse da terra e o escoamento do pau-brasil pelo comércio extrativista.

O resultado do fracasso da política das Capitanias Hereditárias, com a distribuição das terras aos nobres, que nem sequer tomaram posse, foi o abandono da Colônia durante meio século, até a mudança para o sistema de governadores gerais, seguido pelo período da união das Coroas ibéricas, coincidente com a invasão dos holandeses (1624-1640). Essas políticas alimentaram as teorias do abandono e da espera por decisões da Coroa agravadas pela imensa distância geográfica. Entretanto, nesse período são fundadas as vilas de São Vicente (1532) e Cananéia, junto ao ponto da linha do Tratado de Tordesilhas (1494), feitorias no litoral do Rio de Janeiro (1560), Porto Seguro na Bahia, Olinda (1536) e Itamaracá, mais ao nordeste, na altura do arquipélago de Fernando de Noronha.

O sertão começou a ser povoado a partir de São Paulo (1554) no altiplano, acima da serra do Mar, limite com as terras hispânicas.

A implantação de cidades no Caribe e em terra firme, segundo o pesquisador Alberto Nicolini (2010), foi o aprendizado de Pizarro aos 24 anos de idade ainda em Santo Domingo (1502) até a primeira cidade das Índias, a Cidade do Panamá em 1519, mirando o Oriente, já no *Mar del Sur* (oceano Pacífico). Na companhia de Pedrarias Dávila, continua o pesquisador, fundaram as primeiras cidades quadriculares em terra firme na atual América Central, quando aos 46 anos, em companhia de Almagro, partiu para a conquista das capitais do Império Inca, Cusco no Peru e Quito mais ao norte no atual Equador. Entre as duas cidades sedes do império, Cusco e Quito, Pizarro fundou Lima, em 1534, capital do vice-reino do Peru, cidade portuária e símbolo da conquista e do poder central nas terras do Sul. Com seus capitães, fundam, acima de Lima, as cidades de Piura, Trujillo, Guayaquil e Quito, e abaixo, ao sul, chegam até Santiago do Chile (1541).

No litoral e adentrando a cordilheira dos Andes, Arequipa e Ayacucho, ainda no Peru, e em terras hoje bolivianas, La Plata, vizinha de Potosí (1545), onde as minas de prata transformaram em realidade o mito do *El Dorado*. A busca pelos metais preciosos levou seu irmão, Gonzal, a fundar aquela que seria a cidade dos quatro nomes – Chuquisaca, La Plata, Charcas – atual Sucre (1538), capital da Audiência de Charcas. Interligando com o Norte da Argentina, a partir do Chile, Tucumán (1565). Chuquisaca (Sucre) é modelo do traçado urbano em quadrícula, criado por Pizarro, por ordem do vice-rei Pedro de La Gasca – que concede a Pedro de Valdivia a região de Cuyo, as fundações de Mendoza (1561), San Juan (1562) e San Luis (1594). Todas essas cidades mencionadas ainda conservam características de cidades quadriculadas, como no período de suas fundações. A meio caminho de Potosí e Cusco, La Paz (1548), adaptada à acidentada geografia adversa, ligava Pomata, Juli e Puno, ao norte do lago Titicaca.

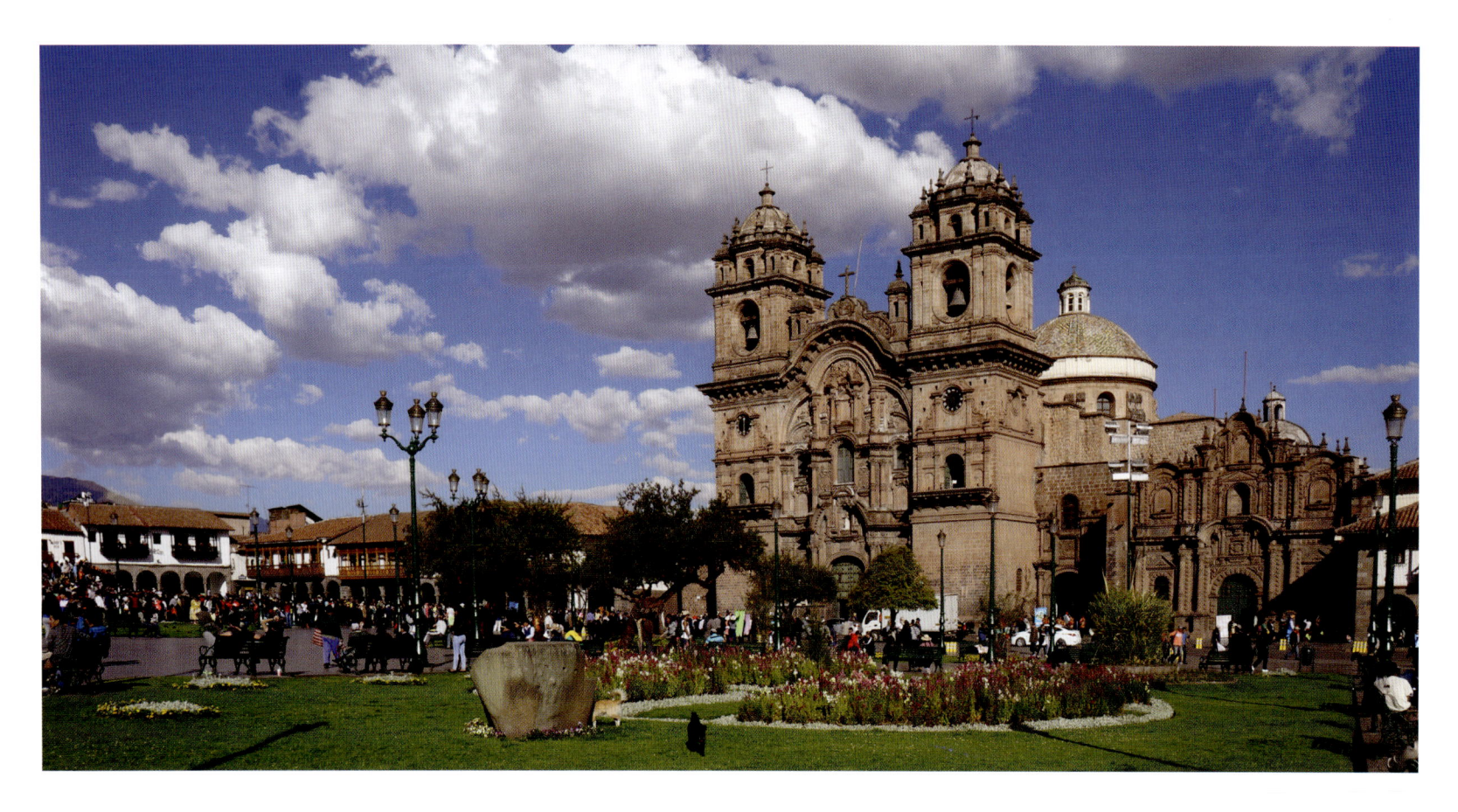

Entre Quito e a Cidade do Panamá, a caminho de Cali e Popayán, Gonzalo Jiménez de Quesada fundou a cidade de Santa Fé de Bogotá (1538) aplicando o mesmo método de quarteirões quadrados ou quadricular. Santiago de Leon de Caracas (1567), décadas depois, fundada por Diego de Lozada, adotou o modelo de "cinco por cinco quarteirões, com praça no centro, e cada quarteirão dividido em quatro lotes"[2]. A ligação com o mar do Norte (oceano Atlântico) foi feita por Pedro de Mendoza, que estabeleceu o primeiro assentamento de Buenos Aires (1536 e sua segunda fundação 1580) e, por via fluvial, Assunção do Paraguai (1541).

Com a disseminação do modelo quadricular, a partir de Lima, e com adaptação a terrenos não totalmente planos, como no caso de Quito – com mais de uma praça e quarteirões não divididos apenas em quatro lotes por imposição da desigualdade topográfica do terreno –, as cidades obedeceram a um padrão que conferia ao longo caminho da prata – de Potosí a Cartagena de Índias – o aspecto de ordem política que deveria cobrir todo vice-reino. Esse longo caminho percorrido pelas imensas trilhas dos antigos incas, avivando a cultura em Cusco e demais cidades por onde passava, era especialmente perigoso em seu final no Caribe, repleto de piratas. Juan Martienzo, ouvidor da Audiência de Charcas escreveu *Gover-*

Plaza Mayor. Igreja da Companhia de Jesus, 1651-1688. Cusco, Peru.

Torre del Homenaje. Fortaleza Ozama. 1502-1505. Santo Domingo, República Dominicana.

## Cidade de Santo Domingo, República Dominicana | século XVI

A primeira cidade construída na América pelos conquistadores espanhóis foi Santo Domingo (1502). Frei Nicolás de Obando logo transferiu a pequena vila para as margens do rio Ozama para facilitar a comunicação com as vilas no interior da ilha *La Española*[4]. O promontório na desembocadura do rio de águas profundas era rico em pedra calcária, o que possibilitou a rápida edificação, primeiro da Torre da Homenagem e da Fortaleza Ozama, construções com características medievais como ameias. A prisão já estava ali construída em 1505, em seguida foi feita a residência do governador. Cerca de cinquenta anos depois, a cidade amuralhada estava pronta e sua posição determinou que tomasse direção ao oeste, tendo início ali a primeira rua das Américas, a *calle Las Damas*. A fortaleza recebeu um arco triunfal, homenagem a Carlos III, guarnecendo sua entrada.

*no do Peru* e enviou ao rei em 1579 a possibilidade de implementar uma via terrestre até Potosí e assim suas riquezas escoarem pelo rio da Prata e, desde lá, pelo *Mar del Norte* (oceano Atlântico) até a Espanha, evitando os caminhos perigosos até o Panamá em Portobelo. Essa proposta, jamais aceita, ligaria Potosí, e mesmo Cusco, com Buenos Aires. O vice-rei Francisco de Toledo (1569-1581) consolidou o controle territorial e Sucre (La Plata) como capital da Audiência de Charcas, com bispado desde 1559 e uma universidade já em 1624, sintetizando o plano administrativo-cultural daquela aclamada como capital do Alto Peru. O abastecimento de víveres para a crescente cidade de Potosí era feito por Tucumán e Santiago del Estero (1553). Ao todo foram criadas 180 cidades para o controle de todo o imenso território conquistado[3].

*Piano dela citta di S. Domingo.*
*Acervo expositivo do Museo de Las Casas*
*Reales de Santo Domingo, República Dominicana.*

A cidade foi planejada com ruas largas e retas, com *manzanas* – quarteirões – distribuídas não regularmente devido ao terreno. As ruas paralelas acima de Las Damas chamavam-se Isabel, a Católica e a atual Arcebispo Meriño, e determinavam o maior cumprimento da cidade ao longo do rio Ozama – desde o convento dos dominicanos até a igreja e fortim Santa Bárbara. No meio dessa rua maior está a praça da catedral, o conjunto franciscano, a Casa da Moeda e o hospital San Nicolás. Nas extremidades das ruas transversais foram construídas a ermida de San Miguel, o convento de Santa Clara e as igrejas das Mercês e Regina Angelorum. Duas portas, do Conde e do Forte da Concepción, marcavam as saídas para o interior e para o mercado acima, na região de San Carlos. As praças são marcadas por importantes construções, como a primeira catedral da América (1523).

Na atual rua Nicolás de Obando, de traçado irregular em diversos patamares, está disposto o robusto Alcázar de Colón (1510-1514), de dom Diego de Colón, vice-rei da Hispaniola em 1509. Em estilo isabelino, ou plateresco, tem dois corpos e arcadas renascentistas embelezando a pesada construção (similar ao palácio de Cortés em Cuernavaca, México). Desde esta praça avista-se acima *Las Casas Reales*, palácio dos governadores, construído entre 1500 e 1525, local onde funcionou a primeira Corte de Justiça das Américas, instituída em 1521 pelo rei Fernando de Aragão, o Católico. Seu estilo de expressão militar recorda o gótico tardio, ou seja, plateresco isabelino com janelas *mudéjares*.

Ao caminhar pela *calle Las Damas*, vivencia-se a memória da Espanha na América. Ela sem dúvida é a mais bela das ruas do Novo Mundo, segundo diversos cronistas. Antiga rua do Rei, seu nome foi mudado por ali passar com suas damas a vice-rainha Maria de Toledo. Nela residiram os mais influentes homens dos primeiros anos do Novo Mundo, clérigos, proprietários dos engenhos de açúcar, familiares dos vice-reis e ricos comerciantes, além dos jesuítas, cuja imponente igreja é ocupada pelo atual panteão nacional.

### Palácio de Cortés. Cuernavaca, México | século xvi

A cidade de Cuernavaca, distrito de Morelos, é testemunha dos primeiros anos da conquista do México por Hernán Cortés. Assim como na capital Santo Domingo, onde Colombo construiu seu alcázar, também Cortés construiu o seu, hoje denominado Palácio de Cortés, semelhante àquele da antiga ilha Espanhola. Iniciou-se sua construção em 1526 no local onde os nativos pagavam seus tributos, Tlatlocayacalli, com a fachada posterior voltada para um vale, sobre um promontório, e a fachada principal no plano do terreno que se volta para o arruamento quadriculado.

PALÁCIO DE CORTÉS. MUSEO CUAUHNÁHUAC.
SÉC. XVI. CUERNAVACA, MÉXICO.

O edifício é semelhante a uma fortaleza com ameias ocultando o telhado, a entrada é grandiosa com arcadas nos dois pisos. Lá, Cortés viveu com sua esposa Juana Zuñiga. O aspecto atual distancia-se daquele inicial devido a acréscimos e múltiplos usos, incluindo cárcere, local de despacho do arquiduque Maximiliano I, sede provisória do governo da República e por fim Museo de Antropologia de Cuernavaca.

A arqueologia do edifício mostra parte das fundações da antiga capela, cisterna, partes de escadarias e ainda permanecem arcos da *loggia* da fachada lateral e a entrada com quatro arcos na planta térrea que se repetem no segundo piso.

Alguns fac-símiles estão expostos no museu: o Códice Cortés, um desenho do urbanismo quadriculado da povoação e uma interessante sinalização da primeira missa no local.

Defronte aos arcos do palácio sai uma rua reta em suave declive e, logo acima, o conjunto franciscano sob invocação de Nossa Senhora da Assunção, edificação das mais antigas do México (iniciado em 1525), que atualmente funciona como catedral. Sua fundação formal é de 1574, mas o mosteiro já funcionava em 1529 com 12 freis, sendo que na fachada norte da igreja há um monograma da Virgem datado de 1552. O terreno é fechado com entrada pela atual capela dos terceiros, apresenta uma fachada lateral em forma de concha e na extremidade oposta, uma capela posa[5]. No centro do adro fechado, o antigo cruzeiro permanece sinalizando o local de catequese. Junto à entrada principal está uma das mais interessantes capelas abertas, com uma sequência de arcos e altar para as missas evangelizadoras ao ar livre[6].

A igreja franciscana lembra uma fortaleza, severa, com linhas tardo-góticas visíveis nos arcos que sustentam o coro. Ela guarda uma preciosidade de afrescos tanto figurativos como geométricos esboçados apenas imitando nervuras na abóbada da nave. Na parede do lado do evangelho[7], por onde se entra vindo do portal do adro, encontram-se os afrescos dos mártires franciscanos no Japão. Pinturas ainda quinhentistas em tonalidades ocre, vermelhas, verdes e azuladas. São de grande importância, pois não passaram pelos referenciais europeus e, livres, os artistas puderam narrar aquele episódio atroz. Mesmo os franciscanos têm feições

DESENHO DO TRAÇADO DE CUERNAVACA SINALIZANDO O PALÁCIO DE CORTÉS. FAC-SÍMILE DO SÉC. XVI. MUSEO CUAUHNÁHUACA, MÉXICO.

PLAZA MAYOR DE LIMA COM PALÁCIO DO GOVERNO À DIREITA E EDIFÍCIOS DO GOVERNO LOCAL, NO CENTRO E À ESQUERDA. LIMA, PERU.

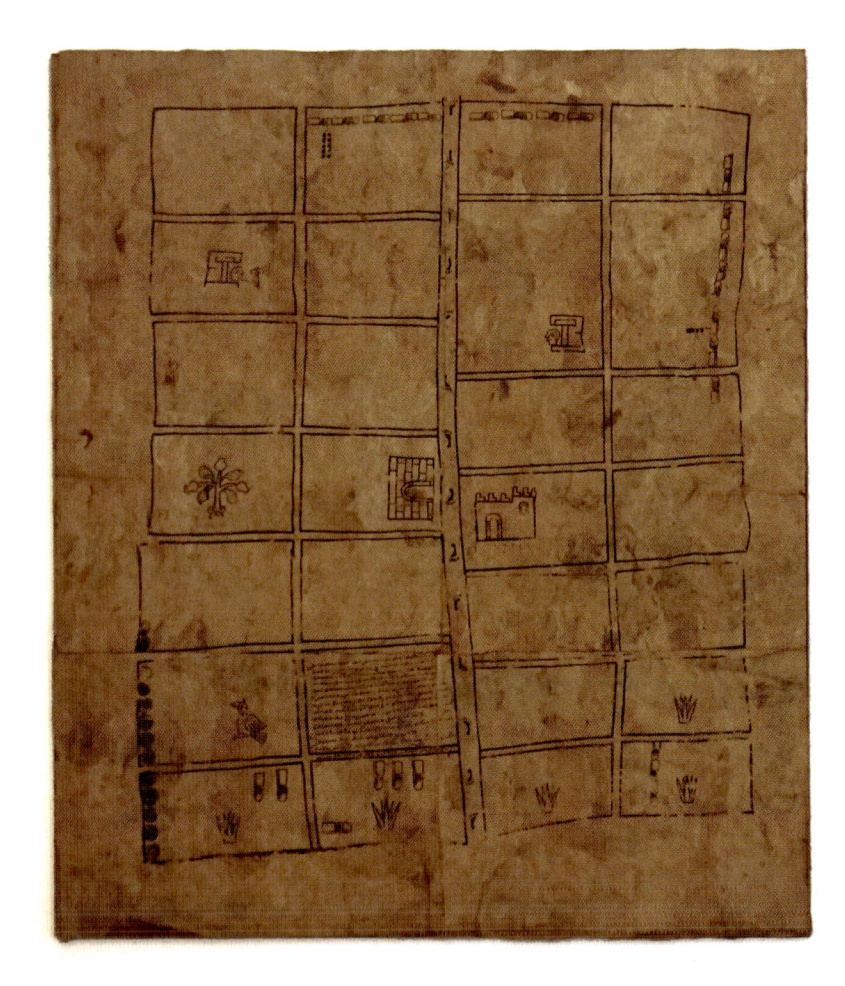

e vestimentas asiáticas. Em uma parte da alta parede, os barcos com os 25 religiosos estão escoltados pelos soldados japoneses e o xógum é mostrado no centro de uma das embarcações. Os franciscanos foram exibidos nas cidades de Kioto, Osaka e Saki. As embarcações são dispostas na espacialidade muito mais narrativa que pictórica. Na sequência, chegam até o local do martírio (lado esquerdo), depois de passarem pelas águas – a solução de peixes sob o umbral da porta é magnífica –, em terra firme, onde seriam crucificados. Os mártires foram beatificados em 1627[8].

### Protótipo de urbanismo em quadrícula. Lima, Peru | século XVI

Lima, a capital do vice-reino do Peru, fundada por Francisco Pizarro, em 1534, foi o modelo urbanístico seguido até o início do século XVIII, na vasta região desde a Colômbia até o Chile, do deserto do Atacama nos altos Andes até o *inferno verde*, a floresta amazônica. O conquistador poderia ter preferido Cusco como capital, como fez Cortés com a capital do Império Asteca, Tenochtitlán (1523). A escolha de um vale costeiro do rio Rimac, de 35 quilômetros de norte a sul, com largura que varia de dez a vinte quilômetros, faz daquele sítio um oásis de pouca altitude e próprio para a ligação com as cidades recém-conquistadas, como Quito e Cusco.

Antes de sua fundação, foram avaliadas as possibilidades de os indígenas permanecerem por lá sem que tivessem de se deslocar para os serviços, que tivesse lenha em abundância, que servisse de porto para as frotas e que pudesse ser um povoamento permanente. Os europeus se interessavam por terras com acesso marítimo fácil e comunicação com o Panamá, pois, assim, se sentiriam seguros na costa para se deslocar. Eram homens do mar, e não das serras da cordilheira.

O reconhecimento do local geográfico era importante pois a fundação jurídica antecipava a territorial, já que se conhecia de antemão quem habitaria tais paragens e um plano da cidade sobre um papel era necessário para que se começasse a localizar a igreja principal – catedral – e, a partir de lá, da Plaza Mayor, ou de Armas, a distribuição dos terrenos onde seriam construídos os solares e os edifícios civis. Invocado um protetor espiritual, um santo patrono, iniciava-se a construção e se aguardava por uma ordem oficial do rei com o reconhecimento da nova cidade.

O resultado do desenho da cidade de Lima foi similar a um tabuleiro de xadrez, seguindo a quadrícula já comum nos acampamentos de conquista dos romanos e deslocamento de ações bélicas medievais. A muralha iniciada na sua fundação, em 1535, foi consolidada em 1685, durante o auge da cidade, e demolida em 1870, período de decadência. As montanhas e o rio Rimac determinaram um plano em forma triangular irregular, achatado nos vértices, curvo ao sul, junto ao rio, e mais regular ao norte. As ruas foram marcadas com cordel, com largura de quarenta pés, formando 116 quadras distribuídas em 13 *manzanas* – quadras com quatro lotes – de leste a oeste e 9 de norte a sul[9].

Os terrenos distribuídos graciosamente impunham obrigação aos proprietários de construir e cercá-los no prazo de um ano. Os beneficiados foram os conquistadores que acompanharam Pizarro, os vizinhos de Jauja e San Gallan, os *encomenderos* – protetores dos índios. Os terrenos vazios eram usados para hortas e ranchos de moradia de trabalhadores. No final daquele século formou-se do outro lado do rio um novo povoado, San Lázaro del Cercado, primeiro para os índios e depois para os recém-chegados, carentes de meios econômicos. No século seguinte, a oeste da cidade, surgiu um novo bairro junto ao porto, o Callao. Toda a cidade foi reconstruída depois do terremoto de 1687, pelo conde de Monclova[10].

A distribuição dos edifícios nas quadras foi referencial nas capitais – Bogotá, Caracas, Buenos Aires e das Audiências da Guatemala e Sucre, e nas principais cidades hispano-americanas antes mencionadas. Seguia-se a seguinte distribuição: ao redor da Plaza Mayor dispunham o palácio dos vice-reis ao norte, a leste a catedral, a oeste o *Ayuntamiento* (governo local) e as casas do *Cabildo* secular (governo do município) e ao sul o mercado. Os edifícios determinavam os nomes das ruas, assim como um morador ilustre ou grupos profissionais como ourives, prateiros e mercadores. As *manzanas* foram distribuídas em quatro partes, sendo três para os *encomenderos* e uma para a igreja, subdividi-

Palácio Nacional no Zócalo ou Plaza de la Constituición. Aspecto barroco na reconstrução de Frei Diego Valverde, sendo vice-rei Gaspar de Sandoval. Séc. xviii. México.

da em duas partes, a do templo e a do palácio episcopal quando de sua implantação. Naquele lote completo destinado a Pizarro, hoje está o palácio do governo.

Ramón Gutiérrez sinaliza que essa estrutura interna da cidade americana com o núcleo central "foi fruto pragmático da confluência entre ideias renascentistas, experiências espanholas medievais e muçulmanas, persistências indígenas e, sobretudo, uma empírica experiência em povoar os grandes territórios americanos, se estendeu em traçado em tabuleiro de xadrez com quarteirões regulares[11]."

A Plaza Mayor quadrada gera unidade nos lotes e confluência das ruas para os terrenos planos. Regiões acidentadas, como em Quito, as quadras e praças ainda assim são retangulares, porém, de tamanhos diferentes, adaptando-se à topografia.

Nas cidades sedes de bispado, como Puebla de los Angeles, o maior e principal terreno passava a ser o da catedral, com recuo para o adro, praça lateral ou fronteiriça. O palácio episcopal, em geral junto a catedral, ocupava toda uma testada da *manzana*, como na Cidade da Guatemala. Havia as ordens mendicantes – franciscanos, dominicanos, agostinianos e mercedários – que passaram a ocupar quadras inteiras para seus conventos. Em seguida, vieram os jesuítas com os colégios, sempre mais próximos aos bispos, como em Bogotá. E os mosteiros femininos, um pouco mais distantes da catedral e dos conventos masculinos, conformando o tecido urbano.

## Cidade do México, México | século xvi

A capital do Império Asteca, Tenochtitlán (1325), era uma cidade emblemática e mítica sobre as águas rasas do lago Texcoco. Quatro vias levavam ao centro cerimonial, onde se encontrava o templo maior e o palácio de Montezuma ii. Nasceu aí a Cidade do México, sobreposta àquela antiga com pirâmides coloridas no centro da praça (Zócalo), e as ruas que acompanhavam a circularidade imposta pelas águas. A imensa praça das pirâmides do Sol e da Lua, com suas quatro vias que levavam para a zona sagrada e administrativa, cedeu lugar a uma cidade regular, quadriculada, tendo como centro o Zócalo com a catedral, alterando assim a escala dos espaços abertos. Na realidade, eram três espaços: os dois maiores eram do marquês e do vice-rei, e o terceiro era o espaço do mercado dos índios, separando-os dos espanhóis[12].

A nova capital foi redesenhada entre os anos de 1523 e 1524, aproveitando as ruas regulares, formando blocos compactos de

Manuel Tolsá. Fachada neoclássica da catedral (séc. XIX) e conjunto do *Sagrario*, obra de Lorenzo Rodríguez (1749). Catedral Metropolitana da Cidade do México.

residências com quatro ou oito pátios internos. No alinhamento das ruas, ou recuados, as igrejas, os conventos e os mosteiros, por vezes agraciados com pequenas praças ou recuos, para melhor visualização de suas fachadas. Ao redor de toda a cidade quadriculada, havia residências ao longo das margens do lago com arvoredo[13]. Há também uma pintura conhecida como *Biombo*, que se encontra no museu Franz Mayer, quando a cidade do século XVII iniciava sua expansão, desde o Zócalo, junto ao qual se somava o Palácio de Cortés ou Vice-Reis (1575). Em diversas direções as principais ordens religiosas marcavam sua presença, como o edifício da Pontifícia Universidade da Nova Espanha, na parte posterior da catedral, o seminário de San Ildefonso dos jesuítas, o educandário para meninas, La Enseñanza, e o convento dos dominicanos ao lado do palácio da Inquisição.

Os palácios do arcebispo e do vice-rei (Palácio Nacional) estavam na lateral e ao longo da praça (final do século XVII). Arcadas sob os edifícios da praça protegiam os transeuntes do sol intenso. A construção era severa, seguindo os modelos de racionalidade espanhola baseada em formas renascentistas. O ornamento externo se detinha apenas na portada com torre sineira e nos cantos, torreões como os do Alcázar de Toledo.

Ao longo do tempo, o antigo palácio de Montezuma II foi esquecido por debaixo daquele construído no século XVIII com a prolongada fachada. Em direção ao bosque de Chapultepec, os mosteiros franciscanos e femininos continuavam ao encontro do aqueduto em arcos romanos, que serviam de estacamento, junto a uma muralha.

Nos séculos XVII e XVIII a cidade transformou-se em um espetáculo de urbanismo barroco. Fachadas surpreendentes, tão à moda naqueles tempos em que o fausto da riqueza era expresso em construções com amplas fachadas, portais elaborados e alegorias escultóricas, enunciavam a nobreza de seus moradores. Festas concorrentes com aquelas de Sevilha, como as procissões religiosas de Corpus Christi ou de padroeiros, eram pretexto para o uso de vestes da última moda europeia, noites iluminadas com fogos de artifício e cânticos cadenciados dos religiosos, quando não touradas, seguidas de comilanças em festas populares que precedem as religiosas.

## Guadalajara, México | séculos XVI-XIX

As implantações das catedrais de Guadalajara e Morelia são diferentes. Na primeira o edifício encontra-se atualmente no centro do braço de um imenso cruzeiro formado por uma sequência de praças (abertas no século xx), e na segunda, em um adro fechado em meio a duas praças. Essas cidades fundadas ainda no século da conquista ganharam nos períodos subsequentes ares de embelezamento dentro da gramática barroca explicitada nos edifícios, ainda que sobre um traçado seiscentista. A mudança se deu por causa do desenvolvimento econômico e das diretrizes políticas estarem distantes do período sob as Ordenações Filipinas.

Guadalajara, primeiramente chamada de Nova Galícia, está na rota comercial a caminho da Califórnia e é entreposto de zonas de mineração. O urbanismo implementado foi em terreno plano, o que possibilitou uma ordem exemplar no sistema quadriculado. De início, o posicionamento da catedral era como nas cidades coloniais e sua melhor visão era lateral desde a Plaza Mayor, onde se encontra o palácio do governo, e no lado oposto na praça de los Laureles – e posteriormente ornada com a rotunda. Ao longo da via principal encontravam-se as igrejas dos franciscanos e a capela Aranzazú, e na parte posterior da catedral ficavam os agostinianos e o antigo hospital Cabañas (1805). No período pós-independência construiu-se o teatro Degollado (1866), sem praça para admirar sua fachada neoclássica. Foi apenas em 1936 que o arquiteto Ignacio Díaz Morales colocou seu plano de La Cruz de Plazas, resultando em um surpreendente centro histórico.

### Morelia, México | séculos xvi-xix

Morelia, antiga Valladolid, também dos tempos da conquista, foi fundada em 1545 e é a capital do estado de Michoacán. Recebeu seu nome em homenagem a José María Morales, figura que, junto com Hidalgo, foi mentor da independência mexicana (1810). Em 1991 foi aclamada como Patrimônio da Humanidade

VISTA DO *SAGRARIO* (CÚPULA) E TORRE DA CATEDRAL DESDE A PLAZA MAYOR. SÉC. XVIII.

FACHADA DO PALÁCIO DO GOVERNO. SÉC. XVIII. GUADALAJARA, MÉXICO.

por seu acervo arquitetônico conservado no urbanismo renascentista e de grande valor por seu desenvolvimento cultural e histórico para a nação mexicana. Seus edifícios estão perfilados ao longo da avenida Francisco Madero defronte à catedral, que está em um adro fechado posicionada entre duas praças, a de Armas e outra com a avenida Madero, cercada por edifícios governamentais e civis. As construções religiosas se distribuem entre praticamente três amplas ruas paralelas à da catedral: na avenida em frente a esta situa-se o antigo seminário Tridentino (1760), que hoje é o palácio do governo (desde 1887); para a esquerda, o conjunto jesuítico (século XVII) que abriga o palácio Clavijero e a igreja transformada em biblioteca pública (1930) – em seguida à igreja dos mercedários (1604). Na parte oposta da avenida Francisco Madero, está o mosteiro de Santa Catarina de Siena (1729).

Duas ruas abaixo, Santiago Tapia, descendo o suave declive ao longo do colégio dos jesuítas, fica o templo das freiras Las Rosas (1743), abaixo a igreja do Carmo e, seguindo à direita, os templos de São José e São João Batista. Nas ruas de onde se vê a parte posterior da catedral, como na rua Corregiadora, pode-se apreciar o surpreendente conjunto agostiniano (1550), com contrafortes medievais na construção do mosteiro e partes do gótico tardio na igreja e fachada maneirista. Seguindo-se à direita, em ampla praça está o conjunto franciscano, ainda mais antigo (1530), com belíssima *loggia* conventual e, abaixo, as capuchinhas (1680) com a igreja com dois retábulos barrocos *churriguerescos*. A localização das construções das ordens religiosas no contexto urbano se faz necessária, pois se assemelha àquela da Cidade do México do período colonial, que em situação geográfica semelhante possuía 22 mosteiros femininos e conventos de todas as ordens religiosas também nas ruas paralelas ao fundo e à frente da catedral. Tal configuração ainda permanece em Morelia.

### Antigua, Guatemala | século XVI

A antiga capital da Guatemala era chamada de Santiago de los Caballeros de Guatemala, e recebeu o nome atual de Antígua em 1774, um ano depois do terremoto de Santa Marta que a destruiu e converteu-a em grande ruína. Anteriormente houve outra capital, hoje chamada de Pueblo Viejo, de 1527, que fora arrasada pelas lamas do vulcão Hunajpú em 1541. Antigua, destruída, preservou-se como um exemplo intocável de traçado urbano do século XVI. Na Plaza Mayor, com a catedral de Santiago, palácio episcopal, e os edifícios do *Ayuntamiento* e Real Palácio, para onde convergem as quatro principais vias, o urbanismo revela por meio do posicionamento dos edifícios religiosos o quanto essas construções determinavam a visualidade e o ritmo de vida naquele período.

A Plaza Mayor é limitada ao norte pelo portal de Nagueras ou de Cadenas e o palácio do *Ayuntamiento* a leste, pela catedral e palácio episcopal que tomava toda *manzana* e, na lateral, pela Real Pontifícia Universidade de São Carlos Borromeo; a oeste pelo portal de Mercaderes ou das Panaderas.

Os palácios governamentais continuam sendo a expressão máxima do poder político com suas arcadas no piso térreo abrigando os habitantes das tormentas e, nos andares superiores, os departamentos administrativos – corte de justiça, tesouraria, relações diplomáticas, selo real, arquivo e cartórios. Na platibanda do palácio real há três ornamentos sobre os 25 arcos, determinando a entrada palaciana principal, e, na extremidade da direita, a entrada para a casa de fundição. Internamente o luxo era distribuído pelas escadarias, pelos pátios e pelos jardins[14]. Sem dúvida foram os palácios renascentistas italianos o paradigma para construções tão faustosas e elaboradas de cujas arcadas os governantes assistiam às cerimônias. O palácio do *Ayuntamiento* sofreu danos ao tentarem retirar suas pesadas colunas quando da transferência para a nova capital (1774).

A Plaza Mayor servia de local para touradas, comércio, festas religiosas, sendo as da Semana Santa e Corpus Christi as mais concorridas. O espaço da praça deveria ser proporcional à quantidade de habitantes. O posicionamento das quatro vias principais deveria impedir que canalizassem os ventos. No centro, a fonte das Sereias, obra de Diego de Porres (1739), abastecia mercadores sedentos e seus animais cansados. Os portais dos mercadores com suas mercadorias foram transformados em balcões, que os abrigavam, até que foram removidos para mais distante, junto ao conjunto dos jesuítas, em 1912.

Admirar a cidade desde o conjunto cerro do Cruzeiro é vislumbrar um tempo passado composto por fragmentos de lembranças arruinadas pela força da natureza. O espaço construído pelo homem revela uma fé hercúlea na criação de um paraíso, arrasado por torrentes de lavas, lamas e cinzas. Imensos blocos de abóbadas destruídas em segundos, e uma eternidade para

Vicenzo Baroccio. Vista lateral da Catedral de Morelia. México. 1660-1745.

Catedral de San Tiago e arcadas do Palácio dos Governadores, Antigua e o vulcão Hunajpú. Reconstrução do séc. XVIII. Guatemala.

construí-los, evocam os primórdios e o momento da expulsão do paraíso. Franciscanos, mercedários, jesuítas, agostinianos, dominicanos e missionários com sua *Propaganda Fide* são lembrados quando admiramos suas fachadas arruinadas.

Construiu-se então uma nova capital, Cidade da Guatemala, não distante de Antigua. A imensa praça desenvolve-se ao redor da nova catedral e palácio episcopal, em uma das faces se localiza o palácio nacional (1939-1944) sem, porém, o fausto daquele maneirista de Antigua. O parque del Centenário amplia a grandiloquência imposta pela espacialidade desmesurada.

A catedral, solene, transformou-se em monumento neoclássico, cuja cúpula foi reconstruída em 1868 devido abalos sísmicos. Na parte posterior da catedral, em leve declive, o mercado central (reconstruído em 1976) pode ser observado do alto. As novas construções religiosas reverenciam em seus interiores os antigos retábulos barrocos salvos das ruínas do terremoto Santa Marta. Neles, entre espelhos e complexos entalhes, os santos pairam velando pelos guatemaltecos que com as cabeças cobertas por magníficos desenhos de sua arte têxtil tecem suas lamentações entre os seres celestes maias e cristãos.

### Santa Fé de Bogotá, Colômbia | séculos xvii-xix

Simón Bolívar é o nome atual da antiga Plaza Mayor de Santa Fé de Bogotá (1538). Localiza-se em um local privilegiado por um terreno em leve declive, desde a fachada da catedral até a via onde se encontram os edifícios comerciais em estilo eclético francês. Contemplada desde a passagem que leva para o mosteiro de Santa Clara, a catedral (1807-1823) se impõe com altivez por suas torres e pela horizontalidade do palácio episcopal (1952), recortada apenas pelo portal setecentista do *Sagrario*, único exemplar do período colonial na praça[15]. Como pano de fundo, a montanha, que atinge 2.650 metros, cujas ruas alinhadas pelas casas coloniais da Candelária tentam inutilmente escalar o paredão abrupto. De lá, a grande cúpula da catedral – reconstruída em 1807 – torna-se etérea, boiando no ar fino e quente ao pôr do sol.

Os edifícios governamentais são díspares estilisticamente, assim como a conturbada história de destruição e reconstrução da praça, tanto pela natureza como pela fúria do ser humano. O palácio presidencial de Nariño, construído em 1906, na Plaza Mayor, é eclético. O palácio Liévano é em estilo francês, obra de Gatón Legarge, sede da prefeitura que, por acúmulo, toma toda extensão da rua 8. A seu lado, acima, parte do grandioso colégio jesuíta e igreja de San Bartolomé (1604) fecha toda a *manzana* e, hoje, abriga tesouros da arte colonial, e é o local onde foi proclamada a independência da Colômbia, por Simón Bolívar, em 1810. No centro da praça fica a homenagem ao libertador com uma escultura de 1846.

Vista panorâmica da Plaza Simón Bolívar. Edifícios da Municipalidade, Palácio da Justiça e Catedral Metropolitana. Bogotá, Colômbia.

O palácio da justiça é, sem dúvida, um símbolo da resistência junto a tantas construções que insistem cada qual em especificar suas funções, governamentais ou religiosas. Obra de Thomas Reed, permanece naquele local em que, em tempos remotos (1583), já se erguera o pelourinho – *picota* – no qual se aplicava a justiça real espanhola.

### Tunja, Colômbia | século XVI

A zona de mineração de ouro, sal e esmeralda, nos Andes do vice-reino de Nova Granada, desenvolveu um dos povoados mais antigos daquela região da América espanhola. Ao sul, as fundações de Popayán, Santa Fé de Bogotá e Quito interligavam-se ao porto de Cartagena de Índias e à nova capital Lima[16]. Tunja foi fundada em 1539, marcando o início da conquista do interior, local rico em águas, incrementando a agricultura, e, abundante em madeira, possibilitando a construção de templos, mosteiros e as casas dos ricos senhores *encomenderos*. A lucrativa atividade de construção fez de Tunja um celeiro de arregimentação de nativos. No povoado de traçado regular ortogonal, até onde se permitia esse tipo de projeto sobre o escasso terreno plano, a urbanização se viu acelerada pela casa do fundador, dom Suárez Rendón, construção aclamada como exemplar único de um dos conquistadores ainda existente na América do Sul. A residência assobradada que domina toda uma face da Plaza de Armas (atual praça Bolívar) tem sua dignidade aumentada pela construção da catedral, em terreno doado para essa finalidade pelo próprio Rendón[17].

Patamares e degraus procuram nivelar o terreno do conjunto residencial e da catedral construídos em uma área mais baixa que o da imensa praça. A portada de entrada é de pedra, desenho severo com apenas duas colunas cilíndricas caneladas que se destacam do grande plano branco da parede fronteiriça. O brasão da família acima da portada tira a rígida simetria do solar com amplas janelas no piso inferior e balcões acima, e janelas que se abrem para o grande salão onde se encontram enigmáticas pinturas do final do século XVI. A planta térrea em L tem na parte posterior uma grande varanda sustentada por pilares de pedra e arcos, e o segundo piso completa-se com o espaço coberto semelhante a um meio claustro. Estima-se que para a construção foram necessários cerca de 3 mil indígenas. O telhado mais elevado que as construções vizinhas e o gracioso ritmo dos cinco arcos intercalados entre os balcões completam o conjunto seiscentista que testemunha os tempos das conquistas e o sistema de encomendas a que foram submetidos os nativos.

Na face oposta uma sequência de construções abrigam-se sob o mesmo telheiro unidas por um imenso balcão em madeira. Apenas um terço da amplidão da praça quebra essa impressionante horizontalidade por meio de um leve alteamento dos telhados de duas residências. Na face onde ainda se con-

VISTA PANORÂMICA DA PLAZA SIMÓN BOLÍVAR
COM A CASA DO FUNDADOR, E CATEDRAL.
SÉC. XVI. TUNJA, COLÔMBIA.

VISTA DA CIDADE DE QUITO DESDE A IGREJA DE
SAN FRANCISCO COM AS ARCADAS DO CLAUSTRO E
CONJUNTO JESUÍTICO AO CENTRO. QUITO. EQUADOR.

servam os edifícios antigos, três grandes construções procuram nivelamento no declive do terreno. Na face oposta, uma imensa construção moderna retira da praça o aspecto vetusto e indica o desajuste urbanístico ao qual uma das mais antigas cidades da América foi submetida.

## Quito, Equador | SÉCULO XVI

Quito, antiga cidade inca, ao norte do Império Tahuantinsuyo, foi tomada pelos espanhóis em 1534, estando à frente Pedro de Alvarado, auxiliado por Sebastián de Benalcázar. A cidade sagrada dos incas, junto ao vulcão Pechincha, foi então incendiada para que os conquistadores nada encontrassem do vestígio daquela cidade planificada em forma de jaguar (onça-pintada), segundo a tradição. A cidade sobreposta teve destino similar ao da Cidade do México, sobre pirâmides, e ao de Cusco, onde os templos serviram de base para as construções espanholas. Assim, o templo franciscano ocultou o palácio de Huayna Cápac, na atual Plaza de San Francisco. Sobre o palácio de seu irmão Atahualpa, na Aclla Huasi – o templo das escolhidas –, construiu-se o mosteiro das freiras catalinas. A nova cidade foi rebatizada de San Francisco de Quito (1556)[18].

O terreno plano e escasso permitiu que a cidade de traçado regular comprimisse em seu urbanismo um número impressionante de construções religiosas – aproximadamente quarenta –, o que lhe valeu o nome de Relicário das Artes das Américas. A Plaza Mayor (atual praça Independência) é cercada pelo palácio do governo, disposto em um terreno em aclive. Pouco mais abaixo, a praça ajardinada fechada pela lateral da catedral com uma portal e escadaria compõe o cenário urbano; na lateral oposta está o grandioso palácio episcopal, em parte transformado em hotel.

A via Garcia Moreno, defronte ao palácio e da entrada principal da catedral, é um verdadeiro cenário barroco com a fachada do *sagrario*, recuada, e da catedral, mais elevada. O antigo colégio dos jesuítas, de requintada fachada e portada monumental, forma uma perspectiva digna do mais sofisticado urbanismo. Pouco recuada, no final da via, a fachada barroca da igreja da Companhia completa o cenário.

Seguindo adiante, a surpresa maior está sem dúvida na praça de San Francisco. A imponente construção acima da praça, levemente em aclive, engrandece o espaço urbano com suas obras de arte – a fachada-retábulo da igreja conventual e a escadaria em círculos concêntricos convidam os fiéis a entrarem naquele templo de arte e fé. Da calçada do promontório do convento, segue-se para um novo espaço da praça, onde está o mosteiro de Santo Domingo. Novamente o declive nos proporciona uma perspectiva privilegiada pela amplitude e pelo domínio de todo o conjunto horizontalizado pelo imenso telhado e recortado pelas torres. No caminho entre as vias mais estreitas, os mosteiros de freiras desfilam suas fachadas com paredes e torreões de observação para as reclusas. O conjunto dos agostinianos teve menor sorte, com uma pequena *plazuela* para sua fachada.

Nas base dos morros, as vias aos poucos tomam outro ritmo, que não o ortogonal, surgindo outra forma de urbanismo, com construções tão belas quanto aquelas elaboradas no centro histórico aclamado pela Unesco em 1978, reconhecendo a importância da escola de artes quitenhas do período colonial.

URBANISMO COLONIAL 59

## Capitais no Cone Sul | séculos XVI-XIX

As capitais La Paz, Assunção, Santiago do Chile, Montevidéu e Buenos Aires tiveram suas praças maiores atualizadas estilisticamente segundo modismos do século XIX.

As capitais dos estados brasileiros como Belém, Recife e Salvador também modificaram suas praças cívicas com seus antigos palácios, substituindo-os por novos.

O neoclassicismo do final do século XVIII e grande parte do século seguinte, teve grande aceitação na Espanha, em Portugal e nas terras americanas. Essa difusão estilística se deu a partir da Real Academia de San Carlos, da Cidade do México, fundada em 1785, na qual o pensamento do império dos Bourbon identificava-se com as linhas sóbrias na arquitetura, evocando os clássicos gregos, como um exemplo de espírito de moralidade e virtude. O ensino acadêmico teve difusão com fundamentos das academias na Cidade da Guatemala (1797), em Buenos Aires (1799), em Lima (1812) e, no Brasil, na cidade do Rio de Janeiro (1820).

Os ensinamentos acadêmicos se distanciavam dos preceitos religiosos, que, naquele momento, coincidiam com o declínio das obras do ultrabarroco mexicano com suas fachadas emotivas, cedendo lugar às linhas racionais e puras das colunas lisas, em vez de torsas ou estípites no México, e do rococó no Brasil.

Os mestres espanhóis da pintura, Ginés de Aguirre e Cosme de Acuña, da arquitetura, Antonio González Velázquez (1723-1793), e os escultores Manuel Arias e Manuel Tolsá, de maior destaque, difundiram o novo gosto por toda a América espanhola. Tolsá, que chegou ao México em 1792, fez a escultura equestre de Carlos IV à maneira da estátua de Marco Aurélio que se encontra no Campidoglio, em Roma. Essa nova

PALÁCIO DO PARLAMENTO,
CONGRESSO DA BOLÍVIA. PLAZA MURILLO.
LA PAZ, BOLÍVIA.

JOAQUÍN TOESCA. PALÁCIO DE LA MONEDA.
1786-1812. SANTIAGO DO CHILE, CHILE.

FREI ANDRÉS RODRÍGUEZ.
CABILDO OU CASA DE GOBIERNO,
1822-1854. PLAZA MAYOR,
ATUAL PLAZA INDEPENDENCIA.
ASSUNÇÃO, PARAGUAI.

VITTORIO MEANO, PROJETO DO ARQUITETO ITALIANO (1897) E FINALIZADO PELO ARQUITETO BELGA JULIO DORMAL (1906). EDIFÍCIO DO CONGRESSO NACIONAL. PLAZA DEL CONGRESO. BUENOS AIRES, ARGENTINA.

remodelação do espaço público a partir de 1803, com esculturas que representavam as virtudes humanas, tornou-se moda durante todo o século XIX. As *plazas mayores* foram remodeladas ao gosto neoclássico ou eclético onde se encontravam os antigos palácios dos governadores e dos bispos, com traços da arquitetura colonial. Entre os exemplares neoclássicos mais autênticos está o palácio governamental em Quito que, ainda no período colonial, foi engalanado com dignas colunas neoclássicas. O Palácio de la Moneda, antiga casa de fundição, em Santiago do Chile, ganhou dignidade e monumentalidade palacianas. Outros se emanciparam com novas fachadas ecléticas ao gosto francês como os de La Paz, dureza clássica alemã em Bogotá e mutilação do *Cabildo* em Buenos Aires, que praticamente descaracterizou sua Plaza Mayor.

Mesmo com a independência das possessões espanholas, no início do século XIX, ainda persistiam os santos patronos das cidades que, aos poucos, acostumaram-se a conviver com os heróis civis e militares e as alegorias dos índios americanos. Esse tipo de alegoria passa a ser representado em esculturas nas praças públicas e pinturas decorativas nos palácios. Estátuas dos libertadores Simón Bolívar e San Martín, heróis das independências, passaram a impor-se com imensos pedestais nas praças públicas.

No Brasil, o ensino do neoclássico esteve a cargo de mestres franceses, como o arquiteto Grandjean de Montigny, o pintor de paisagens Nicolas-Antoine Taunay, e o pintor de cenas históricas Jean-Baptiste Debret.

A imagem da nova cidade americana na segunda metade do século XIX espelhou-se na Paris reformulada de Georges-Eugène Haussmann (1809-1891), com grandes vias radiais, a partir de monumentos cívicos, como o Arco do Triunfo, o obelisco da praça da Concórdia e a cúpula do Panteão (originalmente uma igreja, depois transformada em monumento dos heróis daquela nação). Esse espírito francês pairou desde o Capitólio da capital norte-americana de Washington, que começou a ser concebida segundo Thomas Jefferson com triângulo frontão grego e cúpula grandiosa.

O ideal de nação livre passou também para construções com grandes cúpulas durante a segunda metade do século XIX e princípio do XX, nas capitais Buenos Aires, Havana, Montevidéu e Assunção. Dessa maneira, as novas capitais americanas ganharam traçados com linhas diagonais sobre o traçado ortogonal, como Buenos Aires; alamedas ou passeios públicos, a exemplo de Lima; arco do triunfo e obelisco na Cidade do México e, mesmo que tardios, obeliscos em Buenos Aires (1936) e São Paulo (1955). As novas ideias divulgadas pelos enciclopedistas provocaram a passagem do interesse pelo religioso para o sociopolítico positivista. O estilo vigente dos revolucionários franceses era o neoclássico e isso provocou reformas nas antigas construções coloniais governamentais, levando ao ocultamento parcial do esplendor das antigas *plazas de armas* ou *mayores*. O resultado foi o surgimento de ares burgueses como em Bogotá, La Paz, Cidade da Guatemala e Cidade do Panamá.

URBANISMO COLONIAL 61

## Cidades fortificadas e os engenheiros militares | séculos XVI e XVII

Os portugueses tomaram posse de suas terras brasileiras conforme estipulado no Tratado de Tordesilhas (1494) no ano de 1500. Porém, efetivamente, começaram a colonização em 1532, e, com a capital colonial, apenas em 1549. Diferentemente dos espanhóis que tiveram em suas primeiras construções militares a função de defesa e a de guardar os tesouros advindos do interior do México e do Peru, as edificações portuguesas tinham a função de proteção do território, em pequenas vilas ou portos, como o de Santos, na barra de Bertioga (1532), na capital Salvador e, na sequência, no Rio de Janeiro, com trincheiras e baterias. No Recife, a fortaleza maior de todas, com nove lados; e em Natal, o forte dos Reis Magos, considerada a mais isolada e de traçado mais erudito e também a primeira a cair nas mãos dos holandeses.

Para a guarda dos tesouros antes de sua partida para Sevilha, foram fundadas as cidades fortificadas de Vera Cruz (1519), no México, Cartagena de Índias (1533), na Colômbia, e a mais importante e mais fortificada de todas elas, Havana (1519), em Cuba. De frente para o oceano Pacífico, foram construídos portos e cidades importantes para comunicação com o Oriente, como Acapulco (1550), no México, Cidade Velha do Panamá (1519) e, na América do Sul, Lima (1535), com o porto de Callao. A cidade de Santo Domingo (1496-1502) perdeu importância para Havana, que guardava o golfo do México e a entrada para a Flórida. Praticamente todas as construções primitivas foram substituídas, ampliadas e modificadas no início do século XVII.

No Cone Sul, o principal arquiteto foi José Custódio de Sá e Faria (1710-1792), atuando primeiramente na América lusa e

FORTALEZA DE CAMPECHE, SÉC. XVI. YUCATÁN, MÉXICO.

FORTALEZA DE ANHATOMIRIM NA ANTIGA CIDADE DE N.S. DO DESTERRO, ATUAL FLORIANÓPOLIS, SÉC. XVIII.

MURALHAS, FOSSO E PASSADIÇO PARA A ENTRADA DA CIDADE DE COLÔNIA DE SACRAMENTO. SÉC. XVIII, URUGUAI.

JUAN ANTONELLI. CASTILLO DE LOS TRES REYES DEL MORRO. 1589-1630. HAVANA, CUBA.

### FAMÍLIA DE ENGENHEIROS ANTONELLI | SÉCULO XVI

O maior ponto de aproximação entre as fortalezas quinhentistas da América ibérica está no fato de terem sido projetadas segundo a escola italiana de construções e defesas militares, com o uso de baluartes. A família Antonelli foi responsável por grande parte das fortificações erguidas por Felipe II, a partir daquelas construídas na Itália para os espanhóis, depois de vencidas as batalhas no ducado de Milão (1557). Battista Antonelli era o chefe da família de engenheiros militares que incluía seu irmão menor Battista Antonelli e os sobrinhos Francesco, Cristófaro e Giovan, o Jovem. O patriarca esteve de passagem no Brasil para projetar fortificações no estreito de Magalhães, e permaneceu por um tempo em Santos, onde projetou a fortaleza de Barra Grande (1583), na qual permaneceram dezenas de artífices e soldados construtores, além do carpinteiro naval Bartolomeu Bueno. Depois do saque de Francis Drake ao Caribe (1586), a família Antonelli, a pedido de Felipe II, projetou as muralhas defensivas de Cartagena de Índias, as fortificações de Havana, incluindo a de El Morro, outra na cidade de Santiago, na ponta extrema de Cuba, o forte de Portobelo, no Panamá, o traçado de Antigua, antiga capital da Guatemala, e um forte em Vera Cruz, no México, entre outras[19].

depois junto aos espanhóis, até falecer em Buenos Aires. Projetou igrejas no Rio de Janeiro e depois seguiu para a capital argentina, onde projetou a catedral. Além de arquiteto, atuou como urbanista também no Uruguai, realizando projetos para Colônia de Sacramento, Montevidéu e Maldonado. É reconhecido como cartógrafo, geógrafo e administrador colonial. Ainda no Brasil participou das seguintes fortalezas em Florianópolis: Santa Cruz de Anhatomirim, Santo Antônio de Ratones, Santa Bárbara da Praia da Vila e o forte de Santana do Estreito.

## Cidades fortificadas e portuárias | séculos XVI e XVII

A costa brasileira, toda voltada para o oceano Atlântico, teve de ser guardada por toda sorte de defesa militar: fortes, fortalezas, baterias, além das próprias cidades amuralhadas. Situadas nas barras dos rios, baías e canais, e construídas sobre rochedos à beira-mar, ou acima, nos promontórios, essas instalações de defesa foram em parte responsáveis pelo desenvolvimento urbano. A defesa das vilas quinhentistas foi precária, permitindo a invasão de franceses, holandeses e piratas ingleses. Por vezes eram também hostilizados pelos indígenas. Aliados dos traficantes de pau-brasil, os franceses fustigaram os portugueses conquistando cidades como São Luís do Maranhão (1612) ou mantendo amplo comércio na região Sudeste, no Rio de Janeiro (1555).

Os holandeses conquistaram importantes vilas no Nordeste, incluindo a capital Salvador (1549), onde a melhor defesa de todo o litoral caiu ante o poderio dos batavos. As fortificações naquela época inauguravam o período pirobalístico ou da artilharia de fogo, deixando para trás o período da artilharia mecânica da Idade Média, adotando o uso da pólvora, difundido no Ocidente pelos portugueses. Italianos e franceses foram os engenheiros que desenvolveram tanto as armas como as construções direcionadas para cada função na vigilância e defesa da área. Da mesma maneira que espadas e canhões conviviam ainda nas primeiras conquistas portuguesas na África, sem que se pudessem discernir

Leonardo Torriani (atribuição). Forte de Santo Antônio na entrada da Barra da Baía de Todos os Santos. c. 1608. Salvador, Bahia.

Vista do fosso do Castilho de La Fuerza Real. Nesta fortaleza era armazenada a prata e embarcada nos galeões rumo a Espanha. Séc. xvi. Havana, Cuba.

as antigas das novas armas, as construções dos diversos tipos de fortes dificilmente podem ser desassociadas dos engenheiros, e os armamentos da nova prática de guerra.

Victor Hugo Mori e Carlos Lemos, em *Arquitetura Militar*[20], lembram os períodos do sistema defensório português, o primeiro datando de 1580, como ineficientes, e tendo poucas vilas a defender, até o período da união das Coroas (1580-1640), quando são organizados os primeiros sistemas sofisticados de fortificação no Nordeste, para o combate contra os holandeses. Tais fortificações, que chegaram ao sul até Cananéia, foram construídas sob as diretrizes dos engenheiros espanhóis e a vigilância de Felipe II, com base no conhecimento dos engenheiros italianos. As fortalezas deixaram de ter as altas torres medievais para serem baixas, com paredes de grande espessura para absorver o impacto dos projéteis. O segundo momento se refere ao período da ocupação dos holandeses, até 1654, quando apenas no Nordeste foram levantadas novas fortificações. O terceiro corresponde à defesa da região Norte, mais precisamente a área da Amazônia, ante a possibilidade de ser tomada pelos franceses, holandeses e ingleses. Por fim, a quarta etapa, voltada para as terras limítrofes com a Espanha, ao sul, quando as zonas do Tratado de Tordesilhas (1494) estavam nebulosas e viriam a ser retificadas pelos tratados de Madri (1750) e de Santo Ildefonso (1777).

## HAVANA VIEJA, CUBA | SÉCULO XVI

A cidade de Havana (originalmente San Cristóbal de La Habana) na ilha de Cuba teve sua fundação em 1511, por Diego Velázquez de Cuéllar, e estabeleceu-se em local definitivo apenas em 1519. A antiga população de Santiago de Cuba perdeu a sede do governo em 1533, porém Havana foi aclamada capital da ilha apenas em 1607. Em 1540 construiu-se a fortaleza La Fuerza, que foi reconstruída depois de sua conquista por piratas franceses e ganhou o nome de castelo de La Fuerza Real. O casario inicial ficava para os lados do convento de São Francisco e da *Plaza Vieja*, mais para o interior da baía. Em 1589, sob o governo de Juan Texeda, chegaram os engenheiros Battista Antonelli e Cristóbal de Rojas e de imediato iniciaram-se os trabalhos da fortaleza Tres Reyes del Morro na entrada do canal que, do outro lado, já mostrava a construção da fortaleza de San Salvador de la Punta. Estava assim formada a primeira triangulação defensiva daquele que viria a ser o mais cobiçado porto do Caribe por piratas. A cidade nascida de uma fortaleza medieval acomodou-se de maneira renascentista no interior das muralhas como uma cidade portuária.

Por terra, a cidade era guarnecida com as muralhas de Cristóbal de Rojas, com obras avançadas em 1603, protegidas por torreões e concluídas em 1648. As *manzanas* eram de tamanho irregular, dentro de um traçado que se esforçava para ser ortogonal, com vinte vias estreitas adentrando terra firme e dez paralelas, sendo que, parte delas, ao longo da baía e algumas outras contornando o caminho por terra firme para Guanabacoa em direção oposta ao canal.

A grande Plaza de Armas situa-se ao lado do castelo de La Real Fuerza (1558), passando pela antiga catedral e casa do bispo – ruas O'Reilly e Obispo – seguindo reta até uma das saídas da antiga mu-

RUÍNAS DA CATEDRAL DA PRIMITIVA CIDADE DO PANAMÁ.
PANAMÁ VIEJO, 1519.

ralha, atualmente diante do palácio do congresso. Da praça de San Francisco, as ruas paralelas – Luz, Sol, Muralla até Lamparilla e Amargura – e as *manzanas* se comprimem até chegarem em uma das antigas portas com os torreões (San Lázaro, Cojímar e La Chorrera). A coleta da água da chuva se fazia dentro dos pátios das casas e o abastecimento com as águas do rio La Chorrera, distante 15 quilômetros, foi iniciado em 1566 com a construção da Zanja Real, canalização que levava a água até a praça Ciénega, da atual catedral[21].

As igrejas e os conventos se localizam dos lados de San Francisco. São elas: La Merced, San Francisco de Paula, do Espírito Santo, Belém, Cristo e convento de Santa Clara. Para os lados do palácio de los Capitanes Generales, ficam o convento de Santa Teresa, a igreja dos jesuítas, atual catedral, e o seminário. Próximo das muralhas, a igreja do Anjo Custódio. Das construções governamentais, o grandioso palácio de los Capitanes Generales (1776-1792), do engenheiro Antonio Fernández Trevejos, é das obras mais suntuosas de Havana, erigido no governo de Felipe Fondesviela. Nessa praça, uma grande árvore relembra o local da primeira missa e junto a ela um oratório em forma de templo grego. As praças da catedral e Vieja, restauradas, são testemunhos da época áurea de Havana quando as riquezas de toda a América tinham lá um porto seguro e de onde partiam para a aventura da travessia que enriqueceria a Espanha e toda a Europa. Havana era chamada de *la llave del nuovo mondo*.

### Cidades do Panamá Viejo e Histórico,
### Panamá | séculos XVI e XVII

A Cidade do Panamá foi fundada em 1519, virada para o oceano Pacífico, como ponto crucial no istmo do Panamá, juntamente com outras duas cidades fortificadas: Portobelo (1597) e San Lorenzo de Chagres (1595). As cidades com seus fortes foram atacadas e destruídas por Francis Drake e Henry Morgan (1670), interceptando a rota da riqueza do ouro e da prata provenientes do Peru e da Bolívia. Antonelli construiu o castelo de San Felipe (1597) em Portobelo, a plataforma de Santa Bárbara e a praça del Caballero de San Felipe, danificados pelo pirata Vernon (1741) e reconstruídos por Ignacio de Sala em seguida.

A cidade que hoje se denomina como Panamá Viejo foi construída em área insalubre e por isso trasladada para outra região, de tal maneira que atualmente tem-se a seguinte situação: Panamá Viejo, que são ruínas, Panamá Histórico e, no meio, Panamá contemporâneo. O traçado de Panamá Viejo (1586) é atribuído a Battista Antonelli e redesenhado pelo seu sobrinho Cristóbal de Roja em 1609. As quadras tinham tamanhos irregulares, porém as vias eram retas com cruzamentos ortogonais. A maioria das casas era de madeira. A povoação ficava amuralhada na posição de terra firme, as *Casas Reales* situavam-se no extremo do povoado, em contato com o porto Perico de um lado e o mar aberto do outro. A catedral (1619) e a Plaza Mayor acercavam-se das *Casas Reales* de onde saíam duas vias ao longo da praia, sendo a maior para o *matadero* e duas outras em direção a terra firme, na direção de Santo Domingo (1571), que se abria em ampla praça. Mesmo antes de sua mudança para o novo local, Panamá Viejo contava com colégio de jesuítas, conventos da Merced, de San Francisco, de Santo Domingo, da Concepción, hospital San Juan de Dios e casa do bispo[22].

A Cidade do Panamá Histórico, construída em 1673, distante oito quilômetros da antiga, pelo então governador Antonio Fernández de Córdoba, era toda amuralhada, uma verdadeira fortaleza para proteger os espanhóis que se instalaram em trezentas residências. O resto da população foi excluído e a comunicação com a cidadela era feita pela Porta de Terra. Mesmo assim não resistiu a três incêndios, apesar dos baluartes Barlavento e Mão de Tigre. Internamente, o urbanismo se acomodou nas dimensões irregulares da muralha. Da Plaza Mayor, que media 57 por 57 metros, atual praça Independência, saíam as ruas regulares com *manzanas* de dimensões diferentes. A grande catedral foi construída no local entre 1688 a 1796. Nas *manzanas* dos arredores, com apenas pequenos adros fronteiriços, foram erguidos os conjuntos jesuítico, dominicano, franciscano e as igrejas de São José e São Diego. No século XIX foram construídas outras praças, como França, além daquelas chamadas Bolívar e Herrera.

Vista do centro histórico da Cidade do Panamá, Panamá.

## Cartagena de Índias, Colômbia | séculos XVI e XVII

Cartagena de Índias, fundada em 1533 por Pedro de Heredia, foi, aos poucos, sendo fortificada, desde 1586, pelos arquitetos italianos da família Antonelli, com trincheiras que a cercavam, juntamente com um conjunto de fortes, fortalezas e baterias. Todo esse cuidado foi tomado por ela ter sido atacada pelo pirata inglês Francis Drake durante o século XVI. A construção do primeiro plano de defesa de toda baía e da cidade amuralhada, obra de Battista Antonelli, ficou pronta em 1595. A fortificação de toda a área urbana envolveu as duas entradas, a saber: Boca Grande e Boca Pequena, sendo que a primeira sofreu um processo de assoreamento.

No plano urbanístico, o convento franciscano ficou fora das muralhas, ligado por terra firme à localidade chamada de Getsêmani, por meio da porta Media Luna (atual Relógio). Cristóbal de Roda colaborou durante meio século com Antonelli nos baluartes de San Felipe e San Lorenzo e continuaram juntos no século XVII com a plataforma de Santángel e os fortes nas ilhas vizinhas de Manga e Manzanillo. Nos morros nas cercanias de São Lázaro foi erigido em 1639 o castelo San Felipe de Barrajas, a maior construção espanhola fortificada das Américas, com intrincado sistema de túneis internos e rampas externas que se elevavam a quarenta metros de altura. O convento La Popa encontra-se fora das muralhas, nos morros mais altos, vizinho do castelo San Felipe de Bajarras. Essas obras continuaram com Ignacio de Sala e Antonio de Arévalo até o século XVIII. Entre elas destaca-se La Tenaza, forte de 1735 que protegia a cidade de ataques vindos do mar aberto. As muralhas chegaram até 17 metros, incluindo seis pontes e reservatórios de água.

As diversas portas se comunicam com saídas por pontes e pelas estreitas faixas de terra que atravessam as lagoas. A cidade ainda se conserva, de maneira quase perfeita – há poucos edifícios modernos acima do gabarito colonial – dentro das muralhas. Foi salva da especulação imobiliária e sua integridade como patrimônio da humanidade foi aclamada pela Unesco em 1984. Seu traçado de vias retas é semirregular, sem a severidade da distribuição dos espaços regulares das glebas – *manzanas* – o que proporciona praças de tamanhos diversos seja nas portas de entrada, seja nas diversas praças – adros abertos – diante das igrejas e conventos[23].

Um pequeno número de ruas – sete na horizontal e sete na vertical, sem formar a quadrícula – acomodam-se dentro das

Praça da Alfândega no interior das muralhas. Cartagena, Colômbia.

Fortaleza Castillo de San Felipe de Barrajas. 1639. Cartagena de Índias, Colômbia.

Igreja de são Francisco de Paula e palácio episcopal às margens do rio Vermelho. Séc. XVIII. Cidade de Goiás. go.

muralhas, assim como quatro praças, sendo a central denominada Bolívar junto ao palácio da Inquisição (1706) e a catedral (1612). Há ali espaços públicos e ao longo das muralhas, como na sequência de praças da Torre do Relógio que se interligam ao da igreja dos jesuítas, na praça San Pedro Claver. Dois antigos mosteiros, das clarissas (1621) e das carmelitas (1609), ocupam seus espaços nas laterais. Las Bóvedas, belíssima construção com arcadas de visualidade excepcional, localiza-se no extremo da cidade, junto ao mar do Caribe. A coloração intensa das fachadas formando blocos corridos nas ruas estreitas provoca um mistério em todo o urbanismo dentro do qual se tem a sensação de que o tempo nos espreita com o olhar quente dos trópicos, oculto nas sacadas floridas e por vezes através das frestas das treliças dos balcões.

## A cidade brasileira

O segundo plano político de Portugal para o Brasil foi a instalação do sistema de governos-gerais, sendo o primeiro governador Tomé de Sousa, que teve a incumbência de fundar a capital colonial em Salvador, na baía de Todos os Santos (1549). Junto com ele vieram os padres jesuítas com a missão de catequizar os índios. Poderes civil e religioso unidos, iniciaram-se as fundações de vilas, fortes e fortalezas, por todo litoral e pelo interior, como missões ou reduções, começando na zona limítrofe com terras espanholas, do sertão com São Paulo (1554), a caminho de Assunção (1537) do Paraguai, e no litoral abaixo de Paranaguá (1648), em busca do rio da Prata, com Colônia do Sacramento (1680) no Uruguai, do lado oposto a Buenos Aires (1580). Rumo ao norte, as missões adentraram o rio Amazonas, guardando aquela entrada fluvial. São Luís (1612), Fortaleza (1726), Natal (1599) e João Pessoa (1585) foram pontuando a costa e, em direção ao sertão, por meio de vias fluviais como o rio São Francisco, o caminho foi impulsionado pela busca do ouro, desde a Bahia, da mesma maneira que os paulistas, pelo rio Tietê, para os sertões de Goiás e de Mato Grosso. A descoberta das minas de ouro (1692) gerou o fato urbano mais importante no interior – sertão do Brasil –, já que as cidades litorâneas viviam uma situação de contraposição entre o ruralismo dos grandes engenhos de cana-de-açúcar e o incipiente urbanismo portuário, que durou os dois primeiros séculos da colonização portuguesa.

A situação geográfica ao redor das minas, na maioria das vezes, foi determinante para a fundação das vilas, que adaptaram o desenho urbano à topografia, gerando irregularidades, falta de contornos e diferentes núcleos.

A capital da Coroa, Lisboa, sobre um promontório com seu castelo de São Jorge, tem urbanismo irregular, com ruelas à maneira árabe, ladeiras, escadinhas que convergem para um vale que leva para a região plana do porto – praça do comércio – onde se instalava o palácio real. A divisão entre cidade alta, com construções religiosas e oficiais, e cidade baixa, com o comércio e a alfândega, se repetiu na primeira capital, Salvador.

IGREJA DE NOSSA SENHORA DO CARMO.
SÉC. XVII. OLINDA, PE.

As capitais brasileiras, antes, Salvador e, depois, Rio de Janeiro foram sempre bem guardadas, com baterias, fortes e fortalezas.

Outra situação, sempre ligada à geografia, foi a questão das desembocaduras de rios, como em São Luís, Belém, Recife, João Pessoa, ou ainda portos seguros, como Santos, Vitória e Paranaguá, no Paraná. Algumas dessas cidades foram fundadas por éditos reais e se tornaram pontos referenciais ao longo do litoral. Outras, por interesses comerciais, foram aumentando com a expansão urbana, com arruamentos desenhados por engenheiros militares e construídos pelos colonos[24].

## Cidades fortificadas no Brasil

A atuação dos engenheiros militares continuou durante o período das invasões holandesas no Nordeste brasileiro, principalmente em Pernambuco e na Bahia, onde os fortes foram ampliados segundo a escola holandesa, quando Espanha e Portugal estavam sob o mesmo reino de Felipe II[25]. A cidade de Fortaleza teve sua origem na defesa das terras do Ceará, passando a ser a capital, que antes era Aquiráz. Passado um século e meio depois daqueles pontos de aproximação forçados pela união das Coroas, iniciou-se o período de expansão do território na Amazônia ao norte, desde Belém do Pará até o rio Guaporé, em Rondônia, com a construção do forte Príncipe da Beira (1770).

Ao sul, na região limítrofe com o rio da Prata e devido às contínuas contendas sobre a demarcação do Tratado de Tordesilhas, que se deslocara da província de São Paulo, pelas vilas de São Vicente e Santos (forte de Bertioga), e, durante um tempo, foi delimitada em Cananéia, até chegar em Colônia do Sacramento, passando pela ilha do Mel, no Paraná. Esses deslocamentos foram acompanhados por construções de fortalezas, principalmente na vila de Nossa Senhora do Desterro – atual Florianópolis –, até as terras de Cisplatina, passando por todo território atual do Uruguai até Colônia de Sacramento (1680). Adentrando o estado de Mato Grosso, atuais zonas limítrofes com o Paraguai e a Bolívia, Portugal construiu uma série de fortes, baluartes e vilas planejadas, para apropriar-se das terras incógnitas do Pantanal, zona limítrofe com as antigas missões de Chiquitos, atual Bolívia, e da Amazônia na fronteira com o Peru. Tanto na Amazônia como no Sul, a partir de Paranaguá até Colônia de Sacramento e adentrando o rio Paraguai, a escola portuguesa é que prima pelas construções dos engenheiros formados na Aula de Arquitetura Militar de Lisboa, com destaque para José da Silva Paes e José Custódio de Sá e Faria, este último atuante em Mato Grosso do Sul e também na Argentina.

## Olinda, Brasil | século XVI

Olhar a cidade de Olinda, fundada em 1537, pelo primeiro donatário português, Duarte Coelho, permite desfrutar infinitas leituras do conjunto urbanístico e dos habitantes: suas múltiplas verdades. Precedidas por antigas trilhas indígenas, as ladeiras íngremes portuguesas, que formam as ruas olindenses, encontram-se hoje perdidas entre becos, interrompidas por fundos de quintais, que ainda guardam resquícios da vegetação – cajueiros, jaqueiras, jambeiros e mangabeiras – que serviu de paisagem cênica para as primeiras apresentações teatrais jesuíticas e inspiração para o primeiro poema brasileiro, *Prosopopeia*, de Bento Teixeira.

Olinda é uma das joias do Brasil, onde se compõem admiravelmente a paisagem marinha e a cidade artística rica em aproximadamente vinte igrejas barrocas e de um grande número de casas antigas vivamente coloridas. É isto que impressiona em Olinda, que, por coincidência de felizes circunstâncias, mas sem dúvida provisória, se não se intervir imediatamente, o sítio está ainda intacto. Em Olinda, a arquitetura fulgura entre os esplendores da natureza tropical. O oceano aparece ao fundo deste quadro por detrás dos campanários e palmeiras. Entre as ruelas, a vegetação luxuriante invade a colina. Este aspecto, distendido da trama urbana deve ser absolutamente preservado. Olinda não é uma cidade, é um jardim transbordante de obras de arte, e que não cessa de polarizar e de perseguir a imaginação dos artistas[26].

Batizada inicialmente pelos europeus de Nova Lusitânia, essa cidade perdida no imaginário sul-americano foi cenário de lutas e invasões. Em 1537, a reconstrução da paisagem dá-se pela transposição do modelo de cidade medieval cristã para a terra brasileira recém-descoberta: a defesa do cristianismo faz brotar em terras tropicais fortalezas, conventos, igrejas e santas casas de misericórdia. A vila mudou de nome para Olinda e prosperou[27]. Com a invasão dos holandeses, ela foi saqueada, sua Sé profanada e os conventos tiveram que interromper suas construções. Os altares de pedra da igreja dos jesuítas – Nossa Senhora da Graça – foram destruídos, enquanto grafismos protestantes foram aplicados nas paredes da capela-mor, que datam de 1631. Pinturas de Frans Post (1612-1680) documentam esses saques, e painéis pictóricos de Albert Eckhout (1610-1666) representam os antigos habitantes indígenas de Pernambuco.

Depois de 1640 Olinda voltou a prosperar e remodelar suas igrejas conventuais a exemplo daquela dos franciscanos – Nossa Senhora das Neves (1585) – com claustros azulejados (1734) e a capela dos terceiros recebendo pinturas de santos da ordem nos caixotões em losangos e polígonos. O conjunto carmelita, sendo a igreja de sólida construção em pedra e arcadas no interior, sobreviveu ao desmonte do convento provocado pela erosão e infiltração causadas pela umidade. Seu altar-mor em pedra foi removido e outro em madeira foi colocado em seu lugar. A abadia dos beneditinos (1599) também foi remodelada, em especial o frontal da igreja alteado com linhas rococós, e ornamentada por um retábulo-mor (1778) cujo desenho foi enviado pelos beneditinos de

Conjunto colonial do Pelourinho com igrejas Nossa Senhora do Rosário, Santíssimo Sacramento e Carmo. Salvador, ba. Séc. xviii.

Tibães em Portugal, e ainda pintura em perspectiva no forro. Esse retábulo tornou-se modelo para igrejas das cidades do Recife e de Goiana. Outras igrejas atualizaram seus antigos traços maneiristas para barrocos, como as igrejas da Santa Casa de Misericórdia (1724), São Pedro e Nossa Senhora do Monte (1596)[28].

## Salvador, Brasil | século xvi

A baía de Todos os Santos era considerada por *el-rei* dom João iii, de acordo com as informações fornecidas por Américo Vespúcio, como: "O lugar mais conveniente da costa do Brasil para se fazer a dita povoação e assento, assim pela disposição do porto e rios que nela entram, como pela bondade, abastança e saúde da terra e por outros respeitos [...]"[29].

O centro histórico de Salvador preserva a trama urbana original do século xvi, com os acréscimos que foram sendo organizados durante os séculos seguintes. Trata-se da mesma configuração, com pouquíssimas alterações, da cidade que aparece na cartografia holandesa do início do século xvii e do seguinte.

Na baía de Todos os Santos, Salvador sempre possuiu um porto ideal – o porto de Brasil dos documentos quinhentistas e seiscentistas, ou porto da Bahia, amplo e protegido. Graças a essas qualidades e da localização mais próxima da costa africana, a cidade foi passagem quase obrigatória para todas as frotas que se dirigiam ao Brasil e às feitorias da África, Índia e China. Foi porto de abastecimento, de escala para conserto de avarias, mesmo em épocas em que, por motivos políticos, tal paragem era proibida. Representou, para o ciclo de colonização e do comércio português ao redor do mundo, um dos portos mais importantes sob o ponto de vista comercial e de localização estratégica, razão pela qual a cidade foi diferentes vezes atacada, pilhada e até ocupada, se bem que por curto período, por piratas ou companhias de outros países[30].

O forte de Santo Antônio (1702), construído no governo de dom João de Lencastro, situa-se na entrada da baía. O projeto é do engenheiro João Coutinho. Em seguida está o forte de Santa Maria (1694), do mesmo governador e projeto de José Paes Esteves. No morro de Santo Antônio, localizam-se o forte de São Diogo (1696) e o forte de São Paulo da Gamboa (1714-1722). O forte do Mar (1650), conhecido como São Marcelo, situa-se junto ao edifício da Alfândega protegendo a cidade baixa junto ao antigo elevador, hoje o moderno elevador Lacerda. Construído no governo de dom João Rodrigues de Vasconcelos e Souza, tem uma vista espetacular desde a cidade alta devido à sua forma circular. Seguindo para o fundo da baía, o forte de Monte Serrat ou São Felipe é o mais antigo (1583) do período do governo de Manuel Teles Barreto, localizado nas imediações da ermida beneditina de Nossa Senhora do Monte Serrat. Na cidade alta, o forte do Monte Carmelo (1736) foi erigido para defender a vila da invasão holandesa durante o governo de André de Melo e Castro. No lado oposto, em direção à velha vila no atual bairro da Graça, está o forte de São Pedro (1723), obra realizada durante o vice-reino de Vasco Fernandes César de Menezes. No lado oposto, na ilha de Itaparica, fica o forte de São Lourenço (1709-1711), erigido pelo governador dom Lourenço de Almada[31].

Sobre a escarpa onde se situa a cidade alta, a então capital da Colônia, São Salvador, foi o primeiro núcleo urbano brasileiro concebido com trama regular quinhentista que, no entanto, desde o início, se adaptou às irregularidades da topografia onde se situou. Os espaços urbanos ainda conservam íntegros os caracteres originais e é neles, e na trama das ruas, ladeiras e becos que os une, que se situam os monumentos religiosos e civis[32].

Se o arruamento regular nos leva a um caminho inicial pelo antigo palácio do governo (no início do século XX ergueu-se também o novo palácio em estilo eclético e a moderna construção da prefeitura da segunda metade do século XX), o próximo importante edifício é o da Santa Casa de Misericórdia e da antiga Sé (restaram apenas os alicerces após a demolição de 1933), tendo ao lado o palácio episcopal. Adiante fica o amplo terreiro de Jesus, com a atual Sé, antiga igreja do Salvador dos jesuítas, o colégio ampliado em estilo eclético, a igreja de São Pedro dos Clérigos, os dominicanos e ao fundo desse cenário os franciscanos e a fachada platersca da capela dos terceiros.

O terreno rugoso do Pelourinho possibilitou a construção de um dos cenários urbanos oitocentistas mais espetaculares do Brasil. Ruelas levam até o início do declive do terreno com ampla praça triangular que afunila-se a partir da igreja de Nossa Senhora do Rosário dos Homens Pretos. A ladeira que leva até o conjunto do Carmo é agraciada por escadarias que permitem o deleite cenográfico a exemplo da igreja do Santíssimo Sacramento. No outro lado do morro, o Carmo domina a paisagem e amplas vistas da baía de Todos os Santos compensam a subida íngreme que, a partir do plano do terreno, leva o soteropolitano até o adro de Santo Antônio.

# Cidades de mineração
## Vice-reinos do Peru e da Bolívia

Ainda no século XVI, há as cidades de mineração na Bolívia, que então faziam parte do vice-reino do Peru. Assim, a importância desloca-se para La Plata (Sucre), devido às minas de prata de Potosí, e à impossibilidade de instaurar naquelas alturas dos Andes, com suas terras inférteis, uma cidade administrativa. Dessa forma, o centro de atividades políticas e religiosas também se estabelece em La Plata. A cidade passou a dividir com Cusco e Lima os interesses da Coroa em manter sob controle o sistema das *encomiendas*, da mesma maneira que olhava com rigor para as minas de ouro, ao norte da capital do vice-reino do México. As cidades mineiras como as do México, da Bolívia e do Brasil não seguem um traçado geométrico rígido, mas adaptam-se à morfologia geográfica irregular. Porém, até o início do século XVII, as cidades fundadas ao longo desse sistema de escoamento da prata e abastecimento de Potosí seguiram o modelo da Lima de Pizarro, criando no imaginário do povo latino-americano o que representaria a cidade ideal, quadriculada, retilínea, valorizada pelos estabelecimentos reais e religiosos.

O pesquisador Alberto Nicolini, no estudo *La traza de las ciudades hispanoamericanas en el siglo XVI*, afirma o seguinte:

> Esses foram os anos que, na corte de Felipe II, Juan de Ocando, que fora presidente do Conselho das Índias, e com quem o vice-rei Toledo mantinha correspondência frequente, estava redigindo a legislação que iria regulamentar, pela primeira vez, um modelo oficial de

traçado urbano para as cidades das Índias, que, como sabemos, era diferente da quadrícula, de uso já generalizado e que pouca consequência teve para as novas cidades planejadas[33].

## Potosí, Bolívia | séculos XVI-XVIII

A descoberta da mina de prata no Cerro de Potosí (1545) mudou o rumo da conquista espanhola na América. Não seria demasiado afirmar ainda que a prata de lá extraída transformou o comércio dos séculos XVI e XVII, unindo, definitivamente, o Oriente com o Ocidente, pelas novas rotas das vias de comércio e escoamento dos metais preciosos dos vice-reinos do Peru, até a Coroa em Sevilha, de Arica (Chile), depois Lima (porto de Callao) e Panamá, até as ilhas Filipinas e a China. Sua descoberta pelo pastor quíchua Diego Huallpa é envolta em lendas e religiosidade, o que viria mais tarde a ser traduzido nas pinturas da Virgem do Cerro Rico, com o manto na forma da montanha. Assim ainda se pode admirar o cerro desde os campanários de San Francisco e da catedral.

Com o início da extração mineral, os espanhóis, sob o comando de Juan de Villarroel, instalaram a população no declive da montanha, que atinge 3.960 metros de altitude. Acima, construíram um sistema de canalização de água e tanques suficientes para o processo de extração e escoamento da prata, descendo o cerro. Rapidamente a vila teve suas construções administrativas e religiosas implementadas. Para o controle da extração e da cunhagem de moedas de prata, construiu-se a Real Casa de Moneda. Esta ocupa toda uma *manzana* entre a catedral e o antigo colégio dos jesuítas, atualmente restando a magnífica torre com fachada-retábulo no piso inferior e inusitado campanário com arcos e colunas torsas, obras do mestre indígena Sebastián de La Cruz. Ao redor daqueles edifícios, os espanhóis construíram suas casas ao longo das ruas regulares, que, mais abaixo, chegavam até o convento de Santa Teresa e desde a praça da catedral (Regocijo) segue-se em via reta (Tarija) passando pelo convento dos franciscanos (1547) até o rio Ribera[34].

Mais distante do centro foram construídas as paróquias dos indígenas, que, inicialmente atraídos pelo enriquecimento, afluíram à cidade de Potosí, que chegou a ser das mais populosas da América Espanhola naquele período. Com a chegada do vice-rei Toledo, foi imposto o sistema de *mita* – trabalho indígena forçado

Cópia do plano da Real Casa de Moneda de Potosí, projetada pelo diretor D. Joseph de Ribero. Séc. XVIII.

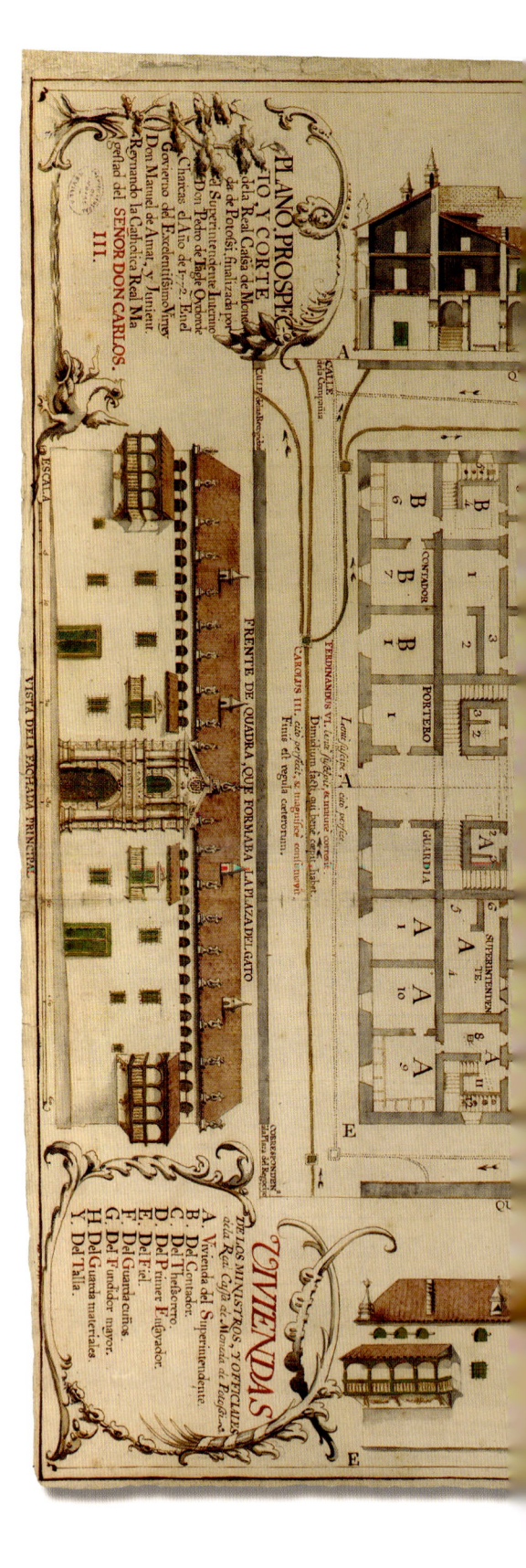

Urbanismo colonial 75

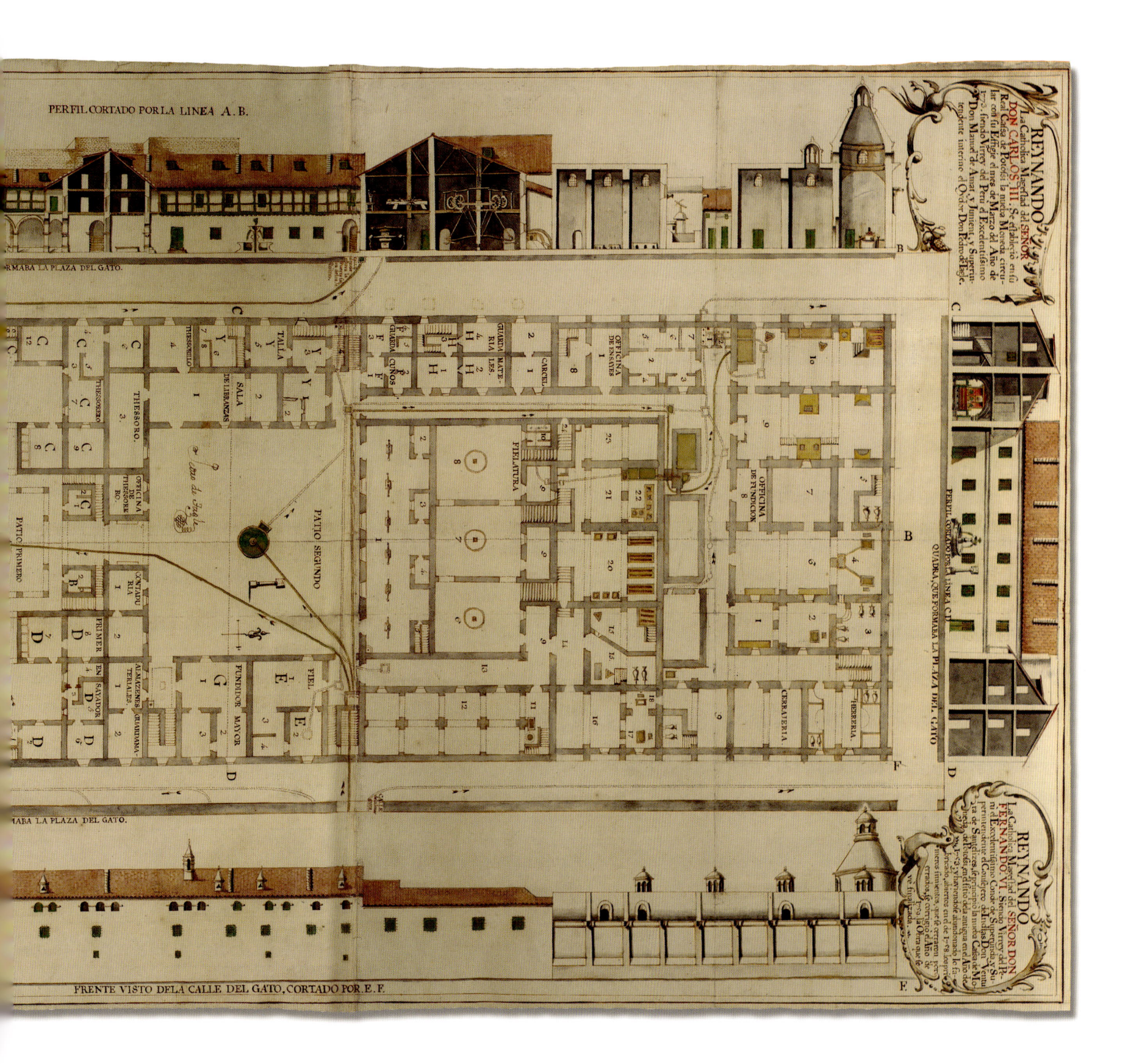

– e os mesmos foram segregados em paróquias mais distantes[35], como as dos santos Benito, João, Francisco, Paulo, Cristóvão, Martín, Lorenzo Roque, e de Santa Bárbara e Nossa Senhora de Copacabana. Cada qual com particularidades nas fachadas, nos tetos *mudéjares* e na rica ornamentação pictórica potosina.

## Real Casa de Moneda de Potosí, Bolívia | século xviii

A Real Casa de Moneda é dos mais espetaculares edifícios governamentais, com função bem definida, de toda a América, e o maior edifício construído no vice-reino do Peru. A primeira construção do vice-rei Toledo localizava-se junto ao mercado denominado Gato, e esta segunda, mais ampla, substituindo a anterior, teve projeto de José de Rivero e Tomás Camberos (1751), sendo realizada com nova maquinaria trazida de Madri (1753). Rivero trabalhara na Casa de Moneda de Sevilla e, quando morreu, foi substituído por Salvador de Villa (1758), de Lima. O arquiteto e ouvidor da Audiência de Charcas, Pedro Tagel, finalizou o edifício em 1773, inclusive parte da fachada[36].

Ampliado o espaço e removido o mercado para as imediações da paróquia indígena de San Lorenzo, o grandioso edifício ganhou notoriedade por causa da sobriedade das fachadas laterais e posterior, com suas janelas ritmadas pela solenidade e pelo funcionalismo. A fachada principal em suave declive do terreno ganha altura descomunal, porém é intimidada pela belíssima torre da Companhia. No centro, o portal barroco tem dois corpos com colunas cilíndricas lisas que dão profundidade ao rico arco trabalhado em torno da porta em madeira com metais cravejados. O entablamento dórico sustenta quatro colunas menores, e no segundo corpo apresenta o entablamento com reentrâncias, contrastando com o frontão retilíneo do arremate. A *loggia* no último nível libera o peso visual de toda a fachada, que tem em cada uma das janelas grades de ferro, marcando a funcionalidade do edifício: cunhar moedas em prata para o mundo todo.

Internamente a construção é complexa, amuralhada em todo o perímetro externo. A articulação entre as diversas dependências é feita por meio de um pátio quadrado na entrada, interligado por meio de arcos, dois laterais menores e um central maior. Dois deles têm varandas no piso superior e, na parte posterior do maior, há grandes salas para a cunhagem das moedas, separadas por corredores laterais, e uma arcada que toma toda a extensão do edifício que abriga os fornos nos fundos. Atualmente ali se localiza o maior complexo de museus da Bolívia.

## Cidades de mineração no vice-reino da Nova Espanha, México

A zona de mineração mexicana na região ocidental da Nova Espanha, também chamada de Região Colonial, congrega as cidades de Zacatecas, Guanajuato, San Luis Potosí e a rota da prata, até a capi-

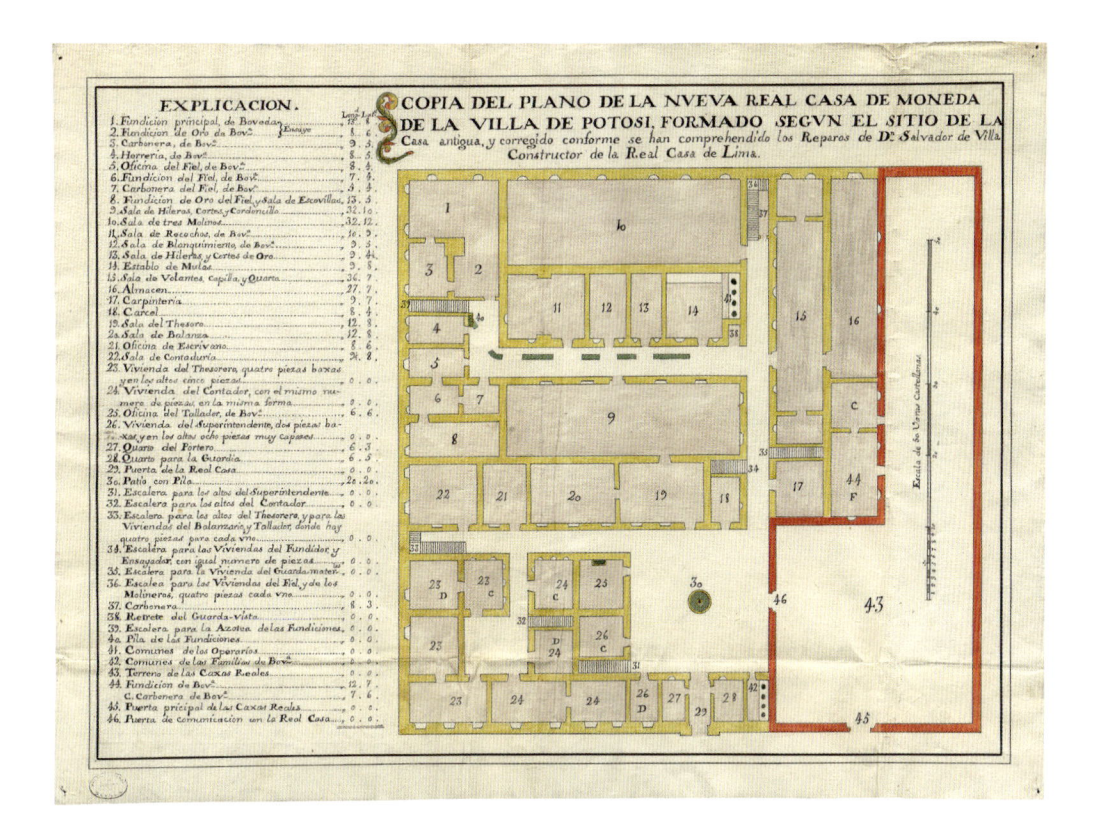

FACHADA DA REAL CASA DE MONEDA DE POTOSÍ. SÉC. XVIII. BOLÍVIA.

CÓPIA DO PLANO DA NOVA REAL CASA DE MONEDA DA VILA DE POTOSÍ SEGUNDO O SÍTIO DA CASA ANTIGA E CORRIGIDA CONFORME HÁ COMPREENDIDOS OS REPAROS DO DR. SALVADOR DE VILLA CONSTRUTOR DA REAL CASA DE LIMA. SÉC. XVIII.

tal, através das cidades de Querétaro, Aguas Calientes e San Miguel de Allende. O urbanismo de Zacatecas e Guanajuato foi estabelecido pela topografia, cidades apertadas entre os morros, com suas construções principais buscando as partes planas, ambas verdadeiros tratados de arquitetura vernacular, colonial e eclética.

Em Zacatecas as construções estão perfiladas conforme a estética de diversos séculos, o casario desfila segundo a riqueza extraída das minas, algumas exauridas e outras ainda em atividade. As ruas seguem as curvas suaves dos morros, e por vezes se alinham retas, subindo os aclives com seus conjuntos coesos de casas banhadas de luzes e coloridos tórridos. Naquele urbanismo, pequenas praças tentam abrir perspectivas para as grandiosas fachadas ultrabarrocas. Escadas, declives, praças triangulares levemente inclinadas abusam dos recursos tão caros ao estilo barroco: a teatralidade a céu aberto. Tanto Guanajuato como Zacatecas podem ser vistas em perspectiva de voo de pássaro, desde as montanhas vizinhas. A irregularidade dos traçados dessas cidades é como o sal que dá o sabor ao ultrabarroco mexicano e nos engasga em emoções tornando a respiração arfante e os olhos eclipsados pelas luzes e sombras recortadas pelas fachadas líticas.

Querétaro conjuga as tendências de regularidade na sua parte mais nova e pouco irregular para os lados do convento de Santa Cruz (1531). Solene, é a visão que se tem dos arredores desde a grande obra dos arcos do aqueduto. A partir da praça Independência, o urbanismo fica regular e o casario nobre desfila nas largas vias a beleza das construções muito similares das cidades espanholas. Os dois mosteiros, de Santa Clara e de Santa Rosa, disputam entre si o fato de serem dos mais barrocos mosteiros femininos cujas ornamentações suplantam em muito a arquitetura.

San Miguel de Allende é uma joia no sentido original do barroco – joia irregular – capaz de concentrar em diminuto espaço urbano um número surpreendente de obras. As vias retas partem da praça Allende oferecendo ora larguras diversas, ora suaves curvas que não comprometem a busca racional das linhas ortogonais. Porém, as pequenas praças diante das inúmeras igrejas são encantadoras e quebram a racionalidade. Cada conjunto religioso atrai para si o olhar do fiel e do especialista o amante das artes. A disputa visual é iniciada pela igreja neogótica da matriz. Logo ao lado está a fachada *churrigueresca* franciscana e, quando menos se espera, a imensa fachada em concha da Salud chama o fiel que não se decide entre ela e o oratório de San Felipe Neri. Grandiosos solares residenciais se mostram nas vias públicas até o templo da Concepción. Rua abaixo, fica o complexo mais severo: a casa do inquisidor e a da Inquisição. Completam essa via sacra os belos templos da cidade de San Miguel de Allende.

Completando essas cidades de mineração, está Taxco, com suas minas de prata das quais José de la Borba pôde custear a igreja de Santa Prisca para que seu filho sacerdote, Manuel de la Borba, celebrasse missas. Erigida em apenas sete anos, entre 1751 e 1758, com projeto de Diego Durán e Cayetano Sigüenza, recebeu belíssimos retábulos dos escultores Isidro Vicente e Luis Balbás e pinturas de Miguel Cabrera. A sintonia entre fachada-retábulo, torres e os retábulos interiores gera um surpreendente discurso barroco *churrigueresco*.

### Guanajuato, México | séculos xvii e xviii

Guanajuato tem seu traçado urbano determinado pela topografia, com antigas minas descobertas no início do século xvii no centro urbano, hoje transformado em vias de intenso tráfego, sobre o fundo de antigos leitos de rios. Suas minas de ouro e prata continuam a oferecer metais preciosos em locais mais distantes da cidade. Vista do alto do morro, é uma miniatura encantadora dos sonhos barrocos, com suas construções religiosas dispostas sobre terrenos com declives, grandes platôs cercados de onde se admiram os edifícios menores nas ruas, como se fosse o terreno em curvas de nível, com plantação de casas e sobrados coloniais coloridos.

Cidade de contrastes visuais, a fachada barroca da igreja de San Diego disputa com as linhas severas e ecléticas do teatro Juárez. Três níveis se acotovelam: o do jardim de la Unión no plano da rua, abaixo o pequeno adro da igreja e, acima, a escadaria do teatro. Essa teatralidade urbanística segue até a rua do Ayuntamiento, que amplia a perspectiva da igreja da Companhia sobre um grande platô. A fachada da igreja obedece um estilo *churri-*

*gueresco* com inovações escultóricas. A torre é grandiosa e, no interior, a espacialidade é impressionante, com a cúpula quase desproporcional, reconstruída em 1808. Subindo ainda a rua, o novo edifício entre a igreja e a universidade rompe a unidade do conjunto jesuítico, recuperando a teatralidade da escadaria do antigo seminário. A catedral pode ser vista desde pequenas vielas, com seu perfil tradicional com duas torres e cúpula. A grande praça é digna de estudo pela diversidade de ornamentação dos edifícios.

O ineditismo está nas entranhas do urbanismo, com o aproveitamento de antigos leitos de águas das minerações, há muito exauridas, como vias para automóveis e acesso para pedestres. As construções no nível acima recordam as cidades medievais, com casas sobre pontes. Para se aprofundar ainda mais nesse urbanismo inédito, que só quando vivenciado pode ser compreendido, é preciso percorrer as vias de circulação para carros dentro da montanha que se ergue no coração da cidade. São vias expressas que rapidamente conduzem os motoristas para a paisagem lítica que circunda essa cidade sem igual[37].

VISTA GERAL DE GUANAJUATO COM IGREJA DE SAN DIEGO À DIREITA, A CATEDRAL AO CENTRO E A CÚPULA DA IGREJA DA COMPANHIA DE JESUS. SÉC. XVIII. MÉXICO.

VISTA GERAL DE ZACATECAS COM PLAZA MAYOR, CATEDRAL E À DIREITA O CONJUNTO DO COLÉGIO E IGREJA DA COMPANHIA DE JESUS. SÉC. XVIII. MÉXICO.

### ZACATECAS, MÉXICO | SÉCULOS XVII E XVIII

O urbanismo espontâneo faz de Zacatecas uma cidade testemunho das fases de sua riqueza, tirada das minas de prata desde 1546. O longo vale onde está situada representa uma história da arquitetura desde o século XVI com as ruínas do convento franciscano (1567) nas proximidades dos morros com as minas. A avenida principal, Hidalgo, acompanha o antigo leito do arroio de la Plata, e nela se encontra a Plaza Mayor, com o palácio do governo, um local rebaixado, que possibilita a visão completa, inclusive da lateral, da catedral, que ocupa toda a largura da grande praça. A catedral domina a avenida que na lateral oposta tem um declive, abrindo-se em duas vias onde se perfilam edifícios dos séculos XVIII e XIX.

Na rua acima, Genaro Codina, edifícios mais antigos persistem e a via se abre em praças ou alargamentos do logradouro. O antigo colégio dos jesuítas, atual museu Rafael Coronel, forma um belo conjunto arquitetônico, sobre um promontório na praça Santo Domingo, com a igreja homônima. Abaixo, na rua Hierro, encontra-se a Casa de la Moneda (1810), projeto de Miguel Constanzó (1799). Um bloco maciço de construções coloniais termina no antigo conjunto dos agostinianos, que se une ao edifício do palácio episcopal. Pequenas vias e praças com escadarias, como as praças Miguel Auza e Caja, têm ligação com a avenida principal. Essas vias transversais sobem ainda até a via Villalpando finalizando no passeio da Alameda, onde tem início a cidade do século xix, e que se estende até a outra parte, essa do século xx, formando assim um verdadeiro mostruário da evolução da arquitetura mexicana durante quatro séculos.

Cenário de sangrentas batalhas, pela independência durante o século xix e depois na revolução mexicana de 1914, esses fatos marcaram a antiga vila, que nasceu como porta de entrada para as missões no Norte do México. Na localidade próxima de Guadalupe está o colégio apostólico Propaganda Fide (1707), criado para a formação de religiosos franciscanos que evangelizaram as regiões até o atual território norte-americano, hoje um belo museu. A visão do alto de seus terraços coloridos surpreende com a beleza da espontaneidade urbanística, formando em cada esquina um cenário histórico único, com igrejas, teatros e edifícios públicos. Vistos ainda mais de cima, dos cerros de la Bufa e del Grillo, onde se encontra a mina de prata Eden, Zacatecas se transforma em uma obra de pontilhismo com suas infinitas fachadas coloridas, seguindo a alegria de seus habitantes.

### Catedral de Zacatecas, México | século xviii

Cidade fruto da mineração, Zacatecas pertenceu ao bispado de Guadalajara até 1863, mais de século e meio antes que a pedra fundamental de seu templo fosse colocada, em 1729. Sua fachada, uma das mais espetaculares do México, data de 1745-1752, e os arremates da torre sul, de 1782, tendo que aguardar, até 1904, a construção da torre norte. As portadas laterais da Virgem (1775) e do Cristo Crucificado (1777) podem ser vistas desde a Plaza de Armas, e da Virgem de Guadalupe, desde a rua lateral, ambas rebaixadas em relação ao templo.

A vista de sua fachada é prejudicada pela falta de um adro, mas pode-se comtemplar sua massa arquitetônica desde o cerro da Bufa, de onde é possível abarcar sua totalidade. Se na lateral, vizinha à Plaza de Armas, admira-se a profunda nave até a cúpula, no lado oposto, veem-se as abóbadas mais baixas das duas naves laterais. A cúpula principal é a da nave central, sendo a mais alta, de cor avermelhada, a pulsar tal como um marco no coração cultural e religioso da cidade. Ao adentrá-la, evidenciam-se as mazelas e destruições da Reforma (1854) e da Revolução Mexicana (1910), que a privaram dos altares barrocos. Porém, com a grata surpresa de um retábulo contemporâneo de refinada solução escultórica de Javier Martín (2010), com nove grandiosas esculturas em bronze e folheadas a ouro, flutuando nas alturas do retábulo-mor (10 x 17 metros) da parede prismada ao fundo.

Qualquer descrição dessa fachada traria apenas ecos, quase surdos, da verdadeira peça de oratória barroca *churrigueresca* lavrada em pedra plana, à maneira taurique. Sombras e excessos de luzes impedem penetrar no mistério dos artífices daqueles rendilhados líticos, um verdadeiro trabalho dos *plateros*, os pri-

FACHADA-RETÁBULO E TORRES COM ORNAMENTAÇÃO CHURRIGUERESCA DA CATEDRAL DE ZACATECAS. SÉCS. XVIII-XIX. MÉXICO.

morosos artífices da prata, que legaram para a humanidade esse retábulo triunfal. A imensa porta é contida pelo arco polilobulado e a materialidade da madeira foi convertida em curvas e contracurvas encerradas por um sobrearco em pedra carregado de conchas e anjinhos ladeando a Virgem da Conceição na aduela central. No arco da claraboia, em cuja aduela está um ostensório, a iconografia do Cristo é lembrada pelos cachos de uvas, folhas de parreiras e anjos trombeteiros e turiferários, adorando a hóstia sagrada. Os quatro doutores da Igreja fecham o quadrado que encerra o óculo. Duas colunas cujos fustes são ornados por conchas (batismo) e parras (vinho-sangue) rimam com a iconografia que se espalha pelas outras que flanqueiam os nichos com os santos evangelistas e apóstolos[38].

A ornamentação das colunas da parte inferior é de uma fantasia digna do imaginário fantástico da América que, séculos depois, seria traduzida pelo movimento literário conhecido como realismo fantástico: das folhagens mais elaboradas que as gravuras nórdicas europeias saem anjos atlantes que suportam os anelados do primeiro terço das colunas torsas com capitéis jônicos duplos. As peanhas duplas dos nichos têm as partes superiores vazadas e, acima dos arcos, símbolos papais, das escrituras e da cruz. No terceiro corpo protegido por um entablamento proeminente, outras imagens de santos completam a intrincada colocação das pedras que transformam a fachada em um imenso devocionário, um mantra a sussurrar a cada fiel que passa por aquele portal que há esperança, e que do outro lado há uma vida eterna. Ah! Alguns anjinhos desavisados, na mistura iconográfica, se esqueceram de pegar apenas cachos de uvas, e transportaram para as alturas celestes espigas de milho, cacau e outras saborosas comidas da terra americana a ser evangelizada.

Igreja de Santa Prisca. Fachada-retábulo e torres em estilo ultrabarroco mexicano. Taxco. México. 1751-1758.

### Igreja de Santa Prisca. Taxco, México | século xviii

A cidade de Taxco, no estado de Guerrero, no México, desenvolveu-se com a mineração da prata e teve seu apogeu artístico no século XVIII com a construção de sua igreja paroquial. Seu traçado espontâneo na região montanhosa junto às minas impossibilitou qualquer planejamento além daquele determinado pela terreno acidentado. As ladeiras íngremes levam em direção à Plaza Mayor onde se encontra o grande templo de Santa Prisca. Nas raras ruas paralelas que seguem no sentido longitudinal das estreitas ruas, assentaram edifícios oficiais como a prefeitura e outros templos religiosos. Pequenos adros cercados por ruas íngremes, ruelas, becos e escadarias estão no sentido transversal que aponta para a praça principal, acomodada no cume do morro. O grandioso templo ergueu muretas que possibilitam a visão frontal dos edifícios e, a partir desses mirantes, avista-se partes da cidade sobre imenso patamar com grande desnível na parte posterior. Das partes mais baixas ao redor da igreja entra-se em um caótico mercado situado próximo da praça principal e em uma depressão do terreno. Ao sair daqueles ínferos, em uma rua mais larga, mais capelas têm seus pequenos adros fechados na parte fronteiriça com entrada única para singelos interiores.

A riqueza das minas legou à Taxco uma das mais belas e imponentes igrejas do México. Seu posicionamento no urbanismo é o mais privilegiado possível, garantindo a visibilidade de todas as faces. A igreja foi erigida na praça principal ao lado da casa do rico minerador José de la Borda para seu filho que se ordenara sacerdote. A unidade visual e artística da obra foi possível pelo excelente projeto dos arquitetos francês Diego Durán e do espanhol Cayetano Sigüenza, que a construíram em pouco tempo entre os anos de 1751 e 1758. Disposta no terreno acidentado, a parte posterior é construída sobre uma sequência de arcos culminando com um passadiço entre edifícios. As fachadas laterais, vistas de muitos pontos da cidade, dominam a paisagem com sua cúpula octogonal recoberta de azulejos multicoloridos erguendo-se entre linhas ondulantes. A fachada-retábulo domina a praça com o esbelto perfil das altas torres de 95 metros. No tramo central a fachada-retábulo é estupendamente ornamentada. É exemplar do ultrabarroco mexicano, comparável à igreja jesuítica de Tepotzotlán[39].

Essa fachada é simbólica ao representar a Igreja e seus clérigos. A composição desenvolve-se em três tramos com as esculturas dispostas nos intercolúnios de duplas colunas cilíndricas lisas com capitéis compósitos no corpo inferior e colunas torsas no superior. As esculturas são dos santos considerados pilares da Igreja: dois evangelistas estão dispostos no meio das colunas estípites, na altura da porta principal; Santa Prisca e São Sebastião, patronos da igreja, erguem-se sobre pedestais guarnecidos por anjinhos e conchas à guisa de resplendor. Os dois outros apóstolos ladeiam a Virgem acima do arco da fachada sobre o relógio. No tramo central um escudo com as insígnias papais – duas chaves e mitra – está acima da porta e serve de base para o medalhão oval representando o batismo de Cristo por São João Batista.

As fantasiosas torres têm dois corpos assentes sobre bases quadradas que se tornam facetadas graças às colunas estípites nos flancos e ganham volumetrias por pares de colunas que delimitam os oito arcos dos campanários. O segundo corpo, menor, aliviando o peso, está disposto sobre entablamentos truncados. Oito esculturas de apóstolos gesticulantes apontam para as montanhas circundantes de cujas entranhas foi arrancado o metal que lhes trouxe fortuna. Pequenos arremates piramidais curvilíneos coroam as torres que apontam para os céus.

A nave única do templo é o reflexo da exuberância do ultrabarroco mexicano, na qual a fantasia e o engenho humanos puderam espelhar na Terra os desejos místicos que dilaceraram a alma barroca do período. Tal qual um espelho que possibilita reflexos infinitos, os altares da nave, de medidas descomunais, dialogam aos pares, face a face. Cada qual, porém, tem sua personalidade: santos clérigos estão dispostos em cortejo nos primeiros altares junto ao coro, seguido de santas com vestes esvoaçantes nos altares na nave, e santos da hierarquia eclesiástica, incluindo papas, no retábulo-mor.

Ao fundo no retábulo-mor, o espaço principal é reservado para as maiores dignidades eclesiásticas: bispos santificados com suas capas de asperger e mitras sustentadas por anjinhos que como servos aos seus pés reverenciam a figura papal. Sob tênue luminosidade da cúpula octogonal, a arte esculpida em madeira é o reflexo da fachada feita em pedra. No altar, as esculturas revelam-se em êxtases comedidos, raros brilhos saem de suas poses místicas ritmadas ao som de tintinábulos. Na fachada-retábulo as figuras reverberam sob a luz do intenso sol, expondo para o fiel a realidade matérica de suas vidas idealizadas e imaginárias. Expostos a tempestades e sons de cantos das procissões festivas, as esculturas dos apóstolos no alto das torres vociferam versículos bíblicos.

De volta à penumbra interior do templo, o brilho do ouro decorrente dos laivos bruxuleantes do lume das velas revela e desvela os vultos dos santos mártires padroeiros – Prisca e Sebastião – os quais convivem com as figuras papais abençoadas pelo Pai Eterno. Acima de todos os altares imensos, frisos ondulantes comprimem-se junto à abóbada. Esse ritmo cambiante dos frisos acima dos retábulos reverbera nas linhas sinuosas da cobertura no exterior.

Na sacristia, ambiente próprio para a introspecção que antecede o rito de celebração da transubstanciação das matérias – trigo e vinho – em corpo e sangue divinos, as pinturas de Miguel Cabrera antecipam os mistérios da concepção e os sacrifícios da Virgem Maria, expostos em majestosas pinturas que transformam em verdadeira pinacoteca aquele ambiente sacro. Um grande arco abre-se no lado do evangelho para as capelas do batismo e do santíssimo.

## Cidades de mineração no Brasil | século XVIII

As cobiçadas minas de metais preciosos sempre aguçaram a imaginação dos portugueses, que, no século XVI, investiram em vultosas esquadras para a busca dessas riquezas nas terras africanas. Com essas empreitadas tomaram posse do arquipélago da Madeira, dos Açores e de Cabo Verde. Continuaram na costa africana pelo Senegal, pela Gâmbia, por Guiné, por Serra Leoa e pela Costa da Mina, e, de lá, tiravam anualmente setecentos quilos de ouro por todos os meios empregados nesse negócio de ávida cobiça. Vasco da Gama não teve tanta sorte assim ao negociar com povos mais bem organizados na Ásia. Voltaram-se então para o Brasil.

Quando tomaram posse das terras brasileiras, já em 1532, em São Vicente, os portugueses enviaram as primeiras expedições para o sertão em direção às terras incaicas e minas de prata de Potosí, descobertas nas conquistas de Pizarro, que enviara para o reino de Castela cerca de quinhentos quilos de ouro aos reis católicos. A busca pelas minas de Eldorado, no interior do continente, se intensificou, levando os bandeirantes paulistas a subir o rio Paraguai, pelo sul, e os paraenses, pelo Amazonas, ao norte, e os bandeirantes baianos, pelo rio São Francisco. Os primeiros encontraram as Minas Gerais, dois séculos depois da posse da terra em 1697, partindo do vale do Paraíba do Sul, atravessando a serra da Mantiqueira nas antigas vilas de Sabará, Ouro Preto, Ouro Branco e Catas Altas, onde, em abundância, aflorava o ouro preto de aluvião. Os diamantes estavam mais acima, na serra do Espinhaço, junto aos rios São Francisco, Jequitinhonha e Paraguaçu, na chapada Diamantina, nos estados de Minas Gerais e da Bahia.

A corrida do ouro interiorizou a urbanização do Brasil, que até então era apenas litorânea. Vilas foram fundadas junto aos locais das minas de ouro e diamantes, sem qualquer planejamento

Vista geral de Ouro Preto. Torre da igreja de Nossa Senhora das Mercês de Cima e antiga Casa de Câmara e Cadeia, atual Museu da Inconfidência. Séc. XVIII. Pico do Itacolomi ao fundo. Ouro Preto. MG.

prévio, de forma espontânea, nas encostas e cumes dos morros, quando não nos vales. A fortuna fácil, quase incontrolável, trouxe guerras. Os bandeirantes paulistas tiveram que deixar as minas e foram encontrar outros veios nos atuais estados de Goiás e de Mato Grosso, onde fundaram as cidades de Goiás, junto ao rio Vermelho, e Cuiabá, na bacia do rio Paraguai. Estas duas tiveram seus traçados urbanísticos corrigidos e foram ponta de lança para a ampliação do território brasileiro, adquirindo dimensões continentais bem além dos limites do Tratado de Tordesilhas.

## Ouro Preto e o urbanismo

A cidade de Ouro Preto parece ter nascido com o toque de Midas, privilegiada "por uma natureza ciclopicamente barroca", nos dizeres do ensaísta Lourival Gomes Machado. Plantada na serra do Espinhaço, no interior da Colônia, ela é emoldurada por uma paisagem excepcional onde alteia o pico do Itacolomi, marco geográfico para os bandeirantes paulistas, que lá chegaram em 1693.

Os exploradores paulistas que buscavam aprisionar índios e obter riquezas encontraram no interior do país, na então província de São Paulo, a terra do ouro, as Minas Gerais. Lá, ouro e diamante afloravam dos veios, que fizeram prosperar grande quantidade de arraiais, elevados posteriormente à condição de vilas, tão diferentes do binômio fazenda-cidade do litoral. A mineração criou um novo paradigma de ordem social no Brasil Colônia.

Sob as tensões sociais do século XVIII, Ouro Preto, inicialmente Vila Rica, desenvolve um estilo particular, com inovações em urbanismo, arquitetura, escultura, pintura e música, em meio a uma natureza preciosa e propícia ao desenvolvimento. Inicialmente, a cidade encontrava-se dividida em dois arraiais,

Fachada da antiga Casa de Câmara e Cadeia, atual Museu da Inconfidência. Séc. xviii. Ouro Preto. mg.

um dos paulistas e o outro dos emboabas, que se desenvolveram em profundos vales cortados por córregos e encostas íngremes. Nesse traçado urbano informal, interligado por inúmeras pontes e ladeiras de forte inclinação, dividiam o casario, feito de pau a pique (paredes de barro e estrutura de madeira), e na praça Tiradentes as construções se consolidam, no alto do morro, onde o palácio dos governadores e o edifício da câmara e cadeia, hoje museu da Inconfidência, dominavam a cidade. Situadas em plataformas naturais, as igrejas das ordens terceiras e confrarias sobrepunham-se ao casario civil, o qual se enfileira e se escora subindo e descendo ladeiras, provocando efeitos de circularidade, primeiro, entre as torres vistas à distância e, depois, de perto, pelas diversas perspectivas – abaixo e acima – das fachadas e dos telhados. Com escadarias nos adros, esses templos compõem, auxiliados pela natureza, espaços cênicos de efeitos pitorescos[40].

## Monumentos oficiais. Ouro Preto, Brasil | século xviii

A praça Tiradentes constitui a mais ampla, bela e completa na paisagem do barroco mineiro. Construída para unir os dois arraiais – a freguesia de Antônio Dias, dos paulistas, e a freguesia do Pilar, dos mineiros – cujas matrizes se encontram em encostas opostas do mesmo morro, ela é, hoje, o símbolo da liberdade sonhada pelo Brasil, para libertar-se de Portugal. Porém, sua construção, com o palácio dos governadores e a casa de câmara e cadeia, foi concebida no sentido oposto: impor naquelas terras o poder do rei e de sua justiça implacável. As ruas e os caminhos de ambas as freguesias confluem para os quatro cantos e para o meio da praça. Essa convergência não é apenas material, urbanística, mas, também, simbólica, configurando a centralidade necessária para a retidão do governo, em seus aspectos social, político e econômico. Sua configuração retilínea, fechada, é suavizada pelo declive e aclive, quando olhamos desde as elevações dos dois edifícios oficiais que cerceiam o grande espaço.

A dramatização cênica do espaço é sublimada pelo palácio dos governadores e pela casa de câmara e cadeia, cada qual com avantajados alicerces, com direito a rampas e escadaria. O casario civil perfila apenas abaixo dos olhares do poder, sem esboçar distinção, como nos dias de hoje, em estilos tão díspares dos dois monumentos. O primeiro se assemelha a um forte à beira de um penhasco, junto ao mar, e o segundo, mais urbano, imponente, porém de fachada retilínea, inspirado na gramática oficial de linhas clássicas. A escadaria, os arcos da portada e o triângulo retilíneo que aponta para o campanário se esforçam para dinamizar a fachada que tem em sua estrutura o peso do *status* de um edifício oficial como o da casa de câmara e cadeia. Em ambos os casos a natureza ajuda na majestade dos edifícios, pois seus perfis são reforçados ora pelas montanhas ondulantes e verdejantes, ora pelo infinito do céu azul, que os elevam sobre as nuvens.

Outra praça que merece atenção é o largo do Rosário. A presença da igreja barroca da Irmandade dos Homens Pretos do Rosário, segundo as plantas elípticas inspiradas no arquiteto Francesco Borromini, é das mais instigantes, graças à localização do edifício sobre platô rasgado na encosta, à massa arquitetônica de curvas ousadas e ao casario civil que a emoldura. Sua implantação é surpreendente: ao caminhar à sua volta, pode-se compreender toda a volumetria de todos os pontos de vista: desde um ponto mais baixo ou ainda na altura dos olhos, quando revela seu frontispício, ou do alto, quando se caminha na rua lateral, na altura de sua cornija, com o telhado em casco de tartaruga. Ela revela-se retilínea, mirando o consistório ao fundo, e, ao mesmo tempo, voluptuosa pelas suas curvas, quando vista nas laterais.

Confirma sua teatralidade o adro em declive, que se abre desde a galilé com as três arcadas planas, executadas em escorço. O casario é um livro aberto de tratado arquitetônico mineiro, com todas as fases construtivas, desde o início do século XVIII, com o auge do barroco e sua busca da inovação com o período imperial no início do século XIX. A materialidade – taipa de mão, pedras lavradas e tijolos – se orquestra no colorido das vergas retas, curvas, nos vazados dos balcões, criando cheios, vazios e reflexos, que ecoam entre os acordes dos músicos negros que regiam as orquestras e bandas. Os rostos aparecem nas entrelinhas das treliças, outros são apenas sombras do passado faustoso, do ouro fácil e da religiosidade expansiva, que elevava aquela sociedade mestiça.

### Monumentos sacros. Ouro Preto, Brasil | século XVIII

As igrejas de Ouro Preto estão dispostas em platôs no alto dos morros e nos profundos vales, onde correm os rios que cortam a cidade. Todo urbanismo evoluiu ao redor das igrejas das ordens terceiras – franciscanas e carmelitas – e das irmandades e con-

MATRIZ N. SRA. DA CONCEIÇÃO. FREGUESIA DE ANTÔNIO DIAS. OURO PRETO. MG.

PALÁCIO EPISCOPAL E IGREJA DA ORDEM TERCEIRA DE NOSSA SENHORA DO CARMO. SÉC. XVIII. DIAMANTINA. MG.

frarias, além das igrejas dos negros escravos. Mesmo quando se concebe a grande praça Tiradentes, o referencial são os edifícios ímpares da arte sacra que são as igrejas do Carmo e de São Francisco, que ladeiam a casa de câmara e cadeia.

A matriz do Pilar, com projeto de Pedro Gomes Chaves, de 1730, e reprojetada internamente por Antônio Francisco Pombal, em 1736, pode ser admirada por todos os lados, graças à sua localização no fundo de um vale. A fachada é grandiosa, considerando o estreitamento da rua pelo casario que a emoldura. O volume arquitetônico pode ser observado de diversos pontos, sendo um dos mais impressionantes o da parte posterior da sacristia, de onde se percebe o alicerce do pesado edifício. A talha da capela-mor foi confiada a Francisco Xavier de Brito e o retábulo-mor está ladeado por colunas salomônicas com arremate superior em dossel. Profusa ornamentação folhear distribui-se pelos apainelados, por entre os quais, multidões de *putti*, que se entremeiam com folhagens e flores. Também se encontram conchoides em quantidade no arremate de apainelados e *chambranles* em arcada, que ornamentam as pilastras usadas em alternância com as colunas torsas, sobre as quais fragmentos de arcos remetem ao estilo romano na talha portuguesa joanina.

A igreja da ordem terceira de Nossa Senhora do Carmo foi construída entre 1766 e 1772, com projeto de Manuel Francisco Lisboa, e teve a fachada modificada por Aleijadinho, que lhe imprimiu forma ondulante, de acordo com o novo gosto rococó. A igreja do Carmo, sobre o morro de Santa Quitéria, escreve uma das mais belas páginas da história da arquitetura colonial brasileira. Sua implantação demonstra a importância que essa ordem terceira teve no cenário social mineiro, conseguindo o melhor terreno da cidade. É um marco visual da cidade. Os contrafortes que sustentam as duas laterais e a frente do adro constituem o mais belo exemplar dos artifícios evocados pela gramática urbanística barroca: elevação e valorização da volumetria, vistas por diversos pontos de perspectiva, e o recurso das escadarias apropriadas para as festividades.

A inovação do frontispício de Aleijadinho consiste na introdução de linhas curvas nas torres chanfradas e no avanço do corpo da igreja, abrindo possibilidades de maior curvatura na fachada. A portada de Aleijadinho também inova com o imenso óculo truncando a cimalha. A solução da colocação das janelas, ombreiras, óculos e cimalhas que sustentam os frontões, cada qual diferente, mostra o resultado pela busca da melhor plasticidade. Isso possibilitou que Aleijadinho elaborasse formas inusitadas para a colocação de anjos, emblemas das ordens, medalhões e da coroa da Virgem.

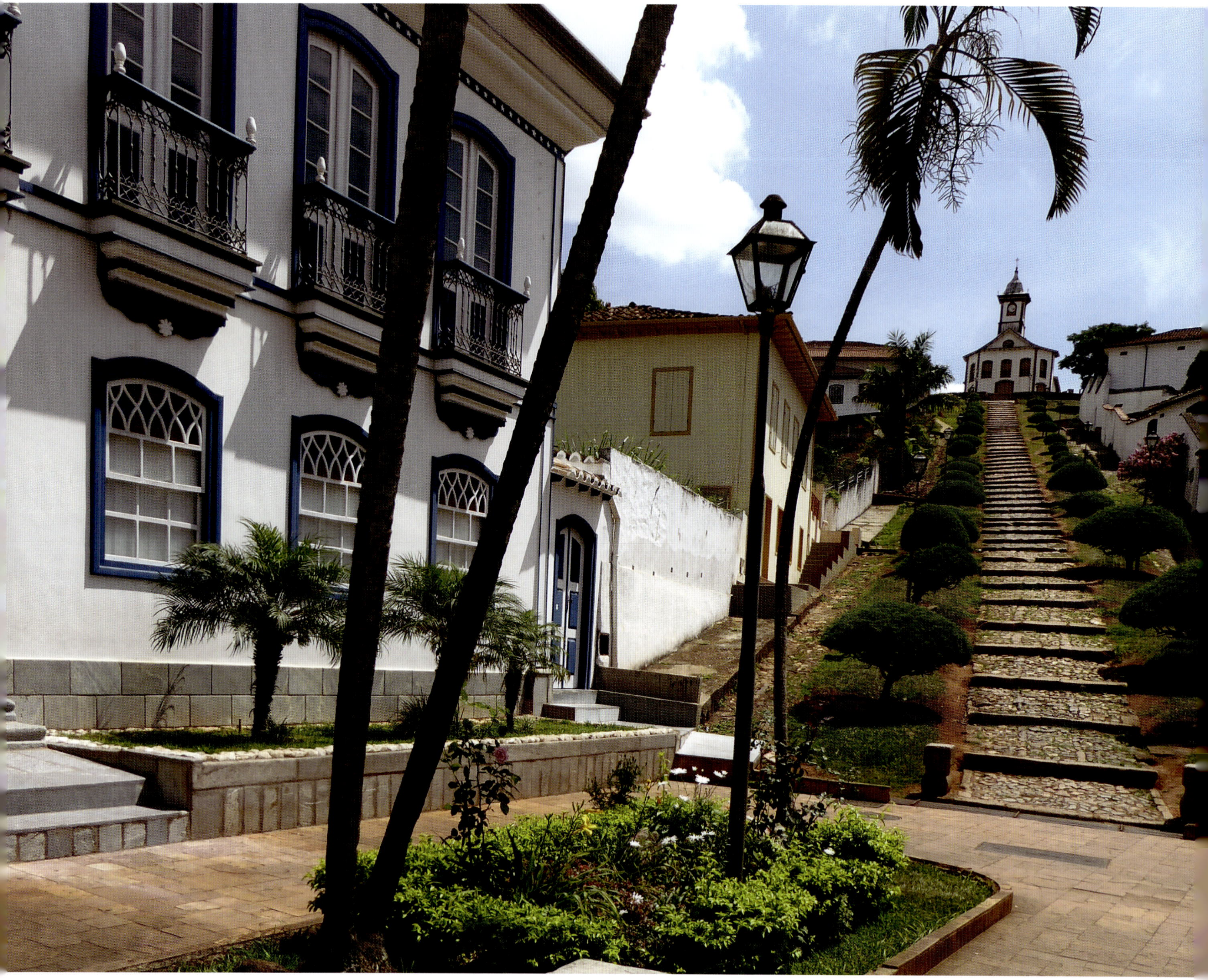

Capela de Santa Rita.
Vista da cidade do Serro, antiga
Vila do Príncipe, MG.

### Urbanismo. Diamantina, Brasil | século XVIII

As águas caudalosas dos rios São Francisco, Doce e Jequitinhonha, onde Fernão Dias Paes Leme, em 1678, buscou prata e esmeraldas, abalizam os imensos desertos formados de quartzito e filito, de vegetação rala de gramíneas. Nesse cenário rude, vivo, onde a vida é áspera, Diamantina ergue-se como monumento mundial remanescente na América da atividade de mineração iniciada em 1713.

O traçado urbano de Diamantina desenvolveu-se em terreno de acentuado declive. A cidade é resultado da compactação de três arraiais, um no vale do Tijuco, na saída para Minas Novas, outro o arraial de Baixo, que saía para a Vila do Príncipe, e ainda o arraial de Cima, vereda para o sertão baiano, a oeste. Na grande área central, denominada largo da Cavalhada Velha, foi construído o mercado municipal, na grande praça quase quadrangular, em terreno em leve declive, antigo local de reunião dos tropeiros e atual feira regional. Na parte superior do arraial, ficavam os currais de gado que abasteciam o Sul, vindos da região Nordeste. Essa atividade foi vital para Diamantina após a escassez dos diamantes no século XIX. Ainda hoje, ali se vê a antiga estação da estrada de ferro Central do Brasil, extinta em 1973[41].

Dentro dessa trama urbana, um rico acervo arquitetônico se acomoda uniformemente, dando o aspecto de uma escola regional singular, "com ruas bem largas, muito limpas [...] quase todas em rampas"[42]. As igrejas se destacam localizadas em pequenos patamares. Diferentemente das cidades do ciclo do ouro, que criaram grandes cenários barrocos para seus templos, em Diamantina eles se acomodam no arruamento, chegando mesmo a se confundir com a construção civil. Assim, sobressai essa conformação específica no quadro urbanístico setecentista mineiro, fugindo da configuração de cidades alongadas pelos caminhos. Em Diamantina, tem-se um traçado quase reticulado que se aproxima ao de Mariana, e lembra o modelo de urbanização adotado na América espanhola.

O casario é coeso com as construções justapostas pelas paredes em taipa de mão, com porta e duas janelas na fachada junto à pequena calçada. Cores fortes – vermelho e amarelo – brilham nos portais e nas folhas das janelas. Nos umbrais, conforme a incidência dos raios solares, as cores intensificam-se, unindo-se em escala tonal em uma perspectiva aérea até se diluírem nos acinzentados das pedras no fundo do vale. As igrejas dispostas nos pequenos adros mais se assemelham a capelas. Internamente, as pinturas ilusionistas de José Soares de Araújo (igreja do Carmo, 1776) ampliam seus forros de tábuas corridas com anjos, cestos de flores executados com primorosas tonalidades rosas desmaiadas entre grises e azulados esmaecidos nos medalhões de Manoel Álvares Passos (igreja das Mercês, 1794).

## Notas

1. Ramón Gutiérrez, *Arquitectura y urbanismo en Iberoamérica*, Madrid: Manuales Arte Cátedra, 2010, p. 38.
2. Alberto Nicolini, "Imagem da cidade e do território do vice-reinado do Peru: sua construção e consolidação, entre 1535 e 1581, pelo fundador Francisco Pizarro, o ouvidor Juan Matienzo e o vice-rei Francisco Toledo". Em: *Cidades latino-americanas: um debate sobre a formação de núcleos urbanos*. Rio de Janeiro: Faperj e Casa da Palavra, 2010, p. 93.
3. Alfonso Ortiz Crespo, "La cuidad colonial hispano-americana: sus origines, desarollo y funciones". Em: RISHEL, Joseph J. (org.). *Revelaciones: las artes en América Latina, 1492-1820*. México D.F., Fondo de Cultura Económica, 2007, p. 25.
4. *Ibidem*, p. 23.
5. As capelas posas eram pequenos espaços de catequização dos índios na América espanhola. Ficavam posicionadas nos quatro cantos dos adros fechados à frente dos templos. Dentro delas era tradicional descansar (posar) o Santíssimo, sempre que se realizavam processões nos adros portando o ostensório (que continha a hóstia sagrada).
6. José Maria Lorenzo, *Catedral de Cuernavaca: ruta de los conventos del siglo XVI en Morelos*, Cuernavaca: Publicaciones S. A. de Cuernavaca, 2009, pp. 22-7.
7. Quando se analisa uma igreja, em vez de se dizer lado esquerdo ou direito, diz-se lado da epístola (leitura das cartas dos apóstolos), que corresponde à direita dos fiéis. Já o *lado do evangelho*, onde ele era lido (escrito pelos evangelistas), fica à esquerda dos fiéis.
8. *Ibidem*, pp. 30-3.
9. Alberto Nicolini, "Imagem da cidade e do território do vice-reinado do Peru: sua construção e consolidação, entre 1535 e 1581, pelo fundador Francisco Pizarro, o ouvidor Juan Matienzo e o vice-rei Francisco Toledo", *op. cit.*, pp. 91-6.
10. María Pilar; Pérez Cantó. *Lima en el siglo XVIII: estudio socioeconómico*, Madri: Ed. Universidad Autónoma de Madrid Cantoblanco, 1985, pp. 14-28.
11. Ramón Gutiérrez, *Arquitectura y urbanismo en Iberoamérica, op. cit.*, p. 16.
12. Justino Fernández, *Arte mexicano*, México D.F.: Editorial Porrúa, 2009, p. 133.
13. George Kubler, *Arquitectura mexicana del siglo XVI*, México D.F.: Fondo de Cultura Económica, 2012, pp. 119-25.
14. Elizabeth Bell, *La Antigua Guatemala: la ciudad y su patrimonio*. Antigua: Recorridos Antigua, 2006, p. 25.
15. Jaime Salcedo, "El urbanismo en el nuevo reino de Granada y Popayán en los siglos XVII y XVIII". Em: GUTIÉRREZ, Ramón (org.). *Barroco iberoamericano de los Andes a las Pampas*. Espanha: Lunwerg Editores, 1997, p. 189.
16. *Ibidem*.
17. Germán Téllez Castañeda, *Monumentos nacionales de Colombia*. Bogotá: Ministerio de Cultura, 1997, p. 29.
18. Alfonso Ortiz Crespo, "Ensayos de urbanismo barroco en la Audiencia de Quito". Em: GUTIÉRREZ, Ramón (org.). *Barroco iberoamericano de los Andes a las Pampas*. España: Lunwerg Editores, 1997, p. 232.
19. Victor Hugo Mori; Carlos Lemos; Adler Castro, *Arquitetura militar: um panorama histórico a partir do porto de Santos*, São Paulo: Imprensa Oficial do Estado de São Paulo/ Fundação Cultural do Exército Brasileiro, 2003, p. 133.
20. *Ibidem*, pp. 55-7.
21. Julio Larramendi; Raida M. S. Portal, *Habana Vieja*, Havana: Editorial José Martí, 2005, pp. 2-15.
22. San Marcos, S. L., Guia de Panamá Viejo, 2007.
23. Jaime Salcedo, "El urbanismo en el nuevo reino de Granada y Popayán en los siglos XVI y XVIII", *op. cit.*, p. 189.
24. Manuel C. Teixeira, *A forma da cidade de origem portuguesa*. São Paulo: Imprensa Oficial do Estado de São Paulo e Ed. Unesp, 2012, pp. 10-19.
25. Mário Mendonça Oliveira, *As fortificações portuguesas de Salvador quando cabeça do Brasil*. Salvador: Fundação Gregório de Mattos, 2004, pp. 147-200.
26. Michael Parent, *Dossiê IPHAN/UNESCO*, Arquivo Noronha Santos, 1967.
27. Percival Tirapeli, *Patrimônio da Humanidade no Brasil. World Heritage Sites in Brazil*. São Paulo: Metalivros, 2010, p. 170.
28. Clarival do Prado Valladares, 1982, pp. 358-436.
29. Trecho do regimento de Tomé de Souza, primeiro governador-geral do Brasil, 1549-1551.
30. Percival Tirapeli, *Patrimônio da Humanidade no Brasil, op. cit.*, p. 180.
31. Mário Mendonça Oliveira, *As fortificações portuguesas de Salvador quando cabeça do Brasil, op. cit.*, pp. 182-220.
32. Manuel C. Teixeira, *A forma da cidade de origem portuguesa, op. cit.*, pp. 124-30.
33. Alberto Nicolini, *La traza de las ciudades hispanoamericanas en el siglo XVI*. Buenos Aires: FADU/UBA, 1997, p. 92.
34. Ramón Gutiérrez, "El urbanismo en Bolivia". Em: GUTIÉRREZ, Ramón (org.). *Barroco iberoamericano de los Andes a las Pampas*. España: Lunwerg Editores, 1997, p. 42.
35. Luis Prado Ríos *et al. Guia de arquitectura de Potosi*. Sevilla: Agencia Española de Cooperación Internacional, 2004, pp. 35-50.
36. Félix Pozo, "Potosí: una mirada transversal". Em: RÍOS, Luis Prado *et al. Guia de arquitectura de Potosí*. Sevilla: Agencia Española de Cooperación Internacional, 2004, pp. 87-97.
37. Raúl Herrera Cervantes, *Guanajuato de piedras y religión: una mirada al arte sacro virreinal*. Guanajuato: Ediciones La Rana, 2009, pp. 21-46.
38. Justino Fernández, *Arte mexicano, op. cit.*, p. 150.
39. Justino Fernández, 2009, p. 163.
40. Manuel Bandeira, *Guia de Ouro Preto*, Rio de Janeiro: Letras e Artes, 1963.
41. Percival Tirapeli, *Patrimônio da Humanidade no Brasil, op. cit.*, pp. 258-66.
42. Auguste Saint-Hilaire, *Viagens pelas províncias do Rio de Janeiro e Minas Gerais*, Belo Horizonte: Ed. Itatiaia e Edusp 1975, p. 28.

## II | Arquitetura Eclesiástica

## Catedrais maneiristas e barrocas | séculos XVI-XVIII

Na hierarquia eclesiástica, os bispos e os arcebispos têm suas sedes nas capitais e principais cidades. No mundo hispânico essas igrejas são conhecidas como catedrais e, no caso luso e em suas possessões, são chamadas de sés (onde fica a sédia, cátedra ou trono episcopal). Na América espanhola, as primeiras catedrais foram erigidas nas cidades de Santo Domingo, na República Dominicana, na Cidade do México e em Lima. Além das capitais dos vice-reinos e das audiências, outras regiões de grandes extensões também tiveram seus bispados e foram de importância tanto religiosa, catequética quanto econômica, como as de mineração, como Sucre, na Bolívia, na Audiência de Charcas. No Brasil, a Sé Primacial foi sediada em Salvador, na Bahia, capital colonial, seguida por Olinda, em Pernambuco, e no Rio de Janeiro. Apenas no século XVIII vieram as de São Paulo e de Mariana, na região de Minas Gerais, e, ainda, as da região amazônica, Belém e São Luís.

A construção das catedrais na América é coincidente com o momento de renovação estilística do renascimento para o maneirismo e a seguir para o estilo barroco na Europa. O exemplo maior da adaptação desses momentos estilísticos é o da basílica de São Pedro no Vaticano, que na verdade é uma exceção por ser sede do papado. As duas primeiras catedrais – Santo Domingo e Cidade do México – foram iniciadas segundo o modelo medieval. O período medieval é conhecido pelas suas catedrais góticas principalmente francesas e inglesas dos séculos XIII e XIV com estilo esbelto de grande luminosidade obtida pela coloração dos vitrais. Anteriormente as igrejas românicas alemãs (séculos IX ao XII) mantinham seus interiores em penumbras devido a grossas paredes com arcos e poucas envasaduras. Por vezes lembravam as basílicas italianas oriundas do início da cristandade. O românico e o gótico conviveram na Espanha até o século XIV.

Devido ao extenso período dominado pelas catedrais góticas, convencionou-se que uma catedral seguiria a espacialidade implantada pelo estilo gótico: um grande coro na nave principal, um retábulo-mor para as funções religiosas voltadas para o próprio clero e naves laterais para os fiéis. Porém, mais importante que o estilo de uma igreja, seja ele do período paleocristão, românico, gótico, renascentista ou barroco, é a concepção de sua espacialidade. Nela ocorrem as funções litúrgicas e, além disso, evidenciam-se as relações hierárquicas administradas pelos bispos junto ao clero. A configuração espacial da catedral que vem para a América é consequência direta do espaço medieval, com três naves e duas laterais com capelas em cruz e o coro na nave principal – que abrigava a *scola cantorum* das basílicas paleocristãs – diante do altar maior, com os púlpitos nas laterais externas do coro. Já o modelo português, com três naves, determinava a colocação do coro sobre o nártex, no alto, com a nave principal livre para os fiéis, e os púlpitos para as pregações, um defronte ao outro, nas paredes ou colunas da nave. Em ambas as tipologias, a capela-mor e o altar principal requerem um cuidado artístico especial, pois destacam-se das capelas laterais e seus altares.

### O espaço litúrgico

A evangelização dos indígenas nas terras americanas foi prioridade inicialmente, acima das razões de ordem das funções ritualísticas que foram adaptadas às novas condições da prática religiosa e catequética. Na realidade, o mais importante naquele momento foi barrar o avanço do protestantismo que assolava a Europa e

Coro no interior da Catedral de Sevilha, Espanha. Séc. XV.

Planta do Bispado de Cusco. Séc. XVII.

deveria ser impedido de entrar na América e no Oriente. Os espaços litúrgicos deveriam seguir as normas do Concílio de Trento (1545-1562), abandonando aqueles do período gótico para agora coincidir com os estilos renascentista, maneirista e barroco. A participação dos fiéis nos atos litúrgicos foi incentivada por meio dos cantos e pela pregação da palavra sagrada, sendo o clérigo o intérprete do texto bíblico – diferentemente do protestantismo ou anglicanismo, que incentivava a leitura da Bíblia por todos. O interior das catedrais aponta para essas inovações de participação dos fiéis, adaptando-se ao que antes servia como espaço litúrgico de grande aparato do clero catedralístico, contando na Europa com a presença do monarca, comandante tanto do reino como da Igreja. Antes, o coro voltado para o retábulo-mor praticamente formava uma espécie de eclésia – reunião – dentro da estrutura arquitetônica de até cinco naves.

Após as primeiras leis *Las Ordenanzas* (1573) do rei Felipe II sai o segundo livro complementando o urbanismo das cidades (1576); seguiram-se as do rei Carlos II, em 1680, sob o título de *Recopilación de Leyes de los Reinos de la India*, mais específicas com a epígrafe *De las Iglesias Catedrales, y Parroquiales, y de sus erecciones, y fundaciones*. Nestas leis se esclarecia que o padroado real deveria informar sobre a fundação de todas as igrejas à Coroa e mencionava como essas obras de alto custo deveriam ser financiadas, e, ainda, que o Conselho das Índias deveria enviar para a América os projetos elaborados por um mestre. Inicialmente as custas corriam por conta da Coroa até que Felipe II impôs o sistema de *tercias*, distribuindo as expensas entre espanhóis e índios, cobradas pelos vice-reis, governadores ou presidentes de audiências. Por essa razão, a construção das catedrais está mais ligada aos nomes dos vice-reis e de outros mandatários da

PLANO DEL Obispado DEL Cuzco.

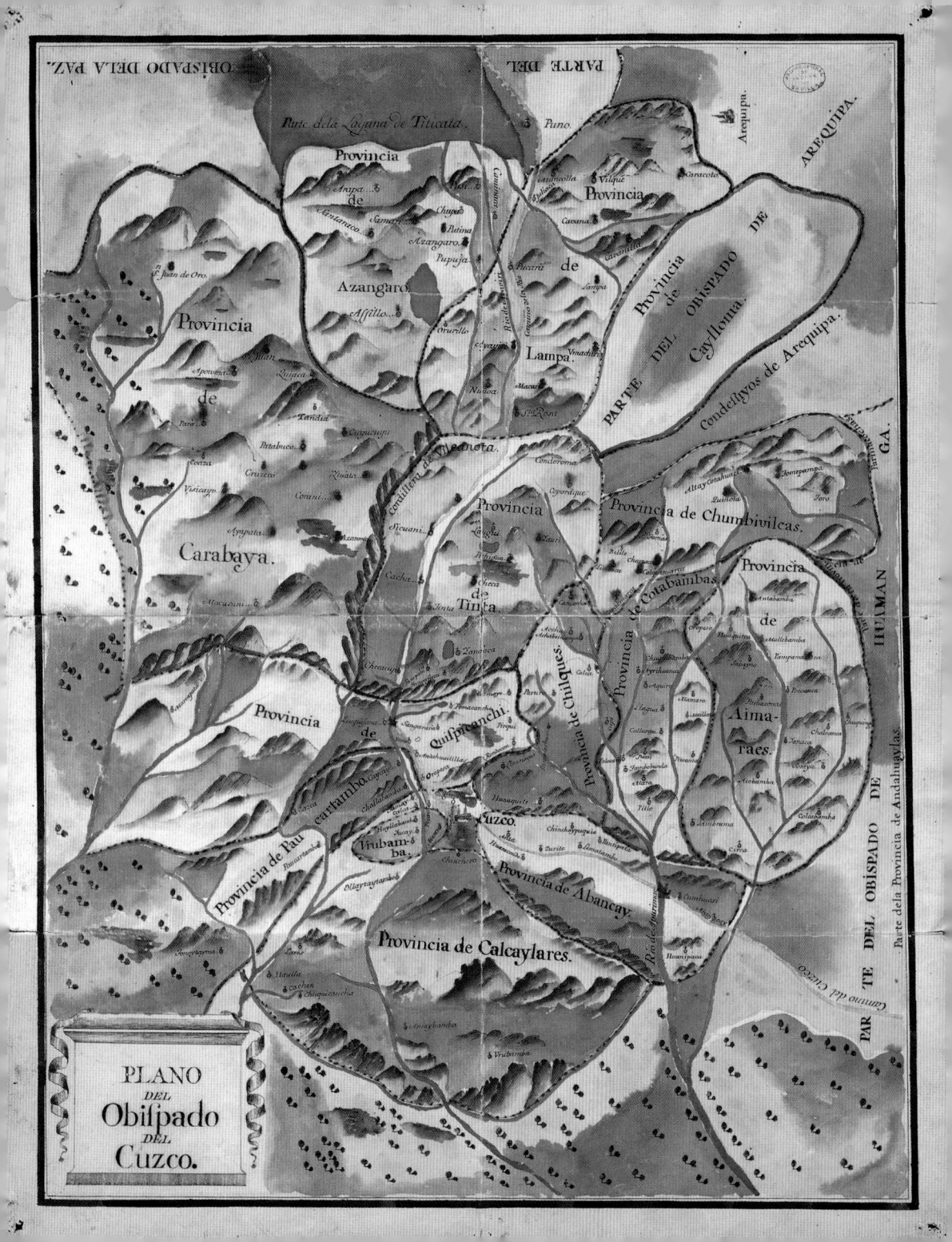

Coroa do que de autoridades eclesiásticas como os bispos. O real padroado tinha ingerência nos detalhes do aparato ornamental, sendo a mais expressiva a obrigatoriedade, tanto na catedral da Cidade do México quanto na de Puebla, a capela de *los Reyes,* de se rezar três missas em suas intenções, em dias alternados, atrás do altar-mor. Os detalhes chegam às alfaias, que deveriam seguir o modelo da catedral de Sevilha a ser implantado nas americanas. Tais diretrizes serviram para dar unidade às catedrais da América espanhola[1], o que não ocorreu na América portuguesa.

## Bispos e cabido

Se a estrutura governamental dava suporte à construção de imensas catedrais, os seus bispos e os cabidos catedralísticos – formados por cinco dignatários eclesiásticos e dez canônicos, sendo quatro dispostos pelo rei, totalizando mais de quarenta pessoas – foram o ânimo na construção espiritual junto às dioceses. Sua missão era atuar como figuras tão preponderantes quanto os vice-reis junto às construções arquitetônicas, pois seus membros eram formados nas universidades do México e de Lima ou na Espanha. Algumas figuras destacam-se, como o bispo Juan de Palafox y Mendoza (1600-1659) em Puebla, no México, que, além de seu papel na construção daquela que é a segunda catedral do país, foi humanista, erudito detentor de uma vasta biblioteca como ainda atesta seu precioso acervo. Concluiu a catedral e auxiliou na fundação de mais de quarenta igrejas em sua diocese. Na América Central, em Antigua, na Guatemala, o primeiro bispo Francisco Marroquín Hurtado (1499-1563), com prelatura entre 1534 e 1563, incentivou a construção dos mosteiros e da catedral, além de seu palácio episcopal nos arredores da cidade. Marroquín foi uma das figuras eclesiásticas mais destacadas da Audiência e Reino da Guatemala, que abarcava toda a atual América Central. No vice-reino do Peru, em Cusco, o bispo Manuel Mollinedo y Angulo, durante seu bispado (1670-1699), terminou em 1670 a catedral depois do terremoto de 1650 quando ela então ruíra. Com cinco naves (duas com capelas laterais), foi uma das maiores catedrais da América, com importância ainda maior que sua arquitetura, já que no início, em 1537, essa diocese cobria desde Cartagena de Índias, no Caribe, até o rio da Prata, no Atlântico, passando pelo Pacífico no Chile.

As dioceses e bispados vacantes foram uma dura realidade, já que por muitas vezes não atingiam o número ideal para preenchimento de cargos do cabido, verdadeira corporação dos cônegos da catedral, podendo reduzir-se a apenas nove membros. O serviço do coro, que no Brasil era chamado de mestre de capela, era primordial para as missas solenes e as horas cantadas, diurnas e noturnas. Completavam o quadro dos ofícios o mordomo ou procurador da fábrica e hospitais, arquitetos, pedreiros, carpinteiros e outros oficiais necessários para a construção da catedral. Quanto à realização dos ofícios religiosos, as leis chegam ao detalhamento do corte de cabelo dos clérigos e de suas vestimentas, que não poderiam ser coloridas ou desonestas[2].

## Arquitetura das catedrais

A arquitetura de uma catedral ou igreja está subordinada às funções religiosas, ou seja, à liturgia, determinando os espaços internos do templo para a realização digna do culto. O estilo e a ornamentação fazem parte da funcionalidade dos espaços internos, mas nem sempre sua suntuosidade correspondia aos exteriores simplificados, como na arquitetura chã de Portugal ou na desornamentada da Espanha. No caso da América, as primitivas igrejas eram logo substituídas por outras de melhor material, como a pedra. O retábulo-mor e o coro são os espaços mais obrigatórios nas catedrais americanas, tradição advinda do medievo. A catedral de Sevilha foi o modelo litúrgico a ser seguido pelos bispos que vieram ao Novo Mundo sonhando com todos os detalhes daquela catedral: o coro com órgão e cadeiral para a *scola cantorum*; o retábulo-mor guardado por belíssimos gradis; amplas sacristias; mesmo um *Patio de los Naranjos*, reminiscência da antiga mesquita sevilhana (assim também chamado em Lima, no Peru), até o tamanho dos livros de cantos dispostos nos facistórios (estante com quatro faces, centrada no coro) para serem lidos a partir dos cadeirais ricamente ornados.

A análise de uma catedral deve ser feita a partir de seu direcionamento, voltada para o Oriente, onde estão Jerusalém e a nascente do Sol, e a parte posterior voltada para o Ocidente, no ocaso. Ao transpassar seu portal, ou fachada-retábulo, abre-se para a nave central. Nas catedrais góticas espanholas o encadeamento

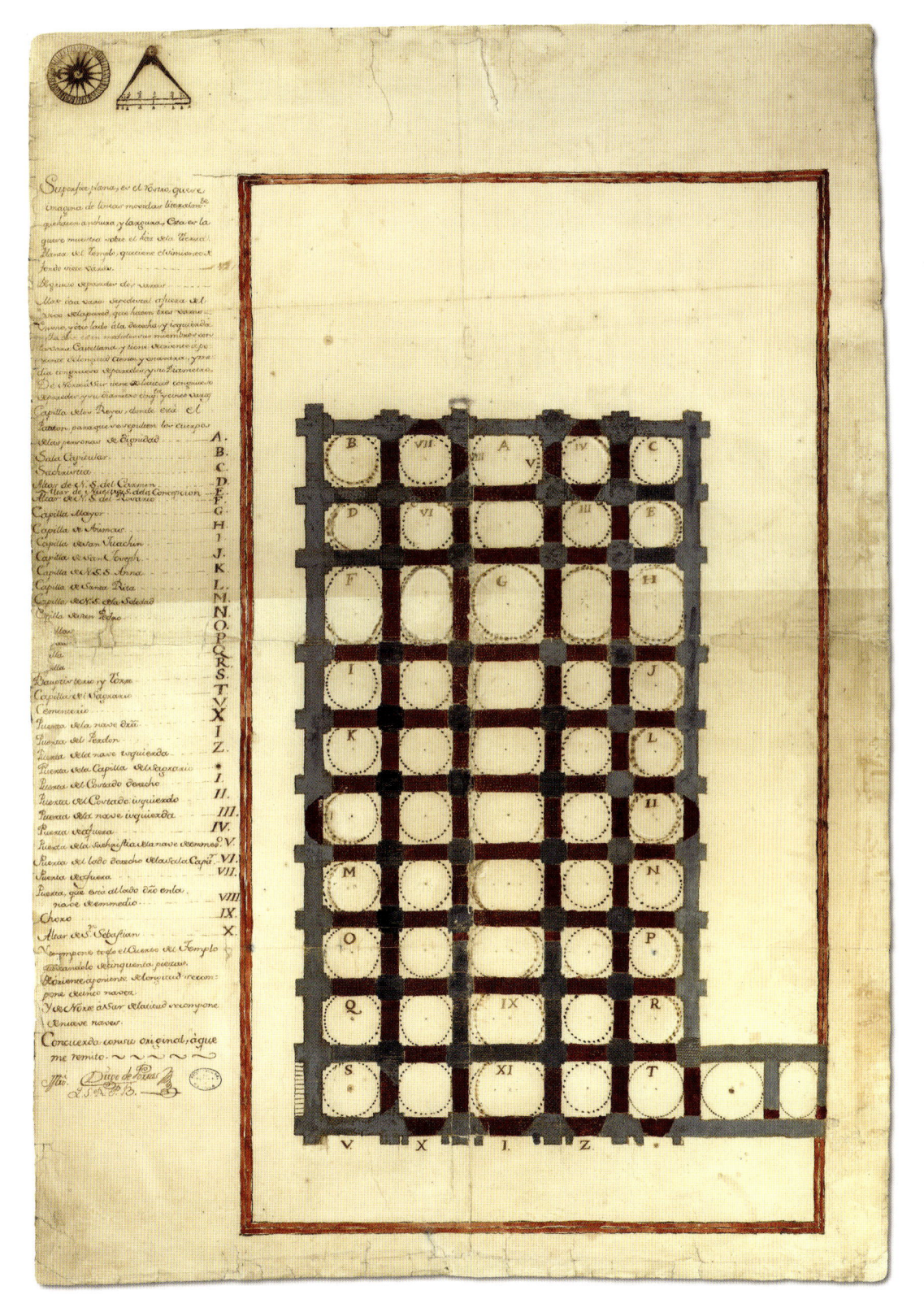

Planta e descrição da Catedral de Antigua.
c. 1544. Destruída pelo terremoto Santa
Marta em 1773.

a. Capela dos Reis, onde está o panteão, para que se sepultem os corpos das pessoas de dignidade
b. Sala Capitular
c. Sacristia
d. Altar N. S. do Carmo
e. Altar de Nossa Senhora da Conceição
f. Altar de N. S. do Rosário
g. Capela-mor
h. Capela das Almas
j. Capela de São Joaquim
k. Capela de Santana
l. Capela de Santa Rita
m. Capela de N. S. da Soledade
n. Capela de São Pedro....N.; ...O.;...P.; capela...R.; O.
s. Batistério e torre
t. Capela do *Sagrario* (Santíssimo)
v. Cemitério
z. Porta da nave direita

\* Porta da Capela do *Sagrario*
i. Porta da lateral direita
ii. Porta da lateral esquerda
iii. Porta da nave esquerda
iv. Porta para fora (fundos)
v. Porta da sacristia da nave
vi. Porta do lado direito da Sala Capitular
vii. Porta para fora
viii. Porta que está do lado direito da entrada da nave do meio
ix. Coro
x. Altar de São Sebastião

Compõe todo o corpo do templo de 50 peças.
Aproximadamente de dimensão se compõe de cinco naves.
E de norte a sul de extensão maior se compõe de nove naves.

ARQUITETURA ECLESIÁSTICA

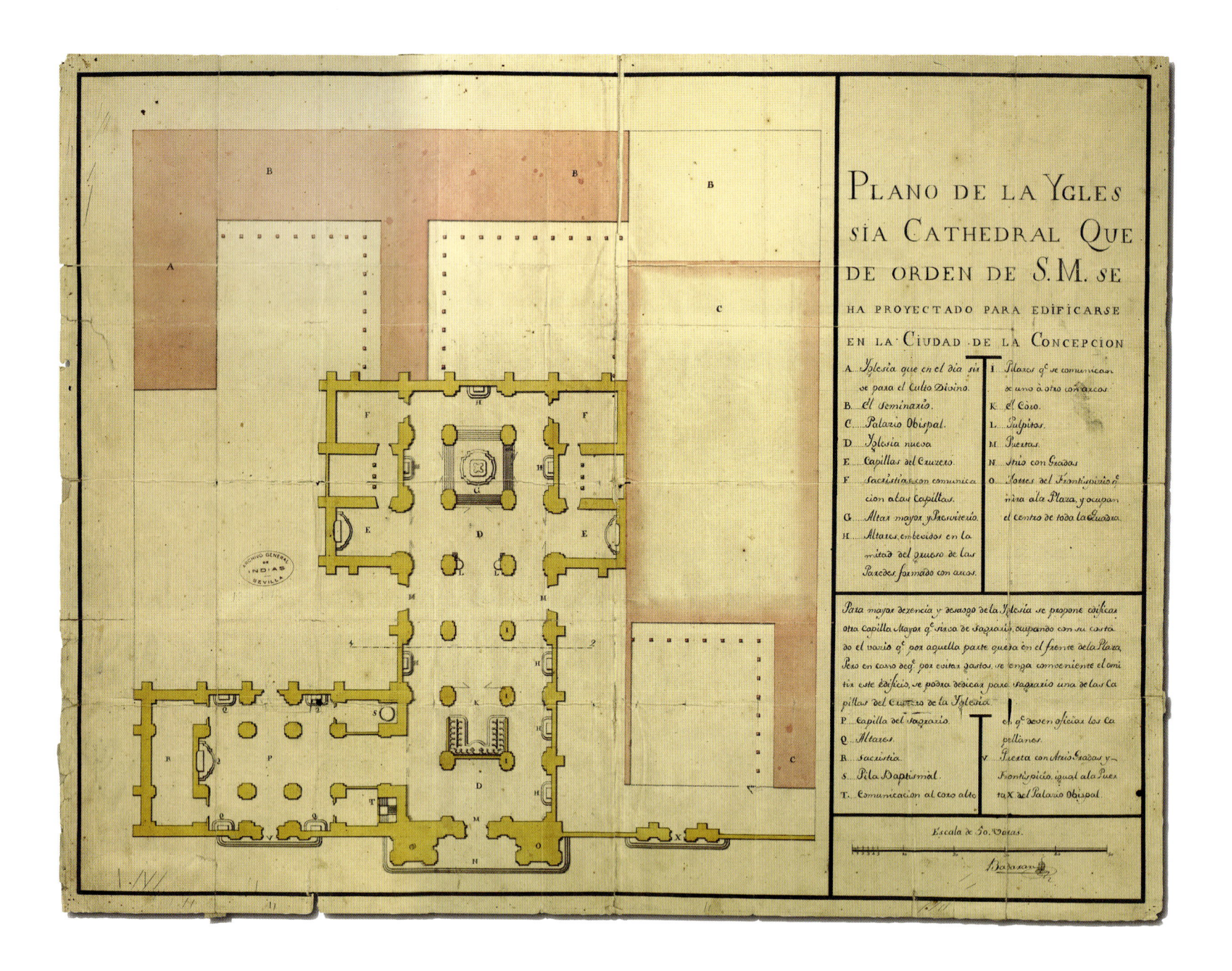

Plano da Igreja Catedral de Concepción.

FACHADA DA CATEDRAL METROPOLITANA
SANTA ANA DE CARACAS. VENEZUELA.

espacial é o seguinte: ao entrar na nave principal, depara-se com o espaço reservado ao coro no meio da igreja. De dentro do coro vê-se o retábulo-mor ao fundo. Na parte posterior do coro posiciona-se o altar, que pode ser denominado altar do perdão, logo na entrada do templo, que se destina a ofícios menores, apenas aos fiéis, e não ao clero. Assim, o espaço se integra em fórmula sequencial em dois grandes Hs onde se intercalam os fiéis: altar-fiéis-coro-*trascoro*-fiéis. Diferenciando-se do modelo francês medieval, com coro profundo depois do transepto do cruzeiro, antecedido pelo altar e depois os fiéis.

O modelo da catedral de Sevilha vem ao Novo Mundo possibilitando maior participação dos fiéis nos atos litúrgicos. Os púlpitos ficam nas laterais externas dos coros ou das colunas. O retábulo-mor (*ciprés*) se instala no presbitério e ainda hoje pode ser admirado por todos os lados em Puebla e Sucre, que não adotaram totalmente o novo posicionamento dos altares seguindo as diretrizes do Vaticano II (1965). Na parede posterior há capelas com altares, e no tramo central está a capela de *los Reyes*, caso das catedrais do México e de Puebla. As sacristias – antessacristia e sacristia – têm uma das entradas junto a esses altares na parte posterior, deixando espaço para o *sagrario* que também se comunica com uma das naves laterais no corpo da catedral, a exemplo de Bogotá. O *sagrario* (capela do Santíssimo Sacramento) – característico da América espanhola – pode ter entrada independente e constitui uma construção autônoma, com fachadas-retábulos, tal como em Quito, Cidade do México, Guadalajara, Santiago do Chile, ou com entrada externa e comunicação interna, como na catedral de Sevilha.

No início do século XVII, a espacialidade gótica das catedrais modifica-se devido aos ditames da ação da Igreja contrarreformista depois do Concílio de Trento, apontando para características do espírito barroco. Assim o coro na nave central distancia-se do altar-mor, permitindo aproximação com os fiéis. Antes, acomodavam-se ao longo das naves laterais com visão mínima dos atos litúrgicos, que se resumiam por vezes à audição das músicas e pregações. São Carlos Borromeo (1538-1584) propôs em 1577, em sua publicação *Instruções sobre a fábrica e os supeléctiles eclesiásticos*, que o coro fosse deslocado para a parte posterior do altar-mor, como na catedral de Milão, assim todo o ofício poderia ser visto pelos fiéis. Esse modelo italiano não chegou a ser implantado, a não ser posteriormente em outras igrejas, com o altar-mor barroco – *ciprés* – sendo o centro das atenções, circundado pelos cadeirais, segundo cada ordem religiosa exigisse maior ou menor profundidade da capela-mor[3].

Foi concluída em 1525, na cidade de Segóvia, a última grande catedral gótica da Espanha. E, em 1526, Diego de Sagredo publicou o tratado *Medidas del Romano* já com novas

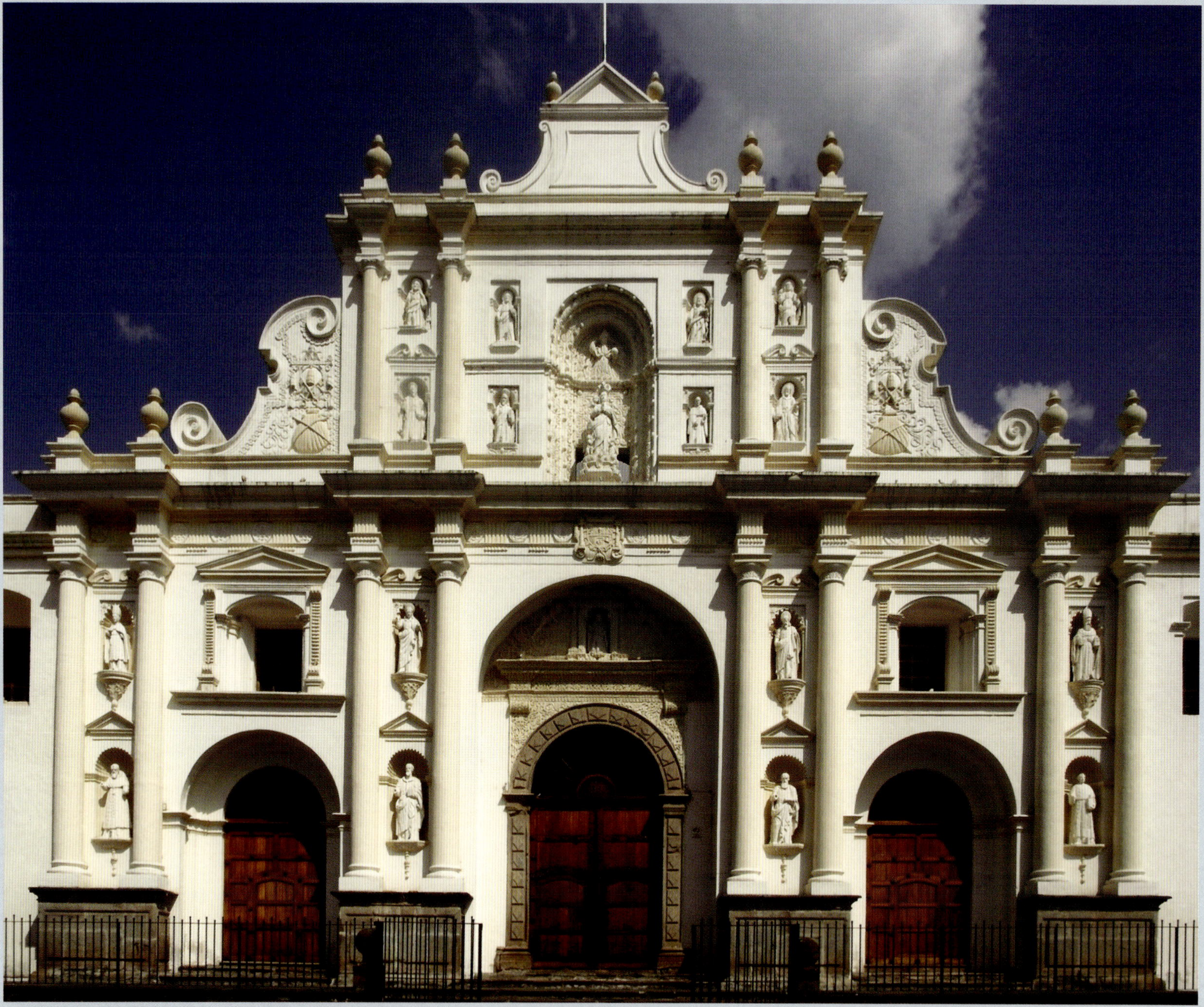

Fachada da Catedral de Santiago em Antigua. Séc. XVIII. Guatemala.

diretrizes estilísticas do pensamento renascentista revisitando a arquitetura clássica da Antiguidade. Logo as catedrais aderiram, em suas fachadas-retábulos, aos ditames clássicos.

O modelo de catedrais que seguiu aquele de Sevilha – cinco naves e coro na nave principal – foi repetido em Puebla e na Cidade do México, com entradas laterais, portas de *palos* e de *campanillas* – tendo à frente a parte posterior do coro com o altar do perdão junto à entrada principal. Na parte central da nave principal estão dispostos o coro e a via-sacra – presbitério – interligando-se ao altar-mor. Na parte posterior ao altar-mor permaneceu a tradição medieval do deambulatório no qual se posicionava a capela de *los Reyes* com saída para a sacristia. Quando uma catedral tem em sua planta apenas três naves, constrói-se capelas profundas entre as pilastras que são cobertas com cúpulas. Assim tem-se a sensação da espacialidade de cinco naves, pois estão dispostas as capelas ao longo de ambos os lados. Mais importante que a espacialidade são as funções litúrgicas. Há exemplos de convivência de estilos diferentes como o tardo-gótico na sacristia, do renascimento no interior do templo e a fachada com linhas neoclássicas. Isto ocorre na catedral do México. No Peru, a unidade estilística da catedral de Cusco com as cinco naves e fachada barroca é paradigma para a região andina.

Em todo o Novo Mundo hispânico pode-se generalizar que as catedrais nunca deixaram de exibir a beleza das abóbadas sustentadas por arcos de diversas soluções, como os góticos, maneiristas, barrocos e neoclássicos, com propostas surpreendentes para mantê-las em pé. Essas catedrais formam um repositório de obras de arte, graças a benesses de reis, vice-reis, eclesiásticos e ordens religiosas de confrarias, além de famílias abastadas.

## Arquitetura dos *tremblores* (terremotos)

O aspecto externo das catedrais não dependeu apenas dos estilos usuais à época de suas construções. Seus projetos ficaram entre o ideal da catedral de Sevilha com cinco naves e capelas laterais, distribuição interna como o descrito anteriormente e as adaptações entre as técnicas construtivas que tiveram que ser desenvolvidas nas construções do Novo Mundo. Existe quase um quarto de século de diferença estilística entre a construção das catedrais da Europa e as que estavam sendo realizadas à mesma época na Cidade do México, em Lima e em Cusco (ambas no Peru), e a primeira da América, a de Santo Domingo. No continente americano, as intempéries da região interferiram no aspecto externo das igrejas. Internamente, há um direcionamento no conceito espacial das catedrais que as une, e particularidades externas que as distinguem, além dos períodos estilísticos que seguem.

A ação destrutiva dos terremotos na América espanhola gera inclusive uma denominação especial para o fenômeno que ficou conhecido como *arquitectura de temblores* – arquitetura de terremotos –, termo adotado por Pál Kelemen[4]. Outros autores adicionam a ação dos vulcões e o poder destrutivo seguido pelas águas e a lama que assolaram cidades como Antigua, como assinala Elizabeth Bell[5].

É na América Central que esse tipo de fenômeno natural tem maior incidência, o que força a mudança de locais urbanos para além de terrenos impróprios como na cidade do Panamá – pântano – e a adaptação ao terreno lacustre da Cidade do México. Nos Andes, região de extremas altitudes como La Paz ou Potosí, ambas na Bolívia, a arquitetura de terremotos adapta-se a materialidades e soluções – paredes com fibras e argila –, conforme propõe Ramón Gutiérrez[6], em toda a região da cordilheira ao longo do Pacífico, até as terras planas da Argentina. Todos, porém, são unânimes na colocação das datas dos terremotos (que ostentam nomes do dia do santo em que ocorreu o abalo sísmico) como fato determinante das mudanças tanto em soluções estilísticas como no andamento das obras devido às trocas de arquitetos, bispos e membros do cabido, além das vacâncias nas prelazias. A solução criada com os tetos de madeira que aliviariam as estruturas pesadas das abóbadas, evitando assim catástrofes com fiéis em seus interiores, muitas vezes foi a causa dos incêndios que arruinaram elaborados forros *mudéjares* e tetos inteiros com abóbadas.

O exemplo mais contundente entre as catedrais e mesmo para uma cidade inteira é o da destruição ocorrida com o terremoto Santa Marta, em Antigua, em 1773, determinando assim a quarta mudança de local da capital da Guatemala. Ali, outras duas localidades anteriores haviam sido destruídas pelos terremotos, com lama e inundações provocadas pelos vulcões denominados Agua e Hunahpú [Fuego], em 1541, no vale de Almolonga, dita Ciudad Vieja. Dois anos depois teve início a nova catedral no vale de Panchoy, com o primeiro bispo Francisco Marroquín, na cidade de Santiago de Antigua. A catedral sofreu abalos graves em 1717 e em 1751, vindo por ruir no terremoto Santa Marta. A quarta catedral foi construída na então capital, em estilo clássico[7]. Outro exemplo clássico de abalo é o de uma catedral que durante toda a sua construção, e até hoje, sofre por ter sido erigida sobre um terreno lacustre: a da Cidade do México. Desde sua planta que deveria ter sete naves e mesmo sobre as bases da pirâmide do Sol, sofreu adaptações construtivas para manter-se como está, apesar da intensa correspondência com a Coroa descrevendo as dificuldades em se erigir um templo de tamanha magnitude sobre terreno movediço e sujeito a terremotos. O incêndio de 1983 completou a tragédia anunciada destruindo grande parte da ornamentação de madeira, menos o coro e a capela de *los Reyes*.

Há outras catedrais que foram reconstruídas praticamente a cada novo terremoto, como em Arequipa no Peru, com seguidos abalos sísmicos em 1582, 1600 e 1604, restando suas bases sobre as quais foi consagrado em 1656 um novo templo. O mesmo foi abalado nas décadas seguintes por seis terremotos, além de um incêndio em 1844.

Pedro Navascués Palacio, no capítulo "Agua, Tierra y Fuego", enumera os abalos sísmicos que destruíram em parte ou totalmente as principais catedrais do Novo Mundo, como aquelas de Lima (1609), com o terremoto San Crispín; de Cusco (1650), iniciando a devoção ao *Señor de los Temblores*; San Bartolomé arruinou a de Caracas; e as de Quito (1755 e 1797), de Oaxaca (1714), de Bogotá (1785) e de Santiago do Chile em 1571, 1647, 1730, 1751 e 1851. O autor termina o capítulo questionando quais catedrais góticas europeias teriam resistido em pé, com suas paredes esbeltas, a tamanhas ameaças da natureza por eles desconhecidas. Aponta que apenas Lisboa sofrera tamanho abalo, com o terremoto de 1755, quando a grande maioria de suas igrejas e palácios foi totalmente destruída[8].

## Catedral de Santo Domingo. Santo Domingo, República Dominicana | século xvi

Na ilha Espanhola, onde Cristóvão Colombo deu início à cristianização da América, foi fundada a Catedral Primaz das Américas. Na antiga Plaza Mayor, atual parque Colón, foi fundada a diocese de Concepción de la Vega (1504), na ilha que hoje abriga os países da República Dominicana e do Haiti. Essa ilha foi o berço das leis do rei Fernando II de Aragão, o Católico (1452-1516), que protegia os indígenas americanos. Em 1521 já estavam dispostas as primeiras pedras da fundação daquela que seria o protótipo, se não arquitetônico, ao menos de funcionamento, para todas as catedrais americanas inspiradas no modelo da catedral de Sevilha. Em 1524 estavam prontas a *girola* – parte posterior da igreja em forma semicircular – e parte do corpo correspondendo às duas entradas laterais, projeto do bispo Alessandro Geraldini. As obras continuaram com o arquiteto Rodrigo de Bastidas e finalmente, em 1541, pelo bispo Alonso de Fuenmayor, que depois seguiria para a Cidade do México.

Assim essa obra de pura aspiração espiritual teve ao longo de sua materialização os anseios primordiais dos tempos das conquistas – linhas arquitetônicas das catedrais medievais – e a estabilização do poder temporal – frisos e esculturas de linhas estilísticas renascentistas na fachada –, sintetizando dessa forma o momento inicial da descoberta e o da instalação dos poderes temporais e espirituais, Estado e Igreja. Em 1543 construiu-se o campanário, que não deveria ser mais alto que a Torre del Homenaje, ali perto nas margens do rio Ozama, porém com o mesmo aspecto daquela fortaleza medieval. Diego del Rio construiu capelas laterais e nos anos 1550 tinha sua espacialidade interna das naves como na atualidade. Sofreu paralisações assim que a Espanha voltou-se para as construções no continente e o Caribe viu-se nas mãos dos corsários ingleses, em especial Francis Drake (1543-1596), que a saquearam, destruindo seus antigos retábulos em 1586.

A catedral merece ser admirada pelas quatro laterais. A capela-mor mostra-se exteriormente na parte posterior, evidenciando a *girola* octogonal guarnecida de contrafortes e pequenas envasaduras desde a praça lateral. A grandiosa massa arquitetônica gótica tardia expressa a vontade da instalação de toda espiritualidade espanhola naquela praça ensolarada. A sala do *cabildo*, com entrada própria sob os arcos, foi construída ao norte, junto à Plaza Mayor, no início do século XVII, alargando o edifício, que ganhou uma sequência de capelas neste lado do evangelho. As três entradas do templo são distintas e mostram seus acréscimos a essa planta baixa de três naves cujas abóbadas em cruzaria mostrando as nervuras e as pedras em toda a sua extensão são sustentadas por elegantes arcos ogivais. A entrada sul, pela porta lateral, está debaixo do coro alto alcançado por uma escada de caracol esculpida em rocha. Esse inusitado coro recebe a luz da tarde revelando seus arcos e, nas laterais, o friso do coro ornado com relevos renascentistas chama a atenção para os *putti* cantantes. Ao longo da ala encontram-se as capelas das confrarias.

O frontispício mostra-se ao se transpor o adro fechado com muralhas encimadas com ameias medievais. A vista externa do lado da epístola, ao sul, é medieval. Ao adentrar pela porta lateral, a visão da nave é do gótico tardio. Ao voltar-se para o coro, a visão é surpreendida por uma peça renascentista instalada dentro da catedral gótica. Depois dos umbrais, já em seu ambiente interior, contemplam-se as abóbadas sustentadas por pilastras circulares de onde nascem as nervuras das cruzarias frisadas por pinturas. Arcos ogivais guardam altares e relíquias em suas capelas laterais profundas ao longo de toda a nave. Em 1650 já estavam construídas todas as capelas e o presbitério ampliado.

FACHADA RENASCENTISTA DA CATEDRAL DE SANTO DOMINGO. SÉC. XVI.

Um terremoto em 1673 abalou as abóbadas do coro, a sala capitular e a capela-mor, recompostas posteriormente. Novas intervenções foram feitas apenas em 1862. Dentre as melhorias, ocorreu a troca de piso e a recolocação dos restos mortais de dom Luis Colón e do almirante dom Cristóbal Colón, que se encontram no lado do evangelho, no lado direito do presbitério[9]. Nas capelas profundas, antigos altares e relíquias como a do cruzeiro do período das descobertas. A capela de Nossa Senhora de la Antigua, na entrada no lado do evangelho, abriga a pintura trazida de Sevilha ainda em 1523.

## Catedral da Cidade do México | séculos XVII-XIX

A segunda catedral do Novo Mundo está na Cidade do México, construída sobre as bases da pirâmide do Sol da antiga capital, Tenochtitlán. A obra começou a ser feita quando a primeira, a catedral de Santo Domingo, já estava em construção, ainda no reinado de Fernando II de Aragão, o Católico. No alvorecer do século XVI, quando a capital asteca foi conquistada por Hernán Cortés em 1521, iniciou-se em terras continentais a construção daquela que seria a maior de todas as catedrais do Novo Mundo. Na impossibilidade de se fazer obra semelhante à de Sevilha, por falta de mão de obra especializada, e sobre o terreno pantanoso do lago Texcoco, que circundava a cidade lacustre, vários projetos e correspondências se sucederam, assim como demolições. Em 1569 o arquiteto Claudio de Arciniega (1520-1593) projetara a catedral tendo como modelo várias catedrais peninsulares que estavam sendo erguidas naquele período, como as de Salamanca e Segóvia, iniciando as obras em 1573. As primeiras modificações são de 1592, sob o terceiro prelado do México, o bispo dom Alonso Fernández de Bonilla, restando daquele tempo apenas a sacristia

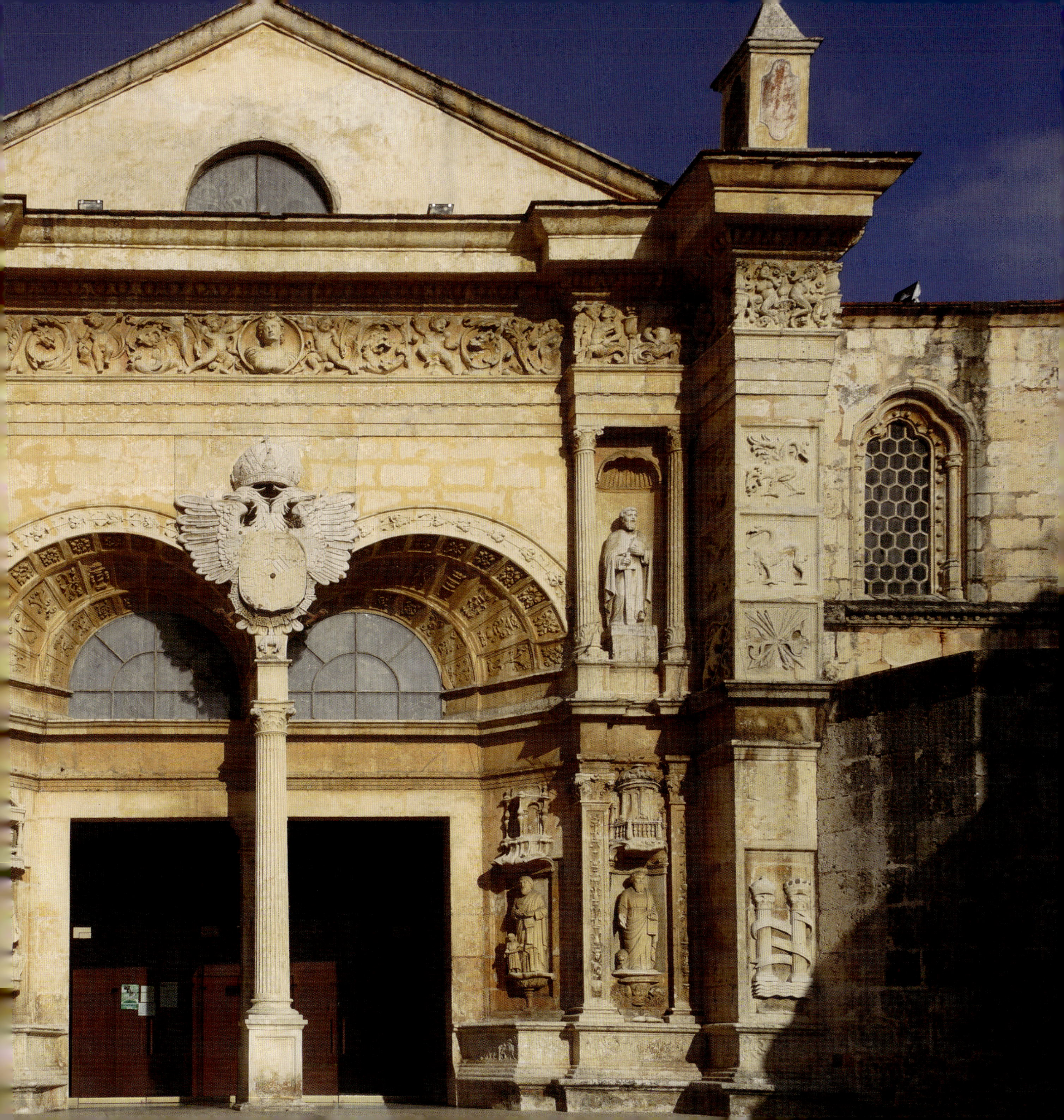

INTERIOR DA CATEDRAL COM ABÓBADAS GÓTICAS. SANTO DOMINGO. REPÚBLICA DOMINICANA. 1541.

com abóbadas com nervuras que mais para a frente receberam pinturas parietais barrocas. A construção iniciada pela parte posterior avançou até a base das torres em 1667, ampliada em 1788 para possibilitar maior largura da fachada. A grande cúpula octogonal foi refeita pelo arquiteto Manuel Tolsá (1757-1816) em 1813 já no estilo neoclássico[10].

Pode-se afirmar que essa obra foi o canteiro experimental dos arquitetos e mestres que transformaram uma planta de catedral medieval em renascentista, cujos parâmetros, além daqueles de Segóvia e Salamanca, este último projeto de Riaño, foram os da catedral de Valladolid, retangular com cruz latina, obra de Juan de Herrera (1530-1597), e a de Granada, sob projeto de Diego de Siloé (1495-1563). As distâncias temporais entre as construções, assim como as diretrizes sobre as mesmas, possibilitaram as inovações arquitetônicas no México colonial – que assim solucionou problemas de cantaria e construção das abóbadas, até chegarem à visualidade clássica atual em pedra cinza, já no período republicano. Essas soluções acertadas serviram de base para a construção da catedral de Puebla de los Angeles no mesmo período.

Construído como uma capela autônoma, ali o *sagrario* (1749), com fachadas barrocas, obras de Lorenzo Rodríguez (1704-1774), tornou-se indissociável da imagem clássica da catedral e do barroco mexicano, que, a partir dessas fachadas retabulares feitas em pedra de Chiluca e *tezontle* (pedra vermelha), popularizou o uso das estípites de estilo *churrigueresco* nas fachadas[11].

Seu aspecto interno de ornamentação barroca, com obras de Jerónimo de Balbás (1706-1750), e neoclássica, de Lorenzo de la Hidalga, foi afetado pelo incêndio de 1967, salvando-se ape-

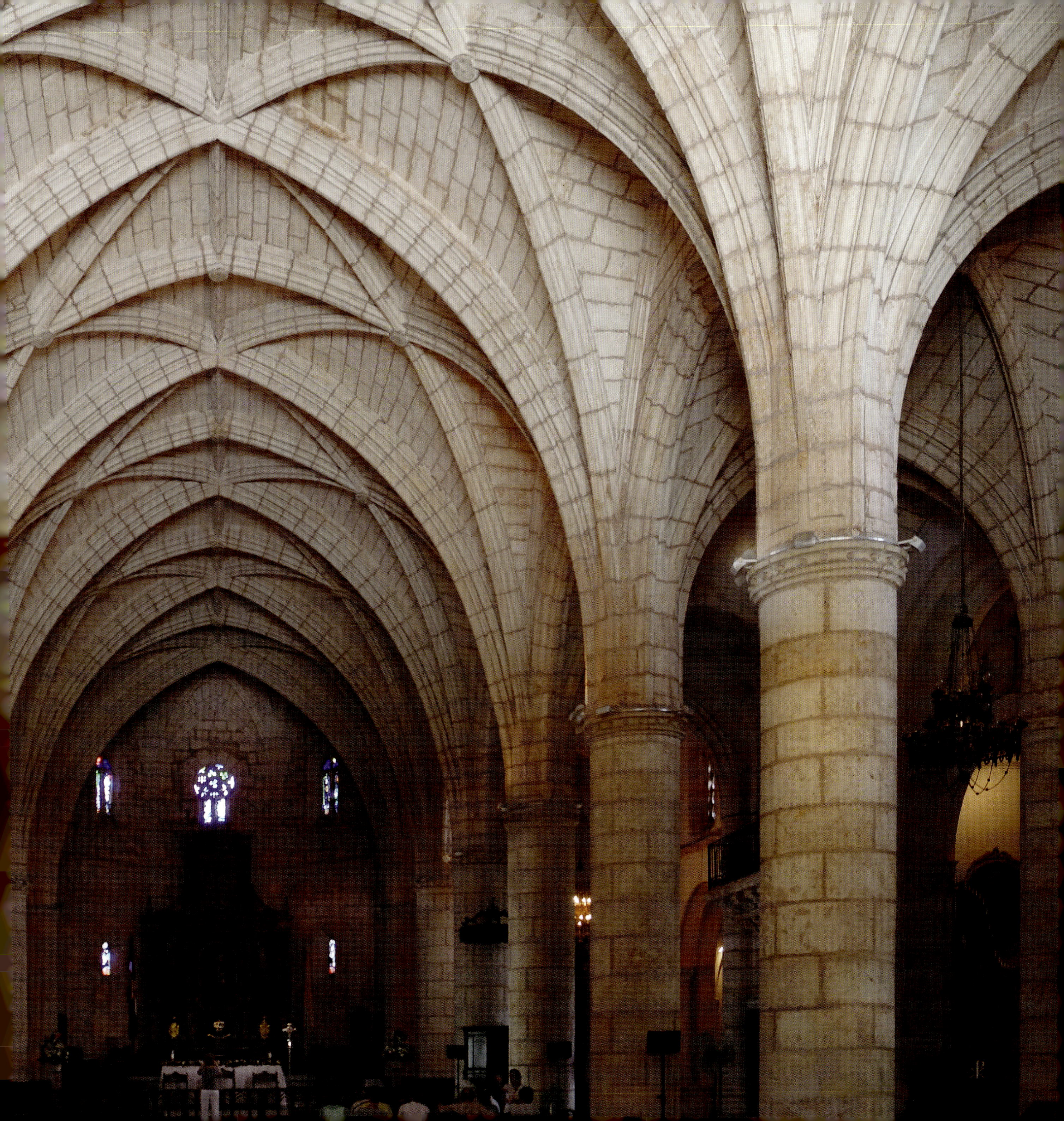

nas o coro, obra de Nicolás Rodriguez, e a capela de *los Reyes*, do próprio Balbás. Essas duas obras-primas conferem ao templo o aspecto interno fundamental para a liturgia de uma catedral. O coro disposto na nave central, com sua parte posterior próxima à entrada com o *Retablo del Perdón* e os órgãos nas paredes laterais, confere toda dignidade ao grandioso templo. Dialogando com o coro, a capela de *los Reyes* completa esse que é o maior templo do Novo Mundo, com 6 altares e 16 capelas laterais. Sua fachada neoclássica com três portais de entrada entre as possantes torres que se erguem sobre bases quadradas completa a suntuosidade do templo, que durante quatrocentos anos foi palco de confirmação de todos os estilos utilizados nas catedrais latino-americanas – do gótico tardio ao neoclássico de Manuel Tolsá. Tornou-se um modelo de inspiração para todo o México, em especial a ornamentação ultrabarroca do *sagrario*, obra de Lorenzo Rodríguez.

### Catedral de Puebla de los Angeles.
### México | séculos XVI e XVII

Puebla de los Angeles é sede episcopal desde 1539, com seu primeiro templo iniciado em 1536 pelo arquiteto Claudio, mexicano de Arciniega, e concluído por Francisco Becerra, natural de Extremoz. Foi consagrado em 1649 e a fachada data de 1664, com uma das quatro torres do projeto inicial terminada em 1678 e a outra em 1768. Considerada a mais perfeita das catedrais no Novo Mundo (seguiu o projeto original na íntegra, enquanto na Cidade do México houve adaptações), com amplo adro fechado (as arcadas projetadas no adro não foram executadas), suas torres esguias podem ser contempladas à distância com destaque na parte superior para amplas aberturas nas sineiras. Os três corpos da fachada-retábulo são correspondentes às três naves internas e suas respectivas entradas, que estão ladeadas pelas grossas paredes da base das torres. O corpo central ergue-se na mesma altura que as fachadas-retábulos tanto da fachada como das laterais dispostas nas extremidades dos braços do cruzeiro, e no transepto posiciona-se a grande cúpula.

Os recuos das paredes no frontispício oferecem leve movimentação ante a imobilidade das bases das torres que definem as capelas internas mais baixas. Ao se olhar o corpo que define a nave central, nota-se a proporção perfeita entre os corpos que abrigam as portadas clássicas com arcos plenos e as colunas

Manuel Tolsá. Fachada da Catedral do México, DF. Séc. xix. Construção iniciada no século xvi e terminada no século xix.

Altar do Perdão e abóbadas da nave central.

BIBLIOTECA DO BISPO JUAN DE PALAFOX Y MENDOZA. SÉC. XVII. PUEBLA.

PLANO DA CATEDRAL DE PUEBLA DE LOS ANGELES. SÉC. XVII.

duplas nas laterais. A monotonia a que poderia ser submetida é quebrada pelos relevos nas laterais, com nichos e esculturas no centro. Os relevos e esculturas são em pedras claras e preenchem espaços em todas as fachadas-retábulos, enquanto as tonalidades escuras são compensadas por vazios das envasaduras. A visão da lateral, desde a ampla praça, é reveladora de seu interior com planta em cruz e portais suntuosos que se elevam até a altura das abóbadas situadas ao centro com a cúpula octogonal ladrilhada.

Internamente a beleza é irradiante, com a luminosidade obtida pelas aberturas das janelas inseridas nos arcos plenos sustentados por colunas adossadas às espessas paredes e pilares fasciculados com meias colunas acinzentadas, com caneluras e capitéis toscanos definidos com filetes dourados. As cúpulas das naves laterais são sustentadas por contrafortes que se apoiam nas paredes altas da nave central. A porta e o altar *del Perdón* nos levam para a parte posterior do coro, que segue o modelo sevilhano de espacialidade, obra de Pedro Muñoz. O coro está voltado para o altar-mor, ladeado pelos órgãos e púlpitos nas

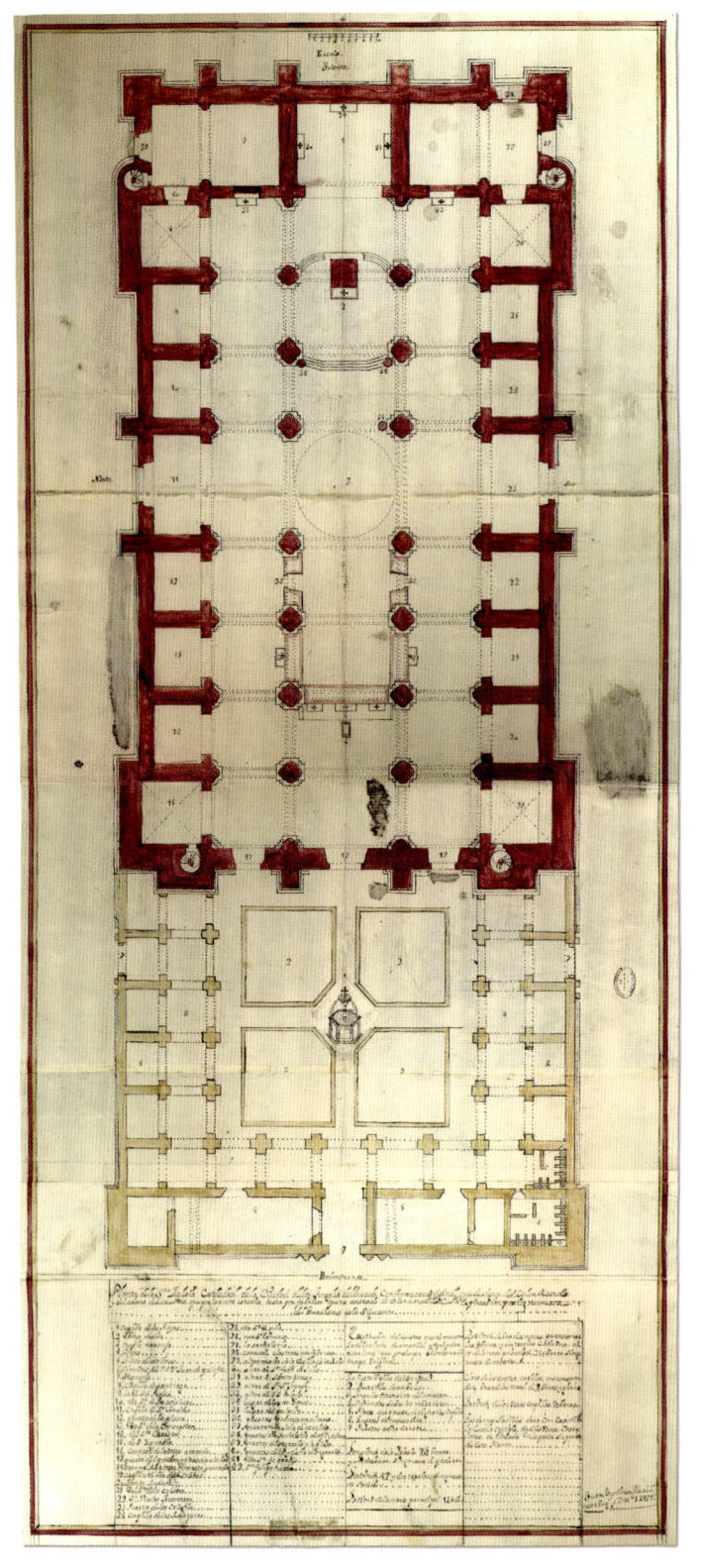

Fachada maneirista da Catedral de Puebla de Los Angeles. México.

Retábulo da Capilla de los Reyes. Pintura de Cristóbal Villalpando, 1678.

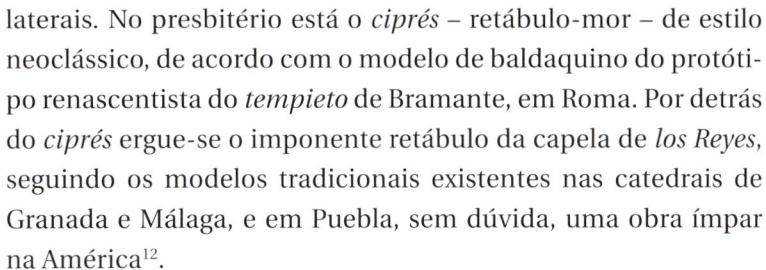

laterais. No presbitério está o *ciprés* – retábulo-mor – de estilo neoclássico, de acordo com o modelo de baldaquino do protótipo renascentista do *tempieto* de Bramante, em Roma. Por detrás do *ciprés* ergue-se o imponente retábulo da capela de *los Reyes*, seguindo os modelos tradicionais existentes nas catedrais de Granada e Málaga, e em Puebla, sem dúvida, uma obra ímpar na América[12].

A unidade da catedral é um de seus grandes méritos, pois tantos séculos depois ela permanece íntegra. O impulso à construção se deu graças ao bispo Juan de Palafox y Mendoza, que esteve à frente das obras entre 1640 e 1653. Quando ele lá chegou nem sequer havia pilares ou abóbadas. O clérigo, que fora fiscal no Conselho das Índias, não só terminou a catedral como construiu um palácio episcopal, fundou um seminário conciliar e outro para meninas pobres, além de reparar quarenta igrejas na diocese. Contou com a colaboração do padre e artista Pedro García Ferrer e do construtor de cantaria Agustín Fernández, enquanto Jerónimo de la Cruz construía a cúpula do cruzeiro projetada por Ferrer. O retábulo da capela de *los Reyes* segue o modelo do escultor espanhol Martínez Montañés, e as pinturas que evocam a assunção e a coroação de Maria são de Cristóbal de Villalpando (1688-9). O *ciprés* iniciado em 1797 é obra de Manuel Tolsá, que finalizou a catedral da Cidade do México, e foi concluído em 1819 por José Manzo y Jaramillo[13].

Arquitetura eclesiástica 113

## Catedral de Guadalajara, México | séculos XVI-XIX

A catedral da capital da província de Jalisco é de 1571. A atribuição do projeto da catedral recai sobre Diego de Espinoza, mestre maior da catedral do México daquela metade do século XVI, quando a tendência estilística era o maneirismo. Sua pedra fundamental foi colocada por frei Pedro de Ayala, quando a localidade era denominada Nova Galícia. A planta foi inspirada no templo de San Justo na cidade espanhola de Alcalá de Henares e modificada em 1585 por Martín de Casillas. Manteve-se o projeto de planta com três amplas naves e abóbadas com nervuras[14]. A construção, que teve sua primeira decoração interna terminada em 1618, foi consagrada apenas em 1716 pelo bispo franciscano Manuel de Mimbela. A exemplo da catedral da Cidade do México, as obras se estenderam até o século XIX. Um amplo projeto realizado durante o século XX inseriu-a no centro de uma praça, formando um enorme cruzeiro na parte posterior da catedral. Dessa maneira, na frente do templo e nas laterais já havia praças e com o novo urbanismo formou-se uma longa esplanada até o hospital Cabañas.

O frontispício renascentista é dividido em cinco tramos, sendo dois deles das bases das torres e dois das portas laterais e um abrigando a entrada principal, e sobre os três tramos do corpo da nave há um tímpano curvo. No tramo central, a porta é ornamentada por dois pares de colunas estriadas com capitéis corintos e, sobre o entablamento, três nichos com os santos Pedro e Paulo; nas laterais e no nicho central, a imagem da assunção da virgem padroeira da catedral. Esse mesmo motivo repete-se em relevo na área plana acima do entablamento do pórtico prin-

Catedral e *Sagrario*, projeto de José Gutierrez (1808). Guadalajara. México. Sécs. XVI-XIX.

NAVE CENTRAL E RETÁBULO-MOR DA CATEDRAL DE GUADALAJARA. SÉCS. XVI-XVIII.

cipal. Os dois portais laterais têm colunas estriadas e capitéis dóricos encimados por cornijas e tímpanos retos ornados com esferas. Os óculos redondos desses tramos acompanham as janelas cegas das bases das torres. Os campanários têm oito arcos abertos para receberem os sinos. O arremate pontiagudo, octogonal acima dos óculos ovalados ladeados por mísulas invertidas, mostra-se nos cantos com evidente complementação confirmada por azulejos amarelados, frisados por outros azuis, obras posteriores de autoria de Manuel Gómez Ibarra, executadas em 1854[15].

Internamente a catedral mostra-se vetusta, com as três naves amplas de mesma altura caracterizando as plantas das igrejas góticas tardias, do tipo salão. As pilastras fasciculadas com meias colunas estriadas ostentam grandiosos capitéis, sendo os centrais mais avantajados, e funcionando como entablamentos, solução também encontrada nas catedrais da Cidade do México e de Puebla, por sua vez derivada da de Granada.

O *sagrario* com fachada, considerado uma das primeiras obras neoclássicas mexicanas, é obra de José Gutierrez (iniciada em 1808). Compõe-se como obra autônoma destacando a visibilidade da cúpula disposta sobre diversos planos balaustrados. Vista de perfil, desde a Plaza de Armas, o edifício do *sagrario* ganha destaque especial por causa da cúpula sustentada por colunas duplas. A galeria na parte lateral e posterior, com arcadas de arcos plenos, horizontaliza todo o conjunto sobre o qual destaca-se a cúpula azulejada em amarelo da parte posterior da catedral, obra de Domingo Torres, posterior ao terremoto de 1875.

## Catedral de Morelia. México | século XVII

Morelia presta homenagem com seu nome ao libertador José María Teclo Morelos Pérez y Pavón (1765-1815) pelas lutas da independência no México, ocorridas em 1810. Primeiro foi denominada Guayangareo e, tempos depois da conquista, Valladolid, situada nas terras férteis dos arredores do lago de Pátzcuaro. A catedral é a segunda construção do italiano Vincenzo Barochio, que a ela se dedicou até sua morte em 1692. As obras estiveram sob os auspícios do vice-rei Francisco Fernández de la Cueva, duque de Albuquerque, e do bispo frei Marcos Ramírez de Prado. A obra monumental durou quase um século, entre os anos de 1660 e 1745. A construção tem documentação completa a começar pelos pareceres dados pelos arquitetos Luis Gómez Trasmonte e Rodrigo Díaz, que trabalhavam na construção da catedral da Cidade do México[16].

A volumetria do monumento sacro destaca-se em toda a paisagem e em especial na trama urbana. Duas praças garantem a vista das fachadas laterais pelas praças de armas – de los Mártires e Melchor Campos. O adro fechado e o recuo da avenida Allende diante da fachada principal ampliam suas avantajadas torres com bases planas e, a partir do segundo corpo acima dos frontões curvos da fachada, as aberturas dos campanários ganham esbel-

Vicenzo Baroccio. Vista lateral da Catedral de Morelia. México. 1660-1745. | Portal de acesso ao adro fechado e fachada-retábulo com relevo Virgem de Guadalupe (1744) e acima Armas do México.

teza e culminam com os arremates octogonais guarnecidos por coruchéus até as pequenas cúpulas com cruzeiros.

Na fachada destacam-se as torres com soluções inusitadas logo acima da fachada-retábulo comprimida entre suas bases lisas. A portada mostra-se contida em seus três tramos com entablamentos retilíneos ritmados por alturas diferentes. Vistos mais de perto, ostentam soluções cultas do barroco italiano com pilastras planas com frisos sulcados retos, curvilíneos e mistilíneos. As colorações das pedras róseas, algumas mais acinzentadas, contrastam com as madeiras de tons mais quentes das três portas, fazendo destacar o relevo em branco com a cena da adoração dos Reis Magos.

Internamente, a catedral apresenta a solenidade do barroco italiano com grandes pilastras cruciformes de onde saem os arcos nas naves laterais mais baixas e se soerguem na sustentação das abóbadas com lunetas e óculos que garantem a luminosidade interna. Do antigo *ciprés* – retábulo-mor – pode-se admirar a elaborada urna em prata que se conserva no interior de um tabernáculo em forma de *tempietto*[17].

### Catedral de Oaxaca. México | século XVIII

As ruínas arqueológicas de Monte Albán se encontram na região dos zapotecas, acima das colinas e no vale, junto ao rio Atoyac, onde foi fundada em 1521 a cidade de Antequera, hoje Oaxaca (1535). Do primeiro templo nada se sabe. O que restou do terremoto de 1714 foi reaproveitado, e sua consagração ocorreu em 1733 – curto período para uma substituição total. Foi o bispo dom Francisco de Santiago y Calderón que concluiu as torres arrematadas com cúpulas de meia-laranja revestidas de azulejos. Os campanários, sólidos sobre amplas bases de pedras lisas, são ladeados por pares de colunas rococós com fustes estriados helicoidais.

A massa arquitetônica pesada posiciona-se na lateral da Plaza Mayor, tendo recuos menores na fachada e lateral opostas. A catedral pode ser observada pelas duas laterais com os contrafortes nas torres e os portais com colunas classicistas duplas, dotadas de capitéis jônicos, nichos cercados por coruchéus piramidais e janelas octogonais acima. Internamente, organiza-se três naves com abóbadas sustentadas por colunas adossadas de ordem toscana.

O frontispício, segundo Kelemen[18], teve sua geometria calculada no compêndio arquitetônico de Simón García, publicado na Espanha em 1681. Foram reaproveitadas partes que escaparam do terremoto de 1714. A fachada-retábulo se origina nos parâmetros impostos pela ocorrência de sucessivos abalos sísmicos da região, e horizontaliza o todo, comprimida por potentes torres de bases lisas, amparadas por contrafortes nas laterais. Do temor de novos terremotos surge a inquietante e serena fachada que, elaborada em pedras esverdeadas, se transforma em uma joia maneirista com elementos barrocos. Um imenso espaço quadrado é cercado por colunas que se amoldam aos flancos das bases das torres, rompendo a imobilidade da figura estática de toda a construção. Transforma-se em um grande retângulo e assume a horizontalidade, com os seus três corpos subdivididos com entablamentos truncados e salientes.

A verticalidade é impulsionada pelos pares de colunas estriadas com capitéis compósitos duplos que trazem o corpo central para a frente, este subdividido em três tramos ornados com nichos com esculturas. Dois óculos ovalados sobre as portas menores marcam os dois tramos laterais e rimam com o central, ornado com relevos. Um frontão curvo delimita o tramo central do qual saem raios destacando uma representação do Espírito Santo.

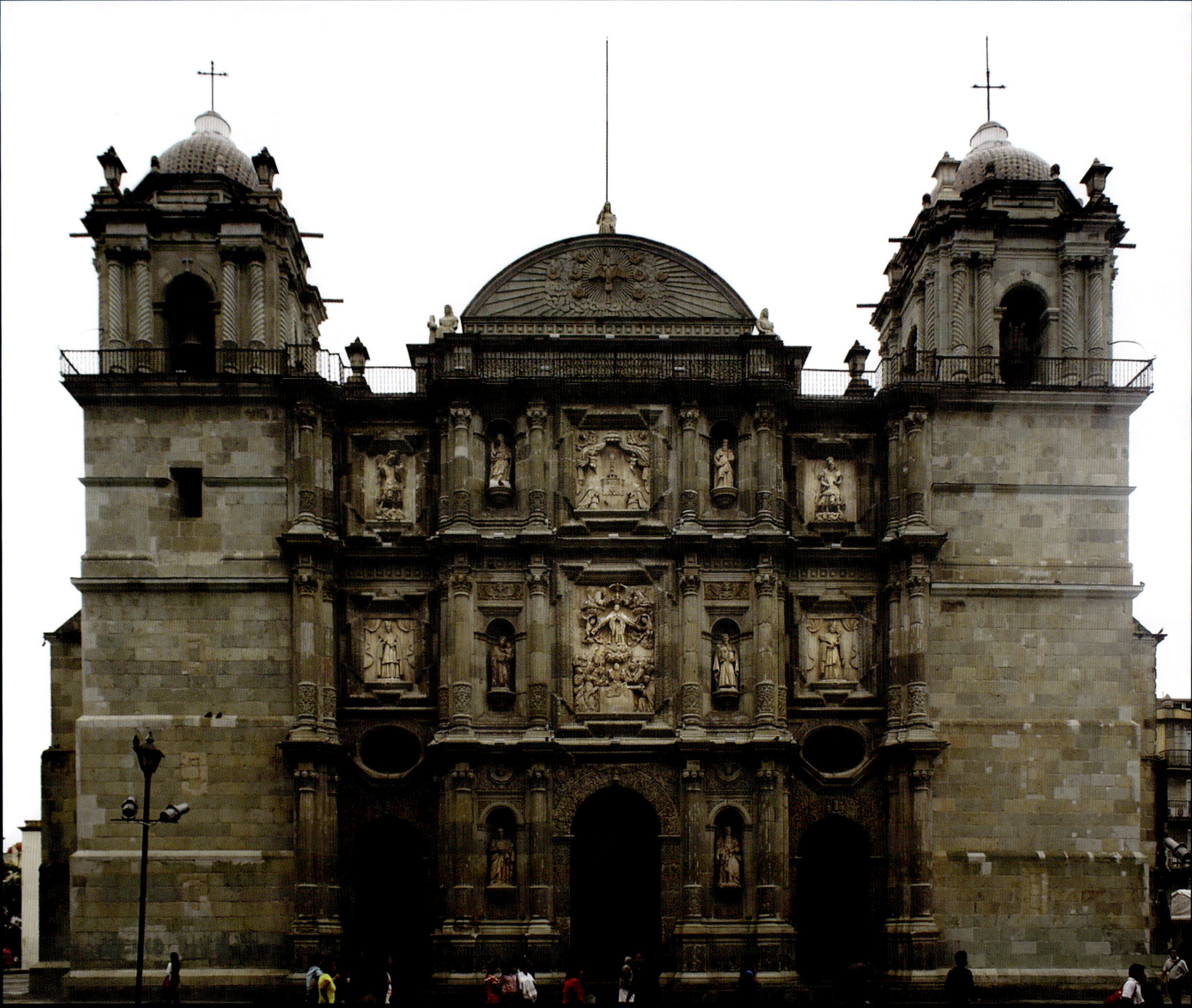

Fachada-retábulo de *tremblores* – terremotos – com elementos escultóricos recolocados. Oaxaca. México.

Frontispício da Catedral do Panamá. Panamá Histórico. 1751.

As soluções escultóricas são de grande beleza, testemunhos de aculturações europeias e indígenas que se sucederam em um encadeamento estilístico imposto pela natureza (terremotos), ou seja, com o reaproveitamento dos materiais e dos estilos para sua modernização. A parte inferior das três portas em arco é rendilhada, com desenhos em minuciosos planos, evocando uma urdidura, esculpidos em pedra. O relevo com a *Virgem da Assunção* é contido, com linhas maneiristas quanto à sua frontalidade, e emoldurado com grandes frisos truncados barrocos. As colunas com estrias helicoidais e capitéis compósitos das torres são, segundo Kelemen, usuais no rococó mexicano[19].

### Catedral da Cidade do Panamá. Panamá | século xviii

A diocese do Panamá, de 1513, é a mais antiga do continente americano. De suas primeiras construções, em Panamá Viejo, restam em pé a torre com os campanários em quatro corpos e muros da catedral demarcando o seu perímetro. Depois do assalto do pirata inglês Henry Morgan em 1671, a nova cidade foi deslocada para a península de San Felipe, atual Casco Viejo. Tendo sido traçada a cidade em quadrícula, a catedral foi construída sobre um platô que requer vários degraus para que se adentre em seu pequeno adro, cercado por uma baixa mureta. O início de sua construção, em 1688, deve-se ao capitão Juan de Velasco e a Pedro de Torres, e as remobílias de 1749 foram projetadas pelo engenheiro militar Nicolás Rodríguez, definindo-a com cinco naves, diferentes daqueles modelos com três naves e capelas laterais. Da Plaza Mayor, quadrada, se observa a intrigante fachada com pedras escuras (trazidas da antiga catedral, em Panamá Viejo) que contrasta com as duas torres brancas laterais, com arremates piramidais recobertos de nácar.

A fachada foi realizada entre 1751 e 1758, durante a prelazia de dom Francisco Javier de Luna Victoria, segundo data junto ao seu nome na fachada principal. Sua construção foi realizada da fachada para a parte posterior, gerando a hipótese de Marco Doria de que partes da fachada da antiga catedral tenham sido utilizadas[20]. Essa hipótese é verdadeira, pois há desenhos da praça maior datados de 1748, feitos durante os festejos de início de reinado em honra a Fernando vi, mostrando a construção da catedral dessa maneira, iniciando da fachada para a capela-mor. As três portas de entrada correspondem às naves internas acrescidas de outras duas na largura das torres. O triângulo frontão curvilíneo oculta a empena do telhado em duas águas, que faz as coberturas das naves serem decrescentes.

Internamente a construção agrada pela quantidade de pilares cruciformes lisos, dos quais nascem arcos plenos decrescentes segundo a altura das cinco naves. O madeiramento do telhado acima é visível. Na planta é possível observar a necessidade da elevação do terreno. O retábulo-mor é do século xix.

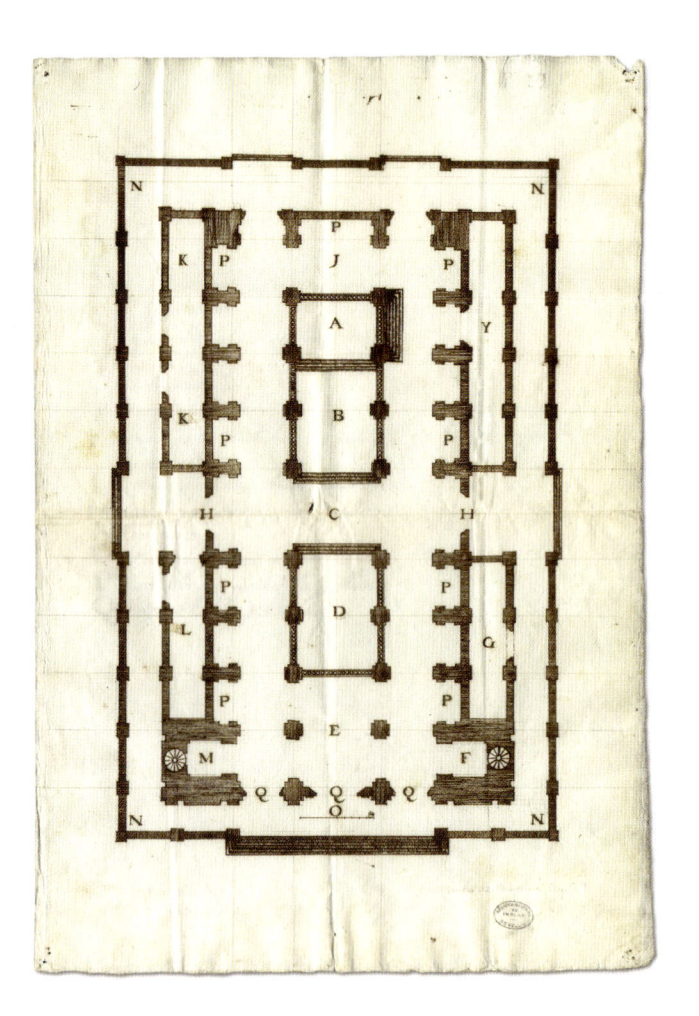

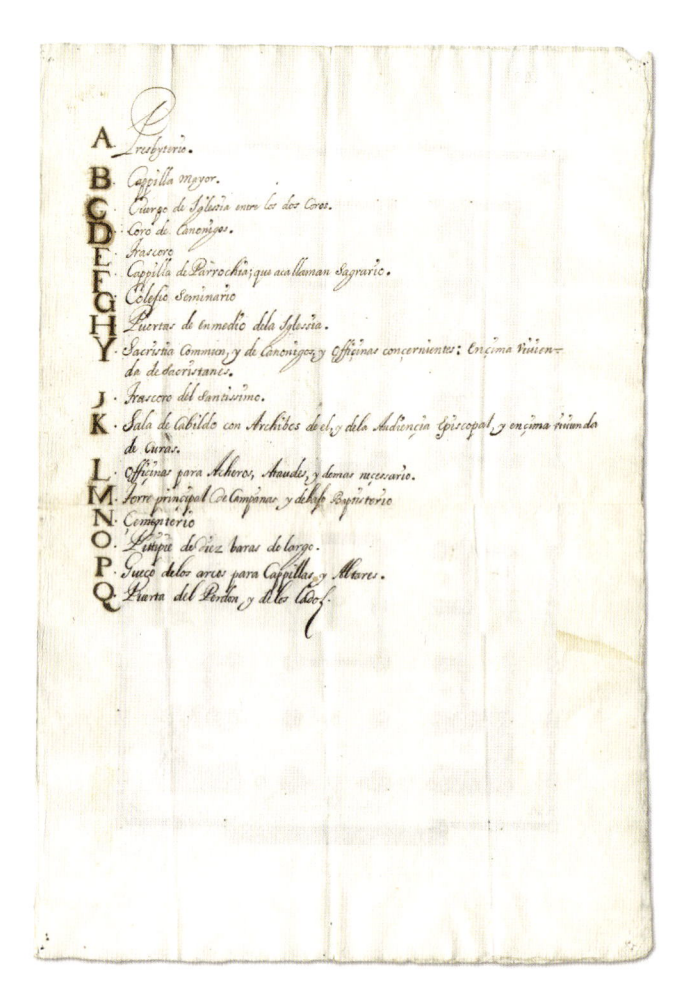

Planta e descrição da catedral do Panamá Histórico.

### Catedral de Cusco. Peru | século XVII

A tomada de Cusco pelo espanhol Francisco Pizarro (1476-1541) impôs a destruição do Império Inca desde o Equador até a Bolívia. Arrasada a capital, ergueu-se a cidade espanhola sobre os antigos palácios e residências reais. A primeira catedral foi provisória, sobre o templo do deus Viracocha, em 1534. O bispado foi criado dois anos depois, sendo frei Vicente Valverde o primeiro a comandar a maior das dioceses da América, que se estendia de Cartagena de Indias, na parte caribenha da Colômbia, até o estuário de La Plata e toda a costa do Pacífico no Chile.

Em 1560, reunido o cabido, decidiu-se por construir a nova catedral, sob a invocação da assunção de Maria, no terreno do Kiswarkancha dos incas, sob projeto do basco Juan Miguel de Veramendi, posteriormente modificado por Francisco Bezerra, encarregado dos traçados das catedrais de Lima e de Puebla. A ele sucederam-se outros arquitetos: em 1603, Bartolomé Carrión, vindo de Tunja; em 1649, construiu-se a fachada sob a intervenção do mestre e arquiteto Francisco Domíngues Chávez y Arellano.

O terremoto de 1650 abalou parte do edifício, e decidiu-se por suprimir um terceiro corpo de torres, sem que a beleza de sua fachada fosse prejudicada. Em 1668 foi consagrada por dom Bernardo Izaguirre[21]. Sua fachada está orientada para o norte, degraus acima da ampla Plaza Mayor, tendo nas laterais as igrejas do Triunfo, ou *sagrario*, desenhada pelo frei carmelita Miguel Menacha em 1729, e a capela da Sagrada Família (1723), com as quais se comunica internamente. Os recuos das construções laterais ao

Retábulos do deambulatório e pinturas de Marcos Zapata: Natividade (acima) e Sagrada Ceia (abaixo). 1748. Catedral de Cusco, Peru.

Fachada-retábulo da Catedral de Cusco, modelo seguido no Altiplano Andino. Séc. xvii.

*Fachada da catedral de Cartagena de Índias. Colômbia. Sécs. XVI-XVII.*

fundo aliviam o peso visual da fachada horizontalizada, que tem no corpo central a ornamentação colocada sobre as paredes visíveis entre as colunas dos dois corpos divididos em três tramos. O arco central, que corresponde à grande nave, deixa visível o majestoso retábulo do *Señor de los Tremblores* na parte posterior do coro, assim que se entra na catedral.

A fachada-retábulo ganha alturas com uma sequência de arcos truncados sobre a porta principal, e acima com um arremate. Os pináculos, em vez de balaustrada, animam e rimam com aqueles sobre as colunas do campanário em forma de pequena cúpula. As bases das torres remetem ao estilo desornamentado de Herrera, ao mesmo tempo em que explicita a capacidade construtiva dos indígenas, atingindo a solidez das antigas cidadelas, como observa Kelemen[22]. Essa fachada-retábulo serviu de modelo para igrejas até as terras ao redor do lago Titicaca entre o Peru e a Bolívia.

A planta da catedral de Cusco é retangular, com cinco naves, sendo as duas laterais em forma de capelas com abóbadas mais baixas. As três naves centrais estão cobertas por 23 abóbadas com nervuras góticas, sustentadas por 14 colunas toscanas com possantes entablamentos, o que lhes confere a solidez que convém à grandiosidade e segurança do templo. As doze capelas são ornadas por diferentes retábulos barrocos que, dispostos por detrás de grades, revelam suas belezas quando apenas os raios solares percorrem rasantes, genuflexos, aquelas lápides que outrora defendiam o império na grandiosa fortaleza de Sacsaywaman. A ornamentação foi terminada em 1670 sob o bispado de Manuel de Mollinedo y Angulo, com o avantajado coro e o retábulo-mor com pinturas cusquenhas de Marcos Zapata, constituindo assim um exemplo íntegro de unidade espacial de uma das maiores catedrais da América, ao lado daquela metropolitana do México.

## Catedral de Cartagena de Índias. Colômbia | século XVI

Cartagena de Índias (1533) foi um dos mais importantes portos da América, com suas muralhas e condições ideais para a segurança das caravelas que levavam a prata e o ouro para os portos espanhóis de Sevilha e Cádiz. Competia em segurança com Havana, em Cuba, com um conjunto impressionante de fortalezas. Permanece com seu centro histórico todo amuralhado, e a segunda catedral (iniciada em 1575 e terminada em 1612) ainda está em seu primitivo logradouro, apertada, tendo na continuação de sua fachada lateral a pequena praça do palácio do tribunal da Inquisição, hoje palácio Bolívar. Não fosse sua fantasiosa torre eclética, de autoria do arquiteto francês Gastón Lelarge (1861-1934), a severa construção maneirista passaria despercebida em meio ao casario colonial colorido.

O bispado é dos mais antigos da América e seu estilo basilical difundiu-se na Colômbia e na Venezuela. O esquema da planta com três naves divididas com pilastras lisas toscanas, arcos plenos com envasaduras circulares nas paredes acima dos mesmos, recobertas com telhados de madeira, é proveniente das ilhas Canárias e da região da Andaluzia. A portada principal tem traços da gramática tratadista seiscentista de arquitetos italianos como Palladio[23].

Internamente, foi ampliada pelo arquiteto Simón González, após estragos em sua estrutura terem sido feitos pelos ataques do pirata inglês Francis Drake, em 1586. A severidade arquitetônica foi enfatizada depois de reformas no início do século XX.

O retábulo-mor está disposto na capela-mor poligonal e tem iluminação em óculos circulares acima do arremate e nos intercolúnios do segundo corpo nos tramos laterais. O retábulo de proporções arquitetônicas está sustentado por mísulas (de colocação posterior) e sua planta em U aberto é retilínea. É dividido

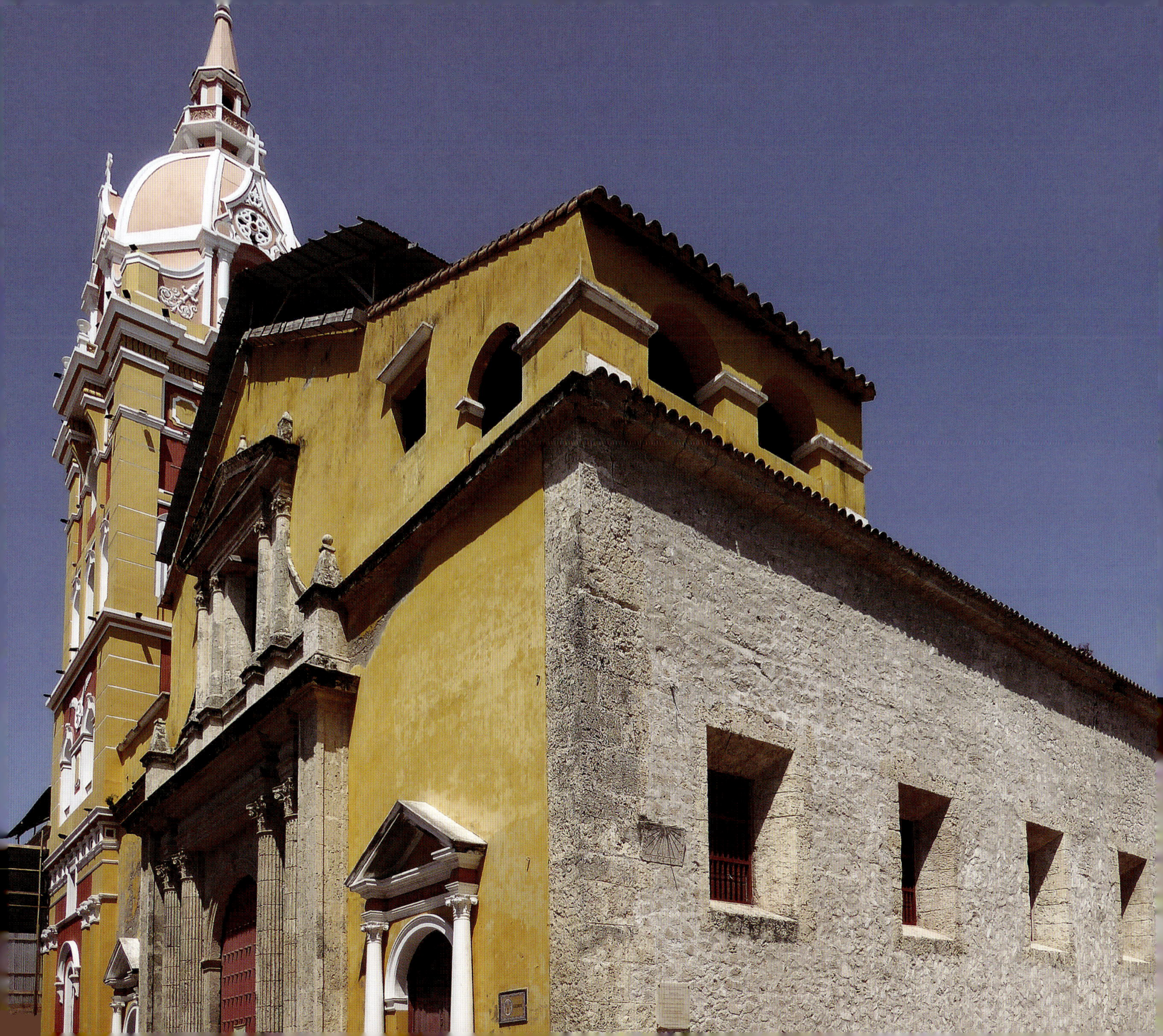

Portal do Palácio da Inquisição. 1706.

Retábulo-mor em forma de biombo, construído no século XIX.

Pedro de Sosa. Fachada da Catedral de Tunja e Casa do Fundador. Tunja. 1567.

em três corpos com cinco tramos, com entablamentos duplos e truncados. As colunas dispostas aos pares têm o terço inferior estriado e o fuste com espiras helicoidais; os santos estão posicionados nos nichos encimados por formas conchoides. No tramo central há uma espaço maior para o Santíssimo, outro para Santa Catarina de Alexandria – a padroeira – e, acima, o Crucificado, abaixo do coroamento que exibe as armas papais entre volutas vazadas. Esse retábulo tem a severidade dos altares maneiristas espanhóis apesar de datar do século XIX.

## Catedral de Tunja. Colômbia | século xvi

A catedral de Tunja, no distrito de Boyacá, destaca-se na ampla Plaza Mayor (atual praça Bolívar) por seu portal renascentista iniciado no final do século xvi e concluído dois anos depois, em 1600. Sua localização foi definida anos depois da fundação da vila (1539), posicionada no extremo direito do terreno destinado à construção da casa do Gonzalo Suárez Rendón, sob a proteção do apóstolo Santiago. A petição foi requerida pelo padre Juan de Castellanos ao bispo de Santa Fé, frei Juan de los Barrios, em 1567, para a nova construção, obra dirigida por Pedro de Sosa. A carpintaria esteve a cargo de Francisco de Abril, que executou o forro em estilo *mudéjar*.

A fachada é considerada exemplo ímpar de modelo renascentista neogranadino, segundo Enrique Marco Dorta[24]. Três tramos ritmados por colunas planas adossadas ao corpo único do edifício revestido de pedras lavradas em tonalidades rosadas valorizam o portal da entrada principal. Quatro colunas estriadas lavradas em pedra mais clara que o corpo do edifício destacam-se pelas

Retábulo-mor da Catedral de Tunja, com desenho renascentista. Séc. XVI.

Capela-mor com cadeiral do coro na nave central, obra de Pedro Nogueira. 1636. Retábulo-mor, obra de Hernández de Galvan. Lima. 1580.

linhas severas ao tomarem o espaço do tramo central. Os capitéis coríntios com figuras de pássaros, em vez das tradicionais folhas, sustentam a cornija que acima tem as esculturas dos apóstolos Pedro e Paulo e, no centro, um nicho em arco. O triângulo frontão retilíneo e, acima deste, as balaustradas ampliam o desenho renascentista do portal, projeto de Bartolomé Carrión. A base da torre em pedra aparente e o campanário arrematado sobre base octogonal contrastam com o corpo da igreja, indicando ser a torre de construção posterior ao restante da catedral[25].

O interior é amplo e dividido em três naves, sendo a central de imponente altura graças aos arcos ogivais sustentados por espessas colunas em pedra. O olhar do fiel dirige-se imediatamente ao imponente retábulo-mor iluminado pela luz natural advinda das envasaduras da cúpula. Esta obra encobriu parte do forro *mudéjar* assim como as modificações nas naves laterais, comprometendo a obra em carpintaria nos forros. O retábulo-mor segue desenho renascentista com três corpos e cinco tramos, sendo os dois laterais ajustados às paredes laterais formando uma planta em u aberto. A simetria é dominante em ambas as divisões. Os 14 nichos com aberturas em arcos plenos são valorizados ora pela ornamentação plana, ora pelas ricas colunas com relevos no primeiro terço e acima com caneluras e/ou espiras. O ritmo das colunas em pares delimitam os gestos contidos das esculturas dos santos.

Nas laterais encontram-se, ao lado do evangelho, a capela da família Mancipe, atual da irmandade dos clérigos, iniciada em 1569 e terminada pelo mestre Cristóbal de Morales em 1641. O sacrário que está na capela do Santíssimo é uma peça escultórica perfeita de Pedro Caballero, que também tem retábulos nas igrejas franciscanas na mesma cidade e em Bogotá.

## Catedral de Lima. Peru | séculos XVII e XVIII

A *Ciudad de los Reyes*, Lima, foi fundada e projetada em 1535, pelo conquistador Francisco Pizarro, como a capital político-administrativa do vice-reino do Peru. A segunda construção, no mesmo local que a primeira, teve início em 1551 e acolheu os corpos de Pizarro e do segundo vice-rei dom Antonio de Mendoza. Em 1584, o arquiteto Francisco Bezerra exerceu a função de mestre maior da terceira obra até 1605. Um ano depois de ter demolido a antiga catedral, a ele sucedeu Juan Martínez de Arrona quando o templo foi consagrado. O terremoto de 1609 obrigou modificações nas abóbadas primitivas de Bezerra, realizadas por Arroma, como se encontram atualmente, com nervuras góticas e pilares mais baixos, assim consagradas por dom Gonzalo de Ocampo, em 1625.

Para a nova catedral, planos grandiosos foram traçados e realizados, à exceção das quatro torres, ficando a construção com apenas duas. Junto à catedral está o palácio episcopal, o *sagrario*, e internamente foi construído o pátio *de los naranjos* à maneira daquele da catedral de Sevilha. Praticamente tudo foi abaixo no terremoto de 1687. Dez anos mais tarde ela foi reaberta, então com pilares feitos de madeira, abóbadas mais leves e tudo revestido de alvenaria, assim como as nervuras das abóbadas das cinco naves reconstruídas pela terceira vez[26].

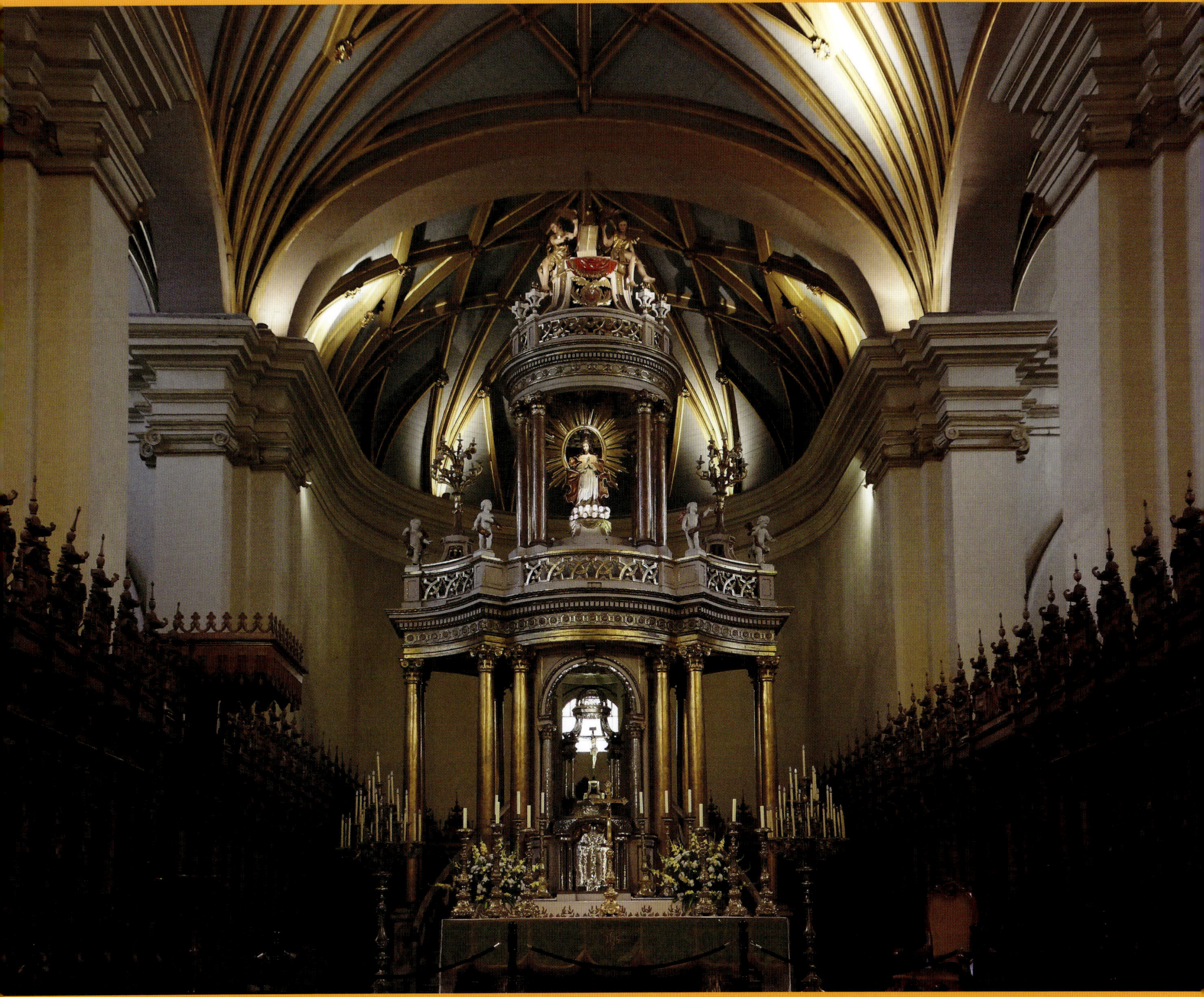

Novos tremores afetaram em 1746 e em 1940 essa catedral que resiste à sequência de construção, abalos sísmicos e destruição. No século XIX, o altar-mor em forma de tabernáculo foi disposto na abside, emoldurado pelo riquíssimo cadeiral barroco esculpido pelo espanhol Pedro Noguera, durante o século XVII.

Sua fachada é portentosa, acima do nível da Plaza Mayor, com a catedral com duas torres guardando os pórticos das entradas laterais mais baixas e a fachada-retábulo central. Essa obra lítica apresenta um precioso trabalho de cantaria dentro das gramáticas clássicas: exata distribuição dos nichos entre as colunas inferiores estriadas e as planas acima coroadas pelo frontão curvo.

O *sagrario* justaposto à torre tem em seu portal palladiano um avantajado tímpano truncado avançando sobre a base da torre e, no lado oposto, expandindo-se ao palácio episcopal, deixando ver por detrás a cúpula com lanternim. O palácio episcopal reconstruído no mesmo local que o anterior é exemplo único do estilo neocolonial (refeito em 1924, tendo o palácio Torre Tagle, também em Lima, como referencial) e harmoniza um dos mais completos conjuntos de arte sacra latino-americana. Dividido em cinco corpos, é ritmado por dois portais com sacadas nas laterais e um monumental portal ao centro, ladeado por magníficos balcões mouriscos em cedro avermelhado[27].

Fachada-retábulo da Catedral de Lima. Primeiro projeto de Francisco Bezerra, 1584-1605.

Planta da Catedral de Lima. Descrição de todo o complexo da catedral metropolitana ocupando toda a *manzana* na Plaza Mayor. séc. XVI.

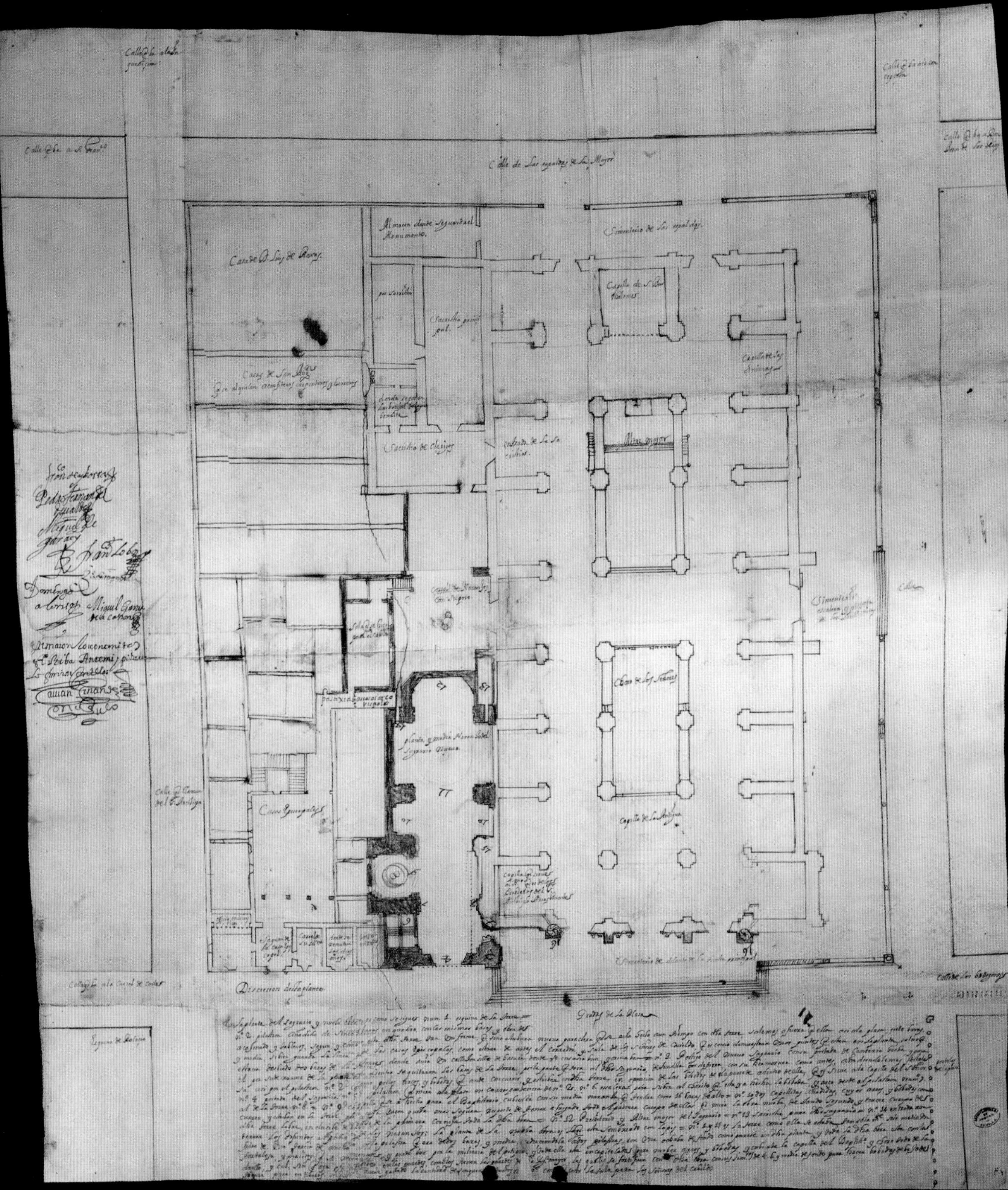
Calle de las espaldas de la Mayor
Simenterio de las espaldas
Almacen donde se guarda el Monumento
Sacristia principal
Sacristia de clerigos
Entrada de la Sacristia
Altar mayor
Coro de los Señores
Casas Episcopales
Gradas de la Plaza

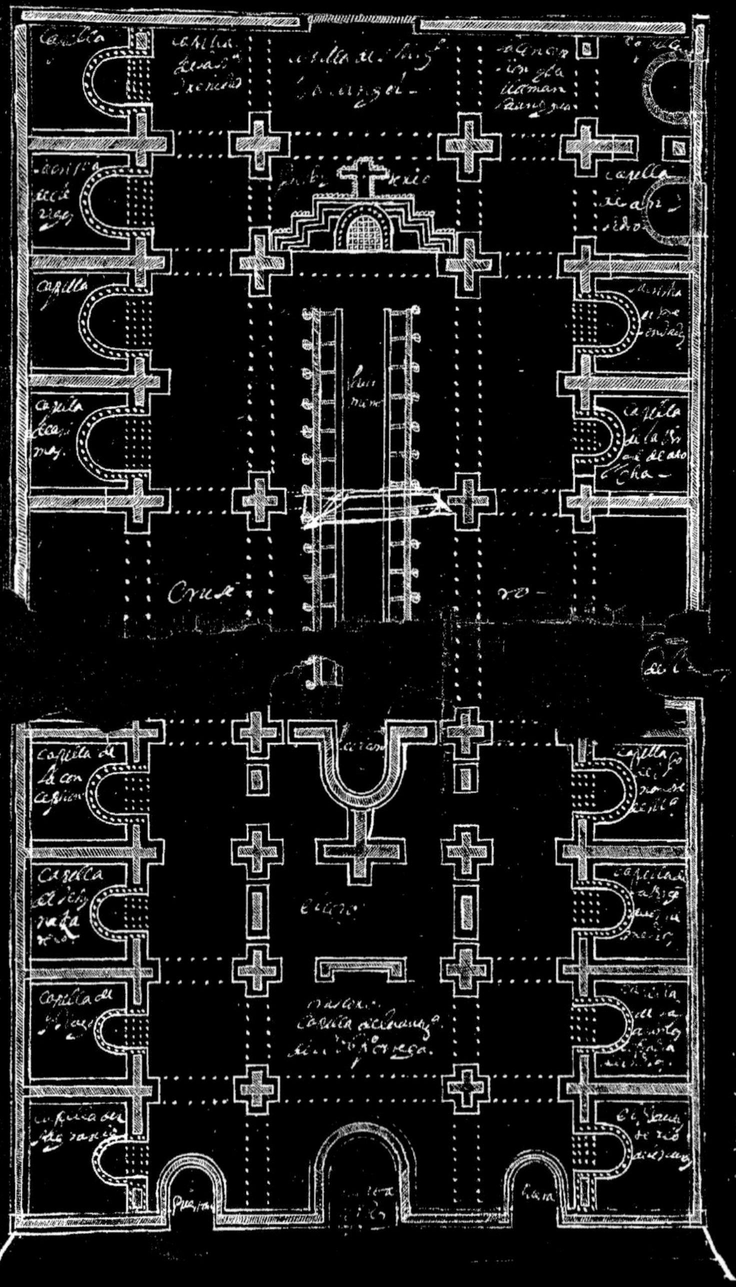
capilla
capilla
capilla

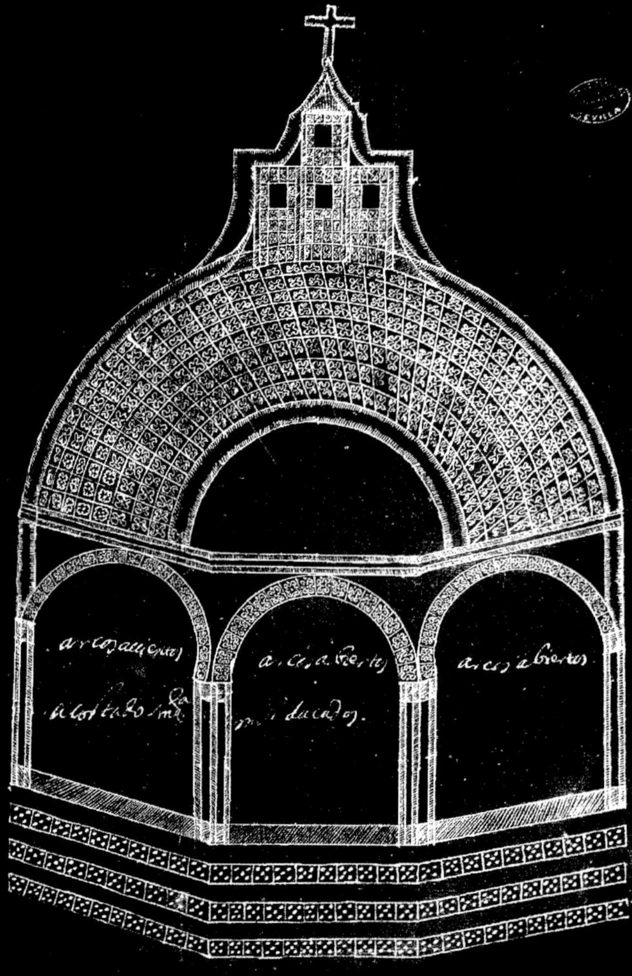
arcos abiertos
arcos abiertos

Planta da Catedral de Lima observando a colocação do coro na nave central. Séc. XVI.

A Fachada-retábulo do *sagrario* (1706) e torre azulejada da Catedral de Quito. Equador.

### Catedral de Quito. Equador | século XVIII

O primeiro bispo de Quito foi o capelão de Francisco Pizarro, dom García Díaz Arias, que tomou posse em 1549. A primitiva catedral de adobe foi terminada em 1578, iniciadas modificações em 1626 com ampliações para o claustro e a sacristia. Dom Alonso de la Peña y Montenegre governou a diocese por 33 anos, quando ornou e ampliou a catedral com auxílio do franciscano Antonio Rodríguez, trabalho este concluído depois de 1686, quando não mais se disputava a compra dos terrenos fronteiriços, vendidos aos jesuítas. Terminada a contenda, o bispo auxiliar dom Sancho de Andrade y Figueroa construiu o palácio arcebispal, colocou a primeira pedra do *sagrario* e ornamentou a catedral com altares que, em 1708, totalizavam 23. Em 1755, a catedral e as demais igrejas com suas torres foram arruinadas por um grande terremoto, e ela foi reconstruída em 1798. No ano seguinte foram erguidos o pórtico lateral e a bela escadaria semicircular que a liga à grande Plaza de Armas (atual praça Independência), fechada pelos palácios do governo com colunata neoclássica e o arcebispal com arcadas (na extremidade do edifício foi acrescida modificação eclética).

Internamente a catedral possui três naves divididas com 14 pilares quadrados que sustentam arcos ogivais e um surpreendente teto *mudéjar* de madeira ensamblada. O arco triunfal, também ogival, acolhe o retábulo-mor semicircular com a pintura da assunção da Virgem. As duas fachadas – catedral, mais elevada, e *sagrario*, mais recuada – compartilham a torre terminada em 1931. A fachada-retábulo do *sagrario* é barroca e data de 1706, proe-

Arquitetura eclesiástica

Bernardo de Legarda. *Mampara*. Monumental para-vento da capela do *Sagrario*. Séc. XVII.

Lucas Poblete. Frontispício da Catedral de Arequipa. Peru. Séc. xix.

minente na parede branca e se destaca pela coloração da pedra mais escura. Dois corpos com entablamentos duplos sustentados por três pares de colunas lisas jônicas, sendo duas à frente e uma por detrás na parte inferior, e similares compósitas acima, são arrematados por um coroamento de frontões truncados. Ao adentrar o *sagrario*, a surpresa de uma das obras-primas de Quito, o monumental para-vento – *mampara* –, lavor provável de Bernardo de Legarda. A belíssima porta de arco de meio ponto é ladeada por dois pares de colunas cônicas, divididas em três partes, com ornamentos ultrabarrocos, *churriguerescos*, pintados em vermelho e dourado, o melhor da escola quitenha. A planta baixa é cruciforme, grega, coroada por cúpula que tem um tambor com oito óculos, decorada com estrias entre as quais estão pintados anjos e santos, obra do pintor Francisco Albán. Os altares das capelas acompanham essa ornamentação barroca do para-vento e são obras de Bernardo de Legarta[28].

## Catedral de Arequipa. Peru | séculos xvii-xix

A serena Plaza Mayor de Arequipa, *cuidad blanca*, é das mais agradáveis de todo o Peru. A ampla fachada da catedral toma toda a praça, finalizando as ruas com arcos triunfais. Tal serenidade, expressa na horizontalidade da catedral, é, porém, luta constante contra as forças da natureza: lá, como em nenhuma outra catedral, os abalos sísmicos foram tão constantes: 1666, 1668, 1669, 1784, e o incêndio de 1844[29].

A separação da diocese de Cusco iniciou-se ainda em 1577. As construções se sucederam e o resultado final, depois de séculos, é oriundo da planta do arquiteto Andrés Espinoza em três naves. A fachada do mestre Lucas Poblete, em estilo clássico, com a entrada principal no centro do corpo do edifício, traz rígido, mas leve, triângulo frontão. As torres leves, com arremates poligonais, esbeltos e pontiagudos, desafiam o temor de terremotos como os precedentes e a constante presença do vulcão Misti.

ÁBSIDE DA CAPELA-MOR DA CATEDRAL DE AREQUIPA. PERU. SÉC. XIX.

*CIPRÉS* – RETÁBULO-MOR EM BALDAQUINO E ABÓBADA EM NERVURA DO CRUZEIRO. SUCRE, BOLÍVIA.

primeira diocese (1552) teve sua igreja paroquial levantada por volta de 1553, projeto de Juan Miguel de Veramindi, ampliado a partir de 1608 pelo bispo Alonso Peralta – que construiu a sacristia, ampliou o cruzeiro, reforçou a estrutura e abriu as capelas laterais. A terceira ampliação foi realizada entre 1680 e 1720 pelo frei Francisco Domínguez e por mestre José González Merguete, que também trabalhou na catedral de Córdoba (1693), na Argentina[30].

A catedral tem duas portadas, uma na entrada principal com balcão – capela aberta – e outra na lateral, conhecida como a da capela da Virgem de Guadalupe (datada de 1683). Esta última fachada-retábulo é visível desde a Plaza Mayor, atual praça 24 de Maio, pois se encontra defronte aos degraus de subida ao adro, mais alto que a praça, circundando a porta em arco abatido. As bases das colunas são mais destacadas, de tal maneira que as colunas gêmeas ornadas com panejamentos estilizados criam zonas de sombra na parte inferior. A solução erudita das colunas repete-se acima em escala menor, ladeando o nicho da Virgem amparado por arcos truncados. O arremate da portada tem um nicho com escultura sedestre, entre emblemas coroados por pináculos piramidais, e acrotério com armas episcopais. A fachada-retábulo não teve continuidade na região, o que sugere a possibilidade de ser obra de Merguete, natural de Granada, segundo hipótese de Gutiérrez[31]. Rica balaustrada fecha o adro com um cruzeiro na esquina das ruas.

Internamente, o coro está na capela-mor, contornando o altar-mor em forma de tabernáculo, cuja cúpula é sustentada por pares de colunas neoclássicas organizadas em quatro. O cadeiral, dos mais antigos da América, Cristóbal Hidalgo o executou entre 1592 e 1596 e é dividido em dois níveis, o mais simplificado junto ao piso e, acima, ornado com relevos inspirados em desenhos renascentistas com pinturas ovais na parte central.

Internamente, a catedral é dividida em três naves, separadas por espessas pilastras lisas, retilíneas, ricamente ornadas com estuques nos entablamentos duplos. A capela-mor é em forma de abside, disposta mais ao fundo e precedida pelo rico cadeiral com esculturas de santos acima das estalas. O altar-mor tem a configuração de tabernáculo, rodeado por pilastras circulares, lisas com capitéis compósitos.

### CATEDRAL DE SUCRE. BOLÍVIA | SÉCULO XVII

A cidade de Sucre, capital da Bolívia, teve as denominações anteriores de Charcas, Chuquisaca e La Plata. A Real Audiência de Charcas tinha dioceses no Peru, na Bolívia, na Argentina e no Paraguai. A

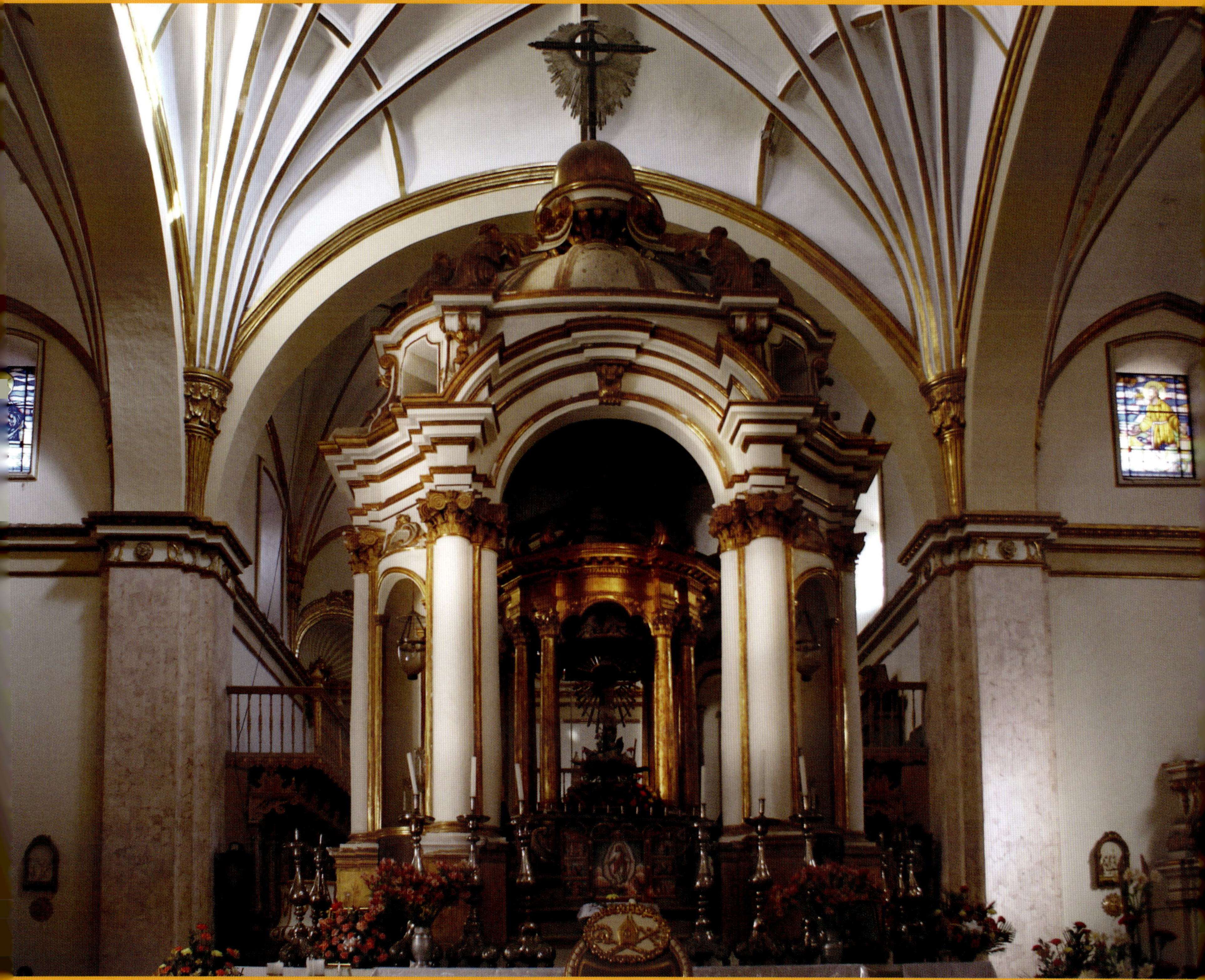

Portada retábulo da Virgem de Guadalupe na entrada lateral da catedral. Sucre. Séc. XVII. Bolívia

Interior: nave, cúpula e capela-mor da Catedral de Havana, Cuba. Séc. XVIII.

## Catedral de Havana. Cuba | século XVIII

Havana pertencia à diocese da cidade de Santiago (no ponto extremo da ilha) até 1789, quando foi nomeado como primeiro bispo José de Tres Palacios. Havana, a capital, tinha uma igreja diocese na Plaza de Armas que fora demolida para dar lugar ao novo palácio dos governadores. Em 1767 o rei Carlos III expulsou os jesuítas das terras espanholas em todo o mundo e aquela igreja da Companhia, ainda não terminada, passou a ser do Oratório de San Felipe Neri (1773) e em seguida foi elevada a catedral[32].

O primeiro bispo de Havana a consagrou à Puríssima Conceição como a primeira catedral de Cuba. O templo passou por uma reformulação interna, ocasião na qual as cinzas de Cristóvão Colombo foram para a catedral de Santo Domingo, e posteriormente construiu-se um novo monumento funerário na catedral de Sevilha.

A igreja de construção jesuítica (1742-1767) é de uma arquitetura sofisticada. Seu interior tem possantes pilastras cruciformes ondulantes que atingem as alturas do entablamento. Este segue a beleza das pilastras que percorrem todo o edifício em forma de cruz latina. O transepto do cruzeiro é formado por quatro arcos triunfais que nas alturas sustentam uma abóbada octogonal que pousa sobre quatro pendentes e toca os quatro arcos plenos. Um contraste estilístico é criado com soluções harmônicas: a abóbada estrelada tem o vocabulário gótico com arcos de lancetas dentro dos quais se dispõem frontões ressaltados curvilíneos barrocos, borromínicos.

A ousadia dos jesuítas está porém na fachada retabular que se impõe na praça Ciénega, eclipsando as casas senhoriais do marquês de Arcos e dos condes da casa de Boyana e de Aguas Claras. O conjunto jesuítico harmoniza-se com as arcadas dessa praça barroca,

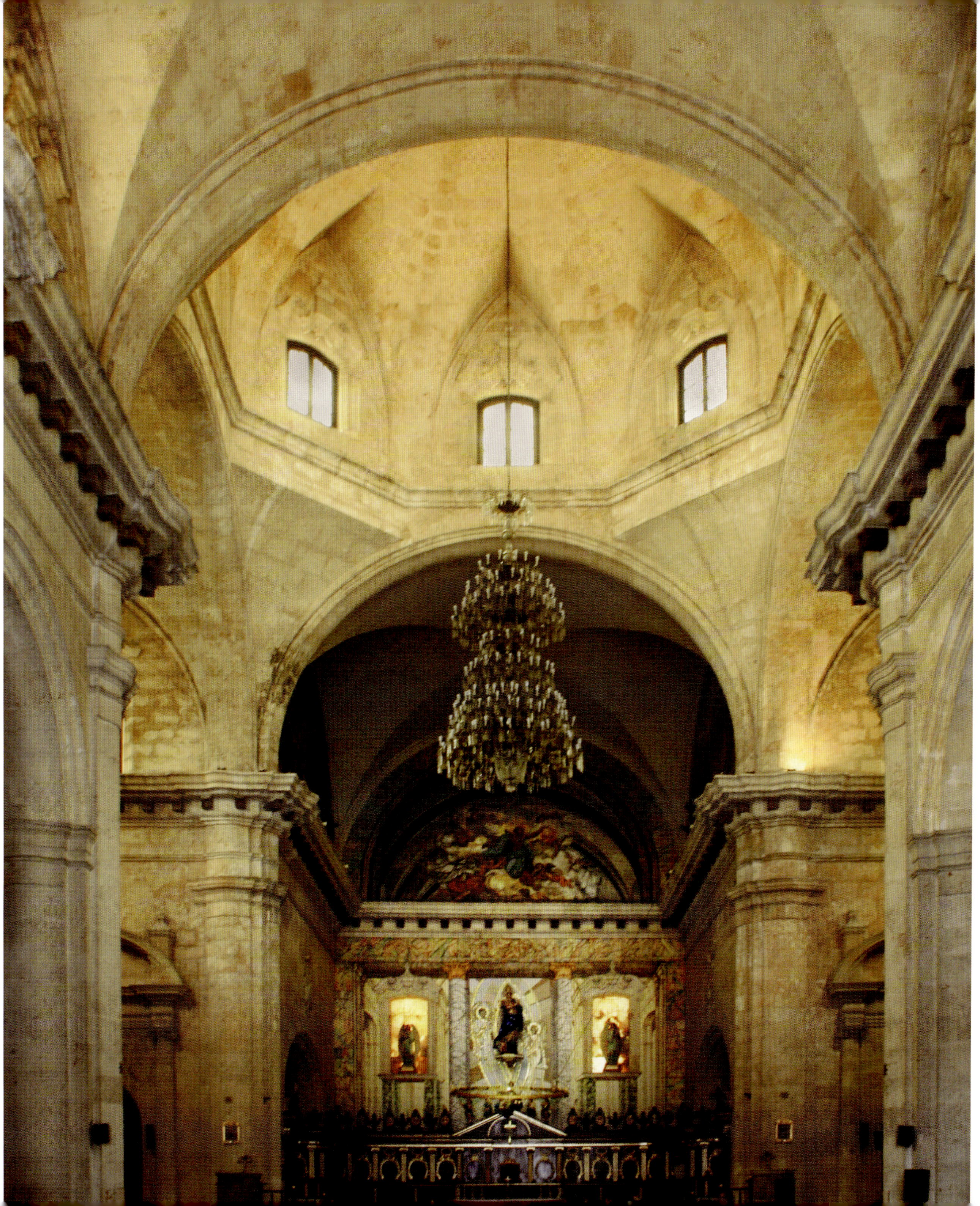

FACHADA-BIOMBO DA CATEDRAL
DE HAVANA, ANTIGA IGREJA JESUÍTICA.
SÉC. XVIII. CUBA.

FACHADA DA CATEDRAL
DE CÓRDOBA. SÉC. XVIII. ARGENTINA.

que sem dúvida pode ser elevada à categoria de joia urbana, obra do arquiteto Pedro de Medina. Se o olhar foca apenas na igreja, a ondulação da fachada vibra, tornando-a um repositório de soluções estilísticas somadas àquelas do barroco e do rococó. Nos extremos, a emoção barroca é contida pela robustez das duas torres desiguais na volumetria. Na portada e acima, a sensibilidade aflora com a solução consciente da tremulação extrema das linhas rococós.

Os dois portais das entradas laterais são comedidos, mais baixos, prensados com seus frontões triangulares ressaltados e as volutas que emolduram o corpo superior da fachada. Acima há uma sequência experimental de elementos barrocos como coruchéus, balaustradas e volutas planas com curvas. O corpo central é tomado de súbito por um jogo de velar as soluções das linhas, jogando-as ora em sombras, ora em brilhos excessivos. A planta côncava desse corpo central torna-se mais nítida apenas na parte superior do tramo central, onde se encontra o óculo poligonal mistilíneo, único no grande espaço liso que avança no coroamento.

O entablamento entre os dois corpos é digno da complexidade de um pensamento *a la* Alejo Campentier: os movimentos de arpejos para o ensaio de um concerto barroco arranjam as pedras irregulares, incultas, que se encontram nas orlas e foram empregadas nas construções cubanas. Ao terminarem essa magnífica fachada, seus autores, os jesuítas, foram expulsos da América pelo rei Carlos III, em 1767.

## Catedrais neoclássicas. Cone Sul | século XIX

O final do século XVIII já assinalava a presença de arquitetos formados por academias como a do México, a Real Academia de San Carlos (1785), na qual ensinou o valenciano Manuel Tolsá, que ali finalizou a catedral metropolitana[33]; a Academia de San Luis em Santiago do Chile (1782), onde o arquiteto Toesca terminou a catedral local; a Escola de Belas-Artes da Guatemala (1794), dirigida por García Aguirre, que trabalhou na nova catedral de projeto de Marcos Ibáñez, indicado por Sabatini – obra finalizada por Bernasconi e Sebastián Gamundi. Outros projetos foram encomendados pelos bispos aos arquitetos espanhóis da Real Academia de Belas-Artes de San Fernando de Madri, que sob o reino de Carlos III ampliara a influência italiana na Espanha e no Novo Mundo. Anteriormente, os italianos haviam marcado presença na catedral de Buenos Aires (1822), com Antonio Masella, com fachada neoclássica dos franceses Próspero Catelin e Pierre Benoit; Vincenzo Baroccio em Morelia (1660), Alejandro Ravizza em Assunção (1842), capital marcada por outro italiano, Pascual Urdapilleta. A catedral de Montevidéu (1858) é obra de Bernardo Poncini, com linhas classicistas, e a de Bogotá (1807) é projeto do frei valenciano Domingo de Petrés.

Outras catedrais erguidas durante o século XIX mantiveram suas construções com características ainda barrocas, como a de Potosí (1809-1836), do franciscano Manuel de Sanahuja. Note-se

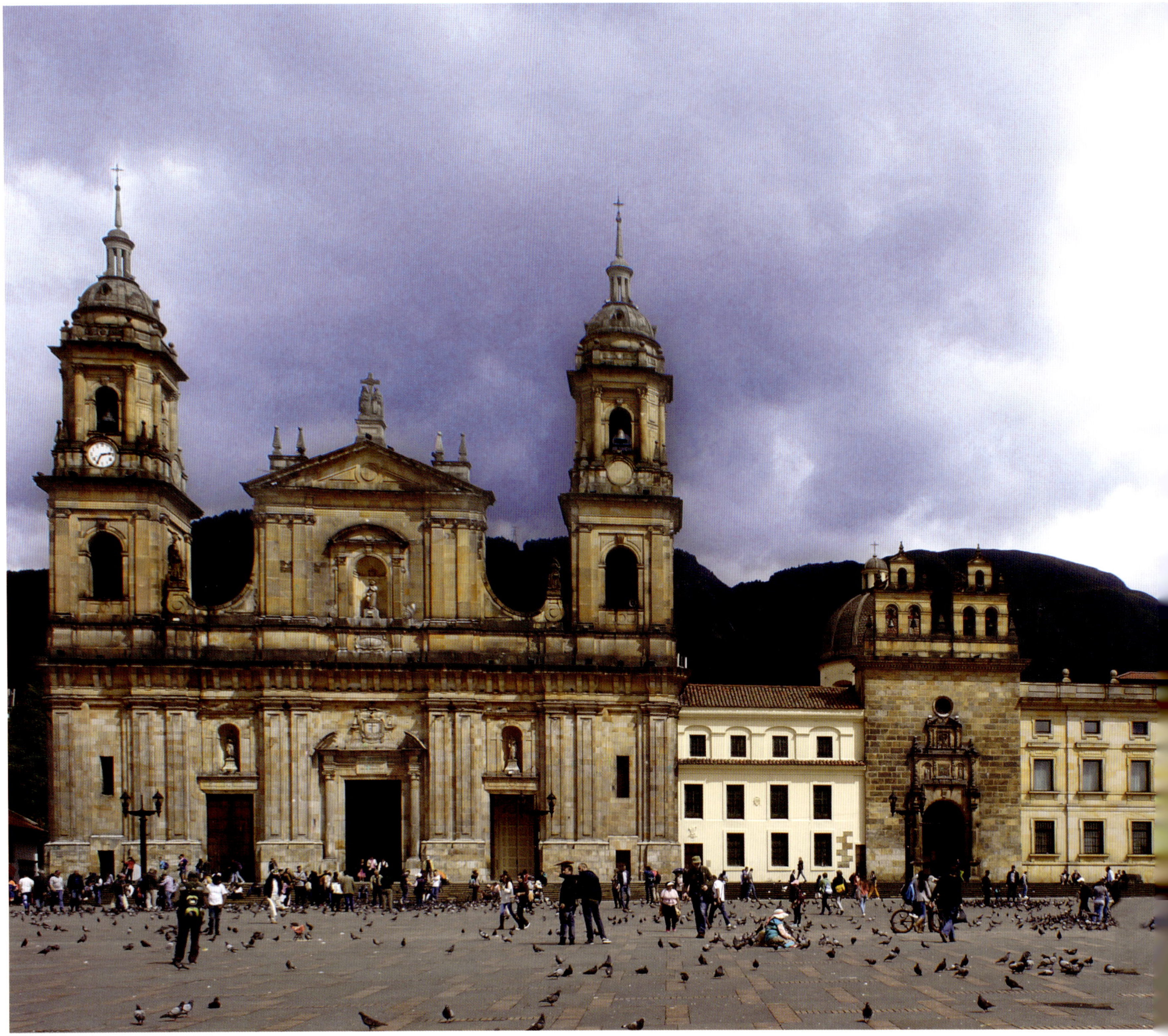

Domingo de Petrés. Fachadas da Catedral, *sagrario* e Palácio Episcopal de Bogotá. Sécs. XVII-XIX. Colômbia.

também a finalização da torre da catedral de Zacatecas apenas em 1904, com fachada representativa do verdadeiro barroquismo mexicano. Não apenas o novo gosto do século XIX incrementou a construção de catedrais neoclássicas, mas ocorreu também em razão das ideias da nova sociedade, livre do jugo colonial, com nações independentes que buscavam nova visualidade que representasse novas sociedades que, com as academias, já buscavam uma ilustração além dos ditames da fé. A presença da Igreja então se faz presente mais firmemente no novo estado político, junto aos palácios dos novos governos criados quase todos com movimentos de independência a partir de 1820, suplantando as igrejas monásticas e conventuais. Pode-se então apontar que essa nova escola estética a serviço da Igreja logo migraria para as construções nas *plazas mayores*, com o gosto eclético afrancesado ou ainda da nova capital dos Estados Unidos da América do Norte, tal como em Havana e Buenos Aires com os palácios de congressos. Da mesma forma, a cidade da Guatemala, de La Paz, de Bogotá, de Santiago do Chile, de Buenos Aires e de Assunção construíram suas catedrais nos cânones neoclássicos.

### Catedral de Santa Fé de Bogotá. Colômbia | século XIX

Santa Fé de Bogotá, capital do vice-reino de Nova Granada, atual Colômbia, fundada em 1538, tem sua terceira catedral levantada na quadra – *manzana* – de maior visibilidade na Plaza Mayor, junto aos edifícios governamentais e ao colégio dos jesuítas na lateral do palácio episcopal. A grandiosa catedral foi construída em curto espaço de tempo entre 1808 e 1811, obra do arquiteto capuchinho valenciano Domingo de Petrés, que também reorganizou a Plaza Mayor, atual praça Bolívar[34].

Nave central da Catedral de Bogotá. Séc. xix.

O amplo frontispício, ritmado em diferentes edificações – catedral, *sagrario* e palácio –, ganha monumentalidade com as torres e triângulo frontão ladeados por contidas volutas e apresentando a serenidade da platibanda do palácio episcopal. Os campanários e a portada (reconstruída) do *sagrario* (1660-1700) remetem ao período colonial, assim como as 36 pinturas de Gregorio Vasquez de Arce y Ceballos que sobreviveram à destruição causada por terremotos. Vista pela parte posterior desde o bairro da Candelária, destaca-se sua cúpula.

### Catedral de Santiago do Chile. Chile | século xix

Santiago do Chile é diocese desde 1561, chamada na ocasião de Santiago del Nuevo Extremo, tantas eram as dificuldades de lá chegar. Construída segundo interferência do arquiteto italiano Joaquín Toesca em 1780, esta é a quinta construção que toma toda a quadra – *manzana* – da Plaza de Armas[35]. A proposta de um classicismo barroco continuou mesmo depois da interferência de Eusebio Chelli e Ignacio Cremonesi que, a pedido do bispo Mariano Casanova, a terminaram em 1897. Optou-se pelas linhas ecléticas do classicismo na fachada com acréscimo das duas torres e, internamente, na nova capela do Santíssimo, que se estendeu por toda a ornamentação com falsos mármores nas pilastras, guarnecimentos na abóbada de berço que se estenderam à cúpula. A fachada abrange toda a testada da Plaza Mayor quando se une ao *sagrario* e palácio episcopal.

### Catedral de Buenos Aires. Argentina | século xix

Buenos Aires teve duas fundações – 1535 e 1580 – e é sede episcopal desde 1617, desassociando-se de Assunção do Paraguai. Dentro da ordenada malha em quadrícula, a catedral está disposta na Plaza Mayor, hoje praça de Mayo, possuía maior terreno que o atual, hoje cercado por edifícios e minimizada pelas transformações da antiga praça. Sua colunata e triângulo frontão a tornam inconfundível na paisagem portenha, e ímpar na América Latina. A catedral sempre esteve no mesmo local, apesar de passar por vários projetos, até que se iniciou outro, em 1754, do italiano Antonio Masella, que observara o pedido do então bispo Cayetano Marcelo y Agramont de se manter a antiga fachada, o que acarretou descontentamentos entre eclesiásticos, políticos e arquitetos, até que, depois de terminada a cúpula, optou-se em derrubar uma fachada rococó feita por Jose Custódio de Sá e Faria e fazer o atual frontão. Esse projeto foi realizado depois da revolução da independência (1822) sob o comando dos arquitetos franceses Próspero Catelin e Pierre Benoit e do escultor Debordié, que executou em 1863 o relevo do triângulo frontão sobre doze colunas circulares, lisas com capitéis compósitos[36].

### Catedral de La Paz. Bolívia | século xix

La Paz, fundada em 1548, foi elevada a sede episcopal em 1608. A meio caminho entre Cusco e Sucre, pertencia a este segundo bispado. A construção da nova catedral provém em parte do projeto do catalão frei Manuel Sanahuja, que também trabalhou na catedral potosina. Projetos totalmente opostos fazem da catedral de La Paz obra única disposta em terreno em declive na Plaza Mayor, atual praça Murillo.

A fachada em estilo classicista foi desenhada pelo engenheiro francês Felipe Beltrés em meados do século xix. Daquele século são os dois corpos com cinco tramos até a altura das torres e triângulo frontão do século modernista[37]. A severidade das linhas retas e o equilíbrio das curvas das envasaduras contrastam com a leveza do interior. Sua grandiosidade está no interior de cinco naves com abóbadas sustentadas por pilastras cruciformes retas, capitéis compósitos e entablamentos duplos. A cúpula no cruzeiro levanta-se sobre pendentes esféricos e deixa penetrar os raios solares por meio de oito aberturas sobre o baldaquino do altar na capela-mor.

Joaquin Toesca. Frontispício com a catedral, *sagrario* e palácio episcopal. Santiago do Chile. 1780.

Próspero Catelin e Pierre Benoit. Fachada neoclássica da Catedral de Buenos Aires. Argentina. 1863.

Felipe Beltrés. Fachada neoclássica da Catedral de La Paz. Séc. xix. Bolívia.

Arquitetura eclesiástica 143

## Catedral de Córdoba. Argentina | século XVII

Córdoba foi fundada em 1573 ao longo do caminho real entre La Paz e Assunção, cumprindo importante papel de interligação das capitais dos vice-reinos do Peru e de La Plata. Pertenceu ao arcebispado de Cusco e posteriormente reportava-se aos bispos de Tucumán e Santiago del Estero. Em 1599 iniciou-se a construção de uma igreja matriz sob invocação de Nossa Senhora de Penha de França, cuja imagem trazida pelo fundador da cidade, dom Jerónimo Luis de Cabrera, foi venerada até 1737. A primeira igreja matriz data de 1581 e teve de ser destruída depois de um desmoronamento em 1677. Vinte anos depois foram retomadas as obras conduzidas por Pedro de Torres.

Córdoba tornou-se sede catedralícia e a antiga matriz cedeu lugar à nova construção, que, com três naves, foi iniciada em 1723 quando o arquiteto jesuíta Giovanni Andrea Bianchi projetou o pórtico. Com as duas torres terminadas em 1784, o bispo franciscano José Antonio de San Alberto contratou Juan Manuel Lopez para terminar as obras antes da colocação dos altares. Com sucessivos arquitetos, mestres de obras e mudanças de planos, como ampliações e demolições, a catedral apresenta no frontispício uma inspiração maneirista lombarda, tendências neoclássicas e surpreendente ornamentação com pinturas do pintor Emilio Caraffa, e relevos do escultor José Nardi e seus colaboradores, que imprimiram no grandioso templo a unidade necessária, como apontou o arquiteto Mario Buschiazzo[38].

Nave central da catedral com pinturas de Emilio Caraffa e relevos de José Nardi. Sécs. XVII-XX.

FACHADA MANEIRISTA DA SÉ DE OLINDA. PE. SÉC. XVI.

## As Sés no Brasil | séculos XVI-XVIII

Durante o período colonial, Estado e Igreja se interligavam ao rei devido ao padroado régio – prerrogativa concedida pelo papa à corte portuguesa –, que assim arrecadava os dízimos na qualidade de Grão-Mestre da Ordem de Cristo. Cabia-lhe a construção e ornamentação das igrejas, a manutenção do culto e do clero (este pago como funcionário do governo), com os estipêndios dos cofres régios, nos quais também eram depositados os dízimos eclesiásticos.

Na corte havia a Mesa da Consciência e Ordens, uma espécie de departamento religioso do Estado que determinava as decisões da Igreja no Brasil Colônia. Ao papa, cabia apenas ratificar as resoluções, mesmo se o assunto fosse nomear um bispo, pároco ou a criação de uma diocese. Dessa maneira, um bispo poderia até assumir interinamente a função de governador. O poder temporal, que decidia tudo sobre a Igreja, ocultava, sob o ato de piedade cristã, todos os interesses políticos que eram transmitidos por meio da Igreja.

A Sé Primacial do Brasil, em Salvador, a primeira sede episcopal nas possessões portuguesas, iniciada por dom Pedro Fernandes Sardinha, sofreu várias remodelações até 1616. A sede episcopal era obrigada a peregrinar de igreja em igreja, o que acarretava hostilidade por parte das confrarias, que a acolhiam com indiferença.

A Sé foi demolida em 1933, conservando-se no Museu de Arte Sacra da Bahia parte do acervo[39]. A Sé do Rio de Janeiro foi demolida em 1922, e antiga capela real serviu de Sé até a inauguração da moderna catedral em 1979. O mesmo destino teve a antiga Sé colonial de São Paulo, demolida em 1913, e a nova, neogótica, iniciada em 1913, e inaugurada em 1954.

Arquitetura eclesiástica  145

Capela-mor e retábulo-mor maneirista da antiga igreja da Companhia de Jesus, atual Sé de Salvador, ba. Séc. xvii.

### Sé de Olinda. Brasil | século xvi

A Sé de Olinda deriva da antiga matriz dedicada ao Salvador, nos anos de sua fundação em 1537, pelo então donatário Duarte Coelho. A primeira descrição da segunda igreja é de 1583, feita pelo jesuíta Fernão Cardim, que a apresenta como tendo três naves e várias capelas ainda em processo de construção. Essa igreja, não concluída, aparece em uma pintura de Frans Post, e durante a ocupação holandesa de 1631 foi incendiada pelos batavos[40]. As obras retornaram depois da expulsão dos protestantes holandeses em 1644, seguindo o modelo português da arquitetura chã.

Sua fachada, com acréscimos barrocos e rococós, ficou descaracterizada em 1936, retornando ao aspecto original com o restauro de 1972. Sua fachada no corpo inferior voltou ao original depois do restauro com a portada maneirista, com a porta principal ladeada por dois pares de colunas e entablamento reto. As entradas laterais seguem a severidade, assim como as janelas, sineiras e o óculo circular no centro do frontão alteado. O coroamento da torre determina sua idade antiga com coruchéus e arremates pontiagudos. Internamente difere das igrejas barrocas brasileiras evocando a robustez e dignidade austera da colunata e arcaria da nave central em abóbada de canhão. As naves laterais mais baixas têm forro plano e as paredes laterais se abrem em arcos menores para capelas[41].

### Sé de Salvador. Brasil | século xvii

A atual Sé de Salvador foi a antiga igreja do Colégio de Jesus dos padres jesuítas. A antiga Sé Primacial desde 1570 foi demolida em 1942. Essa construção, projeto do padre Belchior Pires, foi terminada em 1672 e a sacristia em 1694, seguidas pelo teto, em 1701, e pelos altares italianos da sacristia seis anos depois. O exterior tem a fachada dividida verticalmente em cinco tramos por pilastras dóricas revestidas com pedra de lioz. A fachada monumental tem elementos de diversas igrejas portuguesas, como a compartimentação rígida da Sé de Coimbra, as volutas de Santarém, a dupla ordem de pilastras colossais de São Roque de Lisboa, de Filippo Terzi, e, destas três, as igrejas portuguesas, os arremates das portadas em frontões retilíneos e curvos. São três as portadas: a central, mais alta, tendo no nicho a escultura de Santo Inácio; a da direita, de São Francisco de Borja; e a da esquerda, de São Francisco Xavier – todas esculturas em mármore executadas em 1746.

Na decoração interna deste que foi o então colégio jesuítico, encontram-se ainda alguns elementos do maneirismo no uso de motivos tradicionais renascentistas. O altar-mor construído entre 1665 e 1670 eleva-se em vários andares, ocupando toda a parede final de forma monumental. Nele trabalharam sete artífices portugueses, entre os quais João Correia, Luís Manuel e Domingos Rodrigues, na feitura das 18 colunas ricamente entalhadas. A pintura da abóbada é obra do franco-chinês Charles Belleville (na China adota o nome Wei-Kai-Lou); e a pintura parietal de autoria do padre Eusébio de Matos[42].

A mais completa sacristia dos jesuítas está nessa igreja, considerada por padre Antônio Vieira a primeira pinacoteca brasileira. Com grandes dimensões, tem piso quadriculado feito de mármore e pedra de lioz e alto barrado de azulejos com motivos florais percorrendo as paredes, que acima recebem pinturas com temas bíblicos. O forro também é pintado formando quadrados com cercaduras que encerram os padres jesuítas canonizados, beatos e mártires, como Santo Inácio de Loyola, São Luís Gonzaga e José de Anchieta. São 21 caixotões emoldurados

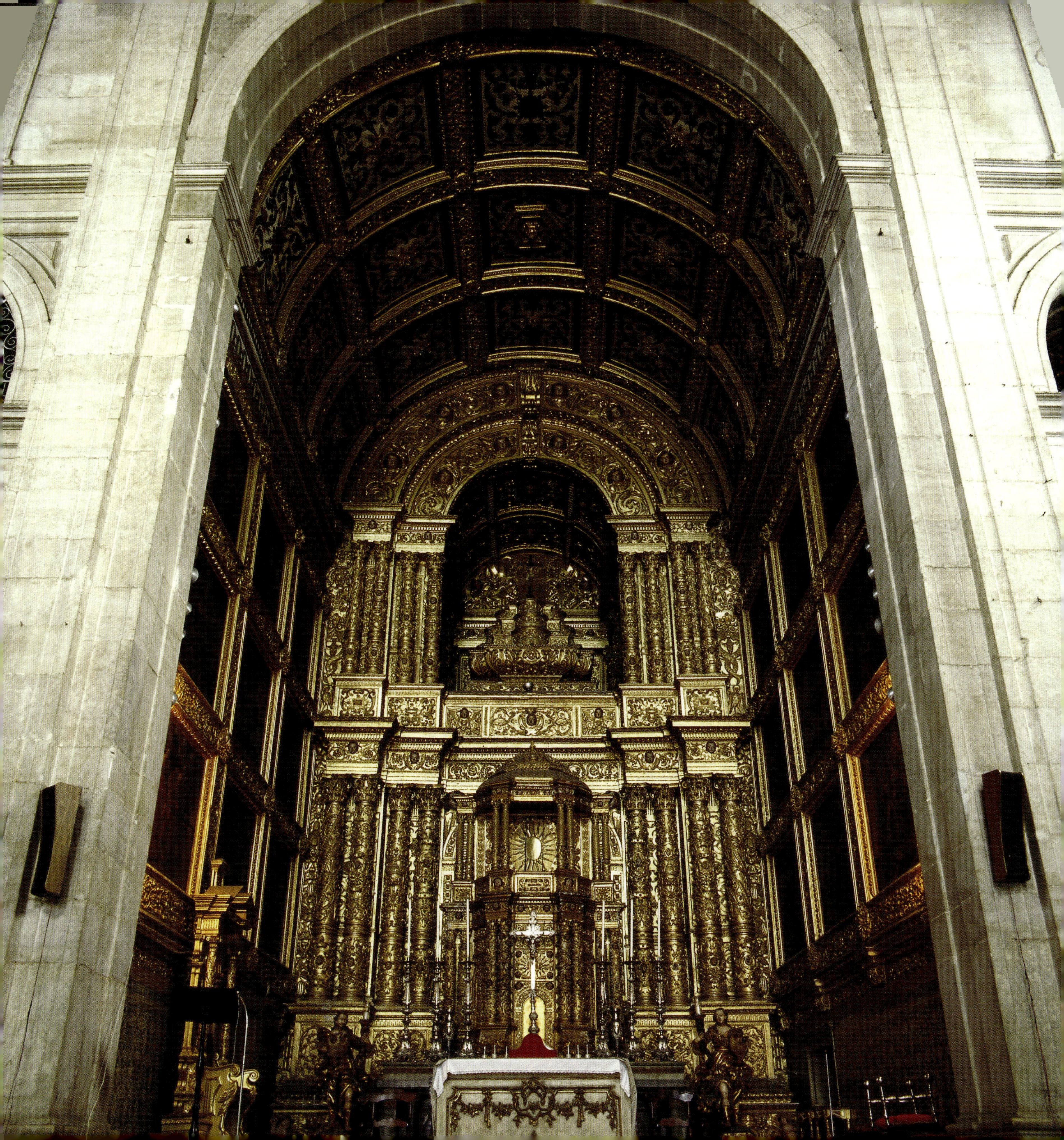

*Nossa Senhora da Assunção. André Gonçalves. Óleo sobre tela, 1735. Retábulo-mor em estilo barroco nacional.*

*Antônio Coelho da Fonseca. Fachada da Sé de Mariana, MG. Brasil. 1735.*

com motivos zoomórficos, fitomórficos e figuras de grotescos[43]. Robert Smith[44] destaca que Sieur Froger, em 1699, e De la Barbinais, em 1729, já louvavam essa sacristia como ímpar no mundo, com móveis em jacarandá negro incrustados de alvo marfim e grandes janelas olhando para o mar.

### Catedral de Nossa Senhora da Conceição. Mariana, Brasil | século XVIII

Construída quase inteiramente de taipa em 1704, passou por inúmeras restaurações até a reconstrução parcial. Segundo estudos, deve ter sido concluída em 1760, quando Manuel Francisco Lisboa, o renomado arquiteto, atuou como mestre de obras, inspecionando os trabalhos de arrematação de carpintaria e alvenaria. A Sé, criada em 1745, teve de passar por grandes reformas estruturais, beneficiando-se das riquezas acumuladas em Minas Gerais e das obras de uma matriz que já fora iniciada em 1714.

A fachada simples não prenuncia a grandiosidade do templo. O corpo da igreja é revestido de rica talha de madeira aplicada às paredes e às abóbadas das naves laterais, bem como às arcadas da nave central. Os altares do arco-cruzeiro foram entalhados por José Coelho de Noronha, um dos mestres de Aleijadinho. Na capela-mor a ornamentação é mais suntuosa, com duas cúpulas de madeira pintadas com representações dos santos cônegos entre colunas que ampliam o espaço, de autoria de Manuel Rabelo de Souza (1760). Firmadas nas paredes de taipa, duas mísulas estão encimadas por surpreendentes capitéis compósitos, dourados, que sem colunas pairam na alvura das paredes.

O espaço provocado por essa solução possibilita uma perfeita localização de cadeirais com magnífico tema chinês de ornamentação. Arrematando o refinamento arquitetônico, o monumental retábulo-mor em estilo nacional datado de 1727 com a pintura de André Gonçalves, *Nossa Senhora da Assunção* (1735)[45]. Aqui, outra surpresa. Não se trata de escultura, mas de pintura, diferentemente de outras soluções com o trono encimado por uma imagem. Não bastasse isso, a atmosfera do rito das celebrações litúrgicas barrocas apenas aqui, neste templo, pode ser revivida por meio dos sons do órgão, privilégio no país.

Na parte posterior da Sé foi construído, depois de 1745, um elegante palácio episcopal com imponentes vergas duplas, com curvas em tonalidades diferentes de pedra-sabão.

### Sé de São Paulo. Brasil | século XX

A antiga Sé de São Paulo foi demolida em 1913 e um novo projeto em estilo neogótico, a pedido de dom Duarte Leopoldo e Silva, ficou a cargo do arquiteto alemão Maximilian Emil Hehl

ARQUITETURA ECLESIÁSTICA 149

Catedral da Sé de São Paulo.
Maximiliano Hehl.
Projeto, 1913. Fachada, 1954.

(1861-1916). Nesse mesmo estilo, mesmo deslocadas dentro da modernidade, outras catedrais foram construídas, como as de Luján e La Plata, na Argentina, e a grandiosa catedral do Voto Nacional em Quito, no Equador.

A construção é grandiosa, com 111 metros de cumprimento, 46 metros de largura e as torres atingem 97 metros. Em suas cinco naves pode-se acomodar até 8 mil fiéis. Sua cúpula tem sido objeto de críticas, pois o arquiteto rompe com a linha de seguir os ditames góticos, que poderia ter posto uma torre do cruzeiro, mas preferiu incorporar uma solução românica. Vista do exterior, com seus arcos botantes, deambulatório e cobertura em cobre, a crítica se esvai, pois sua configuração ganhou em grandiosidade e suntuosidade, assim como o interior, que se tornou mais amplo e iluminado por luz clara indireta e colorida de seus 54 vitrais franceses, italianos e brasileiros.

Sua fachada severa com tímpano com relevos, figuras dos apóstolos no portal, rosácea e pináculo ornado que se sobressai pela coloração do zinabre do teto da cúpula. As torres gêmeas são obras posteriores à sua inauguração em 1954, executadas em concreto. Sua implantação foi privilegiada pelo terreno em leve declive, que na parte posterior abriga a cripta. O desnível de vários metros possibilitou a colocação de escadaria em três faces, e o antigo adro ganhou uma praça com renque de palmeiras imperiais.

O interior é grandioso; as nervuras das abóbadas de cruzaria são sustentadas por pilares fasciculados de até três metros de diâmetro e ornados com capitéis referentes à flora e fauna brasileiras[46].

## Ordens religiosas

As primeiras ordens religiosas aportadas na América para a evangelização dos povos descobertos foram as dos franciscanos (1500), dominicanos (1510), agostinianos (1533) e mercedários (1535). Aqueles religiosos da ordem primeira são conhecidos por mendicantes e foram seguidos pelos jesuítas (1566), da Companhia de Jesus, recém-criada em 1540. Os franciscanos se instalaram na ilha Espanhola, atual Santo Domingo, seguindo para terras continentais do vice-reino de Nova Espanha (1523), México, a pedido do conquistador Hernán Cortés. Ganharam espaços privilegiados como todos os outros pioneiros. Na sequência, se espalharam pela América Central, vice-reino do Peru (1532) e Cone Sul, no vice-reino de La Plata. Os dominicanos e mercedários seguiram os mesmos caminhos que os franciscanos e foram para o Peru em 1535. Os agostinianos tiveram o mesmo itinerário e em 1536 já estavam na América do Sul.

Os carmelitas foram os últimos (1585), porém mais intensamente no território português. No Brasil, a evangelização iniciara meio século antes, desde a chegada dos jesuítas (1549) que acompanharam o primeiro governador-geral Tomé de Sousa para a fundação da capital colonial Salvador, na Bahia. Foram seguidos pelos franciscanos (1583), beneditinos (1599) e carmelitas. Os mercedários (1640), menos presentes, estiveram em Belém e em Salvador. Exceto os jesuítas, todas as outras ordens entraram no Brasil sob o reinado dos espanhóis durante a união das Coroas (1580-1640) por ordem de Felipe II.

Todas essas ordens citadas, na Europa, eram mendicantes. Vindas para a América, se transformam em evangelizadoras. Esse diferencial lhes deu independência de suas matrizes, tanto espanholas como portuguesas, ante a nova realidade missionária de doutrinação dos ameríndios. As permissões para suas instalações eram aprovadas pelo Conselho das Índias, e os gastos de suas viagens eram por conta da *Real Hacienda*. Os jesuítas foram enviados ao Brasil a pedido especial do rei dom João III de Portugal ao então fundador da Companhia de Jesus, o espanhol Inácio de Loyola, que também concedeu a autorização para que Francisco Xavier fosse evangelizar os povos orientais. As ordens mendicantes também foram para possessões de domínio espanhol no Oriente, como as ilhas Filipinas e parte de terras na China. No Brasil, os mendicantes. assim como os monásticos beneditinos, se instalaram primeiro na região Nordeste – Pernambuco e Bahia – e posteriormente seguiram para o Rio de Janeiro e São Paulo.

A evangelização iniciou-se pelos imensos territórios do México. Foram construídas as missões distribuídas em caminhos em diversas direções e esse método foi repetido no vice-reino do Peru. Em seguida, na Audiência da Guatemala, na América Central, e nas regiões de Chiapas e Yucatán no Sul do México. Por fim, na zona da mineração da prata na Bolívia que pertencia ao vice-reino do Peru e Cone Sul, Argentina, Paraguai e Chile, vice-reino de La Plata com a capital Buenos Aires.

No México, os franciscanos ficaram na região da capital, Puebla e zona de mineração do ouro mais ao norte da capital. Em 1559 os franciscanos tinham oitenta conventos que repartiram os espaços com os dominicanos e agostinianos, com quarenta conventos cada um deles. No final do século XVII, segundo estudos de Demetrio Ramos, havia no Novo Mundo, 11 mil religiosos; no século XVIII foram expulsos 1.300 jesuítas, e o Conselho das Índias registrou a movimentação de 2 mil padres entre 1760 e 1780 na América e nas Filipinas[47].

## Franciscanos

As normas construtivas das igrejas da contrarreforma do Concílio de Trento (1545-1563) procuraram ser aplicadas no México com austeridade, tendo à frente o bispo dominicano Alonso de Montúfar (1489-1572). Porém, as desmesuras dos mosteiros já iniciados anteriormente não puderam ser controladas, tornando-os ainda maiores, verdadeiras fortalezas. Aquelas ricas construções nos pequenos povoados chegaram a rivalizar com as catedrais nas cidades sedes de bispados. Lá os nativos pediam para que suas igrejas fossem cada vez maiores, pois eram os únicos edifícios de destaque na paisagem urbana, um sinal civilizatório da nova cultura que abraçavam. Entre os críticos de arquitetura não faltam para esses imensos mosteiros adjetivos como construções magnas e de colossais proporções, tudo feito para impressionar os índios e mostrar a grandeza da religião cristã imposta.

O levantamento feito por George Alexander Kubler[48] sobre os conventos franciscanos no México quinhentista, divididos em três províncias, localizou 80 na província Santo Evangelio, 25 em San Pedro e San Pablo e 33 na Nueva Galicia, totalizando 148 estabelecimentos. Hernán Cortés, ao entrar em Tlaltenango, atual Cuernavaca, designou os franciscanos para fundarem um convento e iniciarem a evangelização na região. Naquela cidade foi construído um dos primeiros conjuntos franciscanos com adro fechado, capela *posa* para evangelização e capela terceira do irmão. Na igreja conventual encontram-se antigas pinturas mostrando os mártires franciscanos do Japão do século XVI. Em Morelia, o conjunto ainda é visível em sua monumentalidade devido à grande praça fronteiriça, e em Guadalajara a praça lateral conserva parte dos antigos claustros. De grande visibilidade e imenso teor simbólico é o conjunto sobre as pirâmides na praça de las Tres Culturas, onde na última batalha Cortés conquistou o México em 1521. Os franciscanos erigiram o colégio Santa Cruz, de onde partiram os evangelizadores Bernardino Sahagún e Juan de Zumárraga. As paredes com pedras apenas dispostas contrastam com a fachada-retábulo renascentista de três corpos incrustada nas pedras da primeira cultura retirada das pirâmides. Do claustro se percebe o sentido de fortaleza da igreja.

A chegada de arquitetos espanhóis como Claudio de Arciniega (1527-1593) e Francisco Becerra, atuantes também em Quito, Lima e Cusco, foi mais útil para a arte sacra na construção das catedrais acirrando a rivalidade construtiva entre bispos, abades e monjas. Porém, os freis franciscanos arquitetos destacaram-se, entre eles Francisco de Tembleque, no México; na Argentina e na Bolívia, já no período neoclássico, os freis Vicente Muñoz, Francisco Miguel Mari e o autor do projeto da catedral de Potosí e de La Paz, o frei Manuel de Sanahuja.

Os séculos XVII e XVIII, passado o momento conflitivo da conquista, foram séculos de prosperidade, sem guerras, epidemias e falta de víveres, que antes assolavam o Novo Mundo. As cidades já estavam com suas ruas traçadas e os grandes mosteiros ocupavam as quadras não tão distantes desde a Plaza de Armas, situação urbanística diferente daquela europeia em que por vezes os mosteiros eram construídos fora dos muros ou nos extremos das cidades. A grande quantidade de ordens religiosas, igrejas e conventos femininos que se instalaram nas novas cidades planejadas urbanisticamente em quadrículas se destacavam na paisagem como as melhores construções. A religiosidade e o ímpeto catequético fizeram daqueles locais urbanos verdadeiros celeiros de propagação do cristianismo e formas de viver segundo ideais de isolamento dos perigos do mundo.

Alegoria da genealogia da Ordem Franciscana. Em um jardim com rosas, símbolo mariano, São Francisco abraça a árvore genealógica dos franciscanos, incluindo a ordem segunda das Clarissas (lado esquerdo). A base são os fundadores e, acima entre as ramagens, os fundadores de outros conventos pelo mundo. Abençoando todos os franciscanos, a Virgem Imaculada Conceição. Pintura exposta na parede da nave da Igreja de São Francisco na cidade de Puebla. México. Séc. XVII.

Conjunto franciscano.
Igreja e arcadas do convento.
Morelia. México. Sécs. xvi-xviii.

Detalhe da portada da igreja de São
Francisco. Morelia. México. Séc. xvi.

154 Patrimônio colonial latino-americano

As grandiosas obras seguiam as novas tendências estilísticas do barroco, cujas vistas diferenciadas implicavam o exterior e o interior, ou seja, destaque no urbanismo externo e outro interno, de uma cidadela voltada para si, porém dentro da cidade, que no dizer de Germain Bazin eram "palácios de fé".

Passada a fase de construções desmedidas do século da conquista, era hora de afirmação não apenas espacial de cada ordem, mas também de busca de prestígio tanto na vida monástica como na interferência do calendário religioso que regia a vida social por meio das festas religiosas, como as duas mais importantes: Corpus Christi e Semana Santa. As procissões com os circuitos no urbanismo levando imagens de veneração e lavor artístico arrastavam multidões às praças e enchiam as naves das igrejas que rivalizavam entre si nas prédicas, sermões infindáveis com celebrações com grande aparato musical. Por outro lado, na vida social, as pendências jurídicas entre as diversas ordens, freis e bispos tomavam tempo dos tribunais e só não eram mais importantes quando o assunto era sobre as vultosas doações que cada mosteiro conseguia com os ricos benfeitores.

Entre as centenas de conventos franciscanos no México, pode-se destacar o de Morelia (1586) com seu adro fronteiriço ainda em dimensão avantajada, exibindo sua fachada plateresca, e a sequência de arcos na volumetria do convento de San Buenaventura aplicada sobre as paredes de pedras irregulares – *mamposteria*. O arco da porta com as molduras de frisos sobressalentes está ornado com flores e conchas, assim como os falsos nichos.

FACHADA DA IGREJA DE SÃO FRANCISCO. ANTIGUA, GUATEMALA. SÉCS. XVI-XVIII.

RETÁBULO LATERAL DA IGREJA DE SÃO FRANCISCO. ANTIGUA. GUATEMALA. SÉC. XVII.

Fachada-retábulo da igreja de San Francisco. Guadalajara. México. Séc. xvii.

Em Guadalajara a igreja conventual está cercada por ruínas na lateral direita. O destaque fica por conta da fachada-retábulo bem definida nos dois corpos e três tramos contidos pelo arremate curvo embelezado por relevos planos e o nicho com a concha contendo a representação da Imaculada. Colunas helicoidais demarcam os nichos com santos e delicados relevos preenchem os espaços planos, as partes proeminentes das colunas e os entablamentos. Internamente as nervuras das abóbadas se destacam acima do altar-mor.

Na cidade de Antigua, na Guatemala, que se conservou como na época colonial, pode-se perceber a disputa das ordens religiosas pelos melhores lugares no urbanismo. Um mosteiro feminino teve que construir uma passagem em arco de um lado ao outro da via pública para a movimentação das religiosas que superlotavam o convento e necessitava mais espaço. Os mosteiros vão se multiplicando até as extremidades do quadriculado urbanístico, balizando a cidade com os grandes muros cegos dos mercedários de um lado e dos franciscanos do outro, e, no inverso, os dominicanos até outro extremo com os jesuítas na antiga capital guatemalteca. O conjunto denominado San Francisco el Grande é dos frades menores que se instalaram primeiramente nas antigas capitais e em 1565 fundaram a província do Dulcíssimo Nome de Jesus na Guatemala. Dez anos depois já funcionava o colégio San Buenaventura com as cátedras de filosofia, teologia e cânones. Uma importante academia de artes funcionou ali tendo como professores o mestre pintor mexicano Cristóbal de Villalpando e o escultor Juan de San Buenaventura Medina. Em 1773, com o terremoto Santa Marta, o convento tornou-se ruínas, como permanece até hoje. A fachada foi reconstruída com estuque e cantaria por habilidosos pedreiros, assim como o imenso retábulo com 17 nichos com santos francisca-

Detalhe do retábulo da igreja da missão franciscana de Caazapá. Paraguai. Séc. xvii.

nos. Do grande conjunto conventual, permanece de pé apenas a igreja, que teve parte de sua fachada reconstruída.

No vice-reino de Nova Granada, atual Colômbia, os franciscanos construíram seu convento fora dos muros da cidade de Cartagena de Indias. Na região dos Andes, em Tunja, o grande convento resistiu até a segunda metade do século xx, restando a igreja com forro *mudéjar* do século xvi. Não distante, em Mongui, a lítica construção iniciada em 1700 domina toda a praça do povoado. De lá partiram os franciscanos para as capelas de doutrinação. Em Popayán, as ordens religiosas construíram uma verdadeira escola de arquitetura eclesiástica junto com dominicanos, carmelitas e jesuítas. A fachada da igreja de San Francisco é de requintado projeto barroco de Antonio Garcia (1795). Na capital Santa Fé de Bogotá, o conjunto franciscano foi modificado, restando a salvo a igreja com o retábulo-mor, considerado como obra-prima comparável àquela de Quito, no Equador. Os relevos em madeira, executados em 1629, são de Ignacio García de Ascucha.

No vice-reino do Peru, os grandes conventos franciscanos formaram-se em terrenos privilegiados no urbanismo de Lima, Cusco, La Paz e cidades de mineração ou passagens do caminho real, como Potosí e Sucre na Bolívia e Córdoba e Buenos Aires na Argentina (posterior vice-reino do Rio da Prata). Em Santiago do Chile, o antigo convento recebeu para ser exposto em seus claustros um dos maiores conjuntos pictóricos feitos pela escola cusquenha de pintura. Somam 54 quadros com a iconografia de São Francisco, de requintada feitura[49]. Em todas essas regiões os franciscanos foram pioneiros na evangelização e, ao serem expulsos os jesuítas em 1763, a ordem franciscana assumiu as capelas e grande parte das missões jesuíticas que não foram destruídas.

Os mosteiros e conventos têm a função de abrigar, formar os religiosos e incrementar os atos de piedade e a prática dos sacramentos. Para tanto, a arquitetura é funcional, com suas espaçosas igrejas comunicando-se com o urbanismo pela sua beleza. O mosteiro normalmente usa a arquitetura para oferecer o isolamento, a reflexão e o convívio em um ideal de religiosidade. Assim, forma uma cidade dentro daquela civil, compartimentada entre os claustros, celas, bibliotecas, salas de orações e dos afazeres da vida comum, como despensas, cozinhas, refeitórios, enfermarias e por vezes hospitais ou assistência religiosa para leigos. Não se pode

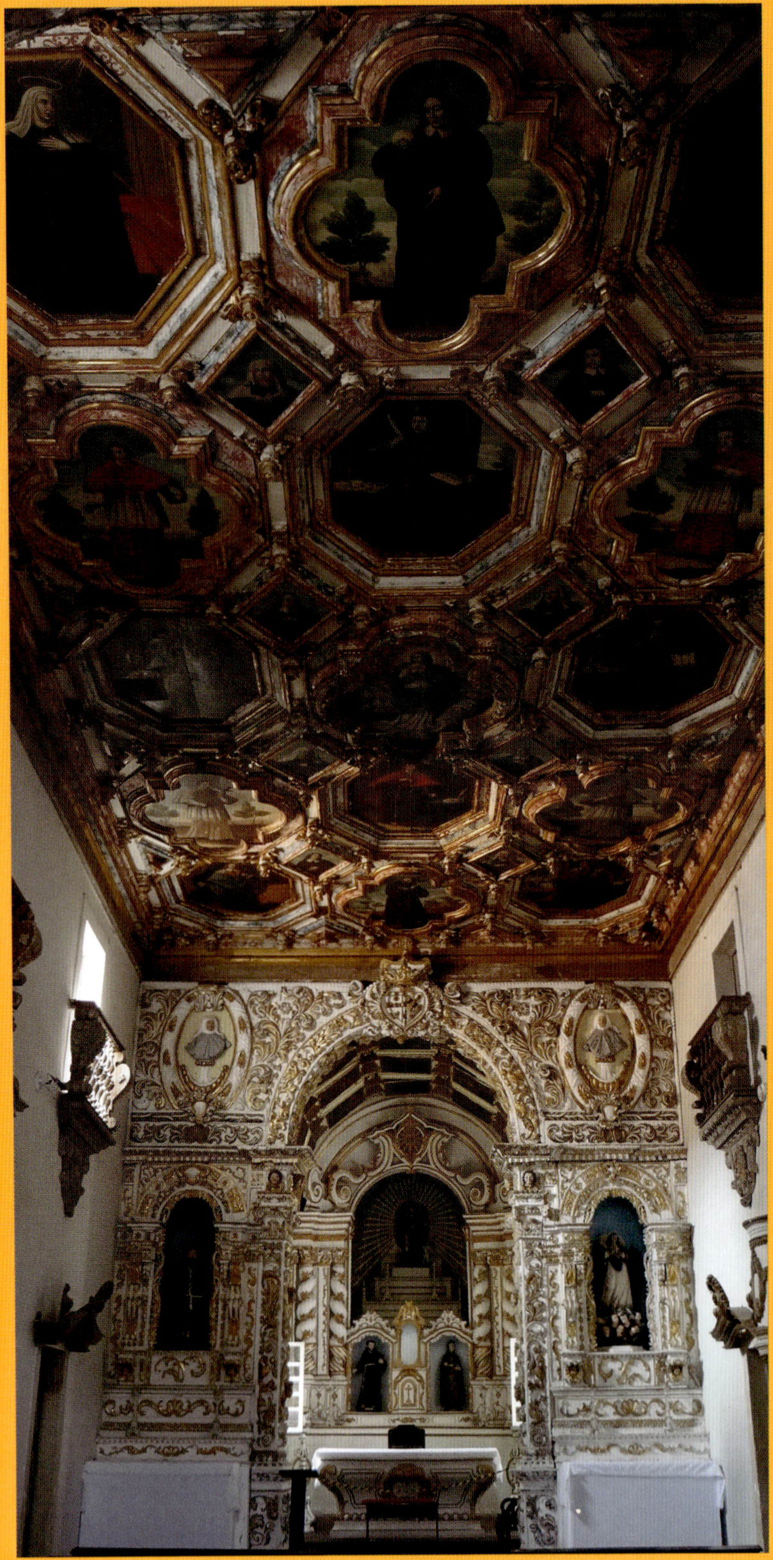
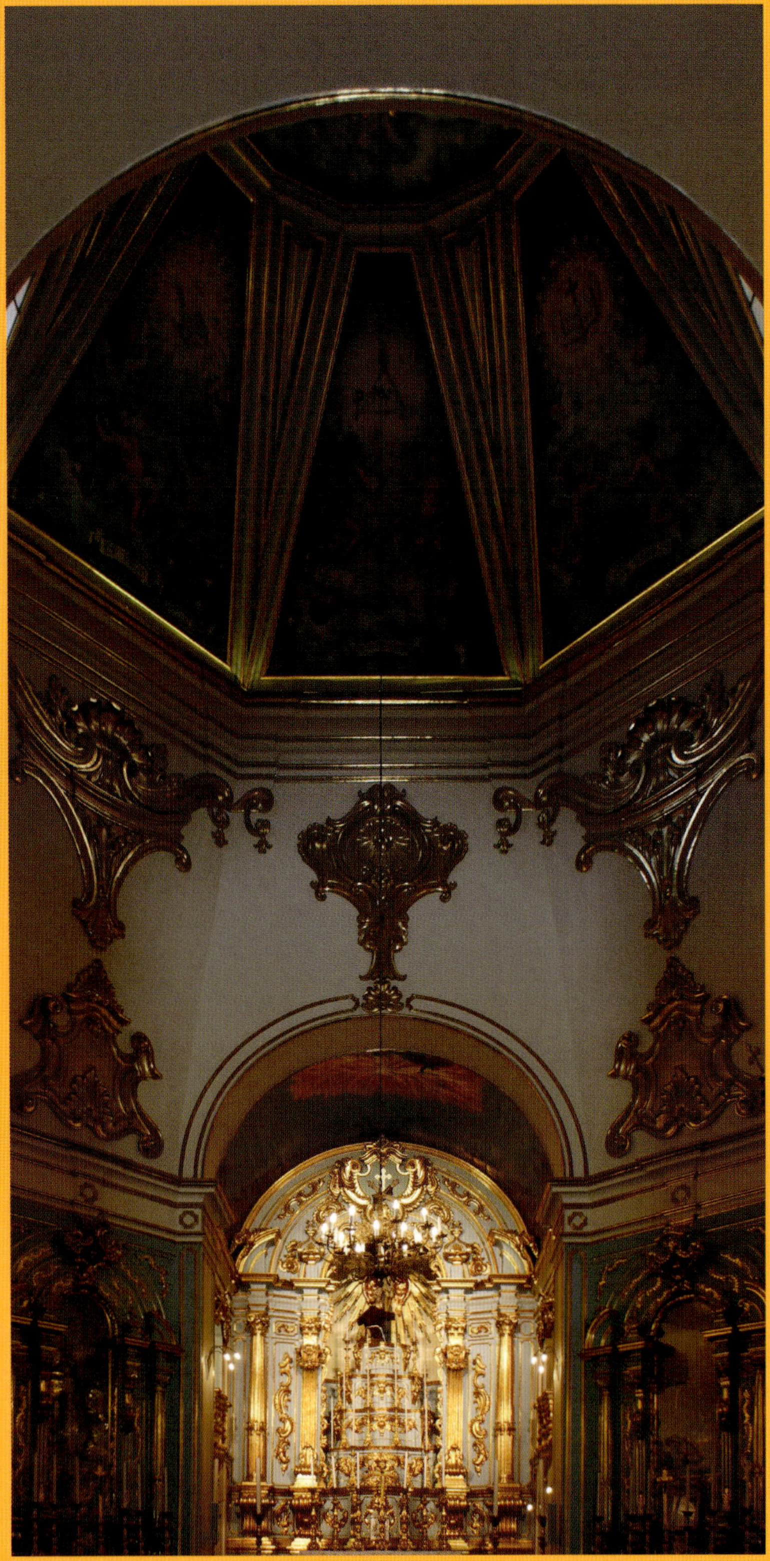

Capela da Ordem Terceira do Convento Nossa Senhora das Neves. Olinda, pe. Séc. xviii.

Interior da igreja da Ordem Terceira de São Francisco. São Paulo, sp. Séc. xviii.

pensar em uma ação civilizatória na América Latina sem evocar o pensamento que saiu de seus sermões, bibliotecas, universidades como a dos dominicanos e estabelecimentos de ensino dos jesuítas. Não apenas as grandes construções barrocas que vieram a preencher o urbanismo projetado ainda durante o Renascimento se mostram reverentes a essas ordens mendicantes, mas também grande parte da cultura do povo latino-americano catequizado e instruído nas missões distantes dos grandes centros, como nas florestas do Paraguai, sendo a igreja da missão de Yaguarón a mais representativa para as artes, e a Bolívia, com missões nos desertos do altiplano boliviano e, ao sul, no arquipélago de Chiloé, no Chile, com surpreendentes diminutas igrejas construídas em madeira. Assim que os jesuítas foram expulsos da América portuguesa (1759) e espanhola (1763), os frades franciscanos assumiram a evangelização na maioria de suas antigas missões e reduções.

No Brasil, os primeiros conventos franciscanos brasileiros quase sempre levam os nomes dos santos Francisco e Antônio, foram construídos no início no século xvii e em seguida destruídos pelos protestantes holandeses entre 1630 e 1654. Assim que os batavos foram expulsos, os religiosos iniciaram suas reconstruções com novos projetos mais ambiciosos, a exemplo da igreja de Nossa Senhora das Neves em Olinda. Foram erguidos conjuntos arquitetônicos constituídos de convento com claustros quadrangulares, geralmente à esquerda da igreja, e capelas de ordem terceira com o corpo transversal, aberturas para igreja e claustro, ou, passado algum tempo, era erguida uma capela autônoma. No andar térreo, ao redor do claustro, localizam-se as salas de estudo e capitular e o refeitório. No superior, a biblioteca e a ala dos dormitórios com celas individuais servidas de galerias como as do térreo[50].

Suas construções iniciavam-se pelo convento para logo abrigar os frades; a igreja era posterior, fazendo com que o programa de construção fosse muito demorado. Sempre possuem nave única, com exceção da de Salvador, que possui três naves com capela-mor pouco profunda, margeada por dois corredores laterais que levam a uma grande sacristia; no fundo da nave o coro alto apoia-se em colunas do nártex e comunica-se com as tribunas laterais do alto da nave. A fachada, em geral, possui um campanário recuado, conforme o espaço deixado pelo convento. O interior é sóbrio, com um altar-mor, dois altares no arco-cruzeiro, um púlpito e um arco que se abre para a capela perpendicular, no lado do evangelho, para abrigar a ordem terceira, que possui um altar principal e dois laterais[51]. O conjunto completa-se quando os terceiros constroem sua capela na lateral com fachada recuada ou não, como ocorre em Salvador, inclusive com adro fechado.

Em São Paulo, o conjunto franciscano é de 1634, tendo a capela da ordem terceira uma nova construção paralela à igreja conventual. Com o projeto do Santo Antônio Galvão, transformou-se a antiga capela longitudinal em igreja cruciforme. O antigo retábulo posicionou-se no braço do cruzeiro e o retábulo-mor ganhou visualidade desde a entrada pela nave única ladeada por altares incrustados nas paredes de taipa de pilão.

As capelas das ordens terceiras franciscanas distinguem-se em todo Brasil. Porém, em Minas Gerais durante o século xviii, elas ganham notoriedade, pois se libertam dos cânones monásticos – capela agregada ou interna às conventuais – e naquela região obtém autonomia na volumetria e na arte maior de Antônio Francisco Lisboa. Os melhores exemplos são as de Ouro Preto e São João del-Rei.

## Análise das igrejas franciscanas

### Capela real do convento de San Gabriel.
### Cholula, México | século XVI

O conjunto franciscano da cidade de Cholula (1538), cidade vizinha à antiga Tenochtitlán, atual Cidade do México, permaneceu quase em sua integridade desde o início da conquista, quando começou sua construção (1568). Hernán Cortés, impressionado com a grande pirâmide daquela cidade-santuário dos nativos, escreveu ao rei Carlos V que estava diante de uma cidade com mesquitas. Na realidade eram pequenos templos aos deuses indígenas, um para cada dia do ano.

A construção da chamada capela real teve início em 1549 e a vultosa construção abobadada ruiu logo em seguida, vindo a ser reconstruída em 1595 pelo arquiteto Claudio de Arciniega, que trabalhava na catedral da Cidade do México. Seu primeiro arquiteto foi Toribio de Alcaraz, de confiança de dois vice-reis e que já construíra outros mosteiros. Foi finalizada em 1601 pelo carpinteiro Juan Pérez. As abóbadas receberam nova cobertura em 1731[52].

A construção horizontal da capela não revela em seu exterior simples a grandiosidade de engenharia e conceito arquitetônico. Concebida a exemplo de obras magistrais como a mesquita de Córdoba na Espanha, é a que mais se aproxima dos referenciais da arquitetura árabe. Sua planta baixa é quadrada e dividida no interior por três naves de sete tramos. A nave central, mais larga, é sustentada por uma imensidade de colunas lavradas em pedra, octogonais e arrematadas com capitéis dóricos[53].

De volta ao exterior, é possível se surpreender com aquele espaço com suas 49 abóbadas feitas para abrigar uma multidão de até 4 mil indígenas. Segundo o pesquisador argentino Ramón Gutiérrez, esse espaço marcou a transição do uso dos espaços abertos para os fechados das igrejas, já que os indígenas eram acostumados aos atos religiosos ao ar livre. Entre dois elegantes arcos de entrada está uma capela *posa* que tem a função de abrigar os indígenas na ação catequética. No centro há um cruzeiro em pedra lavrada[54].

Conjunto franciscano da cidade de Cholula com o exterior da Capela Real (1549-1595), igreja conventual e interior da Capela Real com 49 abóbadas. Cholula. México. Séc. xvi.

No espaço circundante amuralhado, a igreja conventual se destaca por sua torre na extremidade direita e pequeno campanário à esquerda. A fachada tem um pórtico maneirista encimado por grande óculo e pequeno triângulo frontão como arremate. Seu interior é marcado pelas nervuras das abóbadas góticas valorizadas por amplo entablamento ondulante[55].

## Igreja de San Francisco. Cidade do México, México | séculos XVI-XVIII

O conjunto franciscano da Cidade do México está atualmente reduzido a proporções que relembram apenas em parte a grandiosidade dos primeiros tempos da evangelização como o mais completo da América, ocupando uma área de 30 mil metros quadrados. Seu imenso átrio continha as capelas *posas* (local de catequese), portais de entradas, arvoredo, igreja, mosteiro, a exemplo de Cholula com a capela de São José dos Naturais, de sete naves, além de cruz monumental com peanha, conforme relatado em crônicas antigas[56]. A atual construção é a terceira, iniciada em 1710, e logo foram-lhe acrescidos o hospital, a capela e o cemitério dos terceiros. Em 1868, com a supressão das ordens religiosas, o conjunto começou a ser disputado por metodistas e protestantes. Isso e a abertura de uma rua decretam o declínio que o leva à ruína. Os jesuítas tentaram a posse, consagrando o conjunto franciscano ao Sagrado Coração de Jesus. Em 1898 voltou aos franciscanos.

Atualmente, a entrada se faz por um dos portais do adro fechado de onde se admira a fachada-retábulo pouco abaixo do nível da rua. A fachada *churrigueresca*, obra de Lorenzo Rodríguez – autor também das fachadas do *sagrario* da catedral e da igreja da Santíssima –, esculpida em pedras mais claras, destaca-se pelo lado esquerdo ante a parede cega que segue da rua até a fachada propriamente dita, disposta na espacialidade plana da parede da capela que antecipa a igreja conventual. Em pares de estípites, as colunas emolduram a porta de entrada e nichos em seus intercolúnios. No segundo corpo, sobre o entablamento truncado, há volutas, coruchéus, nichos, que de forma piramidal encaminham os relevos para o coroamento com emblemas e escudos. Um sobrecoroamento curvilíneo fecha a composição após um respiro de partes planas para destacar os ornamentos esculpidos.

Ao entrar na antiga capela Balvanera, atual Nossa Senhora de Guadalupe, pode-se sentir a severidade do conjunto colonial. A capela funciona como uma espécie de vestíbulo. Tem uma abóbada octogonal e, à esquerda, um retábulo *churrigueresco* ao fundo, monumental com seus três tramos e dois corpos subdivididos. Ao entrar na igreja conventual, o espaço da planta em cruz latina é solene, com o retábulo em planta curva. O altar dourado sintetiza não apenas o amálgama estilístico – proveniente de outras igrejas –, mas também a luta pela sobrevivência do espaço franciscano ante os embates políticos, sociais e religiosos ocorridos durante o século XIX. Sua imponência está na proporção do corpo com planta poligonal e coroamento curvo abrigando na continuidade do tramo central a sequência do sacrário, *tempietto*

Lorenzo Rodriguez. Fachada-retábulo do conjunto franciscano. México. d.f. Séc. xvii.

Retábulo da capela de N. Sra. de Guadalupe. Conjunto franciscano. México. d.f. Séc. xvii.

Detalhe do retábulo-mor do conjunto franciscano. México. d.f. Reconstituição. Séc. xix.

com a Virgem, grupo escultórico de São Francisco e espécie de urna com óculo com uma escultura do Cristo. Quatro pares de colunas geminadas, cilíndricas, com caneluras verticais, são aneladas, engalanadas com festões e cartelas com relevos simbólicos dos evangelistas. Os capitéis são compósitos sustentando as arquitraves com frisos florais e entablamento truncado devido à planta poligonal do retábulo. O coroamento arredondado reforça o aspecto da concavidade confirmado por friso ornado e linha, espécie de aduela, gerando movimentação centrípeta.

Arquitetura eclesiástica 163

### Igreja de San Francisco de Quito. Equador | século XVI

Quando o conquistador espanhol Francisco Pizarro chegou ao Peru em 1532, dois incas, Hayana Capác (1468-1493) em Quito, e Atahualpa (1500-1533) em Cusco, comandavam o império. No Equador os franciscanos foram agraciados com as bases do palácio imperial, e em Cusco, no Peru, os dominicanos o foram com o templo do Sol no Coricancha. Sob as benesses do rei Carlos v, o frei Jodoco Ricke iniciou este que é o mais antigo convento franciscano na América do Sul, em 1533. O arquiteto Toribio de Ortigueira empreendeu o projeto da igreja e do convento em 1581. As torres foram completadas em 1700 (caíram em 1868) e, quando as obras estavam finalizadas em 1755, foram abaladas por um terremoto que derrubou o forro. Restaram dele as partes do coro e do cruzeiro[57].

Esse tesouro de fachada maneirista, com interior *mudéjar*-barroco, tem uma implantação privilegiada na praça trapezoidal de leve aclive. O conjunto se agiganta e aos poucos se revela na horizontalidade em ambas as extremidades, auxiliado pelos muros de cinco metros de altura e muretas. As linhas retas e curvas da portada retábulo se ampliam nos semicírculos da escadaria, parte

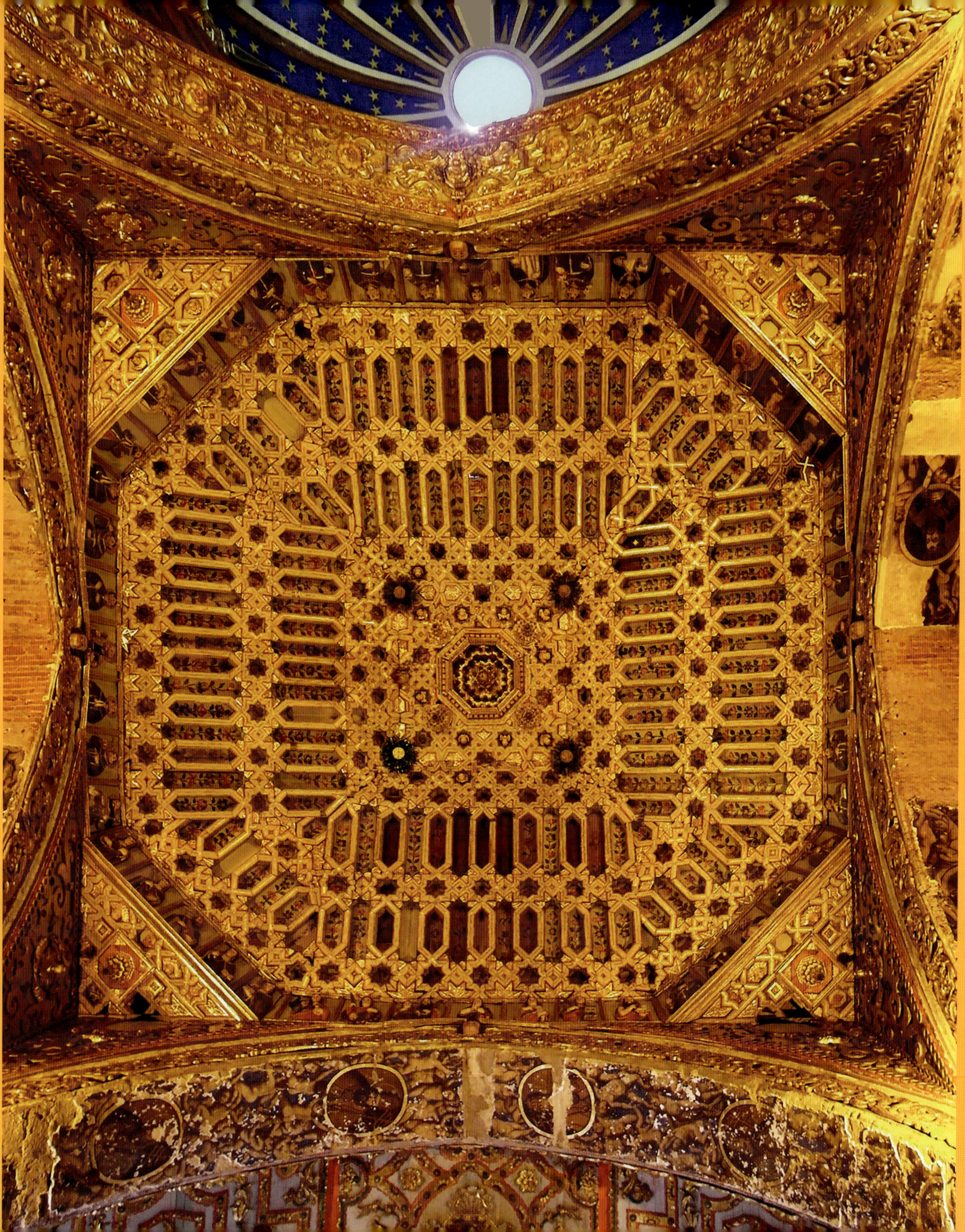

< PÁG. ANTERIOR

Fachada-retábulo da igreja de São Francisco. Quito, Equador.

Forro *mudéjar* do octógono do transepto. Madeira policromada e dourada. Quito, Equador.

Arcadas do claustro conventual.

Retábulo-mor com colunas monumentais e arco triunfal. Quito. Equador. Séc. XVII.

côncava e parte convexa dos degraus, inspirada em desenho do tratadista Sebastiano Serlio[58] (1495-1554) e do arquiteto Francesco Bramante (1444-1514) para o edifício do Belvedere nos jardins do Vaticano. No patamar acima da praça a fachada-retábulo em pedra escura ressalta das paredes brancas de todo o conjunto. Ladeando a entrada estão as colunas duplas cilíndricas lisas com capitéis dóricos na parte inferior. Acima as colunas são jônicas em igual disposição. Nas laterais há colunas adossadas que emolduram as envasaduras. Sobre o entablamento, a terceira abertura, do coro, é encimada por um frontão curvo truncado. Pináculos e pontas de diamantes completam a obra-prima de cantaria, suplantando os modelos tradicionais renascentistas[59].

O interior da igreja tem três naves e o destaque é para o forro em madeira, obra-prima da marcenaria *mudéjar* com imensas pinhas que se destacam do desenho complexo dos polígonos que se multiplicam até as bordas. Do primeiro forro sobraram aquele do octógono do cruzeiro e de toda a extensão do coro. Em todo o perímetro do octógono da cúpula há relevos de bustos de santos semelhantes aos do coro, porém mais policroma-

dos. O carpinteiro Esteban Guzmán executou o novo forro em 1769. O retábulo-mor é surpreendente: a ornamentação cobre ainda as pilastras que sustentam a teto octogonal do cruzeiro e se expande em toda a abside.

A ornamentação do retábulo-mor inicia na parte externa sobre as colunas do arco e adentra a abside em um belo ritmo compositivo de pares de pórticos com avantajadas colunas romanas ornamentadas na parte inferior, fustes canelados e capitéis invertidos sustentando triângulos frontões truncados. No segundo corpo, as colunas são substituídas por figuras de anjos. Ao iniciar a curvatura da abóbada, há nervuras convergentes para o lanternim que divide o espaço azulado e estrelado. Naqueles espaços estão dispostos, dentro de molduras, bustos de santos. A parte central do altar tem três corpos divididos com camarinhas diferentes: na parte inferior com arcos concêntricos – com um Cristo –, no meio com abertura trilobada e na superior, pentagonal. No nicho central, irradiando beleza e requinte, está a Virgem do Apocalipse, obra de Bernardo Legardo, a imagem alada e dançante de Maria, esculpida em 1734.

Arquitetura eclesiástica 167

### Igreja de San Francisco de Havana. Cuba | século XVI

Havana, fundada na ilha de Cuba em 1519, ganhou o título de cidade em 1592. Os franciscanos adquiriram o terreno fora dos muros da cidade, em zona aberta no porto junto ao cabido, cárcere e outros estabelecimentos comerciais da *Plaza Vieja* (1559). O conjunto do final do século XVII sofreu muito com as tormentas e, em 1701, o arquiteto Pedro Hernández de Santiago reconstruiu o coro, consolidou a torre e em 1719 reiniciou as obras da capela-mor, que seriam finalizadas em 1738. A mutilação maior sofrida pela igreja ocorreu em 1850, quando uma rua foi aberta nos fundos da igreja e ela perdeu a cúpula e a capela-mor, e, no ano seguinte, seus altares barrocos das capelas laterais sob as abóbadas que conjugavam com belo estilo da abóbada da nave central. Em seguida foi demolida a capela dos terceiros[60].

A fachada que se apresenta na estreita rua dos Ofícios com a torre sineira única é de grande unidade imposta por uma severidade segundo o estilo de Juan de Herrera, arquiteto espanhol do palácio do Escorial. Os três tramos com as respectivas portas em arco são indissociáveis, no segundo corpo com nichos laterais com volutas e arremate curvilíneos, das duas envasaduras do coro, com arcos plenos e triângulos frontões truncados. A torre sineira sobe escalonada aliviando o peso tanto visual como físico para a colocação dos campanários. O edifício do convento forma uma verdadeira muralha no exterior. Internamente há dois claustros semelhantes, com três pisos, seguidos por um terceiro de menor tamanho.

Fachada-retábulo da igreja de São Francisco. Havana. Cuba. Séc. XVII.

Abóbada em barrete de clérigo. Igreja de São Francisco. Havana. Cuba. Séc. XVII.

Manuel de Escobar. Conjunto franciscano – igreja conventual, entrada do convento e capela da Ordem Terceira. Lima. Peru. Séc. XVII.

### Igreja de San Francisco de Lima. Peru | século XVI

Lima, projetada por Francisco Pizarro, ofereceu aos seráficos a maior parcela de terrenos, a uma quadra apenas da Plaza Mayor. O conjunto é formado pelo convento com diversos claustros, sob a invocação do Nome de Jesus, a igreja de São Francisco e a igreja da Soledad, dos terceiros. Amplo adro cercado permite diferentes entradas e fachadas. A menor, singela com porta em arco pleno, para a igreja dos terceiros. A portada do convento, com pedra mais clara, tem três entradas em arcos, sendo o central de configuração trilobada, com uma porta-balcão acima deste. Nas laterais do balcão há envasaduras ovais semelhantes àquelas existentes em um dos claustros. A fachada-retábulo da igreja em pedra escura destaca-se entre as duas possantes torres de bases quadradas.

Outras duas entradas trabalhadas são: uma na lateral com portal de coloração clara, semelhante à da portada do convento que introduz o fiel diretamente à nave lateral, realizada por

170 Patrimônio colonial latino-americano

Interior da igreja conventual de São Francisco. Lima. Peru. Séc. XVII.

Claustro maior e torres da igreja do conjunto franciscano de Lima. Peru. Séc. XVII.

Manuel de Escobar (1674), e outra em arco, mais simplificada, fechando o adro e dando acesso à sacristia. O resultado desse grandioso conjunto se deve ao arquiteto português Constantino de Vasconcellos depois de sucessivas demolições de construções mais simples. Ocupou-se da finalização das obras até 1672, quando foi consagrada, o mestre espanhol Manuel de Escobar.

A fachada-retábulo é das mais originais e portentosas da capital. Destaca-se pela cor, volumetria e linhas movimentadas a partir dos sobrearcos truncados acima da porta e coroamento, um tocando o nicho da Virgem e o outro sobre a envasadura oval. O peso visual das possantes torres quadradas com varandas sobre a cornija que separa do campanário é aliviado pelos panos lisos das paredes nas laterais. Se observadas todas as fachadas – convento e igrejas – há alternâncias nos espaços lisos e frisados, visto que em toda estrutura das torres os frisos horizontais e almofadados estão enobrecidos por falsas colunas duplas nas quinas. A impressão é de infinitas reentrâncias. Esta visualidade é posterior aos terremotos de 1687 e de 1746, quando as torres eram mais altas.

A sensação obsessiva de demarcação de linhas (almofadadas) adentra a nave central (planta basilical com três naves) com abóbada de canhão com lunetas. Os desenhos se espalham por todo o espaço: geométricos no intradorso dos arcos e variados – quadrados com reentrâncias e em perspectiva – acompanham as linhas curvas das abóbadas nas naves laterais que antecedem as capelas ornadas com ricos altares barrocos em madeira escura. A coloração é sempre em ocre-avermelhado destacada do fundo branco. A abóbada da capela-mor é curva e abriga o altar-mor de desenho mais claro, obra do presbítero Matias Maestro, em estilo neoclássico, portanto de época posterior aos mais barrocos das capelas [61].

Martín de Caballero. Fachada do conjunto franciscano de Mongui.
Distrito de Boyacá. Colômbia. 1715.

Claustro maior e cúpula da igreja do conjunto franciscano.
Mongui. Distrito de Boyacá. Colômbia.

### Igreja e convento franciscano.
### Mongui, Colômbia | século XVIII

O povoado de Mongui situa-se na região missioneira dos franciscanos e foi fundado em 1596 como uma redução indígena. A grande praça na qual se encontra o convento franciscano é ainda neste século XXI o centro da cidade que pouco se desenvolveu nas quadras que procuram a regularidade nesse local pitoresco. A pequena capela de Santo Antônio sinalizou a evangelização dos indígenas no povoado. Com a construção das capelas doutrinárias pela região e a designação dos franciscanos para a evangelização, iniciou-se em 1702 a grandiosa construção conventual e da igreja.

Construída em etapas sob a responsabilidade do mestre construtor espanhol Martín Polo Caballero, em 1715 já estavam adiantadas as obras e em 1718 faltava o arremate de uma das torres. Em 1760 o complexo estava pronto, obras continuadas por Francisco José Camero de *los Reyes*. Pál Kelemen aponta para o projeto ambicioso sinalizando a grandiosidade da colocação da escadaria imperial para a porta principal. Duas grandes pilastras toscanas lisas delimitam o corpo central da nave destacando o portal de colunas estriadas e duplas janelas em arco de meio ponto, lembrando uma capela aberta. Ao ser observada a igreja com sua cúpula sobre base quadrada, remete-se de imediato às construções românicas. Na face lateral ao longo da via, as espessas paredes receberam reforços como contrafortes. A fachada sóbria revela seu aspecto vetusto e sólido da construção com dois pórticos – convento e igreja – encimados por triângulos frontões retilíneos. A coloração dos ladrilhos avermelhados mostram os acréscimos posteriores no tramo central acima do triângulo frontão e nos arremates das torres com colunas duplas ao gosto barroco[62].

A planta baixa do templo é em cruz latina com transepto coroado por uma cúpula com pinturas de Gregorio Vásquez, que a decorou em 1671[63]. O retábulo-mor acomoda-se na parede posterior da capela e eleva-se até o entablamento simplificado das colunas do arco triunfal. Os dois corpos e três tramos do retábulo recebem nos nichos laterais quatro imagens de santos. No tramo central, no corpo inferior o tabernáculo ergue-se sobre o sacrário. Acima a pintura da Virgem de Mongui. Pares de colunas ornadas com elementos fitomórficos separam os nichos.

Ignacio Garcia de Aschua. Retábulo-mor da igreja de São Francisco. Bogotá. Colômbia. 1629.

### Igreja de San Francisco. Bogotá, Colômbia | século XVI

O retábulo-mor da igreja de San Francisco da antiga capital do vice-reino de Granada, Santa Fé de Bogotá, é obra ímpar da escultura colombiana. A primitiva igreja data de 1569, trinta anos após a fundação da cidade por Gonzalo Jiménez de Quesada. A exemplo das igrejas de San Agustín e do mosteiro de Santa Clara, a construção é em pedra irregular – *mampostería* – reservando apenas para os portais pedras lavradas. A fachada da igreja conventual está prejudicada pela imposição de um novo edifício eclético que diminui seu pequeno adro. A portada é simples com colunas duplas lisas que sustentam dois pequenos nichos com esculturas de santos e ampla janela para o coro que indica uma possível capela aberta. O triângulo frontão é curvilíneo encimado por coruchéus. A torre única do final do século XVIII ocupa o lugar da original que ruiu em um terremoto de 1785.

A obra-prima desse templo é o retábulo-mor, comparável àquele dos franciscanos em Quito, ao compor-se na totalidade parietal da capela-mor. Dividido em três corpos e 16 tramos, as cenas dos relevos policromados são separados por duplas de colunas com fustes espiralados. Dois púlpitos emolduram no arco triunfal essa obra incomparável projetada e executada por Ignacio García de Ascucha. Este artista nasceu em 1580 nas Astúrias, Espanha, e chegou em Bogotá por causa de um escândalo matrimonial. Desenhou um altar para a antiga catedral e em seguida um altar lateral da igreja dos franciscanos, o que rapidamente lhe rendeu o encargo para o retábulo-mor, finalizado em 1629. Depois de sua morte, a policromia ficou a cargo de Lorenzo Hernández de la Camara, que entregou a obra em 1633[64]. Ascucha foi enterrado em sua própria obra-prima, na igreja de São Francisco.

Os relevos mais elaborados pela complexidade de figuras na mesma cena são aqueles do nível inferior. Cenas bíblicas como

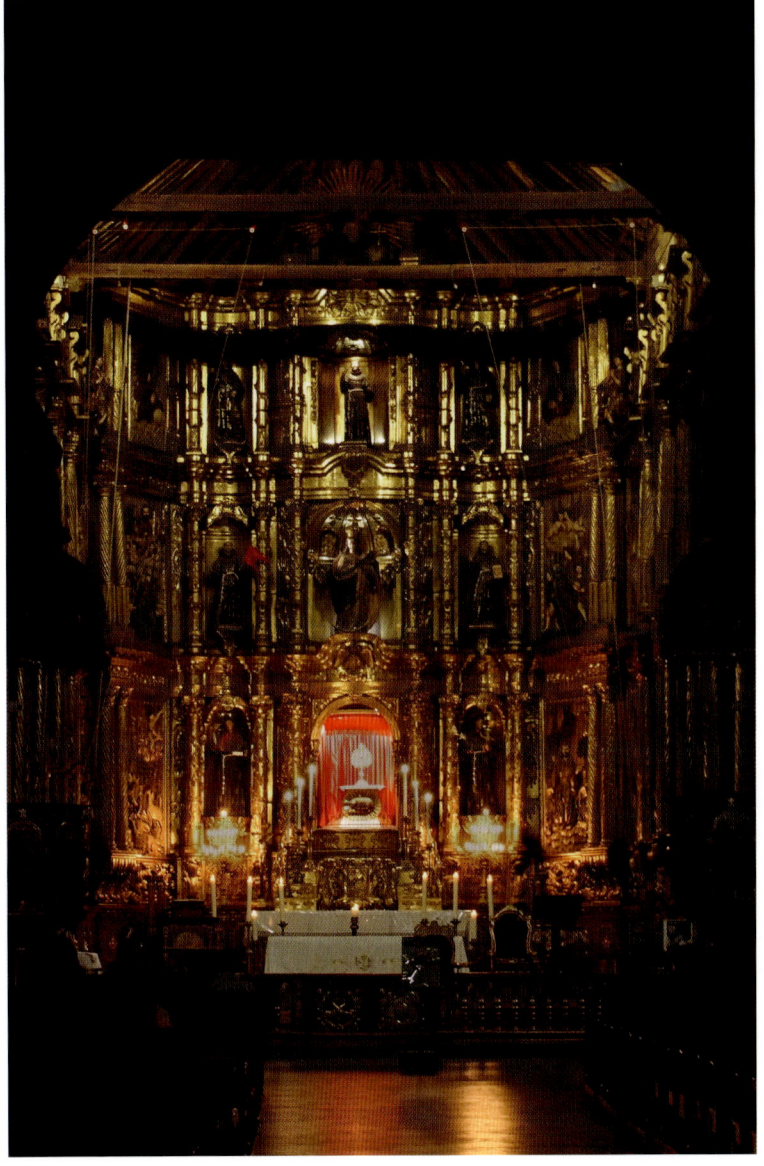

A portaria do convento tem uma coluna com motivos fitomórficos sustentando dois arcos e forro em madeira ornamentada. Amplos corredores circundam o claustro quadrado, interligados por uma escadaria imperial de amplas dimensões construída em 1718. Os arcos da planta inferior do claustro são ladeados por colunas de cantaria, planas e perfiladas com cornijas ressaltadas. As grandes salas abrigam uma coleção de arte sacra, com destaque para as telas com pinturas para doutrinação de Gregorio Vásquez.

a da flagelação e do batismo de Cristo estão nesse pavimento junto com cenas dos martírios de São Jerônimo e Santa Catarina de Alexandria. No tramo central localiza-se o tabernáculo. No segundo nível, uma surpreendente invocação de santas e nos tramos centrais os santos franciscanos e o nicho da Imaculada Conceição. No superior, os bustos do 12 apóstolos e nos tramos centrais os santos da ordem ladeando o protetor São Francisco.

### Igreja de San Francisco. La Paz, Bolívia | século XVI

O conjunto franciscano primitivo teve sua igreja inaugurada em 1582 e o claustro ornado com pinturas hagiográficas de São Francisco em 1665. Atualmente é constituído da igreja iniciada em 1743, graças às doações do minerador Diego de Baena. Parte da fachada à direita trata-se de reconstrução neocolonial do ano 1948 e, na parte posterior, o claustro, é obra de frei Manuel Sanahuja, do século XIX, onde atualmente abriga uma atraente pinacoteca.

Detalhe do relevo do retábulo-mor. Igreja de São Francisco. Bogotá. Colômbia.

Fachada-retábulo e torre da igreja conventual. La Paz, Bolívia

Retábulo-mor visto desde o coro e pendentes da cúpula com relevos. La Paz, Bolívia.

O frontispício da igreja com três entradas é composto por uma fachada-retábulo na parte central e nas laterais, dois pórticos similares – sendo o da direita localizado debaixo da torre de dois lances – porta em arco pleno e janela similar – e arremate com duplo entablamento reto e coroamento curvilíneo. O pórtico central tem três tramos, dois corpos e a tarja franciscana como coroamento. A porta principal apresenta um arco trilobado emoldurado com relevos de rica ramagem. Os tramos laterais têm nos intercolúnios nichos com arcos plenos ladeados por colunas torsas no corpo inferior. O corpo superior segue a verticalidade das colunas inferiores, porém com ricos ornamentos planos, fitomórficos e cartelas em espaços compartimentados. Mascarões maneiristas convivem com rostos indígenas indicando um sincretismo entre as expressões europeia e ameríndia[65].

Internamente a igreja é solene. A nave principal é abobadada e recebe luz pelas lunetas acima dos arcos de meio ponto sustentados por pilastras toscanas. A cúpula do arco-cruzeiro tem rica decoração nos quatro pendentes com jarrões de onde transbordam ornamentos fitomórficos, característica dessa região do Callao. A capela-mor está agraciada com um dos mais elaborados altares da Bolívia. É monumental e avoluma-se por toda a dimensão arquitetural da parede da capela-mor. Tem três corpos e igual número de tramos com pequeno coroamento acompanhando a abóbada de canhão. A parte inferior do retábulo tem anjos atlantes sustentando os tramos laterais com nichos com imagens de vestir[66] nos três corpos. No tramo central há um templete sobre o altar, a imagem protetora da capital, Nossa Senhora dos Anjos, e, no nicho central e acima, uma pintura com a coroação da Virgem.

Os remanescentes do convento mostram a elegância da arcaria sobre pilastras em pedras sobrepostas e os arcos menores acima. A vista desde a torre é ampla iniciando pela sequência dos telhados das cúpulas em meia-laranja das capelas laterais com ornamentos à maneira de lanternas e a cúpula do cruzeiro, em pedra, sobre base quadrada.

Arquitetura Eclesiástica   175

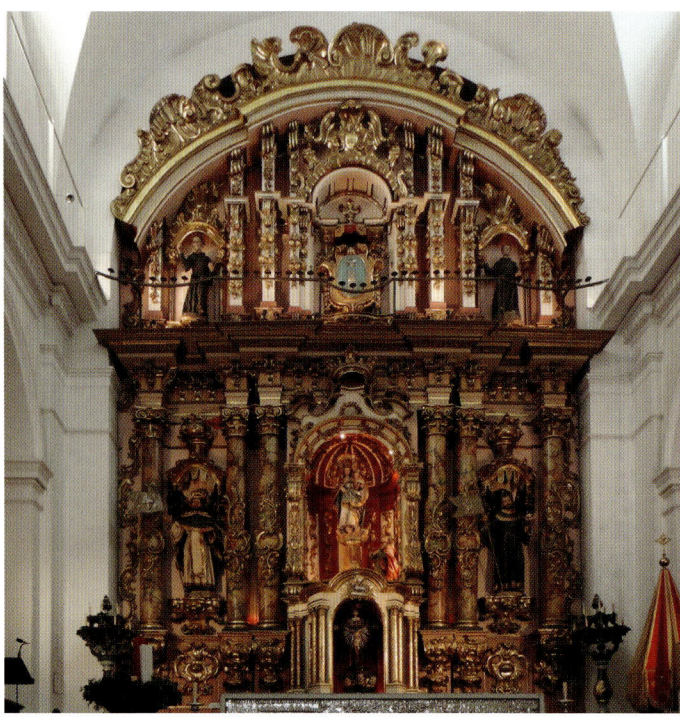

### Basílica do Pilar. Buenos Aires, Argentina | Século XVIII

Na Argentina, os franciscanos foram atuantes nas missões adentro do vasto território ora em imensos planos e desertos, ora em florestas ou ainda aos pés dos Andes. Em Buenos Aires, na Recoleta, a basílica de Nossa Senhora do Pilar ergue-se com sua fachada desenhada pelo jesuíta Andrés Blanqui e finalizada por Juan Bautista Prímoli. No interior, os altares ao longo da nave única e os altares laterais são obras do português Pedro Carmona. O retábulo-mor foi entalhado por Domingo Mendizábal, Ignacio de Arregui e Miguel Careaga. Um rico frontal de altar em prata completa a ornamentação executada por arquitetos, entalhadores e prateiros de diferentes partes do mundo.

O conjunto dos frades descalços foi iniciado em 1716 sob a responsabilidade dos irmãos jesuítas alemães Juan Kraus e Juan Wolf. Mais tarde, a fachada foi projetada por Andrés Blanqui e terminada por Juan Bautista Prímoli, também jesuíta. Os jesuítas, e em especial Andrés Blanqui, foram atuantes na capital de 1725 a 1745 construindo as igrejas das Mercês, San Telmo, San Francisco e Santa Catalina. Em 1776 foi criado o vice-reino de la Plata, desmembrado do vice-reino do Peru e com sede em Buenos Aires[67]. A região Norte da Argentina continuou culturalmente ligada àquelas cidades que se comunicavam com as minas de Potosí, como Salta, Tucumán e Jujuy, que continuaram a tradição de erigir capelas. Já a nova capital estreitava-se com a Colônia do Sacramento e com o Brasil, de onde emigraram artistas entalhadores portugueses como José de Souza Cavadas, Pedro Carmona e o engenheiro militar José Custódio de Sá e Faria, que é quem projeta a catedral antiga.

A basílica do Pilar reflete essas influências em sua arquitetura, pois fora erigida por arquitetos jesuítas que atuavam em outras igrejas da capital, como Andrés Blanqui, que continuou a obra da igreja da Companhia iniciada pelos alemães Kraus e Wolf. Em continuidade a esse tipo de encontro de artistas, o retábulo-mor tem grande expressão, obra de três entalhadores, entre eles Domingo Mendizábal, que elaboraram colunas ornamentadas sobre os fustes lisos com policromia imitando mármore. Já os altares laterais que estão na nave são de maior soltura e refletem o novo espírito do rococó luso. Em partes mostra soluções elegantes de José de Souza Cavadas, que trabalhou para os irmãos terceiros franciscanos e dominicanos e depois, indicado pelos franciscanos, ornamentou a igreja de Yaguarón no Paraguai[68].

FACHADA DA BASÍLICA DO PILAR. BUENOS AIRES. ARGENTINA.
DOMINGO MENDIZÁBAL. RETÁBULO-MOR. SÉC. XVIII.

CRUZEIRO DEFRONTE DA IGREJA CONVENTUAL FRANCISCANA E FACHADA AZULEJADA. SÉC. XVIII.

PÁGINA SEGUINTE >

ARCOS DA CAPELA-MOR E DO TRANSEPTO E PÚLPITO DA IGREJA DE SÃO FRANCISCO. SALVADOR, BA. SÉC. XVIII.

RETÁBULO-MOR EM ESTILO NACIONAL PORTUGUÊS DA CAPELA-MOR DA IGREJA DE SÃO FRANCISCO. SALVADOR, BA. SÉC. XVIII.

### Igreja de São Francisco. Salvador, Brasil | século XVIII

O convento foi fundado em 1587 e destruído durante a invasão holandesa, entre 1630 e 1654. Em 1723, a reconstrução da igreja foi dada como concluída, ainda que as obras tenham se prolongado até 1782. Em 1752 foi terminado o claustro, que contém o mais importante trabalho de azulejaria portuguesa no Brasil, obra de Bartolomeu Antunes de Jesus. A igreja conventual reúne praticamente todo o repertório ornamental desenvolvido na Bahia. Em suas três naves distribui-se farta quantidade de apainelados lavrados com formas vegetais, dando ênfase às folhagens acânticas e volutas.

O altar-mor é encimado com arquivoltas sustentadas por colunas espiraladas ornadas por profusões folheares e elementos florais, assim como todos os demais retábulos dos corredores laterais, segundo o estilo nacional português.

Os retábulos do cruzeiro (transepto) estão entre os melhores exemplos da arte luso-brasileira. Dois pares de atlantes, com altura aproximada de dois metros cada um, sustentam as mísulas, nas quais se estruturam colunas torsas do tipo salomônico, com o terço inferior estriado e, entre as espiras das seções superiores, ornamentação floral. Sobre os conjuntos há anjos assentes sobre volutas truncadas sustentando coroas reais, dentro dos cânones estilísticos joaninos, sob influência romana. Acima, nas abóbadas em canhão de tábuas corridas, há ricas pinturas ilusionistas do português Antônio Simões.

O templo exibe um teto à mourisca, pintado e dourado pelo frei Jerônimo da Graça, entre 1733 e 1737. No centro do coro está um crucifixo de grandes dimensões encimado por um dossel e, sobre este, fogaréus[69].

Ao lado, a ordem terceira de São Francisco da Penitência completa o relevante conjunto que, à maneira conventual, apresenta também claustro e sacristia azulejados, sala capitular e sala dos santos. Possui uma fachada singular, cujo exterior constitui um verdadeiro retábulo plateresco em pedra, a exemplo do que havia em seu interior barroco, que foi remodelado em neoclássico no início do século XIX.

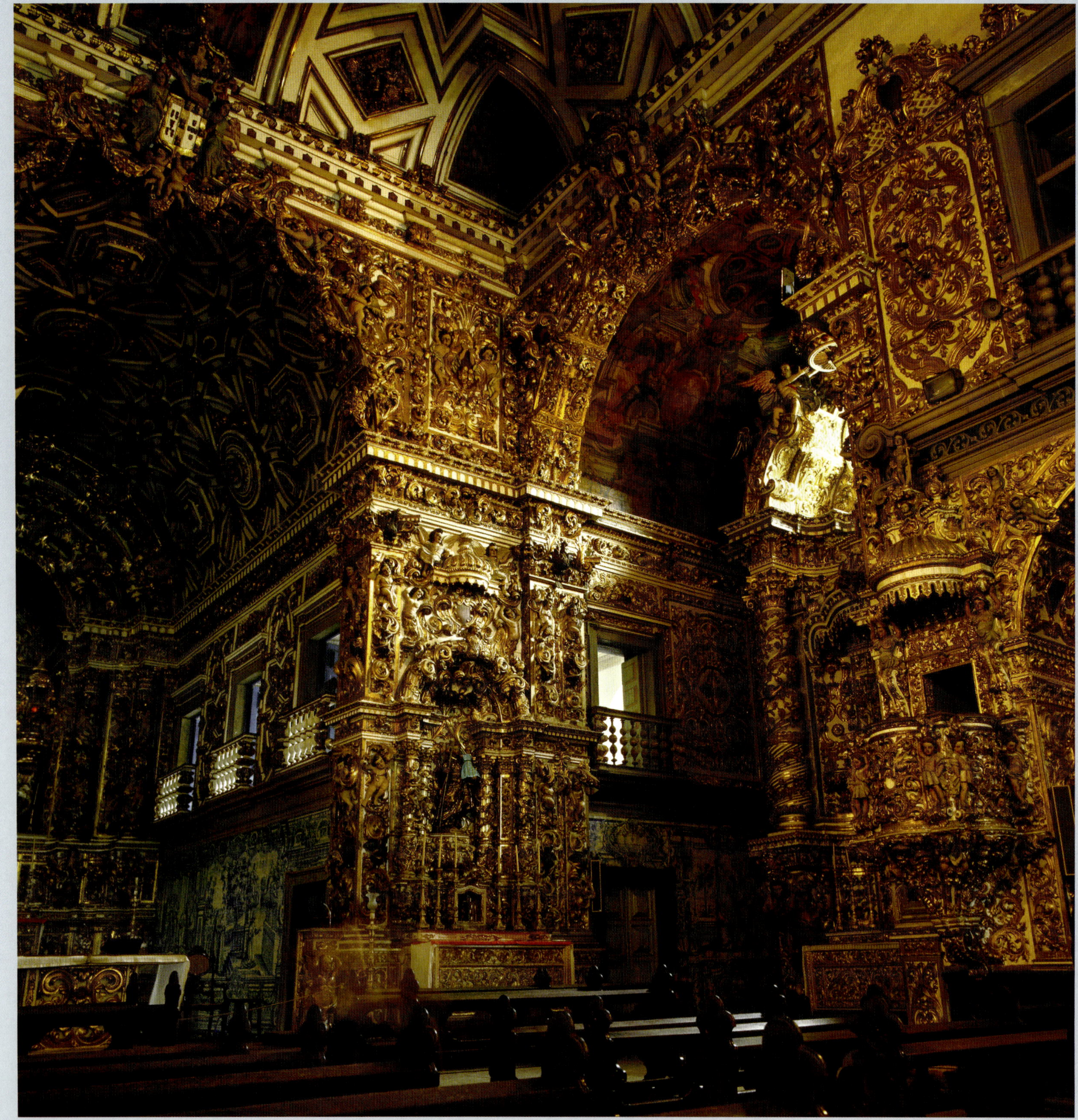

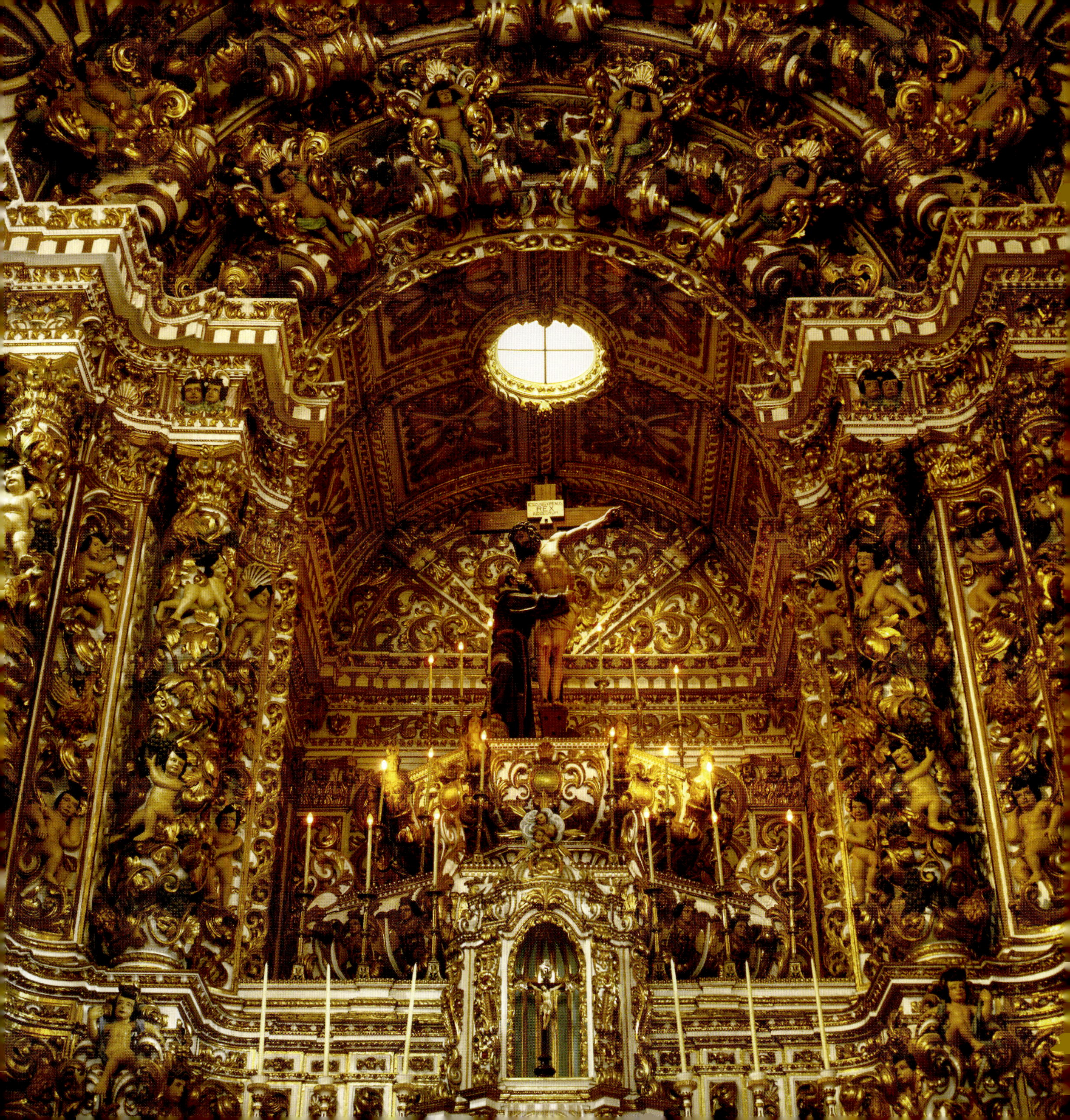

### Conjunto franciscano.
### Rio de Janeiro, Brasil | séculos xvii e xviii

Esta construção é das mais antigas casas franciscanas, datada de abril de 1607, com permissão do governador Mem de Sá. O conjunto é composto de convento com claustro, igreja com capela anexa terceira e outra independente, de São Francisco das Chagas. Tanto na igreja conventual como na ordem terceira há amplas sacristias, claustros, cemitérios e consistório para terceiros, bem como casa de oração para noviços, além de pomar e jardins.

O edifício do convento (1608-1628) e o da igreja de nave única (1707) se caracterizam pela horizontalidade e despojamento externo ao gosto jesuítico com frontão retilíneo reformado e mistilíneo para a ordem terceira. Internamente, no arco-cruzeiro estão os retábulos de Nossa Senhora da Conceição (1620) e o de São Francisco, talhas esculpidas no estilo barroco português da primeira fase nacional. A capela-mor tem tribunas, forro abobadado ricamente ornamentado com talha e oito pinturas ilustrativas da vida do santo padroeiro (1620-1630). O retábulo-mor em estilo barroco português de primeira fase nacional tem arcos concêntricos no coroamento[70].

Ao sair no claustro chega-se à bela sacristia com paredes azulejadas e forro caixotonado com pinturas. No claustro com arcadas, as paredes dos corredores receberam nichos ora com altares, ora com conjuntos escultóricos em argila representando a vida de São Francisco.

As construções dos terceiros franciscanos foram amplamente estudadas por Mário Barata (1975). Iniciaram as obras pela contenção do espalho do adro (1715-1738), concluído em 1773 junto à igreja conventual. A igreja com três corpos está sobre o grande platô, um pouco recuada da fachada conventual. Em seu interior a suntuosidade característica do barroco é também fruto do auge da mineração na região de Minas Gerais. A talha fundamentada nos ditames estilísticos do barroco joanino (1726-1739) é magnífica. Vários artistas que executaram a obra vieram de Portugal. Manuel de Brito, entalhador português, fez a capela-mor e o retábulo com o conjunto escultórico de São Francisco e Cristo Seráfico. Os seis retábulos laterais da nave, de 1736, foram desenhados e executados por Francisco Xavier de Brito. Ele foi o responsável por introduzir o quartelão na estrutura dos retábulos, também conhecida como coluna misulada[71]. Nos forros de tábuas corridas há pinturas de Caetano da Costa Coelho em estilo ilusionista, consideradas como as primeiras obras do gênero feitas no Brasil, elaboradas entre 1734 e 1737.

Capela e retábulo-mor da igreja conventual do convento de Santo Antônio.

Ornamentação e retábulos laterais, tribunas e parte do coro. Igreja da Ordem Terceira de São Francisco.

Francisco Xavier e Francisco Xavier de Brito. 1726-1743. Capela e retábulo-mor com o conjunto escultórico do Cristo Seráfico.

## Agostinianos

A nomeação do primeiro vice-rei em 1535, o nobre e ilustrado dom Antonio de Mendoza, homem conhecedor de arquitetura, não foi suficiente para barrar o ímpeto construtivo dos religiosos agostinianos e dominicanos que já tinham iniciado as construções de seus mosteiros antes de *Las Instruciones* de Felipe II. Mendoza deixou para seu sucessor dom Luis de Velasco informações sobre os erros cometidos pelos religiosos ao construírem tão grandes igrejas, denominadas de fortalezas. Aconselhava ainda para que franciscanos e dominicanos fizessem obras proporcionais, moderadas e que teriam uma vistoria para corrigir os erros. Houve reação dos religiosos e por parte do vice-rei foram paralisadas construções de grandes dimensões.

Para os agostinianos, porém, essa simplicidade esperada dos mendicantes não se refletiu em seus templos feitos com pedras lavradas na fachada, nos campanários e no interior do templo em imagens, retábulos e órgãos, pois suas construções eram mais elaboradas e por isso tiveram que se defender das acusações que chegaram ao rei Felipe II. Frei Diego de Chavez y Alvarado foi destemido e continuou a obra que hoje é considerada entre as maiores do México seiscentista, o mosteiro de Yuririapúndaro.

A fachada plateresca da igreja de Yuriria é um exemplo de refinado trabalho de ornamentação e esculturas conjugadas com meninos tocando flauta, guitarra ou ainda levando em suas cabeças cestos de frutos à maneira de atlantes, enquanto outros brincam com arco e flecha entre o emaranhado de desenhos fitomórficos.

Em Acolman o mosteiro ainda conserva a capela aberta, a fachada plateresca construída em 1560 e a igreja tardo-gótica com desenhos na abside, o convento com dois claustros com arcadas e paredes desenhadas. Todo o conjunto reflete, nas formas construtivas, a maneira de viver bem dos agostinianos segundo seus planos de vida e evangelização. Em Morelia a construção do convento ainda conserva as impressionantes muralhas no convento e a sacristia com desenhos na abóbada. A fachada é severa, com arcada no corpo do convento e um adro ocupado por arcarias. A igreja com cúpula octogonal passou por reformas e a talha é barroca e neoclássica.

Interior da igreja conventual de San Agustín com nervuras góticas na capela-mor. Acolman, México. Séc. xvi.

Fachada-retábulo da igreja de San Agustín. Lima. Peru.

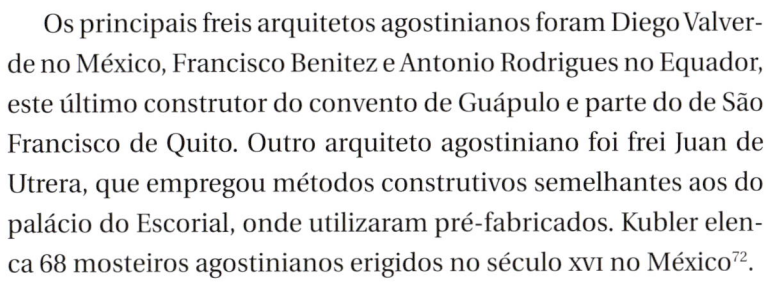

Os principais freis arquitetos agostinianos foram Diego Valverde no México, Francisco Benitez e Antonio Rodrigues no Equador, este último construtor do convento de Guápulo e parte do de São Francisco de Quito. Outro arquiteto agostiniano foi frei Juan de Utrera, que empregou métodos construtivos semelhantes aos do palácio do Escorial, onde utilizaram pré-fabricados. Kubler elenca 68 mosteiros agostinianos erigidos no século XVI no México[72].

Na capital Bogotá o conjunto de Santo Agostinho ocupava toda uma *manzana* com igreja, capela do Nazareno, casa de grau, dois claustros, horta e granja, além de uma fonte pública. A fachada da igreja é de extrema severidade executada em pedra – *manpostería* – e um portal que se destaca por um par de colunas e a porta e janela em arco, possível interferência posterior ao projeto original. O campanário da torre é simples assim como o arremate em abóbada. Internamente, uma ampla nave central ladeada por corredores com altares laterais. Destaca-se o belo forro com desenhos mouriscos e uma surpreendente coleção de pinturas de santos de vulto completo[73].

## Mosteiro agostiniano de Acolman. México | século xvi

Os agostinianos construíram três mosteiros monumentais nos primeiros anos após a conquista do México, que constituem hoje uma das mais antigas construções em solo mexicano: Acolman (1539), Actopan (1546) e Yuririapúndaro (1548). Essa trilogia sintetiza o ardor da fé incentivada pela missão de catequese resultando na arquitetura desmesurada mesmo se comparada com as construções das conquistas espanholas sobre as bases das mesquitas dos árabes na Andaluzia. O primeiro, aqui analisado, resulta de restauros após grande aluvião; o segundo, sem dúvida o mais ornamentado com desenhos; o terceiro, com imensos contrafortes, legou à mão indígena sua feitura. Todos, tal como verdadeiras fortalezas medievais, são suavizados por fachadas platerescas, interiores góticos tardios e desenhos renascentistas em suas paredes e abóbadas.

O conjunto de Acolman apresenta-se como uma construção simbólica junto às ruínas de Teotihuacan, um desafio entre as culturas pré-colombianas com as pirâmides e a fortaleza medieval dos conquistadores. Ganha a arte e a arqueologia em ambos os locais. A velar pelo imenso átrio de 120 metros por 95 metros, uma cruz (praticamente românica) com a iconografia da Paixão guarda uma das entradas ao espaço delimitado em seus ângulos por capelas *posas*[74]. O átrio, hoje escalonado devido à grande enchente e aluvião, ainda no século xviii, abre-se frontal e lateralmente por meio de arcos para a fachada do edifício. Dividido em três segmentos, o templo fica ao lado esquerdo, no centro a capela aberta e, do lado direito, horizontalizado, o mosteiro com a fachada com cinco arcos na planta e pequenas janelas acima.

A fachada plateresca destaca-se pela pedra sobre a parede lisa branca. Um desenho severo marca o corpo inferior com a porta em arco e quatro colunas dividindo os três tramos e, acima, a janela ladeada por colunas e frontão ornamental com anjos e o brasão agostiniano.

Ao entrar no templo profundo, uma sensação mística acelera a percepção da capela-mor com nervuras e exalta a visão abismada pela beleza dos desenhos na abside octogonal. Na altura do coro alto, na nave do lado esquerdo, há um retábulo em perspectiva em tom ocre-esverdeado que se salvou da inundação que adentrou por toda a nave até a altura de mais de um metro. No lado direito, em um pequeno cômodo, há um altar renascentista com duas pinturas – *Natividade* e *Adoração dos Reis Magos* – sobre madeira e, completando a iconografia mariana, a *Anunciação* na parede esquerda[75].

Entre os edifícios da igreja e o convento foi descoberta uma capela aberta que se comunica internamente com a subida ao coro alto. Quatro tipos de pinturas murais ornam a capela que tem sobre o altar a figura bíblica de Judith emoldurada com linhas avermelhadas e ocres, no teto desenho imitando teto caixotonado em tonalidade cinza escura e nas laterais desenhos de figura e fundo em preto e vermelho e um barrado com desenhos isolados com pigmento preto. O motivo do forro fingido repete-se na sala do Santíssimo, refeitório e outros tetos baixos e curvos. Os desenhos com cenas bíblicas, Paixão, Anunciação, Juízo Final e de santos agostinianos com dignidades eclesiásticas – papas, bispos, cardeais – transformam o mosteiro em verdadeira galeria de arte com motivos renascentistas retirados de livros de gravuras.

Os dois claustros, muito distintos na feitura arquitetônica, são de pequenas dimensões se considerada a desmesura de toda a obra. O primeiro deles tem trabalho requintado nas pedras lavradas e arredondas dos arcos sustentados por pilastras cilíndricas ornadas com pérolas nos plintos e capitéis. O segundo, mais verticalizado, tem contrafortes entre os arcos e as pedras avermelhadas são aplicadas com tamanhos diversos.

Desenhos murais no corredor superior do claustro. Juízo final (séc. XVI). Crucificação (restaurado no séc. XIX).

Nave e capela-mor do Mosteiro, com nervuras góticas.

## Cadeiral de San Agustín.
### Cidade do México, México | século xviii

O cadeiral do antigo coro da igreja de Santo Agostinho na Cidade do México foi removido em 1859, pois parte da igreja foi demolida por ordem do então presidente Benito Juárez, por ocasião do alargamento de ruas após as guerras da reforma mexicana. O cadeiral foi remontado no salão Generalito do antigo colégio San Ildefonso da Companhia de Jesus no final do século xix, onde agora está em sua totalidade. Houve saque de partes da obra que foi destinada à biblioteca nacional, onde permaneceu até 1884, quando o diretor da escola nacional preparatória possibilitou a transferência para o antigo colégio jesuítico. A Universidade do México é a depositária dessa obra que se candidata a patrimônio da humanidade pela Unesco segundo pesquisas de Carlos Martínez Assad[76].

A grandiosa obra de talha elaborada nos respaldos dos cadeirais data de 1702, de autoria do escultor Salvador Ocampo, e narra cenas do Antigo Testamento sob a ótica dos escritos do teólogo Santo Agostinho ao relatar os mistérios de Cristo e da Igreja como meios de salvação.

Os cadeirais do coro são destinados ao clero para os ofícios religiosos, em geral dispostos em alturas diferentes ou em todo o perímetro do coro. O lugar ao fundo, ou entrada do coro, é destinado ao mais alto grau da hierarquia eclesiástica. Nesse caso tem na espalda a figura de Santo Agostinho com seus atributos de bispo – báculo e mitra – e de doutor da Igreja – livro – tendo aos seus pés os infiéis a serem convertidos. Um semiarco sobre a estala a distingue das demais com os assentos também ricamente ornamentados. Neste conjunto de sete cadeiras estão esculpidas cenas dos dias da criação do mundo retiradas do livro de Gênesis: a criação da luz separando a terra das trevas; a separação das águas da terra; o brotar das sementes criando os vegetais; a criação dos luzeiros no firmamento; a criação das aves, dos animais e dos monstros marinhos.

Em conjunto de quatro outras cadeiras, no espaldar há as cenas da criação de Adão, criação de Eva, o fruto do pecado original e a expulsão do paraíso. Seguem as cenas abaixo do espaldar com fatos bíblicos. Outros conjuntos mostram a atuação da Igreja – pensamento cristão – na salvação. Entre os assentos há divisórias para apoio dos braços com figuras ora de mascarões, ora de sensuais sílfides, ambas terminadas em forma de patas tocando o solo. Compõe ainda as estalas uma peça sob o assento dobrável – *miserere* – que serve para encostar-se durante as longas horas de oração de pé. Os espaldares são também divididos por entalhes de figuras femininas como cariátides terminando com ornamentação fitomórfica.

Cadeiral do antigo convento de San Agustín. México.

▸ Criação do mundo. Salvador Ocampo. 1702. Relevos em madeira. Salão Generalito, antigo Colégio San Ildefonso. Universidad de México.

▸ Criação do homem e mulher no Paraíso. Salvador Ocampo. 1702. Relevos em madeira. Salão Generalito, antigo Colégio San Ildefonso. Universidad de México.

▸ Expulsão do Paraíso. Salvador Ocampo. 1702. Relevos em madeira. Salão Generalito, antigo Colégio San Ildefonso. Universidad de México.

### Igreja de San Agustín. Bogotá, Colômbia | Século XVII

INTERIOR DA NAVE, CAPELA-MOR E RETÁBULO-MOR.

A igreja agostiniana de Bogotá segue princípios antigos de construir templos com três naves à maneira basilical. Presentes em Santa Fé desde 1575, a atual construção remete aos idos de 1642–1668, quando formava um grande conjunto disposto na antiga *calle* Real. Os claustros estavam ordenados na lateral da igreja conventual. O contíguo ao templo foi destruído, tendo sobrevivido o elegante claustro amplamente aberto com arcarias na rua que se segue para o mosteiro de Santa Clara ao lado dos edifícios governamentais. O aspecto desornamentado da volumetria exterior mostra a data da portada talhada – 1668 – tendo sido consagrada apenas em 1748.

Na documentação da construção da igreja elenca-se como mestres construtores Bartolomé e José de la Cruz, o pedreiro Lorenzo Rodriguez, os carpinteiros das coberturas e assentamentos de retábulos foram Juan Velásquez e Nicolás Rico e, do cadeiral do coro, Pedro de Heredia. Passado um século de sua consagra-

FACHADA DA IGREJA DE SAN AGUSTÍN.
BOGOTÁ, COLÔMBIA.

ção, o conjunto foi expropriado pelo governo, que o transformou em quartel quando desaparece parte da documentação e a ornamentação sofre graves danos. A demolição do claustro conventual deu-se em 1940 para a construção do palácio dos ministérios. O restauro e mesmo as réplicas das pinturas foram feitas entre 1943 e 1963 e, de 1980 a 1986, foi realizada a parte arquitetônica.

A fachada principal tem portada que se distingue das paredes em pedra bruta mostrando colunas toscanas emoldurando a porta em arco de meio ponto e acima o brasão da ordem. Uma só torre eleva-se no lado esquerdo, oposta onde ocorria a entrada para o convento. Ao entrar na nave, o artesoado da abóbada elíptica cobre toda a espacialidade até o arco triunfal da capela-mor. Os altares laterais estão dispostos ao longo das naves mais baixas e são visíveis por meio da abertura dos amplos arcos. No retábulo-mor distingue-se o enorme espaço destinado para a exposição do Santíssimo ladeado por pares de colunas torsas sobressalentes. Os nichos com santos estão recuados e acima deles há pinturas.

Na parte posterior, por detrás do altar-mor, há reminiscências da primitiva capela com cobertura de pequenas cúpulas em madeira[77].

## Dominicanos

No México os dominicanos construíram 49 mosteiros no primeiro século de evangelização (séc. XVI)[78]. Faz parte dessa história o frei Bartolomé de las Casas, aclamado como protetor dos indígenas, pois lutou por eles contra o sistema de *encomiendas*, ou seja, a escravidão imposta aos nativos pelos conquistadores. Veio para a América na segunda viagem de Colombo à ilha Espanhola (Santo Domingo), em seguida percorreu os territórios do México, da Guatemala, do Peru e da Nicarágua. Retornou à Espanha para defender a liberdade dos indígenas na corte de Fernando II, e depois, de seu neto, o rei Carlos V. A defesa foi feita junto ao Conselho das Índias em 1542 e dois anos mais tarde publicada como Leis Novas. De volta ao Novo Mundo, recusou o bispado de Cusco, aceitando porém o de Chiapas por breve período. Ao morrer em Madri aos 92 anos, viu parte de seus escritos censurados. Nos jardins da catedral do México há uma escultura em memória de sua obra.

Nos arredores da mesma catedral encontra-se o maior conjunto dominicano da capital, na região de um antigo mercado onde construíram a primitiva capela ainda existente. Igreja, convento e palácio da Inquisição formavam o todo, atualmente subdividido em órgãos do governo. Sua configuração original é de grandiosidade a partir das arcadas do mercado e adro aberto com capela das mais antigas da cidade na lateral do convento. Uma arcada suporta o passadiço entre o convento e a igreja à esquerda e, à direita, atravessando a rua, está o grandioso palácio da Inquisição, construído entre 1732 e 1736, obra de Pedro de Arrieta que, além da fachada trabalhada, tem um dos mais surpreendentes pátios com arcaria elaborada e arcos suspensos. Abrigou a escola de medicina e atualmente sedia o museu sobre a Inquisição.

No México, em Oaxaca, os dominicanos construíram seu mosteiro que permanece em sua dimensão original ocupando toda uma *manzana* – quatro quarteirões – com imensos muros que isolam os jardins, o mosteiro com claustros e a igreja, que foram tomados pelo governo, transformados em quartel militar no século XIX e hoje abrigam um museu. O antigo retábulo-mor foi refeito totalmente. Em Puebla, o conjunto posicionado junto a uma praça lateral destaca a cúpula da capela del Rosario e ao fundo o mercado.

No estado de Chiapas, San Cristóbal de las Casas, o templo tem imponente fachada-retábulo que se projeta além dos limites das torres mais recuadas. Dividida em três tramos e igual número de corpos, as possantes colunas torsas demarcam os nichos com santos, e no tramo principal, acima da porta em arco, os desenhos ornametais se repetem como padronagem. Os entablamentos são truncados e o acanhado coroamento rima com o arremate das torres[79].

Já na Guatemala, em Antigua, segundo o cronista Remesal:

> [...] eles eram os que tiravam os cordeles (linha reta de cinco passos), mediam as ruas, escolhiam os terrenos para as casas, desenhavam as igrejas, procuravam os materiais e, sem ser oficiais de arquitetura, mostravam-se mestres proeminentes em construir, cortavam as hastes da cana com suas mãos, fabricavam adobes, lavravam madeiras, assentavam ladrilhos, acendiam o forno de cal e a nenhum trabalho simples que fosse deixavam se acomodar[80].

No vice-reinado de Nova Granada, na cidade de Cartagena erigiram a mais audaciosa construção dentro das muralhas. Em Tunja, a capela do Rosário é obra-prima do artista quitenho Pedro Bédon (1594), inserida na tímida fachada da igreja porém de extre-

Fachada da igreja de Santo Domingo. Cidade do México. Séc. xviii.

mo requinte na ornamenação interior. Em Popayán o conjunto de claustros impressionam e disputam com os carmelitas a grandiosidade da obra. A igreja sofreu restauros pelos sucessivos terremotos.

Na capital do vice-reino do Peru, os franciscanos posicionaram-se na parte posterior da catedral à direita, no maior terreno. Os jesuítas também se posicionaram na parte posterior da catedral, e os dominicanos à direita, em um terreno menor. A entrada da igreja é marcada por imponente fachada-retábulo junto à via pública, e as entradas de franciscanos e jesuítas, por meio de adros fechados. Os agostinianos, demarcando a entrada com grandiosa fachada-retábulo, posicionaram-se abaixo, à direita da catedral.

Em Cusco, antiga capital do reino inca, os dominicanos ocuparam um dos locais mais simbólicos daquela civilização, o templo do Sol. O grandioso complexo estende-se por todo um platô, ocultando nas arcadas e paredes de seus pátios as construções incaicas.

Em Puno, na região do lago Titicaca, eles erigiram seu templo com fachada-retábulo que durante séculos foi consagrado como catedral.

Em Quito, os dominicanos posicionaram seu conjunto em uma praça mais distante da catedral, em terreno em declive, o que auxiliou em sua visualidade marcada pela horizontalidade diante da imensa praça. Ao contrário de Quito, os dominicanos na antiga cidade de Charcas, na Bolívia, tem seu conjunto em terreno menor, porém de boa visibilidade devido à localização em terreno em aclive, não distante da catedral.

Em Santiago do Chile, onde se estabeleceram desde 1586 e fundaram a primeira universidade católica, a San Tomás de Aquino, em 1622, nada resta da antiga igreja, e atualmente um grandioso templo de 1747 em estilo neoclássico, obra de Joaquín Toesca, marca a presença dos dominicanos.

Em Buenos Aires, a antiga igreja de 1606 com amplo adro fronteiriço cedeu lugar à obra de Antonio Masella de 1751, terminada por Manuel Álvares Rocha em 1783. Depois da expulsão dos religiosos e de diversos acontecimentos nacionais como a invasão da capital pelos ingleses, o templo foi reformado por Auguste Plou y Olivier já em 1873 e, no adro, ergueu-se o mausoléu de Manuel Belgrano, passando assim a testemunhar fatos heroicos daquela nação.

No Brasil, em Salvador, a igreja está no terreiro de Jesus, diante da antiga igreja dos jesuítas, a meio caminho dos franciscanos. O forro da nave tem grandiosa pintura ilusionista de José Joaquim da Rocha.

## Igreja de Santo Domingo.
### Cidade do México | século xviii

A fachada de Santo Domingo é compacta, destacando o corpo central com um verdadeiro retábulo barroco ladeado por dois tramos lisos, um próximo da via e o outro da torre. Esta é arrematada por pináculo piramidal revestido de ladrilhos de talavera, projeto de Pedro de Arrieta. Acima do frontão curvo, a torre se eleva do entalhamento com coruchéus e diminui na parte superior. Rima com os ornamentos da fachada-retábulo, em especial pelo ritmo similar dado por colunas tríplices presentes nos dois corpos da fachada. A coloração avermelhada das pedras (*tezontle*) lavradas contrasta com o acinzentado da pedra esculpida deslocando os interesses visuais tanto para a torre como para a entrada.

O sentido escultórico da fachada é definido por um peso excessivo das colunas duplas que avançam e outra recuada enquadrando no corpo inferior a porta em arco e no coro um relevo na fachada cega no tramo principal. O relevo mostra a cena do desterro com Maria, José e o Menino Jesus sendo acompanhados

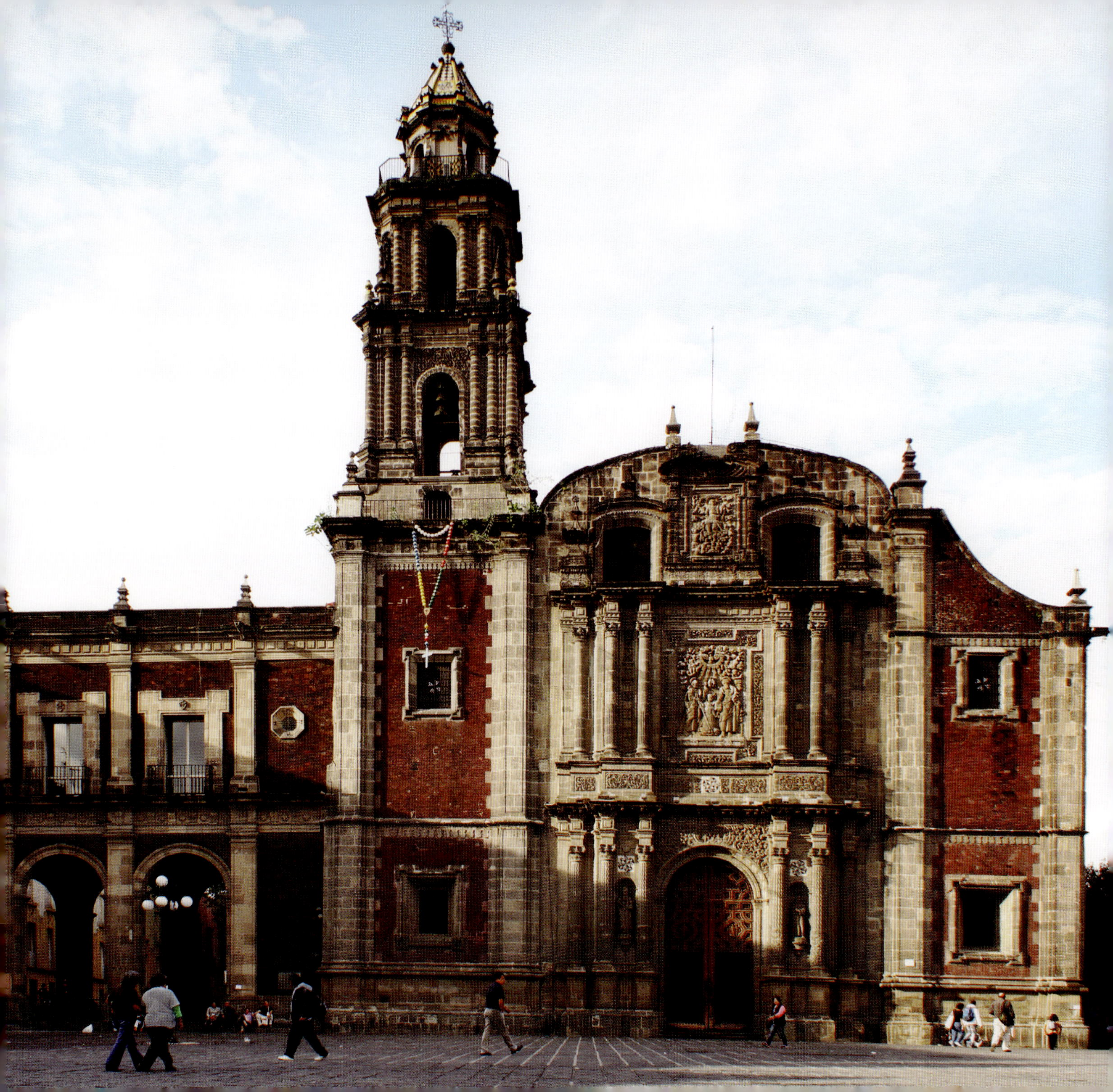

pelo Espírito Santo dentro de um aro solar do qual saem resplendores e anjos assentes a tangerem guitarra para a Sagrada Família.

As quatro envasaduras quadradas não chegam a aliviar o peso que no frontão curvo procura essa possibilidade de leveza. As esculturas são dos santos Francisco de Assis e Agostinho, e o relevo em pedra mostra São Domingos recebendo o báculo de peregrino das mãos de São Pedro entre raios solares. Conjuga com o conjunto uma elegante *loggia* de três arcos plenos encimados pelas janelas do passadiço ornadas com ricas molduras e colunas unindo o convento ao coro da igreja. A pequena capela *del Señor de la Expiración* é remanescente da antiga capital tão abalada por constantes terremotos.

Entrando na nave principal, depois da penumbra do nártex com um arco abatido, a luz advinda da cúpula do cruzeiro é generosa ao destacar o altar-mor de linhas neoclássicas[81]. Na capela do braço do cruzeiro, no lado do evangelho, o retábulo barroco da Virgem é monumental. Na parte inferior abrem-se portas para cômodos posteriores. Nas laterais há pares de colunas estípites ricamente elaboradas e na parte inferior há peanhas com cabeças de anjos sustentando esculturas de santos. Anjos voantes guardam o nicho da Virgem no tramo central. A iconografia da vida de Maria se completa com pinturas nos tramos laterais, obras de Juan Correa e Alonso López de Herrera. A primeira igreja foi erguida ainda em 1527.

RETÁBULO-MOR E TRIBUNA. CIDADE DO MÉXICO. | RETÁBULO DA CAPILLA DEL ROSÁRIO. 1690. PUEBLA.

## Igreja de Santo Domingo.
## Puebla, México | séculos XVI-XVIII

Próxima à Cidade do México e a caminho da cidade portuária de Vera Cruz, Puebla de Los Angeles foi fundada em 1531. Quatro anos depois chegaram os dominicanos e construíram o convento iniciado em 1571 e a torre finalizada em 1611. Inserido no traçado quadriculado de Puebla, o conjunto tem grande átrio cercado no qual se entra por portão triunfal e do lado esquerdo para o convento, que tem fachada com molduras salientes em estuque vermelho e branco. Já dentro do adro, há a porta principal para a igreja conventual e no lado direito transversal ao corpo da igreja, a entrada para a capela do Rosário, sob a pequena cúpula. Na parte posterior localizava-se a horta cujo espaço é hoje ocupado por um mercado.

Desse largo adro, na realidade é a antiga capela aberta para os nativos mistecos, pode-se admirar o projeto de Francisco Becerra, que posteriormente foi trabalhar em Quito e Lima. A cúpula da igreja conventual domina o conjunto que, seguindo o braço esquerdo do arco-cruzeiro, tem a monumental capela do Rosario, dos terceiros dominicanos. Uma cúpula menor octogonal destaca-se da construção horizontalizada no fundo do adro. Ao adentrar o adro, na frente da portada da igreja, há um portal em arco com o triângulo frontal trabalhado à maneira *mudéjar* que acompanha o fechamento do adro na antiga entrada para o convento. A profusa decoração acima das janelas tem motivos florais e medalhões lavrados em argamassa.

O fiel a buscar paz nesse templo contrarreformista depara-se com uma ampla nave única com abóbadas ornadas com estuques elevadas por elegantes colunas adossadas às paredes e ritmadas por arcos plenos lisos. As capelas com altares laterais são gradeadas. Sob o coro, no nártex, sustentado por um arco abatido que forma uma abóbada, há estuques e medalhões com santos. A luminosidade intensa revela o retábulo-mor ao fundo tendo como moldura o arco triunfal do transepto. Sua magnificência é revelada pela amplitude arquitetural de templo. Essa obra de Pedro Maldonado de 1690 está acomodada em uma capela-mor rasa cuja maestria de seu criador dotou-a de planta côncava mistilínea de três corpos e coroamento em arco. A verticalidade lhe confere dignidade ao ser dividida em cinco tramos com colunas ora duplas, ora triplas. A ornamentação de seus fustes é de grande inventividade que recorre aos pormenores para garantir a visualidade desde longe até o olhar atento. Nos intercolúnios pode-se orar para os 17 santos dominicanos que ladeiam São Domingos, tendo aos seus pés o sacrário e no coroamento um relevo com a Virgem sendo recebida no céu. O retábulo-mor é ladeado por dois altares dispostos nas capelas do cruzeiro apresentando um grande contraste estilístico, pois são da fase do ultrabarroco mexicano[82].

### Igreja de Santo Domingo. Oaxaca, México | séculos xvi-xviii

A antiga cidade de Antequera, atual Oaxaca, está situada nas imediações dos sítios arqueológicos de monte Albán das culturas misteca e zapoteca. Cidade rica em construções feitas em pedra esverdeada, nela destacam-se a catedral e o santuário de La Soledad, com ampla praça em dois níveis e palácios de refinada arquitetura. Mais distanciado da praça principal, em pequeno promontório, o imenso conjunto dominicano é testemunho das movimentadas histórias da arte e política mexicana. Obra do arquiteto Hernando Cavarcos iniciada em 1570 arrastou-se até 1731, quando foi terminada a capela do Rosário. Quase defronte ao seu adro viveu Benito Juárez (1806-1872), presidente indígena que em 1858 confiscou os bens da Igreja e durante as revoluções usou o convento para abrigar tropas militares. Seu retábulo-mor foi destruído naquela ocasião e refeito no final do século xx.

O convento que ocupa quatro quadras – *manzanas* – tem um belíssimo claustro com duas plantas. Colunas toscanas sustentam a arcaria com abóbadas em cruzaria na planta térrea e em vela – cobertura de espaços quadrados – na superior. Amplas escadas imperiais – tripartites – interligam os grandes espaços que atualmente abrigam um museu. De suas janelas nas extremidades se avistam os jardins e os muros que delimitam o terreno.

A fachada-retábulo plateresca está emoldurada entre as torres, lisas na parte inferior e ornamentadas por pilastras no campanário. O arremate das torres é feito por cúpulas de meias laranjas azulejadas em xadrez.

A iconografia do frontispício é distribuída em três corpos distribuídos entre colunas compósitas que abrigam nos nichos em pares santos dominicanos e os apóstolos Pedro e Paulo. O coroamento com triângulo frontão truncado é circundado por uma moldura de arco abatido. Logo acima da portada há um relevo com os santos Hipólito e Domingos segurando a representação da Igreja velada pelo Espírito Santo. Alegorias da fé e da esperança estão assentes no frontão e sobre o escudo a Virgem ladeada por *putti à* maneira renascentista da efígie da caridade[83].

A fachada-retábulo é um convite para entrar no templo. Sob o coro há a representação da árvore da genealogia dominicana, elaborada em estuque policromado. Essa visão minuciosa das pequenas figuras e bustos dos santos é logo deslocada para as grandiosas abóbadas em canhão ornamentadas com estuques florais e medalhões intercalados. No lado direito, a capela del Rosário é o destaque tanto pela invocação dominicana como pela iconografia da Virgem. Suas invocações estão expressas no relevos da árvore genealógica de Maria que brota de dentro do vaso da justiça (evocação da ladainha) e pinturas alegradas por anjinhos que tangem harpas, guitarras e tocam flautas dependurados nos galhos da árvore marial. Essa capela compete em arte e iconografia com a de Puebla e a dos jesuítas em Tepotzotlán.

Conjunto dominicano: igreja conventual, entrada do convento e Capilla del Rosário.

Retábulo-mor de 1666, destruído e reconstruído nos anos de 1759-1976.

Na parte posterior, o retábulo-mor refeito seguindo o segundo modelo de 1681 é um impressionante trabalho de reconstituição no esforço de se retornar à visualidade anterior às revoluções civis do início do século XIX.

Arquitetura eclesiástica 195

## Mosteiro de Santo Domingo.
## Cusco, Peru | séculos XVI-XVIII

Esse conjunto dominicano é emblemático tanto como arquitetura como simbólico no processo da conquista de Pizarro. O local é sagrado para os incas, denominado de Coricancha, o templo maior do Sol incaico. Os templos pré-hispânicos eram em geral de um só piso, o que facilitou como neste caso que servissem de base para as novas construções dos conquistadores. A capital do Império Inca não escapou da voracidade destrutiva para se implantar a nova política aliada à religiosidade romana.

Implantou-se sobre as muralhas de pedra que sustentam o terreno em declive a igreja conventual de 1680 com maciça torre de base quadrada com ornamentos barrocos no arremate octogonal datada de 1731. Dois elegantes portais maneiristas dialogam com as entradas da igreja e do convento. Na parte posterior da igreja, na abside, logo acima da muralha semicircular está a capela aberta, disposta por detrás do altar-mor, local para se adorar o Santíssimo Sacramento. O pórtico é composto de três arcos sustentados por colunas *tosas* e encimado por um balcão em toda a sua extensão.

O conjunto tem dois claustros com arcadas duplas sustentadas por colunas lisas, redondas e capitéis duplos. No claustro maior podem-se ver os nichos do antigo templo assim como, ao lado da entrada da sacristia mais perto da igreja, os vestígios dos templos da deusa Chasca – Vênus – e das Estrelas, chamada capela inca. O claustro dos noviços, com inúmeras celas, comunica-se na extremidade direita com o claustro maior. Sob a arcaria do claustro há pinturas do padre Juanes de Espinoza e do índio Diego Quispe Tito, entre outros artistas cusquenhos [84].

Conjunto dominicano sobre as bases do
Coricancha inca. 1680.

### Igreja de Santo Domingo.
### Tunja, Colômbia | século xvi

Os dominicanos chegaram em Tunja em 1551 e obtiveram licença para erigir o convento e a igreja em 1557. Em 1564 os indígenas nativos traziam as madeiras para finalizar a capela-mor e iniciar a capela de Nossa Senhora do Rosário, do lado do evangelho. Mais madeira era solicitada aos senhores *encomenderos* para que o mestre carpinteiro Francisco Abril, que também trabalhava na obra vizinha da catedral, terminasse o coro. Devido à morte de Abril, a igreja continuaria suas obras em 1579 sob o comando do frei Domingo de Alcobaça. Dez anos mais tarde é construída a cripta para Diego Herbello e as famílias dos primeiros conquistadores. Nessa mesma cripta (atualmente transferida para a entrada da igreja) foi enterrado em 1616 o doador do retábulo-mor dom Félix de Castillo. A igreja foi ampliada lateralmente tomando a configuração de três naves somente no século xix sob a tutela do padre Bernabé Rojas, quando era superior em 1845[85].

A simplicidade da fachada assegura a surpresa do interior rico em talha e exuberância colorística do vermelho envelhecido e do dourado abusivo. Os tetos curvos ornamentados de festivos florais pendentes transformam as abóbadas em *grottos* plenos de frutos, cestas com pepinos, cachos de uvas e romãs[86]. Em meio a tanta inventividade dos artífices surgem as línguas de fogo e o cão, símbolos dominicanos, ali presentes, porém tão distantes da missão de severidade desta ordem religiosa para a qual foi exigido o papel de inquisidores. Nas capelas laterais, altares expõem as diversas transformações espaciais às quais a ampliação da igreja foi submetida. Inventivas colunas planas, douradas de soluções incomuns cobrem os revestimentos dos arcos em madeira de fundos vermelhos intensos transformando-os em lição de entalhe vazado ou ainda puro exercício de tolerância iconográfica para o artesão Diego de Rojas. Outros relevos policromados são de autoria de Lorenzo de Lugo.

O retábulo-mor é a obra mais recente da igreja, data de 1689, e ocupa toda a parede oposta à entrada. O retângulo horizontal abriga os dois corpos e os três tramos com destaque para o grandioso tabernáculo ao centro, obra de José de Sandoval. No coroamento, com painéis em relevos e um pictórico, nos quais se sente a adaptação ao espaço, é escalonado, com tímido frontão truncado. O compartilhamento de dois momentos estilísticos enobrece o retábulo de planta reta, ritmado por tríades de colunas inventivas nas quatro divisões dos fustes do segundo corpo e elegantes colunas espiraladas na parte inferior.

### Capela do Rosário. Tunja, Colômbia | século xvi

A ornamentação da igreja de Santo Domingo em Tunja eleva o fiel não apenas à fé, mas também o agracia pela arte. A tradição tridentina pede que o retábulo da capela-mor tenha a maior visibilidade destacando o tabernáculo (obra mais recente, de 1698). Nesse templo, porém, o fiel é levado a olhar para o lado esquerdo e de imediato tem-se a sensação de estar envolto pela joia da talha neogranadina: a capela do Rosário. A visão é então surpreendida por uma sequência de arcos emoldurados por colunas planas, de ornamentos fictícios que sustentam abóbadas ainda mais surpreendentes com flores, conchas, espelhos e formas geométricas. A tonalidade aveludada do vermelho envelhecido torna-se um fundo perfeito para o brilho intenso dos dourados que saltam dos apliques escultóricos.

A capela do Rosário, obra ímpar na América, tem data aproximada de seu início em 1594. Quanto à execução de seus relevos

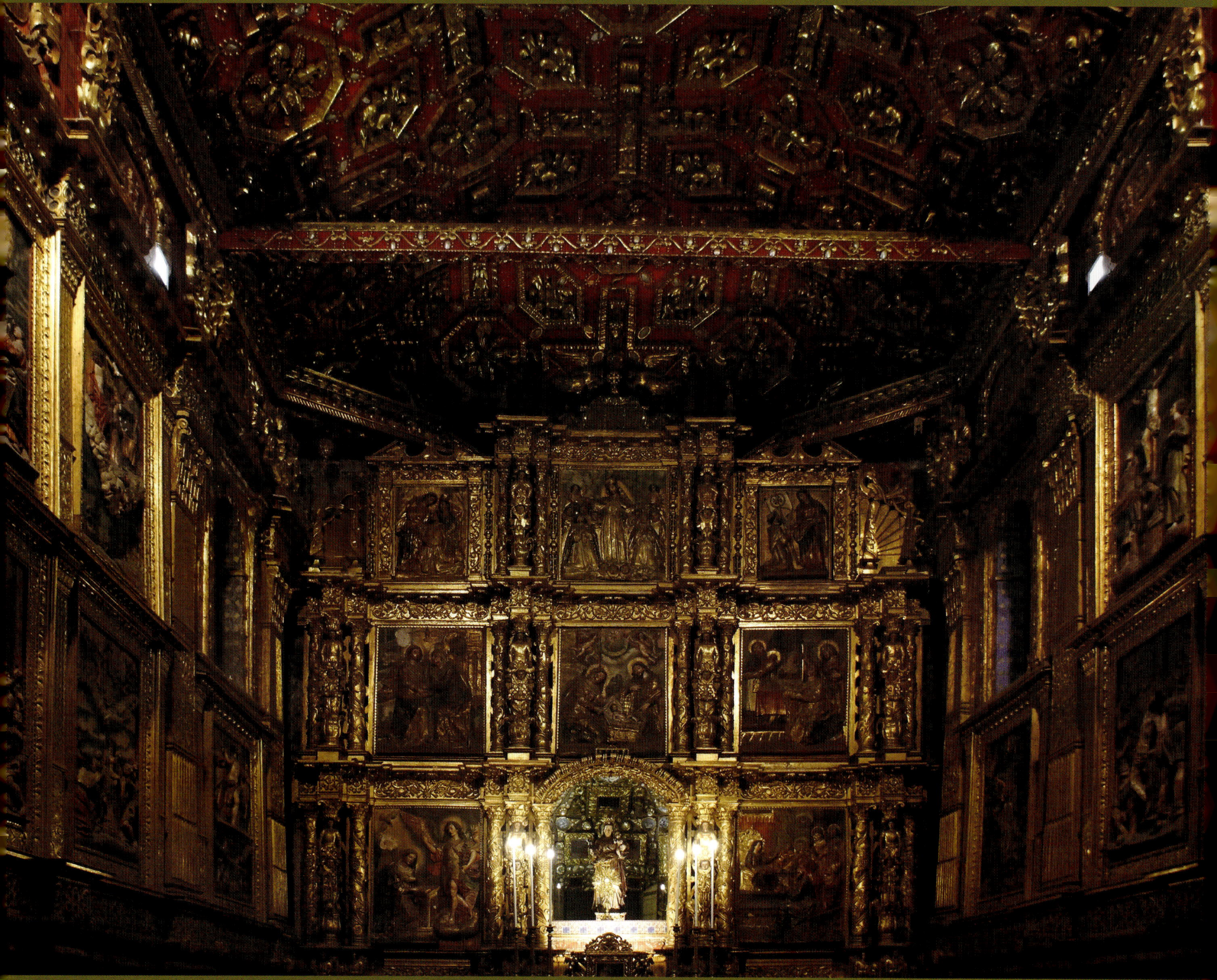

Pedro Bedón. Relevos dos mistérios do rosário. Capela do Rosário. Tunja. Colômbia. 1599.

Retábulo-mor da igreja de Santo Domingo. Tunja.

em madeira evocando os mistérios do rosário, aponta-se para a presença do padre Pedro Bédon, vindo de Quito um ano após o início da obra. Um ano antes da passagem para o século XVII, a capela do Rosário estava pronta e Bedón concluía a capela de São Jacinto. Várias reformas e ampliações se sucederam e em 1690 contrata-se Pablo de la Rota para executar os primorosos frontais dos altares da capela[87].

A obra sem igual de Pedro Bedón, nascido em Quito, tem importância para a arte latino-americana colonial seiscentista tanto quanto outras duas capelas mexicanas da Virgem do Rosário, uma em Oaxaca e a outra em Puebla, enalteceram a arte dos Setecentos. A capela do Rosário de Quito é também surpreendente, porém de outra maneira. As duas mexicanas expandem-se pelas paredes segundo os ditames barrocos. Utilizam-se da luz natural para brilharem suas alegorias, colunas e relevos. Em Quito, também barroca, vale-se de pisos elevados e iguala-se à de Tunja pela coloração avermelhada na abóbada. Em Tunja a gramática é renascentista: o teatro sacro visto de um só ponto de vista, um invólucro fechado onde se desenrolam os mistérios do rosário. A Virgem no centro do retábulo está envolta na redoma da camarinha. Lá dentro recebe a bênção de Deus, que está configurado em pintura em meio de inusitados objetos. São conchas e pratos de porcelana chinesa retirados da realidade do uso trivial para suplantarem os limites da inventividade da razão: adornar a face do Pai Eterno. Espelhos refletem essa composição que se autossacia nos reflexos da imagem de si mesmos: a Virgem, o Menino e Deus Pai. Uma trindade que não precisa da pomba do Espírito Santo.

No revestimento total da parede onde se encontra a camarinha da Virgem, reluzem os entalhes representando os mistérios gozosos: o anúncio pelo anjo Gabriel, a visita à parenta Isabel, o nascimento de Jesus, a apresentação no templo e o encontro do Menino entre os doutores. Entre inventivas colunas, no terceiro corpo, está a representação da Virgem do Rosário estendendo seu manto sobre os dominicanos e, nas extremidades, o martírio e a glorificação da vida religiosa. Nessa série ainda se destaca a Anunciação. Bedón cria neste relevo uma espacialidade da arquitetura com os seguintes elementos: degraus, genuflexório, livro e, sobre o piso, a nuvem que sustenta o anjo Gabriel. A figura angelical salta do plano do fundo com gestos grandiloquentes dignos do mistério. A Virgem retrai o corpo aceitando a concepção. Cores vibrantes e sensualidade iluminam a corporalidade do mensageiro divino. As cores desmaiadas do panejamento drapeado da Virgem a envolvem nas dores a ela predestinadas. Do lado oposto, no encontro do Menino entre os doutores, a perspectiva ganha maior dinamismo na colocação do banco, no supedâneo e trono do Menino, as figuras que diminuem no espaço que vai ao infinito com uma envasadura mostrando o céu no topo do edifício do templo.

No lado direito os mistérios dolorosos têm a sequência do Cristo no horto, flagelado, coroado de espinhos, cruz às costas e crucificação. Do lado esquerdo os mistérios gloriosos são assim elencados: ressureição e ascensão de Cristo, vinda do Espírito Santo e assunção e coroação da Virgem.

ARQUITETURA ECLESIÁSTICA

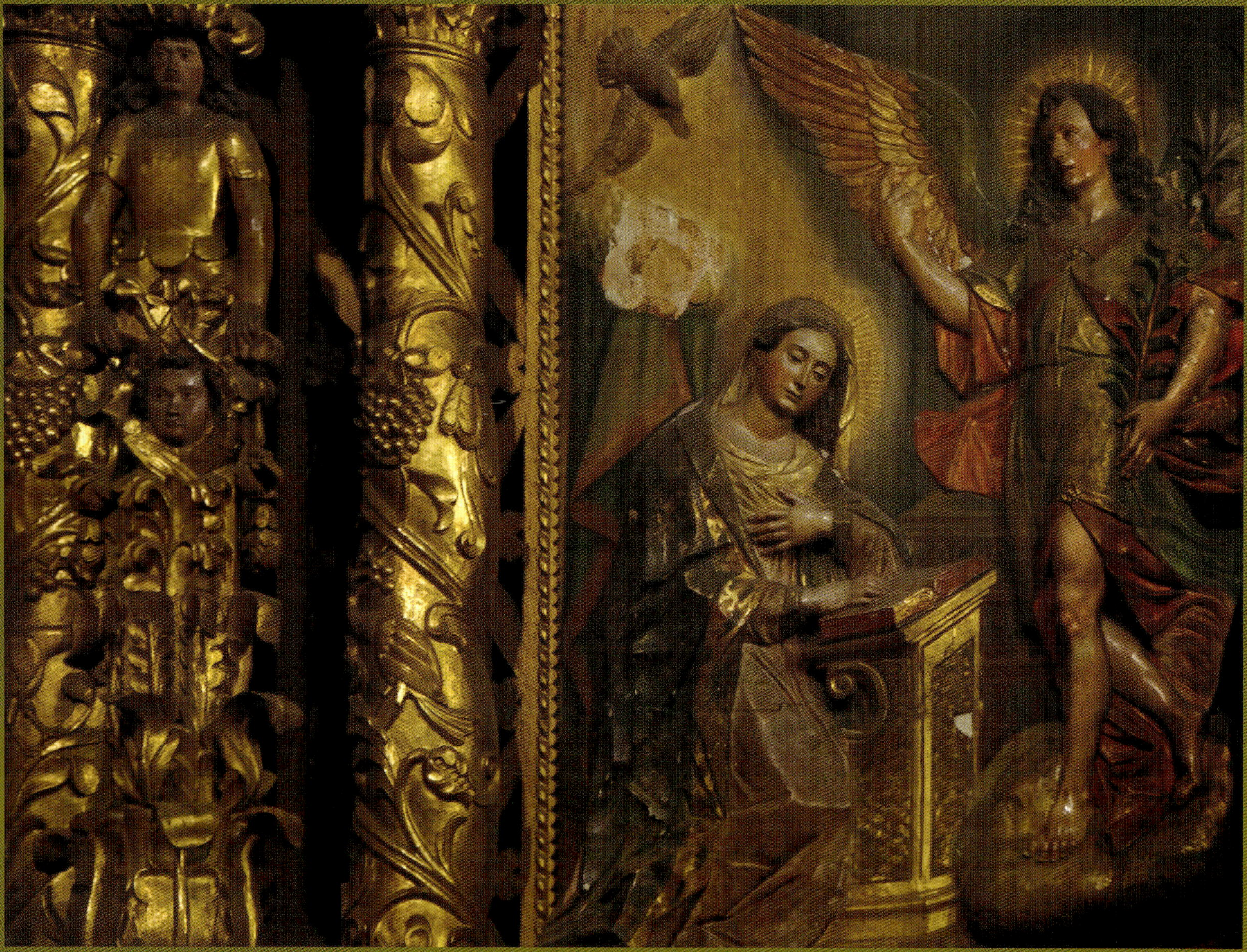

### Igreja de Santo Domingo.
### Quito, Equador | séculos XVI e XVII

Localizado na parte sul da acidentada Quito, o conjunto dominicano perde em visualidade apenas para o conjunto dos franciscanos. O convento foi iniciado de maneira singela em 1534 e a primeira igreja de 1581 foi projeto de Francisco Becerra, finalizada apenas em 1688. Se os seguidores de São Francisco foram privilegiados pela posição topográfica do leve aclive fronteiriço da grande praça, os padres de São Domingos de Gusmão têm ampla praça que destaca a horizontalidade do mosteiro, remodelado em 1640 com apenas um claustro e o segundo terminado dez anos depois. A torre única é o elemento de verticalidade alteando o conjunto do frontispício. A portada de dois corpos e um tramo é lavrada com pedra escura e são contíguas as duas entradas clássicas, severas, com arcos e triângulos frontões retilíneos, obra do franciscano Antonio Rodríguez[88].

A ampla nave única, de planta cruciforme, é ladeada por capelas interligadas por meio de arcos, ornadas com altares. O destaque é sem dúvida o forro artesoado acima do entablamento, com desenhos geométricos *mudéjar* com formas estelares que se ampliam nos espaços e recebem luz das aberturas.

A cobertura do cruzeiro, sustentada por arcos góticos, acompanha a beleza geometrizada a partir do quadrado do transepto. Imitando uma cúpula, triângulos formam um octógono ricamente ornado pelas madeiras ensambladas com desenhos hexagonais. As pinturas murais que circundam as paredes estão plenas de afrescos com iconografia dominicana. Na ampla capela-mor está um retábulo com baldaquino neogótico.

No braço direito do cruzeiro está a capela del Rosário, de construção posterior, barroca em sua concepção arquitetônica e cenográfica. Um primeiro espaço é no plano do piso da igreja, destinado aos fiéis, a criar uma zona de penumbra. O segundo, dedicado aos presbíteros, está alguns degraus acima e o terceiro, de forma chanfrada, é reservado para o retábulo-mor, peça digna do *theatrum sacrum* barroco que se revela sob intensa luz natural. Os entalhes escultóricos são realçados em vermelho no fundo e dourado nas partes sobressalentes. As esculturas com pinturas à moda chinesa cintilam entre pratas, verdes e emaranhados fitomórficos, filigranados e dourados.

No amplo corredor do claustro maior um desfile de painéis pictóricos exaltam as místicas e os êxtases de santos dominicanos.

Pedro Bedón. Anunciação de Maria. Relevo em madeira policromada. Capela do Rosário. Tunja.

Plaza Santo Domingo e conjunto dominicano. Quito. Equador.

Forro *mudéjar* da nave central e retábulo-mor. Quito, Equador.

Pintura alusiva à conquista da América e participação dos mercedários. Pintura a óleo no corredor do claustro do Convento Nossa Senhora das Mercês.

Pintura alusiva à participação dos mercedários na evangelização dos indígenas. Pintura a óleo no corredor do claustro do Convento Nossa Senhora das Mercês. Cusco. Peru.

## Mercedários

Os mercedários aportaram em Santo Domingo (República Dominicana) em 1514, seguindo para o México na década seguinte e, em 1538, já estavam na Guatemala. No vice-reino do Peru fundaram seus primeiros conventos em 1536, na antiga capital inca, Cusco. No século XVI, já tinham trinta conventos com trezentos sacerdotes que se dedicavam a catequese dos indígenas. A ordem religiosa remonta a 1218, fundada por São Pedro Nolasco na Espanha para redimir os cristãos que eram presos pelos muçulmanos no Mediterrâneo. Esses religiosos estiveram presentes em importantes fatos históricos da América, iniciando uma verdadeira epopeia desde a segunda viagem de Colombo em 1493, seguindo Hernán Cortés para a conquista do México, onde o frei Bartolomeu de Olmedo celebrou a primeira missa. Também presenciaram a fundação da Cidade do Panamá e de lá partiu o frei Francisco de Bobadilla para a conquista do Peru, em 1524, com Pizzaro e Almargo para primeiro tomarem Cusco e em seguida a cidade de Quito em 1534. Mais para o sul, presenciaram a fundação de Córdoba em 1573 e da futura capital do vice-reino de La Plata, Buenos Aires, em 1536, seguindo para Tucumán até chegarem a Santiago em 1549. A presença no México tem início por Chiapas em 1545, partindo da Guatemala em 1534 e, em 1593, se estabelecendo na Cidade do México. Em 1600 já eram 42 religiosos. Em 1675 contavam com 26 conventos apenas na Guatemala.

Os conjuntos arquitetônicos dos mercedários nas capitais da América espanhola ganharam notoriedade em especial nos séculos XVII e XVIII, pois muitos deles sofreram abalos sísmicos e foram reconstruídos. Além da volumetria ocupando *manzanas* inteiras, foram contratados arquitetos e artistas para os grandes projetos e suas ornamentações.

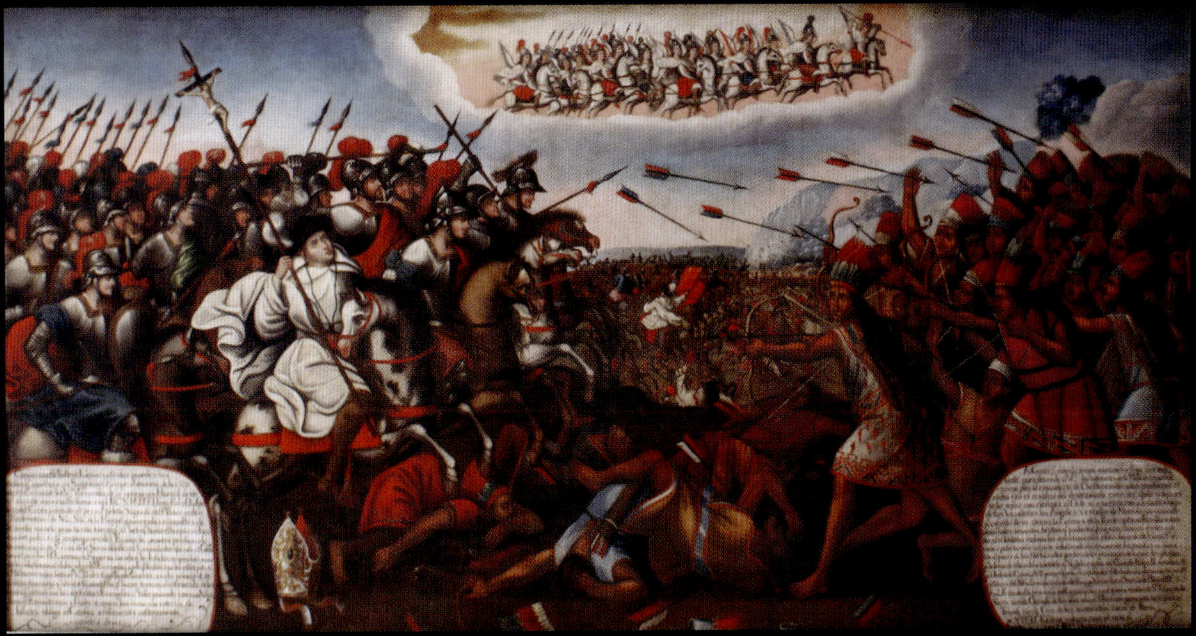

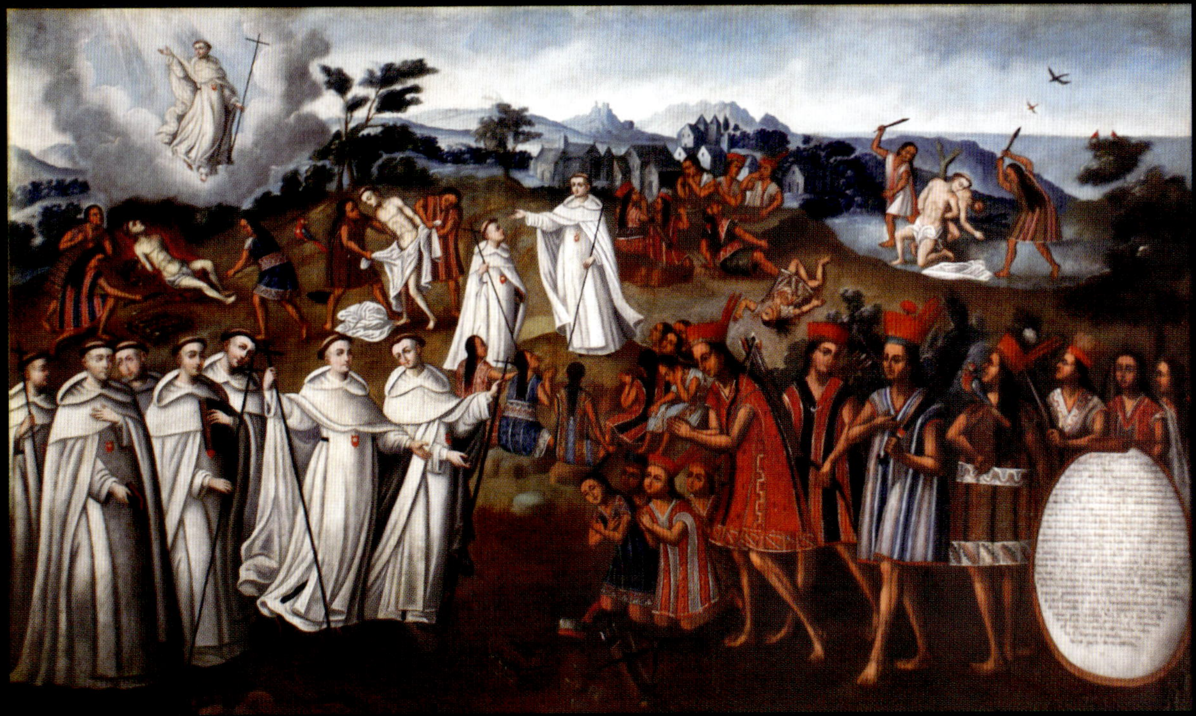

FACHADA-RETÁBULO ORNAMENTADA
COM ESTUQUES, DA IGREJA
DE SAN JUAN DEL OBISPO.

Em Morelia, no México, a igreja tem adro fronteiriço pequeno e é vizinha do conjunto jesuítico na rua principal. A fachada é trabalhada e seu interior se revela sofisticado pelas pilastras com duplas cornijas com balaustradas percorrendo todo o perímetro do templo. Uma cúpula octogonal deixa penetrar luz suave sobre o altar-mor no qual a imagem da Virgem das Mercês está contida em um baldaquino com pequenas colunas estriadas e outras seis se agigantam na parte posterior conferindo dignidade ao altar.

Na antiga capital inca, Cusco, os mercedários tiveram o privilégio de se instalar na grande praça que foi subdividida em três: a catedral com os jesuítas, os mercedários e mais distante os franciscanos. A nave da igreja foi posicionada paralelamente à praça do mercado e a entrada se faz junto a torre onde se localiza uma capela aberta para a celebração da missa antes das atividades comerciais. O majestoso claustro com dois pisos, corredores com arcadas, forros *mudéjares* e pinturas da maior qualidade exaltam a arte cusquenha.

Em Antigua, na Guatemala, o conjunto foi salvo em grande parte do terremoto de 1773 e pode ser apreciado desde as duas fachadas das entradas do convento e da igreja, ambas ornamentadas com estuques.

Em Lima, no Peru, mesmo não tendo a mesma visibilidade da dos franciscanos, a igreja que se encontra comprimida entre edifícios goza de estar listada como uma das mais elaboradas da América. Duas fachadas-retábulos permitem a entrada ao templo e o convento com arcadas à maneira dos franciscanos com desenhos e relevos nas pilastras também é retentor de uma das mais belas escadas nos acessos internos. Seu interior é rico em talha barroca e o retábulo-mor foi substituído por outro em estilo neoclássico.

No Brasil, os mercedários restringiram-se ao Norte, na cidade de Belém, no Pará, com um grande convento e igreja de 1640, com linhas barrocas borromínicas depois de intervenção do arquiteto bolonhês Antônio José Landi, em 1777, na fachada e no interior do templo. Diferentemente de outras ordens que vieram de Portugal, os mercedários vieram da cidade de Quito para o Maranhão e Belém do Pará. A difícil viagem foi por meio de barcos através do rio Amazonas em 1639, um ano antes de findar o período da união das Coroas portuguesa e espanhola.

### Igreja de San Juan del Obispo. Guatemala | século XVI

Se a igreja de San Juan, ao lado da de Antigua, não tivesse sido escolhida como local de repouso do primeiro bispo da Guatemala, dom Francisco Marroquín, seria ela mais um dos povoados que circunda a segunda capital guatemalteca. Esse bispo foi o responsável pelo acolhimento dos mercedários, permitindo a ação catequética e evangelizadora na Guatemala, evidenciando essa *ordem militar* como a mais atuante na região. Nas proximidades de San Juan de Obispo, várias igrejas das missões evangelizadoras dos mercedários em Zacatepéques se aproximam estilisticamente desse modelo.

Muito próximo do vulcão de Agua, avista-se todo o vale de Panchoy com as ruínas de Antigua. O que se vê por todos os lados, antes de entrar no adro da igreja, são construções de sucessivas épocas desde 1534 até o presente. A lateral com arcadas e escada para uma galeria com colunas retas e lisas dá entrada para o claustro na lateral da igreja. Pela parte posterior adentra-se no claustro maior ao redor do qual estão as vivendas. Na fachada lateral ao lado de lavadeiros do século XVII, as janelas com molduras e grades são barrocas.

A surpresa fica para o amplo adro levemente em declive para o belvedere de onde se avista Antigua. Duas escadas levam ao adro soerguido, inclinado, do qual sai uma via acima e outra ao longo de todo conjunto em cujas esquinas se encontram as capelas *posas* de construção recente[89]. A fachada da igreja de forma retangular com a base maior apoiada sobre uma escadaria se apresenta como uma memória de vários períodos sobrepostos. O frontispício pode ser dividido em corpo da igreja e base da torre.

A colagem do tempo porém a distingue de maneira soberba pelas quatro colunas gigantes que se erguem dos pedestais e que nas laterais têm quatro nichos, óculos e no centro um grande arco até o entalhamento com outro menor para portada. Essa montagem quase retabular da primeira metade do século XVII se trai como mais recente se comparada com a torre à direita com abertura de dois amplos e belos arcos à guisa de arremate e, no lado oposto, praticamente um campanário finalizado com cúpula.

### Conjunto de La Merced de Antigua.
### Guatemala | século XVIII

A igreja de La Merced é parte do conjunto monumental dos raros sobreviventes ao terremoto Santa Marta de 1773 em Antigua. Os mercedários tiveram o antigo convento de 1541 ainda em Almolonga, e o bispo Marroquín concedeu a eles o terreno em Antigua onde foi construída uma igreja em 1687. O mosteiro foi danificado em 1717 e outro foi projetado por Juan de Chaves, terminado em 1749. A nova igreja, obra de Juan de Dios Estrada, inaugurada em 1767 e sobrevivente do terremoto, sofreu reparos em 1850[90].

Seu posicionamento no urbanismo é privilegiado. Na parte fronteiriça tem um praça que abriga as entradas da igreja e do mosteiro. Na lateral, sua grande cúpula é vista por toda rua principal emoldurada pelo arco de Santa Catalina. Se visto do morro da Cruz, o conjunto pode ser apreciado em sua totalidade: os claustros do mosteiro, tendo um deles uma fonte em forma estelar mistilínea com 27 metros de diâmetro e com a coluna de 6 metros de altura para a taça. Por toda a planta da igreja, com inúmeras cúpulas como a do cruzeiro guardada por leões chineses, a da abside, as do corpo central e aquelas das três naves são sustentadas por amplas pilastras. As pequenas abóbadas são coroadas com lanternins. Completam a visão desde o alto do morro da Cruz as duas torres octogonais com arremates piramidais[91].

A fachada de três tramos é um verdadeiro rendilhado de estuque branco aplicado sobre coloração ocre. Esta solução é aplicada também nos dois corpos e coroamento do frontispício que tem todas as características de verdadeira obra indígena. As colunas jônicas do corpo superior são espiraladas com os terços inferiores maneiristas. As dóricas inferiores têm a simbologia da parreira e dos cachos de uvas. O nicho central mais aprofundado em concha com a imagem da Mercês sobre um trono destaca-se tanto do óculo quanto dos jarrões com rosas. Quatro nichos agasalham os santos mercedários nos tramos laterais e, no coroamento com curvas e contracurvas, estão outros três santificados. Ladeando os campanários, anjos atlantes com trajes esvoaçantes dançam ao som dos sinos. Outros anjos menores, seminus, se enroscam nos adornos de ramos, botões e flores, um verdadeiro jardim das delícias nas portas do paraíso.

### Conjunto de La Merced. Cusco, Peru | século XVII

O conjunto mercedário cusquenho ocupa importante área urbanística ao lado dos jesuítas e a caminho dos franciscanos desde 1536. Não fosse a divisão da imensa praça incaica, o conjunto de grande horizontalidade seria o maior foco visual na antiga praça do Cabildo. Ritmado pelo portão de entrada do claustro, à esquerda da torre, a fachada-retábulo divide a visualidade com o arremate da torre, construída em 1680. As pedras lavradas e lisas do arco de entrada e da base da torre colaboram para o espaçamento de interesses visuais de paredes lisas, outras com pedras mais brutas (*mampostería* – alvenaria com pedras irregulares) e por fim aquelas esculpidas. A obra foi projetada por Martín de Porres para substituir a primitiva igreja destruída no terremoto de 1650 e reconstruída até 1669.

Fachada de La Merced ornamentada com estuques. Antigua. Guatemala. 1767.

Martín de Torres. Frontispício do conjunto mercedário: fachada-retábulo da igreja e torre. 1669-1680.

Sem dúvida é dos mais elaborados arremates de torres com pilastras adossadas ao tambor da cúpula e alongando as colunas do grande campanário em arco. Sobre o entablamento truncado erguem-se oito pequenos campanários intercalados entre os espaços dos óculos ovalados construídos em 1675. A fachada obedece à tradição do posicionamento de igrejas conventuais seguindo a horizontalidade da praça. O portal finamente esculpido, barroco mestiço, tem dois corpos e coroamento que sobressai do nível da parede. Os dois tramos laterais mais estreitos têm pares de colunas sobressa-

ARQUITETURA ECLESIÁSTICA 207

lentes emoldurando no nível de baixo a porta de entrada e, acima, também em arco, a capela aberta, posicionada na altura do coro no final da nave principal, que servia para as cerimônias ao ar livre com os índios. O interior é de três naves com pilares, arcos e abóbadas de cruzeiro nas naves laterais[92].

O claustro maior é considerado ímpar na América do Sul do século XVII. De proporções perfeitas, a arcaria dupla se desenvolve na planta quadrada, obra em cantaria de Diego Martínez de Oviedo. Entre os arcos almofadados há elegantes colunas com entalhes com linguetas no primeiro terço e escamados no fuste superior com capitéis compósitos. Na arcaria da galeria superior o requinte é ampliado: as colunas que seguem aquelas inferiores têm o fuste ornamentado com folhas de acanto e espirais com gregas no primeiro terço e caneluras duplas no fuste encimado por capitéis compósitos.

Os forros dos corredores são em madeira com ornamentos trabalhados e dourados. O artista cusquenho Diego Martínez de Oviedo contou com a colaboração do índio canteiro Gregório Quispe para essa obra. As coleções de pinturas cusquenhas estão nos claustros, nas capelas e nas escadarias. Em um dos cantos do claustro baixo encontra-se a cela do frei Francisco de Salamanca, que ainda conserva antigos afrescos testemunhando a prática de pinturas com essa técnica nas construções religiosas.

Diego Martínez de Oviedo. Arcadas e fonte claustro. Cusco, Peru.

Fachada-retábulo da igreja de São Miguel. Lima. Peru. Séc. xvii.

### Igreja de San Miguel. Lima, Peru | século xvii

A primeira igreja mercedária foi quinhentista, substituída em 1621, sob o comando de Andrés de Espinoza, que terminou o templo desenhado pelo frei Pedro Galeano. O templo com planta cruciforme tem uma abóbada no cruzeiro pintada com afrescos do italiano Mateo Pérez de Alesio. O presbitério recebe intensa luz natural e mostra a capela-mor com o retábulo maior em estilo neoclássico, obra de Matías Maestro. No corpo da igreja há altares barrocos em madeira natural. O convento com vários claustros encontra-se entre os edifícios modernos. A escada que leva na planta acima é das mais monumentais de Lima e os desenhos em revelo se espalham por toda a arcaria, semelhante ao claustro franciscano, a algumas quadras de distância.

A fachada-retábulo da igreja dos mercedários é de compacta unidade estilística. Evidencia-se entre os dois tramos das torres, possibitando-a avançar além de suas bases. Vai além, pois a tonalidade cinza da pedra lhe confere volumetria e corporalidade sem perder-se na minúcia do rendilhado lítico. O tramo central comporta no piso a portada em arco coroada por uma concha. Separa-se do nicho com a imagem da Virgem das Mercês pelo entablamento truncado e escalonado. Acima do nicho da Virgem há um coroamento com conchas duplas e de menores tamanhos, finalizado com uma envasadura também em concha servindo de base para o coroamento.

Os dois tramos laterais, divididos em dois corpos, têm os pares dos nichos ladeados por pares de colunas torsas, aneladas no primeiro terço, ricamente esculpidas com videiras e capitéis compósitos. Os santos dispostos nos nichos são estáticos como convém ao detalhado desenho dos relevos das cartelas com guarnições em rolos certamente retirados de algum livro de tratadista renascentista. De menor porte, porém com o mesmo requinte, a portada lateral busca uma unidade exterior para esse que foi um dos mais importantes templos de Lima enquanto vice-reino.

O interior é solene, arcadas separam as três naves, sendo a central mais alta, com a abóbada seccionada por arcos formando barretes de padre com lunetas ornamentadas por arabescos. A solução é elegante com a cúpula sobre pendentes e abóbada de canhão para a capela-mor e de absides nas extremidades do transepto. Todo o templo é ornado com gregas, nas pilastras e intradorso dos arcos. Há relevos com alegorias das virtudes teologais nos pendentes. Os altares em estilo barroco estão nas capelas laterais e o retábulo-mor é neoclássico, com planta côncava pelo entablamento curvo e colunas circulares lisas e douradas. No tramo central estão em sequência o grande sacrário que serve de suporte para a imagem da Nossa Senhora das Mercês e o coroamento povoado de anjos e, finalizando, o Pai Eterno[93].

## Carmelitas

A Ordem dos Carmelitas Descalços remonta ao século X A.C.[94] e aportou no Brasil em 1586, instalando-se primeiramente em Olinda, Pernambuco, seguindo para a Bahia. Muito similar à dos franciscanos, sua arquitetura conventual segue a mesma disposição de claustros, igrejas e capelas de ordem terceira. A ornamentação severa da arquitetura, por vezes, varia nos telhados e capitéis toscanos, apontando para datas de reformas e acréscimos. Dos mais amplos conventos, cita-se o de Santa Teresa, o do Carmo, ambos em Salvador, e o de Cachoeira, também na Bahia. Considerado um dos melhores conjuntos carmelitas, o convento do Carmo de Salvador, fundado em 1586 e acrescido por diversas obras até 1681, é dos mais extensos, com claustro de 28 arcadas de pedra, igreja conventual ladeando o evangelho e imponente capela da ordem terceira com fachada rococó.

A igreja carmelita de Olinda foi construída sobre uma elevação e, por problemas de infiltração, o convento ruiu. Sua fachada é severa com um pórtico maneirista no corpo inferior, e a entrada para o claustro ainda se conserva na mesma linha maneirista. O interior da igreja é grandioso, todo em cantaria com arcaria na nave central e capelas nos corredores laterais. O altar-mor é grandioso, barroco em substituição do primitivo em pedra. Suas formas são grandiosas, acompanhando a circularidade do forro, e os entalhes são de extrema delicadeza.

As igrejas de ordem terceira dos carmelitas são de extrema importância em todas as capitais, porém ganham maior notoriedade em Minas Gerais, onde as ordens primeiras foram proibidas de construir conventos. Unidas às igrejas conventuais, mais retraídas que aquelas dos padres, na maioria delas no país, ou ainda apenas com uma capela lateral, não pouparam em contratar arquitetos e artistas. O maior exemplo está no Rio de Janeiro, cuja fachada da ordem terceira suplanta a conventual. Em Minas Gerais, três delas, em Ouro Preto, Sabará e São João del-Rei, são detentoras de obras de Aleijadinho em suas portadas, altares e fachadas.

Frei Manoel da Madre de Deus Bulhões. Frontispício do conjunto carmelita de Salvador. Séc. xvii.

Igreja de N. Sra. do Carmo. Olinda, Séc. xvi.

### Igreja de Nossa Senhora do Carmo,
### Recife, Pernambuco. Brasil | séculos XVII e XVIII

Na cidade do Recife o conjunto carmelita está íntegro com convento de 1663, igreja e capela terceira construídas entre 1700 e 1753. Sua fachada pesada na parte térrea contrasta com a beleza das linhas sinuosas do rococó no triângulo frontão alteado no século XVIII. Da horizontalidade do convento a fachada emerge como uma joia em cantaria. O arremate da torre esquerda é bulboso com óculos e coruchéus.

Seu interior é o de uma igreja salão com dimensões perfeitas na nave única e altares incrustados nas paredes, projeto de Antônio Fernandes de Matos. Os altares do transepto antecipam a beleza da capela-mor. Seus arcos concêntricos continuam na arquitetura como expressão do barroco que avança nas abóbadas soerguidos por possantes colunas pseudossalomônicas. No altar do lado da epístola, as colunas salomônicas, mais claras, douradas à maneira rococó, sustentam o coroamento que em inusitada solução preenche toda a abóbada com bustos de santos.

A capela-mor é inusitada por suas abóbadas em barrete de clérigo ornamentadas com apliques de molduras evocando nervuras das abóbadas do gótico. Na faces côncavas que receberam pinturas azuis estão ornatos fitomórficos que tangem as molduras. Nas intersecções formam-se molduras lobadas guardadas por anjinhos de gola encerrando os símbolos do Sol – Cristo – e da Lua – Maria. Completam a ornamentação pinhas que se projetam nos espaços.

O mobiliário é completo: cadeirais, pinturas na altura das galerias e o altar inventivo pleno de vitalidade com colunas ladeando os nichos, entablamentos truncados e surpreendente coroamento com volutas. A Virgem sente-se dignificada e amparada pelos anjinhos que espalham rolos de nuvens aos seus pés e o Menino Jesus que, mesmo pequenino em seu braço, tem um resplendor digno do momento da consumação de sua vida ao mundo: a ressurreição[95].

Capela-mor com abóbadas em barrete de clérigo. Recife, pe. | Capela-mor com ornamentação com azulejos portugueses. Cachoeira, ba.

**IGREJA DA ORDEM TERCEIRA DO CARMO.
CACHOEIRA, BAHIA, BRASIL | SÉCULO XVIII**

A casa de oração da ordem terceira do Carmo em Cachoeira, no Recôncavo Baiano, teve sua obra iniciada em 1702. Foi erigida paralelamente à igreja conventual, porém separada por arcarias que abrigam o consistório na parte superior e a sacristia no inferior. Essa arcaria rima com a fachada simplificada de linhas clássicas, evidenciadas ainda mais no portal de entrada.

A igreja, exemplo de caverna dourada, tem uma talha profusa que salta aos olhos. A decoração interna é em estilo barroco e parte do rococó nascente e está em sintonia com os azulejos, tanto da nave principal como da capela-mor. Seu douramento por toda a extensão parietal procura apoio nas composições que se estendem pelo teto caixotonado cobrindo a nave abobadada da capela-mor, comparável ao de São Francisco em Salvador[96]. Depois do inesperado e surpreendente, tão ao gosto do espírito barroco, o olhar começa a distinguir o mistério de tanta beleza compactada em um só ambiente. Na capela-mor há dois painéis laterais revestidos por azulejos setecentistas com motivos bíblicos que, contrastando com o ouro dos altares e a policromia das cornijas — em torno dos painéis e no arco, uma decoração de delicadas e miúdas flores e concheados, pintados em azul, cinza, rosa forte, vermelho e branco —, criam um rico fundo para os medalhões. Essa sinfonia que se faz ecoar nesse *theatrum sacrum* continua nos tons escuros do jacarandá das grades, mais grave, e se amplia no ambiente de encantamento cromático, mais leve. Desfrutam permanentemente essa beleza, em patamar acima ladeando os degraus do presbitério, dois anjos tocheiros esguios, de sensualidade idealizada, que guardam o retábulo joanino que encerra a Virgem do Carmo. Dos braços da Imaculada, o Menino Deus oferece o escapulário aos terceiros carmelitas[97].

A José Teófilo de Jesus é atribuída a autoria das pinturas do teto com cenas da vida de Santa Teresa que estão no nártex, paredes e forros tabuados e emoldurados do coro e nave. A ornamentação do templo está acima das análises que a razão procura. O olhar conduz à emoção. Entre a crítica racional e o deleite da visualidade pura, sucumbe-se a esta última. Essa é uma das funções da arte barroca: deslocar o fiel do peso do corpo e lançá-lo ao voo da imaterialidade.

Altares laterais da igreja da Ordem Terceira do Carmo. Cachoeira, BA.

Frei Macário de São João. Pórtico da entrada na galilé da igreja. Salvador, BA. 1648.

## Beneditinos

Os monges beneditinos constituíram uma ordem monástica voltada para a oração e literatura eclesiástica, distante daquelas ordens mendicantes dedicadas à evangelização e catequese. Estabeleceram duas casas, uma na Cidade do México em 1580 e outra em Lima em 1598, apenas para angariar fundos para suas casas-mães na Espanha. Em 1564, o rei Felipe II proibiu a fundação de um mosteiro no México.

A ordem beneditina chegou ao Brasil em 1592 como instituição milenar e de dedicação à vida monástica, contando com uma tradição erudita de formação de seus próprios artistas arquitetos, pintores e entalhadores. Sem demora, em 1617, o engenheiro militar Francisco Frias de Mesquita, responsável por construção de fortes militares, foi contratado para traçar a planta do mosteiro e igreja do Rio de Janeiro.

O abade Gregório de Magalhães (1603-1667) fundou e construiu a abadia baiana da Graça em 1645 e os mosteiros de Santos e de São Paulo, respectivamente em 1649 e 1698. Foi com a vinda do arquiteto espanhol Macário de São João que, em 1648, se iniciaram os projetos do mosteiro e da igreja em Salvador. Devido

Frei Domingos da Conceição. Ornamentação da nave.

Inácio Ferreira Pinto. Capela-mor. Séc. xviii. Frei Domingos da Conceição: São Bento e Santa Escolástica. Séc. xvii. Nossa Senhora do Monte Serrat.

à grandiosidade do projeto, que previa uma igreja que seguisse os modelos vitruvianos, ou seja, clássico-renascentistas com cúpula, as obras se arrastaram até 1871, mantendo do projeto inicial apenas o pórtico e a decoração do para-vento. Macário, que se tornou monge, também projetou o convento de Santa Teresa para os carmelitas descalços, partes da santa casa de misericórdia – fachada e *loggia* – e a ele se atribui a fachada do antigo palácio de governo[98].

O conjunto arquitetônico dos beneditinos assemelha-se ao dos franciscanos exceto nas capelas de ordem terceira, que aqueles não possuíam. Os beneditinos levam vida contemplativa no mosteiro, em geral retirado dos centros urbanos, com altos muros, dentro dos quais o claustro quadrangular é o centro distribuidor de outros cômodos, como a portaria, e possui entrada lateral para a igreja. Para a vida monástica, biblioteca, sala capitular e refeitório completam o espírito beneditino. A fachada da igreja era em geral alpendrada, segundo documentos dos holandeses, e quando foram reconstruídas seguiram o padrão franciscano de três arcadas – galilé – cuja função, entre outras, era receber cerimônias da Procissão de Ramos, quando os coros dialogam no interior e exterior do templo e se obtém o fogo para o círio pascal no Sábado Santo.

### Igreja de São Bento.
### Rio de Janeiro, Brasil | séculos xvii e xviii

O conjunto beneditino teve seu primeiro traço concebido por Francisco Frias de Mesquita em 1617 e a igreja foi iniciada em 1633 e concluída em 1691 por frei Bernardo de São Bento. O frontispício está dividido entre a fachada de dois corpos, três tramos ritmados pelos arcos da galilé e janelas do coro no

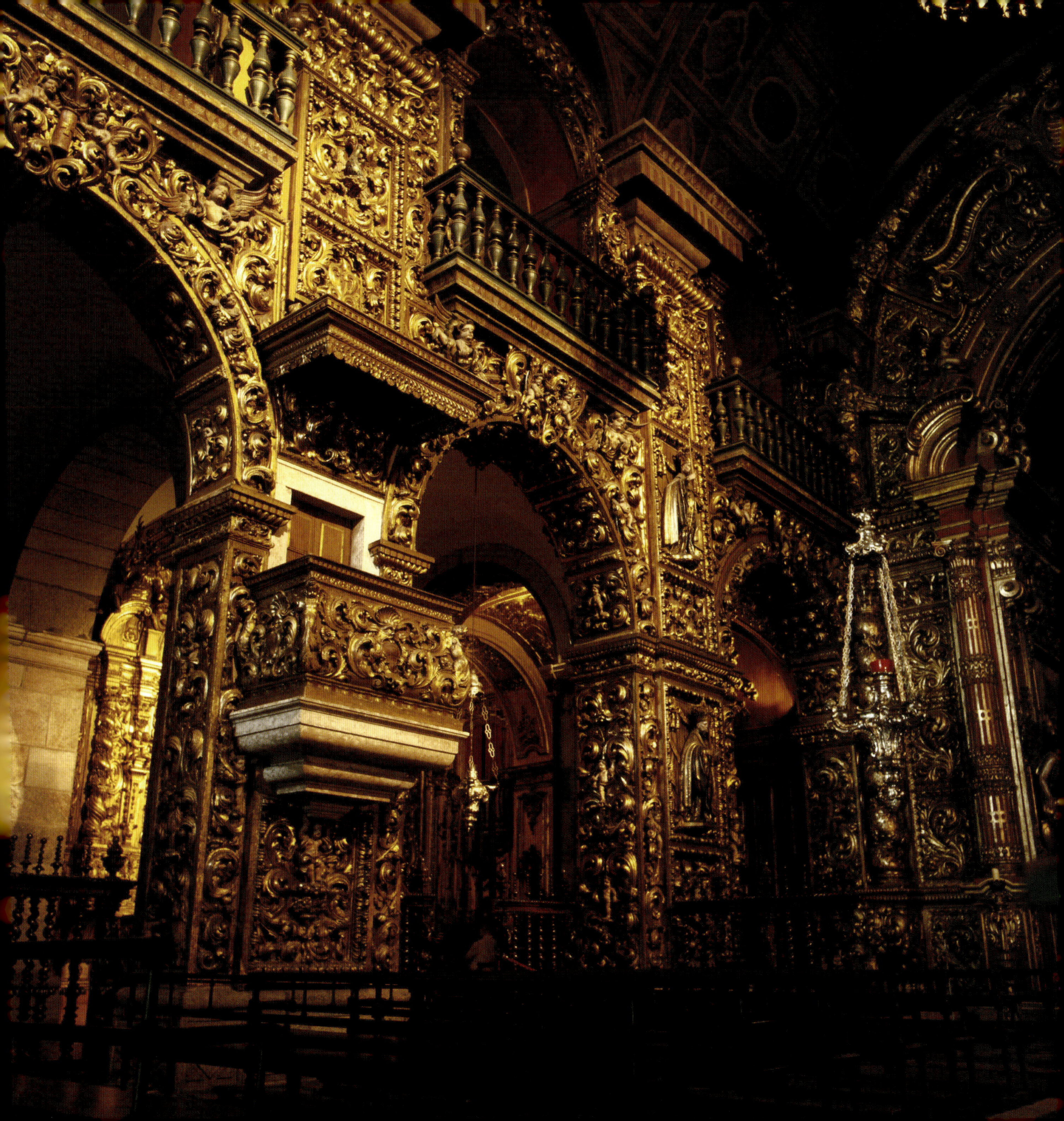

corpo superior. O triângulo frontão é retilíneo. As duas torres são recuadas com envasaduras retas no corpo inferior e arcos para os campanários com arremates piramidais. Os três arcos em cantaria, que são fechados por portões de ferro que datam de 1880, formam a galilé.

O corpo central da igreja é dividido verticalmente em três partes por pilastras de cantaria. A igreja é formada por uma nave principal recoberta por abóbada de canhão, e arcos foram abertos posteriormente para as capelas laterais com abóbadas. Sobre os arcos há amplas tribunas criando uma segunda ordem cujas paredes são totalmente recobertas de relevos. O autor do projeto de revestimento pela talha barroca foi frei Domingos da Conceição e posteriormente, na ampliação, Inácio Ferreira Pinto. O claustro foi construído conforme projeto do brigadeiro José Fernandes Alpoim.

A talha barroca que se distribui por grande parte da igreja monástica guarda elementos característicos do mais puro estilo nacional português, cuja execução se estendeu por décadas, com base no traço original de frei Bernardo de São Bento e execução de Domingos da Conceição[99]. Todo o arco triunfal é ornado. Um par de anjos tocheiros anima a linearidade da coluna colossal com caneluras e engalanada por braceletes, sustentando as volutas truncadas. Dois lampadários de prata, os mais elaborados do Brasil, desenho de mestre Valentim, flutuam na espacialidade que antecede a profunda capela-mor mobiliada com cadeirais.

Os poderosos jogos formais entre as massas do altar-mor, ladeado por potentes colunas salomônicas que sustentam grandes fragmentos de arcos, e o elaborado dossel, situado sob o conjunto, no lugar das arquivoltas, contrastam com o revestimento original que se distribui na nave central desde os arcos anteriores aos retábulos laterais e, sobre estes, às tribunas. Um trono escalonado todo esculpido com delicadas cartelas ao centro e arranjos florais que se desenvolvem até as laterais exibe a imagem de Nossa Senhora de Monserrate. Conservado sobre a nova capela-mor, o teto pintado por frei Ricardo do Pilar em 1700 evoca traços da antiga escola alemã de pintura, da qual o beneditino é oriundo[100]. Na sacristia encontra-se sua obra-prima: *Senhor dos Martírios*. A capela do Santíssimo é em estilo rococó, assim como a capela das Relíquias, no interior do mosteiro[101].

### Igreja de São Bento. Olinda, Brasil | século xviii

As obras do mosteiro foram iniciadas em 1599. O primeiro prédio foi destruído pelos holandeses, em 1631, e reerguido na segunda metade do século xvii. Em 1860, o mosteiro sofreu restauração completa, destacando-se a ampla capela-mor e todo seu douramento. O convento é formado por dois pavimentos, telhado com beiral e platibanda para o claustro. As janelas e portas do claustro são de vergas em meio arco abatido e gradil de ferro nas janelas do pavimento superior, como as da fachada externa que foram redesenhadas por Francisco Nunes Soares em 1761.

A igreja é feita de nave única, apresenta frontispício bem vazado por três portas almofadadas e óculo centrado entre as janelas do coro. O cornijamento é curvo, encimado por frontão em volutas, com brasão no tímpano, cruz e pináculos. Sobre os púlpitos fartamente trabalhados encontram-se preciosos baldaquinos com dosséis. Motivos conventuais dominam a pintura do teto. As janelas da igreja possuem guarda-corpos decorados. A igreja do mosteiro também foi construída em distintas épocas, conforme apontam as diferentes datas encontradas em seu interior[102].

O retábulo e toda a talha da capela-mor são inspirados no convento de São Bento de Tibães, em Braga, Portugal. Impressiona a abertura da camarinha que guarda um trono escalonado de curvas flamejantes até se aquietarem no nicho da Virgem. As quatro colunas, que aos pares fecham os nichos, são lisas e recebem delicadas fitas, ramagens e flores rococós que contrastam com o possante coroamento acima do entablamento truncado. O coroamento com formas esgarçadas projeta-se sobre o *trompe l'oeil* da pintura do forro e é respaldado

FRANCISCO NUNES SOARES. FACHADA DA IGREJA DO CONVENTO DE SÃO BENTO. OLINDA, PE. 1761.

JOÃO GARCIA. RETÁBULO DA CAPELA-MOR. 1786. JOSÉ ELÓI. PINTURA. OLINDA, PE. 1785.

pelas curvaturas do arco da parede de fundo que evidencia as volutas truncadas nas laterais. O altar-mor, com as esculturas de São Gregório e Santa Escolástica, são de mestre Gregório. As molduras das janelas das tribunas convertem-se em formas intumescidas, semelhantes às volutas que sustentam as quatro colunas do altar. A pintura da capela-mor segue a tradição italiana do ilusionismo nas laterais e a visão – o quadro com os monges – é plana, à maneira portuguesa. A autoria dessa pintura ilusionista é de José Elói, datada de 1785.

## Capelas e missões

A evangelização em número massificante e a impossibilidade de se ter igrejas com naves grandes o suficiente para abrigar os fiéis gerou uma solução que vinha ao encontro da cultura indígena de se praticar seus ritos a céu aberto junto às pirâmides, e por isso criaram amplos espaços contíguos às igrejas denominadas capelas abertas. Todas as ordens adotaram essa solução que se espalhou do México e na América do Sul até o vice-reino do Prata. Na Califórnia e no Novo México, antigas possessões mexicanas, as missões franciscanas antecederam as jesuíticas. A missão Dolores, de 1791, em São Francisco, é testemunho construtivo que se conservou com o cemitério ao lado da capela de uma só nave, com entrada no corpo central, em arco e pares de colunas sustentando a varanda e outra entrada pela lateral. O interior é rico pela pintura elaborada pelos indígenas nas madeiras do forro e um retábulo em madeira na capela-mor precedido por um arco. Em Los Angeles, a missão Nuestra Señora Reina de 1784, com a fachada elaborada posteriormente, tem o campanário característico dos franciscanos: fachada plana com triângulo frontão reto. Na lateral há um centro de convivência frequentado por imigrantes mexicanos.

Um exemplo de capela aberta que se conserva em sua integridade é a Capela Real em Cholula. O conjunto compreende um amplo adro fechado com arcos para entrada, capelas *posas* – espaços para catequese dispostos nos cantos do adro – e o cruzeiro no centro. Em primeiro plano estão a igreja e o convento e ao fundo do adro, na parte posterior da igreja, foi construída a capela real. De grandes proporções e planta quadrada, tem uma complexa cobertura com abóbadas à semelhança da mesquita de Córdoba, na Espanha.

Outra solução para capelas abertas é a colocação de arcos em uma porta lateral da igreja, permitindo assim um espaço intermediário entre o exterior e o interior. Por vezes confundida como capela a céu aberto, sua cobertura com as abóbadas trai esta definição. Há antigos exemplos, como em Tlaxcala, dos franciscanos, e de San José de los Naturales, de 1547, e que se apresenta como uma grande construção de 64 metros de largura. Mais exemplos são os de Cuernavaca, Huejotzingo, Tepoztlán e o convento de Tlalnepantla de Baz.

Outra solução para as capelas abertas é a constituída de aberturas junto ao corpo do edifício, em menor ou maior altura como em Atitlán, dos agostinianos, ou na igreja de Huaquechula em Puebla. Uma solução para as igrejas conventuais das cidades é a colocação de um espaço aberto no corpo dentro da igreja ou na parte posterior. Em Cusco, no convento dos dominicanos há uma grande porta-balcão e tribuna saindo da abside da igreja, dominando uma imensa área para multidões. Os mercedários colocaram a abertura sobre a entrada principal voltada para a grande praça do mercado, atual praça Regocijo. Na Guatemala, em Santiago Atitlán, no conjunto franciscano seiscentista ainda se mantém a capela aberta em amplo balcão na altura do coro, sustentada por bela colunata monumental na porta de entrada com escadaria arredondada formando um cenário místico para os ofícios exteriores.

Em Sucre, na Bolívia, a abertura da catedral está na fachada principal. Na igreja franciscana de Santa Fé, na Argentina, o telhado de duas águas avança sobre a fachada criando um recinto de proteção ao portal. O mesmo ocorre em Andahuaylillas, porém com o telhado de uma água a truncar o triângulo frontão como uma proteção aos murais nos nichos. No vilarejo vizinho, Huaro, a construção é complexa, com capela disposta ao longo da nave formando espaços que auxiliam a manutenção das paredes. O portal e o campanário são em pedra. Nem sempre as capelas jesuíticas eram de adobe como a maioria das franciscanas. Na região do vale Colca, ainda nos arredores de Cusco, a igreja de Nossa Senhora da Conceição, no povoado de Yanque, tem adro fechado, fachada-retábulo e duas portadas nas laterais com esculturas protegidas por arcos. Na mesma região, uma igreja com adro elevado fechado tem um arco para a entrada na nave e outro acima subdividido em outros três arcos, com a capela aberta. No

MISION N. S. REINA DE LOS ANGELES. LOS ANGELES. ESTADOS UNIDOS. 1784.

CAPELA FRANCISCANA DE MISION DOLORES. SAN FRANCISCO. ESTADOS UNIDOS. 1776-1791.

CAPELA NO DESERTO DE SAJAMA COM ADRO FECHADO POR MUROS DE ADOBE, CAMPANÁRIO E QUATRO CAPELAS *POSAS* NAS EXTREMIDADES. BOLÍVIA. SÉC. XIX.

Igreja N. Sra. de Pomata. Pomata. Peru. Sécs. xvi-xvii. Região do Lago Titicaca.

Arco em ruínas na região de Puno. Lago Titicaca, Peru.

interior, os retábulos barrocos de forma surpreendente superam muitas igreja paroquiais nas cidades.

Passado o primeiro período de evangelização, as fachadas-retábulos, de início apenas portais, foram sendo criadas como verdadeiros retábulos, antecedendo assim no exterior o que se teria em madeira dourada no interior das igrejas. As coberturas, ou mesmo arcadas, são substituídas por imensos nichos abrigando a ornamentação em pedra. A igreja de San Lourenço em Potosí, na Bolívia, talvez seja o exemplo mais contundente desse tipo de ornamentação, incluindo a representação de atlantes indígenas na fachada. Na mesma cidade, o antigo hospital de San Bartolomé recorre a esse sistema de espaço protegido pelas paredes – *hornacina* – como uma passagem daqueles antigos telhados, como ocorre na igreja dos mercedários. As paróquias dos indígenas – que lá permaneciam meses no sistema de *encomyendas* – tinham seus espaços de circulação limitados dentro de suas paróquias. Suas igrejas, como a de San Martín, eram ricamente ornamentadas, assim como as igrejas dos conquistadores.

O mexicano Juan Benito Artigas Hernández, em sua publicação *Arquitectura a cielo abierto* (2001), pesquisou as capelas abertas em todo o continente americano, incluindo em seu estudo os adros fechados com as capelas *posas*, as via-crúcis e as capelas para o rosário, situadas dentro dos adros fechados dos templos. O estudo abrange desde o período do Renascimento ao Barroco, passando no século xx para os espaços públicos não religiosos. Os rituais dos ameríndios eram externos e a adaptação aos rituais cristãos ocorreu de maneira gradual, formando ao redor do templo um espaço alegórico da presença da Igreja na terra. Para os nativos, as entidades divinas estavam na natureza, presentes na montanha, no vulcão, em alimentos e no Sol. A criação de um espaço simbólico fez-se necessário para recriar na terra o que seria a abstração do céu. O adro determinando um espaço de salvação com suas construções a partir do muro para abrigar o novo povo de Deus, os lugares de venerar e colocar as imagens, as capelas *posas* que também serviam de descanso. Entre os muros, a via-sacra, caminho do sofrimento da salvação e por vezes do rosário da Virgem difundida pelos dominicanos. Na Guatemala, na região de Antigua, os povoados de San Pedro de las Huertas e San Juan del Obispo possuem ainda quatro capelas *posas* defronte a suas igrejas que datam do século xvi.

O adro da igreja de San Pedro de las Huertas é amplo, levemente inclinado, obrigando a construção de uma pequena escada na entrada do templo, na largura da nave. Tem um arco renascentista de meio ponto como portal, o que determina o tramo central estreitando os laterais com nichos nos intercolúnios com esculturas e filetes brancos nas molduras e colunas arredondadas. A altura dos dois corpos é distinta e o triângulo frontão curvilíneo, bem atarracado. A torre de base quadrada no lado esquerdo se ergue até a metade do segundo corpo e o arremate octogonal é ainda mais recuado. As duas capelas *posas* cujos telhados piramidais são sustentados por colunas lisas arredondadas dão ao conjunto uma horizontalidade animada pelos recortes dos telhados, dos muros e da fachada. O declive do terreno ajuda a diminuir o peso da igreja seiscentista que insiste em flutuar – no tempo, na memória e no espaço – apesar de sua cor intensa em ocre que contrasta com o azul do céu límpido[103].

Os locais de peregrinação tornaram-se pontos de afluência obrigatórios em todas as regiões da América, sendo a veneração da Virgem de Guadalupe a mais importante. Na região do lago Titicaca, Bolívia, o centro religioso é o de Nossa Senhora de Copacabana com um complexo arquitetônico que inclui o muro que deixa entrever o que se passa dentro daquele espaço dedicado à prédica dos religiosos que, de dentro de cada capela *posa*, falavam para grupos separados de meninos, meninas, mulheres e homens, e aproveitavam para esclarecer os mistérios dos sacramentos. Há uma gravura de 1579 em *Rhetorica Christiana* que mostra o uso dos adros fechados com as quatro capelas *posas* nos cantos, com os freis evangelizando nos arcos dos muros, indígenas se confessando entre as árvores do grande espaço, acontecendo batismos, discussões com catecúmenos, indígenas se casando e no centro desenho de um templo sendo levado em procissão pelos freis das ordens mendicantes[104]. Na Cidade do México o maior adro fechado com as capelas *posas* era o de San Francisco.

Por toda a América os adros das igrejas formaram um espaço sagrado diante do templo com maior ou menor função dependendo da importância da igreja, se um santuário ou disposta em locais ermos nos altiplanos bolivianos. No deserto de Sajama encontram-se pequenas capelas rurais com as quatro capelas *posas* nas extremidades de seus muros, torre-campanário embutida também no adobe que delimita o perímetro do adro e capela no espaço central. O maior exemplo está em Curahuara de Carangas, na Bolívia, com uma igreja monumental construída em adobe, contrafortes para segurar as paredes perimetrais e abóbada da capela-mor e cobertura vegetal. Em uma das faces do muro uma avantajada torre-sineira de três corpos e arremate em abóbada.

Na região do Paraguai, em terras planas onde as selvas predominam entre tantos mananciais da região de La Plata, os franciscanos foram os primeiros a evangelizar os índios guaranis. Seus aldeamentos de aproximadamente quinhentos indígenas tinham na praça principal a igreja posicionada na parte central, espaço circundante com as casas construídas ao redor, praticamente reverenciando a igreja e o cruzeiro. Foram 21 povoados assim reunidos, dos quais alguns se conservam como Altos, Itá, Caazapá e o mais surpreendente: Yaguarón. Sua igreja constitui um ato maior da arte, da beleza e do testemunho do empenho dos franciscanos na evangelização e educação daqueles povos. Os retábulos e as esculturas elaboradas nas oficinas franciscanas apresentam soluções mais planas e minuciosas que aquelas mais dramáticas das oficinas jesuíticas.

Nas missões jesuíticas todo o conjunto se confundia entre o espaço sagrado e o civil, era uma cidade de Deus. A praça fronteiriça cumpria a função de lá se desenvolverem as funções religiosas e sociais, um elo entre as maneiras das culturas ancestrais com as fogueiras e as procissões, da nova cultura cristã. No Brasil, os jesuítas integravam atos religiosos aos cantos e representações teatrais diante das capelas no terreiro junto ao cruzeiro onde dançavam à maneira antiga, a exemplo da dança da Santa Cruz. As imensas praças nas laterais, ou na frente das capelas das reduções, chegavam a comportar milhares de tupinambás no século XVI na região de Salvador. Com o desenvolvimento das cidades, a maioria desses adros fechados desapareceu.

### Igreja de Santiago. Atitlán, Guatemala | século XVI

O povoado de Santiago, às margens do lago Atitlán na Guatemala, faz parte de outros dez povoados com nome de apóstolos e santos, todos aos pés dos vulcões Atitlán e Tolimán ao redor do lago. Receberam os nomes dos santos depois da conquista de Chuitinamit e Atitlán por Diego de Alvarado, que destruiu a capital e massacrou a população maia. As crônicas datadas de 1585 já pontuavam o pequeno povoado instalado na encosta da montanha desde 1540, com traçado regular e a igreja e o convento franciscano diante de uma grande praça fechada. Essa praça ainda se conserva e no século XV tinha em uma de suas extremidades a casa da justiça onde morava o corregedor da Real Audiência, do lado oposto a entrada para o convento, e entre a igreja e a casa da justiça, estavam as casas do *Cabildo* para o encontro do governador com os prefeitos indígenas. Essa configuração se repete em Chichicastenango com a casa do *Ayuntamiento*, onde pude assistir ao encontro do prefeito com o pajé maia e os indígenas da confraria, iniciando as cerimônias da Semana Santa de 2012[105].

A Plaza Mayor tem entradas pelas extremidades que se alinham com o convento, a igreja e as casas da justiça e do *Cabildo*. No centro, uma grande base escalonada sustenta o cruzeiro de pedra alinhado com a entrada pelo meio da praça e a escadaria curva que leva para a igreja. O adro impressiona pelo tamanho, por sua conservação como testemunho seiscentista de urbanismo e implantação dos sistemas religiosos e civis. Como capela a céu aberto é perfeita, pois o templo se impõe acima do adro plano e a fachada construída de mais de cinquenta metros dimensiona a grandeza do conjunto. No centro, a igreja com uma torre de base quadrada, e no meio, o triângulo frontão reto. Abaixo, tomando todo o tramo da nave, o balcão com telhado sustentado por seis possantes colunas lisas arredondadas[106].

A igreja de nave única é ampla, o forro com madeira e o presbitério tem três arcos, sendo o triunfal mais alto e os laterais de menor altura. A altura desses arcos se repete como nichos nas paredes onde apinham santos populares recobertos de tecidos coloridos e flores. Por detrás dos três arcos mencionados há retábulos maneiristas enegrecidos pela fuligem da queima de velas e incensos ofertados aos santos recobertos de fitas, vestidos e coroados com tocados de grande variedade de flores. Na capela-mor o retábulo também enegrecido de feitura maneirista, com cinco tramos e dois corpos e escalonado no coroamento, mostra oito imagens em madeira colorida com os tecidos da arte têxtil local. Os pináculos foram substituídos por recorte de jarrões de flores e peregrinos com cajados no estilo espanhol.

## San Buenaventura. Yaguarón, Paraguai | século XVIII

A igreja de Yaguarón [grande jaguar] constitui um ato maior da arte sacra na América Latina. A missão franciscana remonta a 1580, sendo esta provavelmente a terceira igreja, concluída em 1772.

A imensa praça deixa à mostra o templo rodeado por pórticos a exemplo dos templos helênicos. Sua estrutura é toda em madeira e quatro maciços suportam todo o artesoado. Entre as madeiras aplicou-se o barro para a taipa de mais de um metro. Um campanário externo em madeira (já substituído) antecipa a entrada com data incrustada nas grossas paredes protegidas pelos amplos teclados: 1772. Abre-se a porta e, em um momento de encanto e beleza que passa pela mente, aos poucos a história da civilização e da arte emergem. Ainda no raiar da aventura das missões, o fundador frei Luis de Bolaños (1550-1629)

Praça com adro fechado defronte à igreja com capela aberta na fachada. Santiago de Atitlán. Guatemala. Séc. XVI.

Vista geral da igreja de Yaguarón com os altares laterais (reconstituição fotográfica).

JOSÉ DE SOUZA CAVADAS. RETÁBULO-MOR DE YAGUARÓN. 1752.

escreveu um catecismo em língua guarani aprovado em 1583 pelo bispo de Lima. Bolaños foi auxiliado por frei Alonso de San Buenaventura. Um século e meio os distancia da nova igreja, tão distinta daquelas dos jesuítas em pedra e cal, abóbadas em canhão e esculturas lavradas em pedras pelos próprios padres e seus auxiliares nas missões vizinhas de Trinidad e Jesús. Nos franciscanos as três naves estão determinadas pelas vigas em madeira que sustentam todo o artesoado ornamentado por pinturas de motivos florais executadas com pigmentos vegetais.

A surpresa está na abóbada em canhão de madeira da capela-mor. Para a execução dessa obra magistral, os franciscanos de Buenos Aires enviaram um artista português, José de Souza Cavadas, que passara pelo Rio de Janeiro em 1742 e por Buenos Aires em 1748, onde fizera retábulos para as igrejas do Pilar e na cidade vizinha Luján. Instalado em Yaguarón em 1752, lá deixou um conjunto expressivo de talha rococó composto de quatro retábulos (dois deles, os laterais, foram levados para a Santíssima Trinidad, em Assunção), dois confessionários, um púlpito e obras no coro[107].

O retábulo-mor é obra surpreendente: a unidade compositiva se explicita na sua estrutura monumental de 14 metros de altura com quatro colunas helicoidais com um terço espiralado sustentando o entablamento truncado sobre o qual inicia o grande arco do coroamento. O posicionamento da Virgem entre os ornatos do sacrário e o trono na camarinha cria uma espacialidade côncava que suga o olhar para o resplendor cercado por um buquê de cabecinhas de anjos que guardam a imagem do santo patrono. Quando o olhar atinge as formas simbólicas da vida eterna, o artista Cavadas nos remete a outra forma solar, agora na horizontal, com a pomba do Espírito Santo. A retórica barroca emerge das linhas elegantes do rococó de forma surpreendente, pois o resplendor na penumbra da camarinha rima com o flamejante resplendor do Pai Eterno.

Sua arte ainda está nos dois confessionários que têm as marcas elegantes do formão ágil esculpindo os conchoides e as colunetas. Na nave central, fixado em uma das colunas de madeira, o púlpito é sustentado por um anjo atlante. De sua cabeça emergem volutas, quase uma arte plumária a julgar pela leveza das formas em curvas e contracurvas, suportando o púlpito hexagonal em forma simbólica de cálice. Ainda na igreja, a sacristia pode ser considerada uma pequena capela com direito a retábulo e uma falsa cúpula de madeira a exemplo dos freis de Santa Fé na Argentina com uma cúpula *mudéjar*.

Na nave lateral há um antigo altar com as características de ornamentação plana, a exemplo daquele da missão vizinha de Caazapá. Os dois altares das naves laterais que compunham esta unidade de beleza extrema (aqui aparecem em fotomontagem) foram para a capital e os novos certamente foram executados para imitar formas rococós, revérberos das linhas do mestre Cavadas.

## Missões jesuíticas | séculos XVI-XVIII

A ação dos jesuítas na América foi intensa e diferente das outras ordens religiosas. Fundada em 1540 por Inácio de Loyola e aprovada pelo papa Paulo III, ela nasceu dentro do espírito tridentino. Sua atuação tem início dois anos depois e se estenderia por vinte anos, representando uma Igreja atuante na Europa abalada pelo protestantismo e em todo Novo Mundo a ser cristianizado. Para tanto, suas construções refletem uma dinâmica voltada para a oratória e a pregação, difundindo os dogmas da eucaristia, da virgindade de Maria, discutidos pelos protestantes; para o ensino dos jovens de todas as classes sociais foram construídos colégios e restaurado o ensino em universidades; para a difusão da fé nos novos mundos conectados por novas vias marítimas, como África, China e Japão; para evangelização do Oriente em 1542 foi São Francisco Xavier; para a catequização dos indígenas das Américas foram enviados padres de diversas nações europeias. Naquelas terras longínquas das reduções paraguaias ou mexicanas, os jesuítas levaram a catequese e para isto necessitaram aprender as línguas indígenas.

Na península Ibérica, as primeiras construções de suas igrejas usaram as soluções arquitetônicas das antigas igrejas medievais de nave única, capelas laterais entre contrafortes, articulando com a capela-mor sem o transepto. Em Évora, a igreja do colégio do Espírito Santo inspirou-se na igreja franciscana da mesma cidade com capelas laterais interligadas e galilé na fachada sem torre. Em Lisboa, depois de inúmeros técnicos superados, na igreja da casa professa de São Roque, de 1565, a atuação do arquiteto militar Alonso Álvares foi determinante para a tipologia da arquitetura chão difundida em todo o mundo português: nave única, chamada de igreja de salão, capela-mor pouco profunda e capelas laterais ao longo da nave comunicantes entre si. O teto, por questões técnicas, se manteve plano com pintura em perspectiva e em outros casos com abóbadas de canhão. Na Espanha e na América espanhola, as igrejas possuem transepto coroado com amplas cúpulas.

Para melhor entender o sucesso jesuítico nesse período de sua existência – 1540 a 1773 –, quando foram banidos da América, do Oriente e da Europa, é preciso compreender a disciplina que regia a Companhia. Os *Exercícios espirituais*, conjunto de regras escritas pelo fundador Inácio de Loyola, regeu a conduta e missão espiritual dos padres. Para o ensino secular os padres empregaram a metodologia disciplinar do *Ratio studiorum*, que consistia em renovar o antigo ensino medieval. Para ambos se materializarem, a prática religiosa e de ensino, a Companhia criou regras para a edificação de igrejas e colégios que se convencionou chamar de *modo nostro*.

A arquitetura das igrejas da Companhia na América é das mais ricas juntamente com as de outras ordens mendicantes. Destacam-se na paisagem urbana de todas as grandes cidades americanas e em geral não muito distantes das catedrais. Formam conjuntos ocupando *manzanas* inteiras com o colégio, a igreja, as residências dos padres e, nas imediações das cidades, as fazendas, entre as mais famosas destaca-se a de Córdoba na Argentina, e os noviciados a exemplo de Tepotzotlán no México. A igreja que em muito se aproxima na planta baixa do protótipo da igreja do *Gesù* em Roma é a de Quito, que se destaca não apenas na fachada, mas também em sua planta em cruz latina e ornamentação. A fachada da igreja da Companhia de Jesus de Havana, atual catedral, é exemplo ímpar de grande impacto estilístico. Foram ambas executadas nos últimos anos antes da expulsão em 1763. Quito,

Capela da missão de Nercón, 1734.
Castro. Arquipélago de Chiloé. Chile.

sem dúvida, representa o espírito de adaptação e compreensão dos modelos jesuíticos sem perder a grandiosidade do projeto em terras tão distantes, constituindo assim uma homenagem a todas as outras que foram protótipos, como a de Cusco, para todo o vice-reino do Peru.

As missões do Paraguai, atualmente parte no Brasil e na Argentina, constituem um ato *sui generis* na civilização sul-americana. Suas missões foram grandiosas em termos arquitetônicos, com edifícios erguidos em pedra e suas igrejas com abóbadas de canhão. Os guaranis foram artífices que trabalharam não apenas as pedras para as construções, mas criaram relevos e esculturas. A imaginária foi evoluída como atesta a grande quantidade de obras que permaneceram depois das novas delimitações territoriais entre Espanha e Portugal. Atualmente, o conjunto remanescente é aclamado como patrimônio da humanidade na tríplice fronteira: São Miguel e ruínas ao redor, no Brasil; San Ignacio Miní e ruínas ao redor na Argentina e destacam-se no Paraguai as ruínas de Trinidad e Jesús de Tavarangue. Na Bolívia, as missões de Chiquitos tiveram melhor sorte e conservam-se integralmente com impressionante conjunto de igrejas construídas em madeira e pinturas ornamentais em suas paredes e retábulos.

E por fim, no Chile, as missões no arquipélago de Chiloé marcam a presença dos jesuítas e franciscanos a partir da cidade de Castro. Por lá primeiro estiveram os mercedários desde 1567, seguidos pelos franciscanos e em 1611 os jesuítas começaram o contato com as tribos Chonos, os mais distantes dos espanhóis colonizadores. A partir do colégio Doce Coração de Jesus, de 1673, os jesuítas consolidaram uma rede de evangelização com a construção de mais de setenta capelas em madeira, que eram o centro da catequese através do batismo e das missas quando os índios se reuniam nas capelas. Durante os períodos nos quais os padres se ausentavam, os pajés eram os guardiões das capelas que lá promoviam encontros, pois as capelas eram isoladas no território hostil sem habitantes e em lugares ermos, muitas vezes apenas com um cemitério no terreno lateral.

Quando em 1763 os jesuítas foram expulsos, as missões passaram para a guarda dos franciscanos. Neste século passam de 150 capelas e as mais antigas são patrimônio da humanidade[108].

No Brasil foi criado o sistema de reduções, de menor envergadura, porém espalhado em todo o território, da Amazônia à região limítrofe com as terras espanholas em São Paulo. Na antiga capitania do Espírito Santo encontra-se uma redução simbólica: a igreja maneirista, racional e de grande harmonia em sua concepção, com destaque para as proporções da fachada que contrastam com um retábulo erigido por mão de obra indígena, demonstrando grande sensibilidade compositiva e manejo do formão dos aprendizes das oficinas jesuíticas.

Campanário da missão San José. Chiquitos. Bolívia. Séc. XVIII.

Conjunto da Estância Santa Catalina. Córdoba. Séc. XVIII.

Confessionário da missão San Gabriel. Pintura mural sobre adobe. Chiquitos. Bolívia. Séc. XVIII.

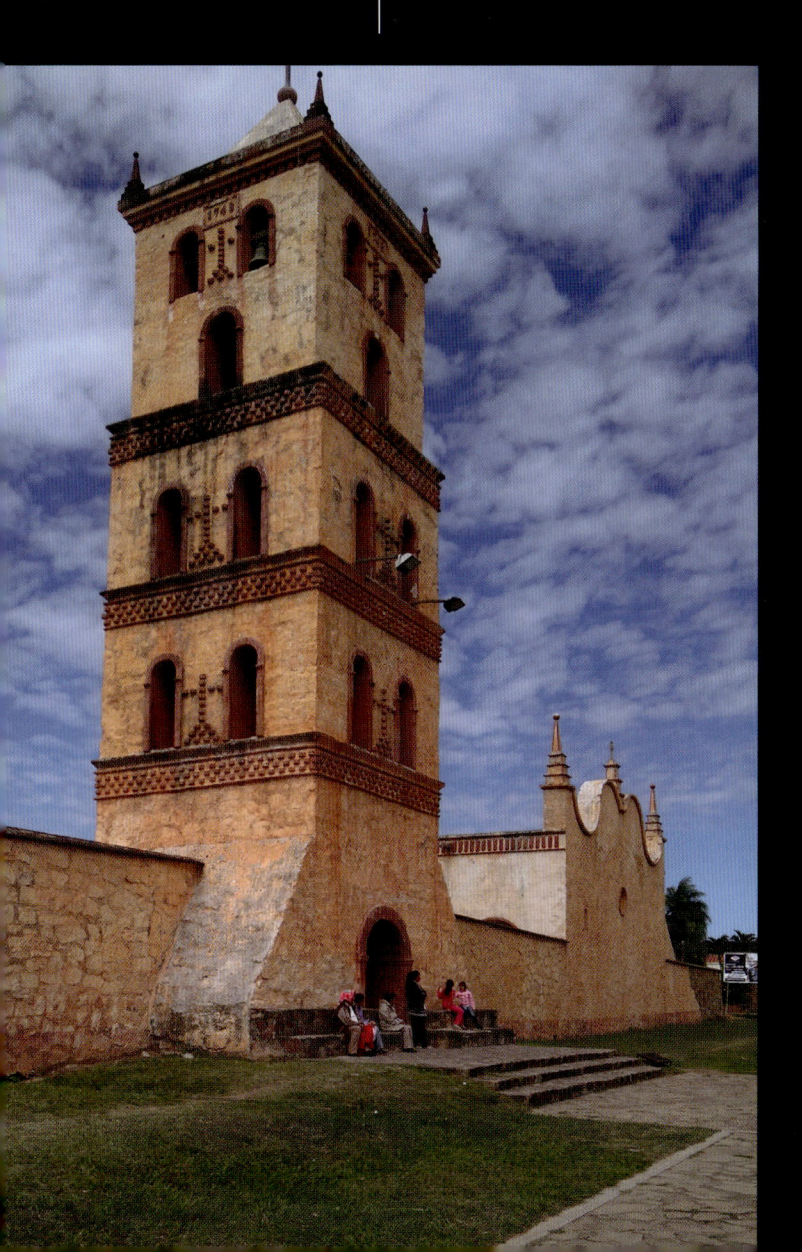

### Igreja de San Francisco Javier.
### Tepotzotlán, México | século xviii

A igreja do noviciado foi iniciada em 1670 e concluída em 1682, obra de autoria incerta, sendo possivelmente de José Duran, sendo o benfeitor principal a família Medina Picazo. Os retábulos são posteriores, de 1753, tendo o reitor Pedro Reales decidido enriquecer o templo contratando Miguel Cabrera para pinturas[109]. A fachada é de 1762, obra de Ildefonso Iniesta Bejarano.

A nave é única e larga com transepto amplo e capela-mor rasa. Os retábulos da capela-mor e dos braços do cruzeiro unem-se tornando o espaço único, um clímax do barroco *churrigueresco* confirmando a teoria do *theatrum sacrum* e ao mesmo tempo o dilema barroco do horror ao vácuo. Os altares da nave estão incrustados nas paredes. O retábulo-mor, obra-prima da torêutica, reproduz o retábulo lítico da fachada, criado para a eternidade. Contido em seu arco inflama-se em chamas delirantes na busca

FACHADA DA IGREJA DE SAN FRANCISCO JAVIER. TEPOTZOTLÁN. MÉXICO.

INTERIOR DA IGREJA DO EX-SEMINÁRIO, ATUAL MUSEO NACIONAL DEL VIRREINATO DO MÉXICO. TEPOTZOTLÁN.

## Conjunto jesuítico de Córdoba, Argentina | século XVII

A igreja da Companhia de Jesus em Córdoba é um monumento lítico. Totalmente desornamentada, sua fachada inacabada denuncia as dificuldades financeiras da construção. Sua lateral, toda em pedra aparente, ocupando toda amplitude do quarteirão, confere a dignidade de uma fortaleza espiritual imbatível. A igreja foi consagrada em 1671 pelo bispo do Paraguai, frei Gabriel de Guillestegui, em passagem por Córdoba em direção ao Alto Peru, onde tomou posse como bispo.

A grandiosidade do templo não foi comprometida apesar das reformas ocorridas depois da expulsão dos padres em 1763. O maior prejuízo porém foi provocado por um incêndio em 1961, que fez desaparecer as ricas pinturas da cúpula de cerca de dez metros de diâmetro, ofuscou o brilho das pinturas da abóbada e enegreceu as pinturas e os relevos que preenchiam todo o perímetro do entablamento da igreja[110]. Essa obra magnífica de marcenaria é do irmão Felipe Lemaire, seguindo as orientações da edição póstuma de Philibert de l'Orme, de 1591, na qual explana a solução de abóbada de canhão executada em madeira formando pequenas peças unidas por clavilhas e apoiadas sobre muros. Os arcos torais têm um metro de largura e são revestidos de tábuas largas e finas com pinturas florais nas cores vermelha, azul, amarela e dourada, com as bordas negras.

Na capela-mor de pouca profundidade está posicionado o retábulo justaposto à entrada da sacristia que se comunica com a capela doméstica. O retábulo-mor tem dois corpos e coroamento escalonado permitindo que a obra monumental preencha toda a espacialidade da capela-mor. Os três tramos são ritmados por nichos nos intercolúnios: apenas uma nas laterais e duplas evidenciando o tramo central. No primeiro corpo, um templete para o sacrário no tra-

do espaço infinito, envolvido por figuras santificadas, purificadas pelos exercícios espirituais de Loyola.

O coro se localiza acima da entrada principal e na lateral um *magnificat* à Virgem de Loreto com a mais surpreendente capela reservada à Virgem. Se a complexidade do barroquismo exacerbado inicia na fachada com tonalidades de cinza da pedra, o dourado toma conta de toda a igreja acrescido às pinturas parietais com azuis, devendo somar os múltiplos reflexos de espelhos e coloridos fortes de estuques na capela de Loreto. Uma verdadeira viagem ao mundo transcendental é causada ao irromper nesse espaço de prazeres místicos que contém a sensação da felicidade da vida eterna experimentada apenas pelos anjos: luz divina reveladora das formas da alma contidas nas dobras místicas da espiritualidade.

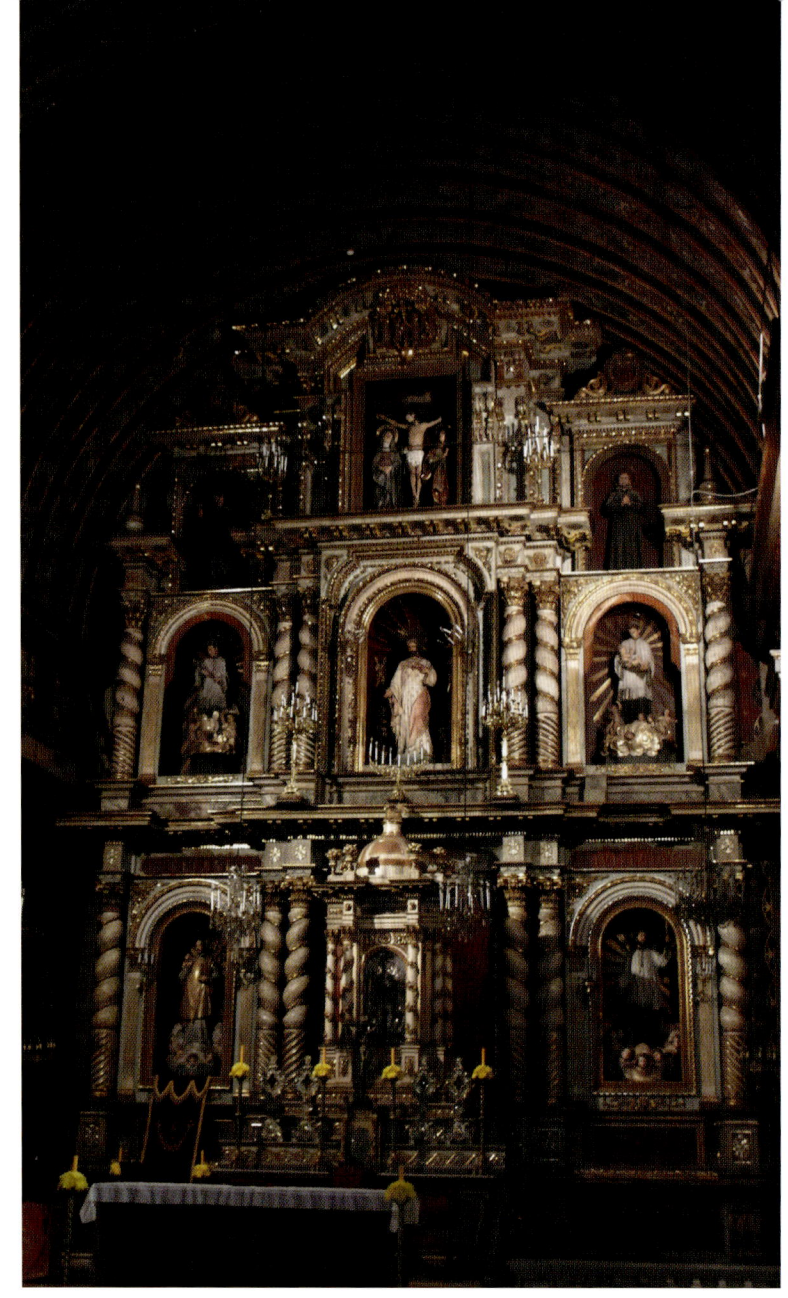

mo central, e nos quatro nichos nas laterais há imagens dos santos jesuítas Inácio de Loyola e Francisco Xavier (ambas espanholas de 1876). No segundo corpo estão os santos Estanislau de Kostka e Luiz Gonzaga e, ao centro, o Sagrado Coração de Jesus. Culminando no coroamento escalonado, mais três nichos com os santos Pedro Claver e Alonso Rodríguez, e um calvário no nicho do tramo central. A curvatura do coroamento tem o emblema da Companhia.

    A capela doméstica, ou do noviciado, foi iniciada em 1666, conforme pesquisas de Carlos L. Onetto, que complementa suas considerações com a hipótese de ter sido ela maior que o tamanho atual. Sua ornamentação é constituída de um retábulo-mor, obra do irmão milanês José Brasanelli, em madeira das terras paraguaias (cedro) e pinturas com o tema da ladainha de Nossa Senhora intercaladas com outras florais. O atual retábulo é considerado um dos mais importantes da região do rio da Prata pelo pesquisador Bozidar Sustericic[111]. Quatro colunas salomônicas estão no primeiro corpo do retábulo que tem três tramos. No tramo central está o sacrário e acima, emoldurado, um crucifixo. Nas laterais, também emoldurados, pois anteriormente eram pinturas que estavam naqueles espaços, estão agora os santos Inácio de Loyola e Francisco

RETÁBULO DA CAPELA DOS NOVIÇOS. CÓRDOBA, ARGENTINA. SÉC. XVIII.

RETÁBULO-MOR DA IGREJA DA COMPAÑIA DE JESÚS. CÓRDOBA, ARGENTINA. SÉC. XVIII.

FACHADA LATERAL DA IGREJA DA ESTÂNCIA DE ALTA GRACIA. ARGENTINA. SÉC. XVIII.

Xavier. Um nicho em arco aponta a verticalidade do tramo central e recebe a escultura de um Cristo. Sobre as molduras e entablamento truncado está o nicho entre colunas com o grupo escultórico do calvário. Duas volutas unem os dois corpos com nichos laterais com as efígies dos santos Pedro Claver, protetor dos escravos, e Alonso Rodríguez. O coroamento sobre entalhamento truncado comprime-se na curvatura da abóbada em canhão.

A ornamentação pictórica da abóbada é surpreendente não só pela beleza, mas também pelo material empregado: couro esticado e aplicado sobre madeiramento recoberto com gelatina e gesso. As faixas que orientam a pintura floral na qual estão intercalados emblemas segurados por anjos delimitam a espacialidade de toda a capela. Nessas faixas estão pintados – ora dois, ora três – emblemas com litanias de invocação à Virgem, que tem no centro da abóbada a invocação de Maria rodeada por jesuítas[112].

### Ruínas das missões jesuíticas de Trinidad e Jesús. Paraguai | século XVIII

Para se chegar às missões paraguaias passava-se por Córdoba, vindo do Alto Peru como do porto de Buenos Aires. À distância ficavam os caminhos aquosos dos caudalosos rios do estuário do rio da Prata desde o Uruguai atingindo as cataratas do Iguaçu. O drama vivido pelos franciscanos e jesuítas nos primórdios daquelas insipientes instalações das missões foi suficiente para que logo se organizassem na bacia do Prata, que tinha uma geografia com rios caudalosos similar àquela da floresta amazônica. A distância daquelas terras incógnitas auxiliou no fortalecimento de seus propósitos evangelizadores em primeiro lugar por se tratar de uma única etnia indígena, e assim naquela imensa região falava-se apenas uma língua. Segundo, não havia nenhuma interferência das autoridades e assim eles puderam desenvolver tanto o trabalho da evangelização como da subsistência. O isolamento de outras culturas foi muito criticado assim como a defesa feita com armas contra os *encomendeiros*, bandeirantes paulistas e indígenas não cristãos[113]. Porém foram decisivos para que a organização se mantivesse com a economia baseada em um sistema de troca entre as missões, o que levou à prosperidade e realização de assentamentos com construções permanentes, hoje ovacionadas como patrimônios da humanidade.

As grandiosas construções do irmão João Batista Primoli, vindo da Itália, desafiaram não apenas ordens da Companhia como trouxeram problemas construtivos como abóbadas em canhão e cúpulas que caíram ou tiveram que ser refeitas. Nada teria desanimado aqueles que reconstruíram sob o entusiasmo do padre Grimau a igreja de Trinidad com os anjos músicos.

Considerada a prima-dona das obras arquitetônicas dos jesuítas nas missões de Paraquaria, é retentora dos mais dramáticos experimentos arquitetônicos, assim como da grandiosidade e culminância da história da arte guaranítica. Graças aos escritos dos padres visitadores é que se tem uma pálida visão da obra maior do irmão Primoli, que terminara a também grandiosa igreja da missão de São Miguel. O padre Oliver a descreveu como

> [...] era a mais linda, com abóboda muito bela, (cúpula) em meia-laranja e lanternim: toda com grande claridade, proporção e adorno. A fachada e a torre eram coisa soberba. No interior a igreja era tão bela por suas pinturas que parecia a glória que representava. Faltavam-lhe os altares laterais, já que aqueles que lá estavam eram provisórios. Concluída esta, tivera sido obra sem igual em toda aquela América e muito excepcional ainda nas principais cidades da Europa[114].

### Ruínas da igreja de São Miguel das Missões.
### Rio Grande do Sul, Brasil | século XVIII

Seguindo as regras da arquitetura jesuítica, esse templo deve ter-se iniciado em 1735 e a parte substancial terminada em 1744 ou 1747, tendo sido feito por etapas. O traçado original, do arquiteto jesuíta João Batista Primoli. Um relato de 1756, época do apogeu de São Miguel, feito pelo visconde de São Leopoldo, José Feliciano Fernandes Pinheiro, descreve o grandioso empreendimento jesuítico:

> Na frente de uma grande praça quadrangular, na qual desembocam nove ruas, via-se o templo, bem que de paredes de pedra e barro, mas muito grossas, e branqueadas de tabatinga; era voltada para o norte, e nela se entrava por um alpendre de cinco arcos, sustentados por colunas de pedra branca e vermelha, rematada por uma vistosa balaustrada, e sobre uma gradaria da mesma pedra (da qual são também os frisos, cornijas e figuras), que coroava o frontispício, elevava-se a figura de São Miguel, e dos lados as dos seis apóstolos; a igreja é de três naves, de 350 palmos de comprido, e 120 de largo, com cinco altares de talha dourada, e excelentes pinturas, e ao entrar na porta principal via-se à direita uma capela com seu altar, e pia batismal, sendo a bacia de barro vidrado de verde, assentada sobre uma moldura de talha dourada[115].

João Batista Primoli.
Ruínas da igreja da missão de Trinidad. Paraguai. Séc. XVIII.

João Batista Primoli.
Ruínas da fachada da igreja da missão de São Miguel. São Miguel das Missões. Brasil. Séc. XVIII.

As ruínas da missão de São Miguel são parte dos Setes Povos que com o Tratado de Madri (1750) passaram a pertencer ao território nacional. Fazem ainda parte das missões as ruínas jesuíticas paraguaia e argentina que pertenciam ao reino da Espanha fundadas entre os anos de 1690 a 1763 pelos padres jesuítas para abrigar e evangelizar os índios guaranis, assim reunidos desde o início do século XVII no Guairá, quando atacados pelos bandeirantes paulistas e então se mudaram para as terras abaixo das cataratas do Iguaçu. Os últimos índios missioneiros foram extintos durante a Guerra do Paraguai em 1865.

Detalhe da pintura do forro da sacristia com as efígies dos santos jesuítas: Luís Gonzaga, João Batista Machado, Inácio de Loyola e Francisco Xavier. 1683-1694. Salvador, BA.

### Catedral Basílica de Salvador. Brasil | século XVII

O exterior da igreja de Jesus, atual Sé de Salvador, é revestido com pedra de lioz e tem na monumental fachada elementos de diversas igrejas portuguesas, como a compartimentação rígida da Sé de Coimbra, a dupla ordem de pilastras colossais de São Roque de Lisboa e, de ambas, os arremates das portadas em frontões retilíneos e curvos.

São três as portadas e os nichos que contêm os santos jesuítas, e o arremate é constituído de frontão, pináculos e volutas.

Na decoração interna desta que foi o então colégio jesuítico, encontram-se ainda alguns elementos do maneirismo no uso de motivos tradicionais renascentistas. O altar-mor da igreja construído entre 1665 e 1670 eleva-se em vários andares, ocupando toda a parede final de forma monumental, com grupos de colunas salomônicas, fundos com arabescos de folhas de parreiras e até elementos figurativos e pintados. Dois dos retábulos laterais, que abrigam as imagens de Santo Inácio de Loyola e São Francisco Xavier, os últimos a serem concluídos em 1755, já às vésperas da expulsão dos padres em 1759, revelam o quanto se desenvolveu a arte da talha, com elementos de composição que indicam tendência rumo ao rococó, evolução que pode aqui ser documentada em uma única igreja[116].

A mais bela das sacristias dos jesuítas está nessa igreja e é considerada a primeira pinacoteca brasileira. Com grandes dimensões, tem piso quadriculado feito de mármore e pedra de lioz e alto barrado de azulejos com motivos florais percorrendo as paredes, que acima recebem pinturas com motivos bíblicos. O teto também é pintado formando quadrados com cercaduras que encerram os padres jesuítas canonizados, beatos e mártires, como Santo Inácio de Loyola, São Luís Gonzaga, entre outros. Posicionado no centro do arcaz, um altar de origem italiana e outros dois portugueses, em um dos quais está a mais pungente imagem da Nossa Senhora das Dores, proveniente da antiga Sé.

### Igreja de São Francisco Xavier e colégio Santo Alexandre. Belém, Brasil | século XVIII

Do conjunto de obras religiosas no Brasil, as duas igrejas que sobreviveram em melhores condições são as de Salvador e de Belém do Pará, sendo que esta última mantém a fachada íntegra do colégio Santo Alexandre. Ambas conservam uma unidade plástica, cada uma a seu modo. Na igreja de São Francisco Xavier do colégio Santo Alexandre, em Belém, a riqueza parece adequada ao vigor natural da região, contrastando com a solução mais disciplinada e nobre da atual catedral de Salvador, na Bahia.

Na capela-mor, o retábulo com colunas salomônicas é impregnado de videiras naturalistas, anjos e pássaros. Os altares laterais são no estilo dom João V, com baldaquino e grandes volutas e contravolutas no coroamento. Dois púlpitos, dos mais belos e elegantes nas terras brasileiras, são de autoria do frei João Xavier Traer, do Tirol, que ingressou na Companhia em 1696, vivendo no Pará até 1737[117]. A ornamentação é de grande feitura, rica em detalhes com elementos do rococó austríaco, o que torna esse monumental púlpito de oito metros de altura peça única na arte luso-brasileira. Toda a concepção da talha desenvolvida na igreja é erudita, com uma ou outra execução ingênua, apontando para a mão de obra indígena[118].

As pinturas com brutescos estão no forro da sacristia e da sala da biblioteca. Ricas composições com florais e pequenos

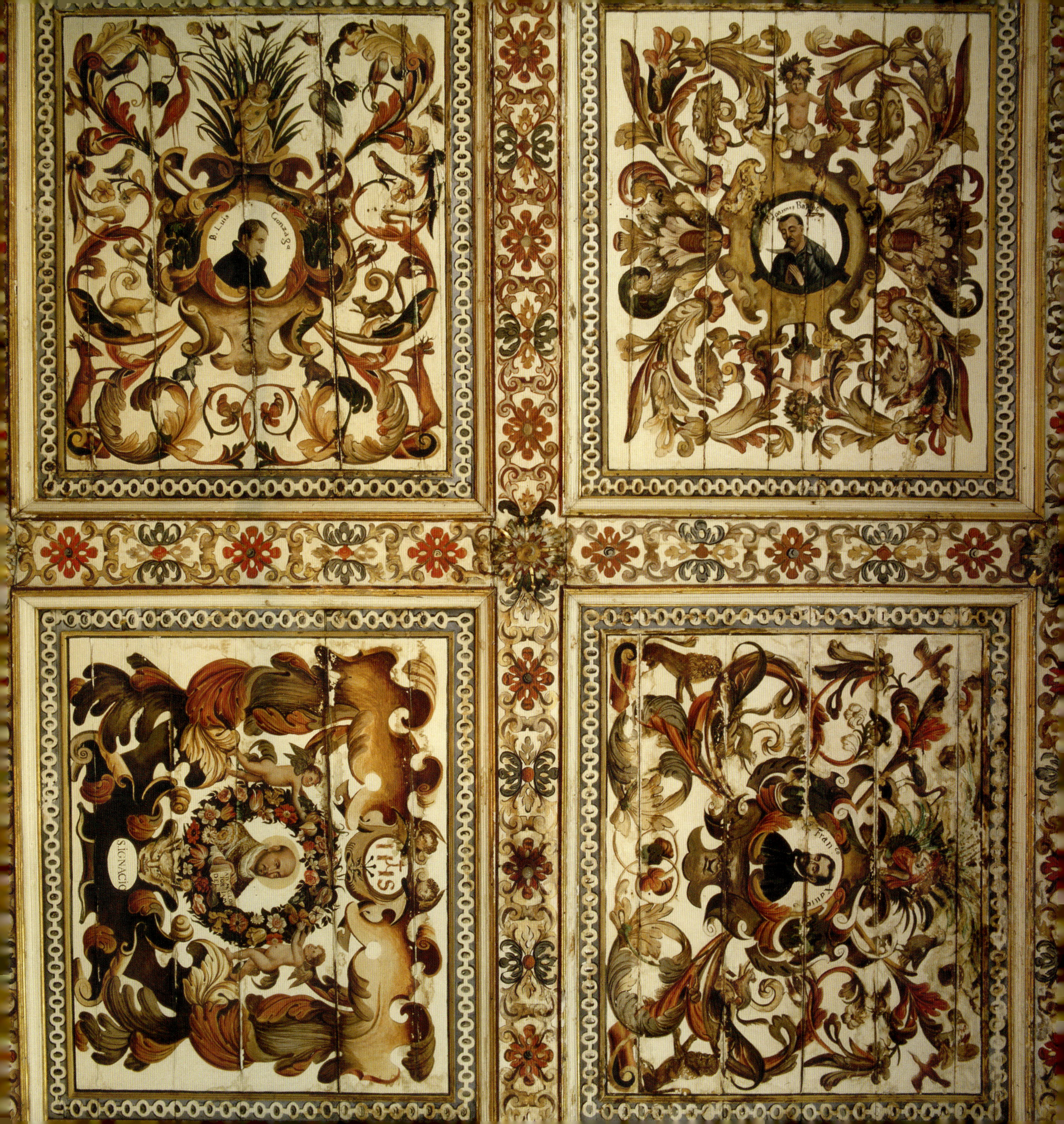
B. Luis Gonzaga
S. IGNACIO
IHS
Fran.co

FACHADA DO COLÉGIO SANTO ALEXANDRE E DA IGREJA SÃO FRANCISCO XAVIER. BELÉM, PA.

TRAJES DAS RELIGIOSAS DOS CONVENTOS NOVO-HISPÂNICOS. ANÔNIMO. ÓLEO SOBRE TELA. SÉC. XVIII. MUSEO NACIONAL DEL VIRREINATO. TEPOTZOTLÁN, MÉXICO.

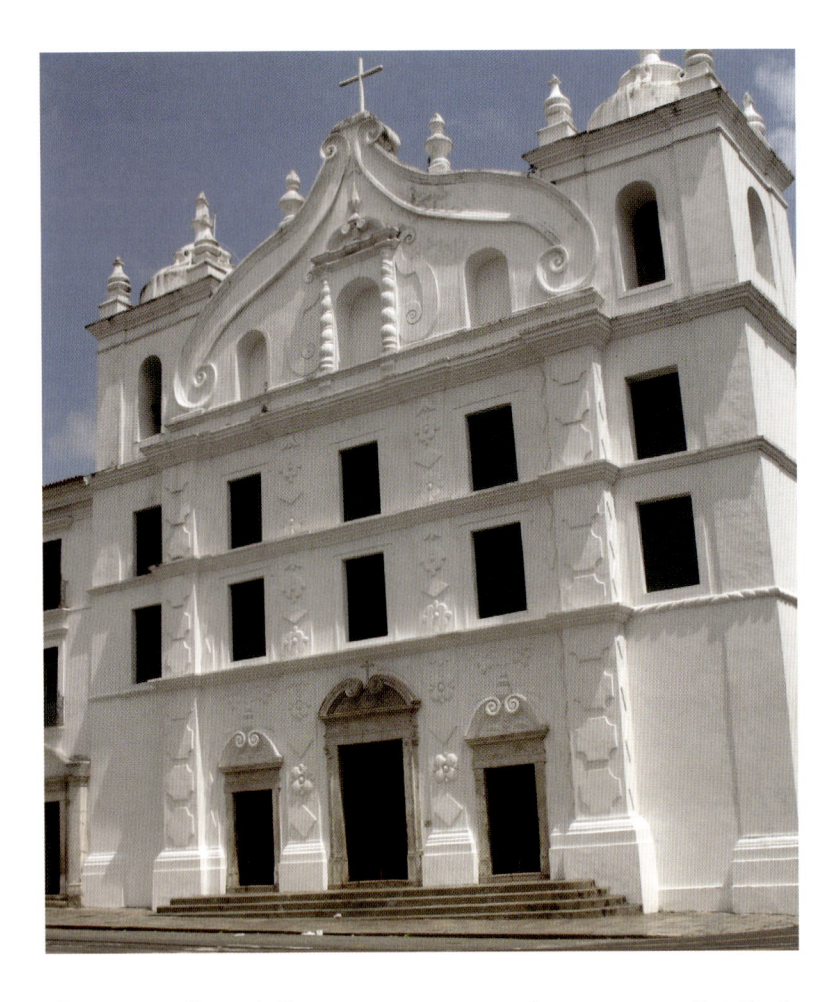

elementos fitomórficos tomam conta dos espaços distribuídos de maneira simétrica. A beleza tanto dos motivos – flores e ramagens – como das tonalidades encanta pela execução e firmeza nos traços. O emblema da Companhia de Jesus é concebido com leveza incomum e paira sobre aqueles que buscam erudição no ambiente de estudo da biblioteca

## Mosteiros femininos na América espanhola

### Espírito de religiosidade

Os mosteiros femininos nos antigos vice-reinos da Nova Espanha (México), de Granada (Colômbia), do Peru (Equador, Peru e Bolívia) e de La Plata (Argentina, Paraguai, Chile e Uruguai), além das intendências da Guatemala, são em menor número que os conventos masculinos que se dedicavam às missões, à evangelização e ao ensino. Apenas nas grandes cidades era permitido que as mulheres se dedicassem à vida de reclusão da clausura. Em geral, esses mosteiros levam os nomes de Santa Clara (1193-1253) – clarissas descalças provenientes da ordem primeira dos franciscanos mendicantes – ou de Santa Teresa (1515-1583) – carmelitas descalças seguidoras da doutora da Igreja Santa Teresa de Ávila (1515-1582) ou ainda de Santa Catarina de Siena (1347-1380), que segue a ordem dos dominicanos – catalinas. Outras ordens foram as concepcionistas, agostinianas, capuchinhas, mercedárias descalças e gerônimas, totalizando 105 mosteiros no final do século XVIII.

Os mosteiros femininos tiveram seu crescimento após o período da conquista, já no século XVII, como consequência da formação de uma sociedade cujos valores locais se afloraram com o desejo de afirmação dos costumes da nova terra, distante da Europa e em especial no que dizia respeito à miscigenação dos povos europeus, indígenas, negros e crioulos. O papel da mulher era crescente e se tornou diferenciado daqueles tempos da conquista, deixando de apenas procriar. Quanto à conduta moral e religiosa, estavam elas inseridas em severa ordem moral, na qual a castidade era valorizada com supremacia, já que os nobres ca-

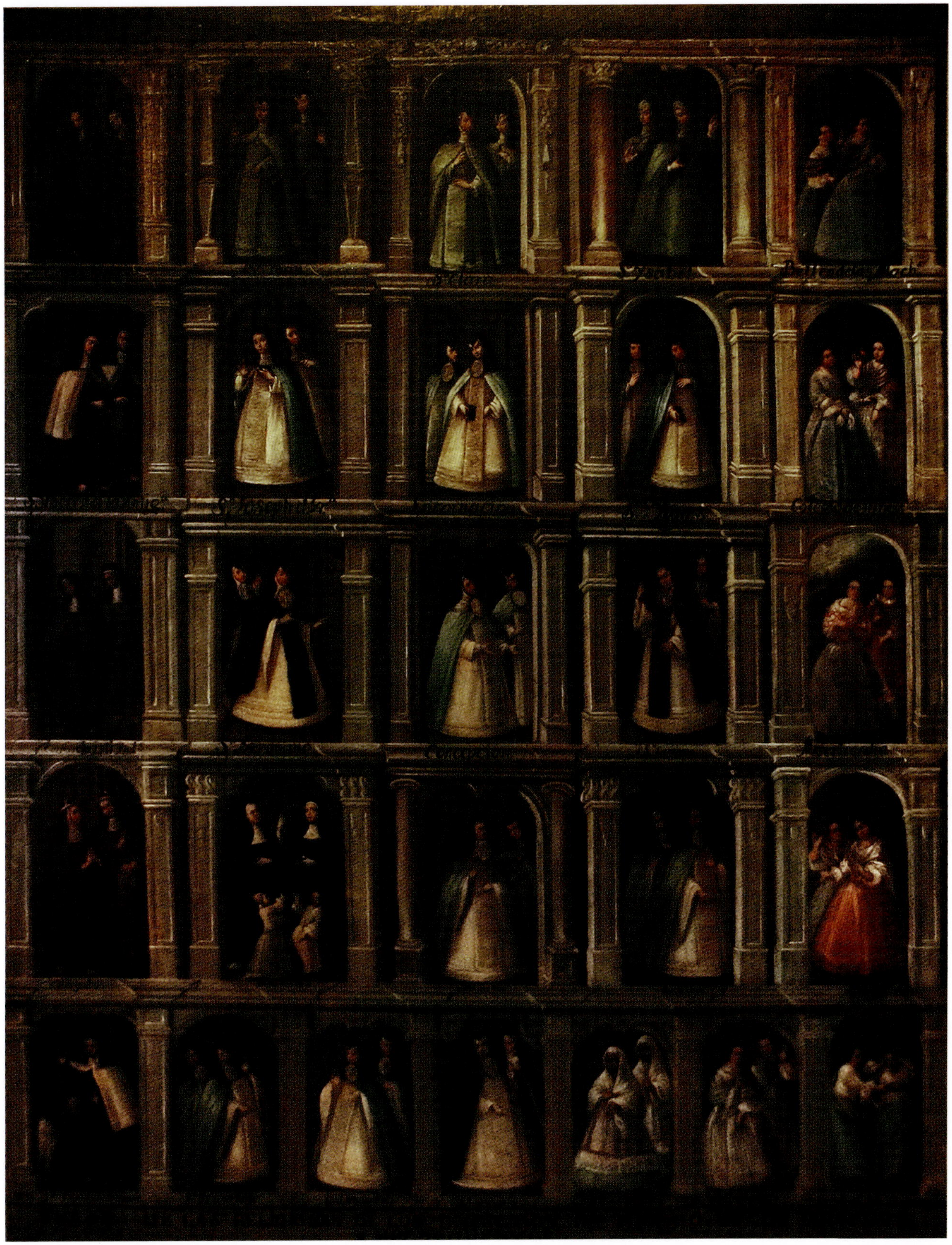

*Esponsal místico da alma religiosa com Jesus Cristo.* Anônimo. Óleo sobre tela. Séc. xviii. Museo Nacional del Virreinato. Tepotzotlán, México.

*Monja com coroa de espinhos e símbolos do martírio de Cristo*. Anônimo. Óleo sobre tela. Séc. xviii. Museo Nacional da Colômbia. Bogotá, Colômbia.

savam entre si. Quando não havia mulheres espanholas, uniam-se com donzelas da nobreza indígena.

As formas de expressar a religiosidade iam desde as mais pias obras às exasperações místicas incontroláveis, e os mosteiros foram palco de tais manifestações. Era imprescindível que um mosteiro tivesse um benfeitor o qual confiava às monjas a educação de suas filhas. Era também o local onde encontravam abrigo as filhas ilegítimas e suas vidas, como eternas enclausuradas, as tornavam intocáveis ante as atitudes mundanas[119].

O padroado de um mosteiro era antes de tudo um prestígio social e forma pia da prática religiosa ou ainda se tornar uma religiosa mesmo que não fizesse votos de pobreza, obediência e castidade, comum quando se tornavam viúvas. Com a beatificação de Santa Rosa de Lima, que era crioula, e sua veneração, a prática de se enclausurarem se difundiu entre as mulheres. Fato anterior a este foi a aparição de Virgem de Guadalupe em Tepeyac, no México, e as publicações a respeito de suas aparições ao índio Juan Diego. As imitações da vida da Virgem e da vida de uma crioula santa animaram a vida monástica de reclusão.

## Arquitetura

Os mosteiros femininos, como as outras construções para religiosos e as igrejas, seguiam as normas tridentinas de São Carlos Borromeo (1538-1584), que escreveu *Instructiones fabricae et supellectilis ecclesisicae* (1577), seguidas pelas ordens religiosas depois do Concílio de Trento (1542-1563). Os mosteiros foram construídos nos limites das cidades e nunca em locais ermos como aqueles europeus da Idade Média. Também estavam distanciados dos conventos masculinos, igrejas, ou edifícios altos para que as monjas não fossem observadas desde as torres. As ruas deveriam ser calmas, sem ruído de carroças ou multidão reunida. Ocupavam grandes quadras – *manzanas* – no urbanismo sendo identificados por grandes muros que bloqueavam as ruas quadriculadas. O conjunto era formado pela igreja junto ao mosteiro, seguindo o alinhamento da rua, em geral com duas entradas para nave única, sendo esta construção a única frequentada pela população. A igreja é, portanto, o local de comunicação com o mundo sem que sejam vistas, pois ficam atrás das espessas grades para participarem das missas, das cerimônias de iniciação ou do coroamento de monjas, além dos enterros. Suas vozes eram ouvidas dos coros alto e baixo onde tocavam instrumentos e entoavam cânticos em dias solenes. Há por entre as grades uma abertura para o sacerdote dar-lhes a comunhão.

Para se adentrar os altos muros há apenas duas entradas, uma para o locutório onde eram recebidas as meninas ingressantes, que raramente poderiam voltar a falar com seus familiares e, se o fizessem, era através de treliças bem fechadas. Uma pequena roda giratória servia para a troca de bilhetes em geral pedindo orações, venda de doces ou bordados. A outra abertura ficava nas proximidades da cozinha para receber os alimentos, sem contato com os homens. As duas entradas para a igreja eram apenas para os fiéis em horários determinados pelo culto. Passando pelo locutório, vinham os claustros com dois pisos. Os mosteiros menores tinham apenas dois claustros, um para as monjas e freiras e outro para noviças. No piso baixo ficavam a sala de capítulo, o refeitório, a cozinha e ao lado a despensa, a cave de vinhos, o forno e a botica e a salas de afazeres. No piso superior estavam os dormitórios, o lugar para o ensinamento das noviças, o guarda-roupa e o local para armazenar os cereais[120].

Vista da nave única com abóbadas em nervuras, cúpula e retábulo-mor. Igreja do convento de Santa Clara. Séc. XVI. Santo Domingo. República Dominicana.

Fachada-retabular do mosteiro de Santa Teresa. Séc. XVIII. México DF.

Além dos claustros, conforme a riqueza do mosteiro, poderiam se transformar em verdadeiras cidadelas como o de Santa Catalina em Arequipa, no Peru. As ruelas receberam nomes de cidades espanholas e as celas privativas tinham sala, cozinha, dormitório e cama para a serva ou a escrava. Essa tipologia se assemelha ao convento de Santa Clara em Sevilha, na Espanha, e o da Concepción no México. Os lugares separados, mais distantes dos claustros, eram a enfermaria, o cárcere para as dementes, o educandário para as jovens abandonadas ou pobres, as celas para as viúvas, o albergue exterior para o padre confessor, os colonos ou benfeitores. A lavanderia poderia ser apenas composta por tinas ou uma construção com muitos tanques como em Oaxaca no México.

A horta e o jardim em geral em algum canto mais distante eram importantes, pois deles tiravam as drogas para a botica e os alimentos. Os jardins tinham um tratamento especial, pois os mosteiros eram considerados Jardins do Éden onde as monjas eram as esposas de Cristo. As flores tinham seus simbolismos por suas vidas curtas, seu aroma, cor e papel energético quando das infusões. Havia flores cultivadas pelas noviças, monjas e viúvas conforme a cultura ocidental cristã direcionada por Santo Agostinho. Assim, o cultivo da rosa está ligada a feminilidade, ao amor e ao sacrifício com seus espinhos que da beleza gera a dor. O lírio para as virgens noviças e as violetas para as viúvas. Cada uma das flores estavam relacionadas com as etapas da vida da Virgem Maria, do nascimento, anunciação até a dormição, e assim as noviças deveriam manter a flor de suas virgindades.

As monjas mortas eram coroadas de flores, todas simbólicas e referentes às suas ações místicas e virtudes[121]. Nem tudo eram flores no convívio, principalmente nos períodos de eleições das prioras como os ocorridos em Santa Catalina em Quito e em Lima, que teve que ser cercada por soldados. O mesmo ocorreu em Cidade dos Reyes quando as freiras formaram partidos diferentes para as eleições da priora. Na cidade de Córdoba, na Argentina, tocaram sinos durante a noite despertando a população para protestar contra o bispo de Tucumán, que lhes havia privado de certas regalias. Em Salvador na Bahia, a freira Joana Angélica foi assassinada por soldados portugueses ao impedir que entrassem no convento em 1822.

O embelezamento interior das igrejas monásticas contrasta com os imensos muros que isolam os conjuntos dos acontecimentos mundanos. As igrejas de naves únicas, com duas entradas, de tamanhos comedidos são perfeitas para ornamentação total de tal maneira a formar um *theatrum sacrum* intermediário entre o fiel que busca a vida eterna e as monjas que já vivem na terra os ecos, os martírios e as visões da vida celeste sob as abóbadas em geral de canhão. Seus coros, baixo e alto, se apresentam emoldurados com requintes da gramática barroca, excessiva, dourada entre as penumbras frias da severidade das grades de ferros retorcidos por meio das quais deixam fluir suas vozes distantes e angelicais. Lá passavam grande parte do tempo orando e recebiam a comunhão. As duas portas gêmeas ganham forma simbólica nas procissões de Corpus Christi e da Paixão, quando os fiéis saem por uma e entram por outra sob os olhares das monjas nos coros.

## Iconografia e arte

A iconografia que circunda essas grades, a exemplo de Santa Clara e Santa Rosa, ambas em Querétaro no México, é complexa: os 12 apóstolos, doutores e Cristo estão entre as grades dos dois coros e acima do coro alto, a Virgem suspensa em um imenso resplendor de preciosa talha dourada. Em Santa Clara, igreja vizinha, a padroeira é que rege a composição e em ambas o Crucificado se destaca. Molduras em formas de dosséis e leques são detalhadamente estofados lembrando tecidos adamascados. Os altares cobrindo todas as paredes formam um útero confortante, dourado, místico que acolhe a todos. Nas suas dobras e inflexões dos tecidos reconfortantes sempre está a imagem da Virgem de Guadalupe venerada por anjos e protegida por Deus Pai. O altar do Sagrado Coração, obra de Miguel Cabrera, é, acima de tudo, uma joia preciosa e faustosa que se abre dentro de um espaço sagrado devido seu espanto de beleza capaz de provocar visões. Em Santa Rosa, altar atribuído a Pedro de Rojas, a Virgem de Guadalupe é cercada por pinturas com suas aparições, incluindo aquela atribuída ao índio Juan Diego. Muitos tecidos remetem aos bordados e toalhas que as monjas confeccionam para os altares com franjas douradas e flores simbolicamente bordadas. Anjos aparecem para acudir tais visões e São Miguel e as hostes sagradas emplumadas asseguram que a Virgem está nas alturas celestes. Seus corações inflamados são distribuídos entre volutas flamejantes ou em uma pintura, no caso de Santa Clara de Quito, onde delicados anjos os entregam aos mortais[122].

Os tesouros dos mosteiros são doados pelas monjas e pelos benfeitores e vão além da ornamentação dos retábulos, das esculturas e das pinturas. As alfaias devem ser preciosas como aquelas que Soror Ignacia de San Bernardino em 1791 apresentou nas contas de seu período de abadessa contabilizando o montante de 15.443 pesos para o esplendor dos serviços sagrados: 12 candelabros, frontões, e andor de prata para o Santíssimo com anjos vestidos, esmeraldas para a custódia, ornamentos em tecido em prata, uma chave com corrente de ouro com pérolas e esmeraldas para o sacrário, casulas de damasco tecidas e brocadas, assim como tecidos com ouro e prata para os véus do sacrário, veludos e tafetás carmesins e amarelos, um altar para a Puríssima e vestidos para ela e outro para Santa Clara, uma lâmpada de cristal para o presbitério. A compra de espelhos foi em Lima, oito de corpo inteiro com molduras douradas e 57 de outros tamanhos emoldurados em dourado e policrômicos. Mais gastos com alvas, amitos, cíngulos, corporais, bandeiras e mais vestidos para as imagens de vestir. Estas alfaias estavam presentes em todas as sacristias dos conventos, igrejas, catedrais e mosteiros, um aparato desenvolvido no período barroco para os ritos dentro das igrejas e outro para as procissões que no caso dos mosteiros eram internas[123].

A vida musical com seus concertos e mesmo literária era permitida, e muitas se distinguiram tocando instrumentos em saraus para as damas da sociedade, cantando hinos e escrevendo peças teatrais, como a poeta Juana Inés de la Cruz do mosteiro de San Jerônimo na Cidade do México. Também se distingue a escritora mística Francisca Josefa de Castillo, monja clarissa de Tunja, Colômbia.

## Análise de mosteiros femininos
### Educandário La Enseñanza. Cidade do México, México | século XVIII

Nas capitais de vice-reinos e das intendências havia os conventos dedicados ao ensino das meninas que não necessariamente viveriam reclusas por toda vida e, portanto, não tinham os rituais da experiência contemplativa. Em 1753 fundou-se na capital do vice-reino da Nova Espanha, Cidade do México, o colégio de La Enseñanza de la Compañia de Maria, ordem do mesmo nome fundada em 1607 por irmãs francesas de Bordeaux e um padre jesuíta. Em 1650 eles foram para Barcelona e de lá para o México, em 1745. A benfeitora foi María Ignacia de Azlor y Echeverz, esposa de um rico minerador vasco-navarro de família de militares e empresários.

Essa obra de 1778, de autoria de Guerrero y Torres, tem a fachada-retábulo comprimida entre os edifícios do colégio e do convento. Está emoldurada por grandes pilastras com bossagem criando um pequeno adro para a entrada da igreja que se faz por uma porta com arco mistilíneo. A fachada em cantaria é verticalizada com colunas e nichos com santos da ordem, a mesma solução do interior com seus nove retábulos com santos que se dedicaram à educação.

Entrando por debaixo do coro alto, o nártex tem uma penumbra provocada por um grande arco trilobar que ambienta a visão do retábulo-mor de intensa luminosidade e verticalidade ampliada por linhas das falsas lunetas da abóbada da abside. O retábulo-mor com planta baixa curva faz eco com o arco triunfal com seu arremate curvo. O corpo central destaca-se desde o altar, o sacrário, a camarinha da Virgem, e dois nichos para os santos protetores do ensino. Os tramos laterais são demarcados pelas portas abaixo e peanhas com os de santos delimitadas pelos entablamentos truncados e molduras ondulantes. As pinturas com cenas da Virgem do Apocalipse e Assunção, subida aos céus, são de Andrés Lópes e datam de 1779.

A beleza da igreja está ainda na planta alongada que combina igreja axial ou basilical com centrada, gerando os três tramos no corpo da igreja, sendo o central encoberto com uma cúpula octogonal. Segundo Antonio Bonet Correa[124], Ramón Gutiérrez assinala esse tipo de planta em algumas do rococó brasileiro de Minas Gerais. Esse barroco tardio que combina soluções do classicismo e barroco marca o início da Academia de Belas-Artes de São Carlos na cidade do México, da qual Guerrero y Torres foi membro honorável um ano antes de sua morte, e marca o fim do barroco mexicano com o estabelecimento do neoclassicismo.

Retábulos laterais da nave com pinturas sobre a vida da Virgem Maria. Cidade do México. Séc. xviii.

Tribuna sobre o portal da sacristia. Mosteiro de Santa Clara. Querétaro. México. Séc. xviii.

## Mosteiro de Santa Clara.
### Querétaro, México | séculos xvii e xviii

Querétaro é rica em seus monumentos barrocos coloniais e marcantes edifícios do breve período imperial mexicano. Seu desenvolvimento está vinculado à mineração do ouro e à nobreza do cacique Conín – Hernando de Tapia, seu nome de batismo –, que doou grande fortuna para sua filha Luisa de Tapia para fundar o mosteiro. Fato raro, pois apenas as senhoras espanholas ou *criollas* poderiam ter esse tipo de privilégio concedido a uma indígena que mesmo religiosa clarissa continuou discriminada[125].

O novo edifício foi construído em 1633 pelo arquiteto e escultor Francisco de Chavide e remodelado trinta anos depois pelo mestre de obras e ensamblador José de Bayas Delgado, oriundo de Puebla[126]. O complexo tomou maior vulto já no século xix quando alcançou 76 casas para abrigar as filhas dos mais prósperos mineradores com suas servas, além das monjas, freiras religiosas, irmãs leigas e meninas estudantes. O recinto completo compõe-se de clausura, ruelas entre claustros e celas individuais, pequenas praças, jardins, capelas, ermidas e cemitério.

A bela praça fronteiriça foi remodelada em 1817 e é possível observar a características das igrejas monásticas: a posição da nave paralela ao arruamento, a presença de uma torre apenas e duas portas de entrada. Internamente uma grande nave com abóbadas reserva uma surpresa artística comparável apenas ao mosteiro de Santa Rosa a algumas quadras do local. Adentrando-se pela parte posterior, junto ao coro baixo, tem-se a sensação completa do *theatrum sacrum*, dourado, exposto a serem descobertas as delícias divinas que flutuam entre o céu e a terra. O ambiente é pleno, nada falta, nada excede, é perfeito.

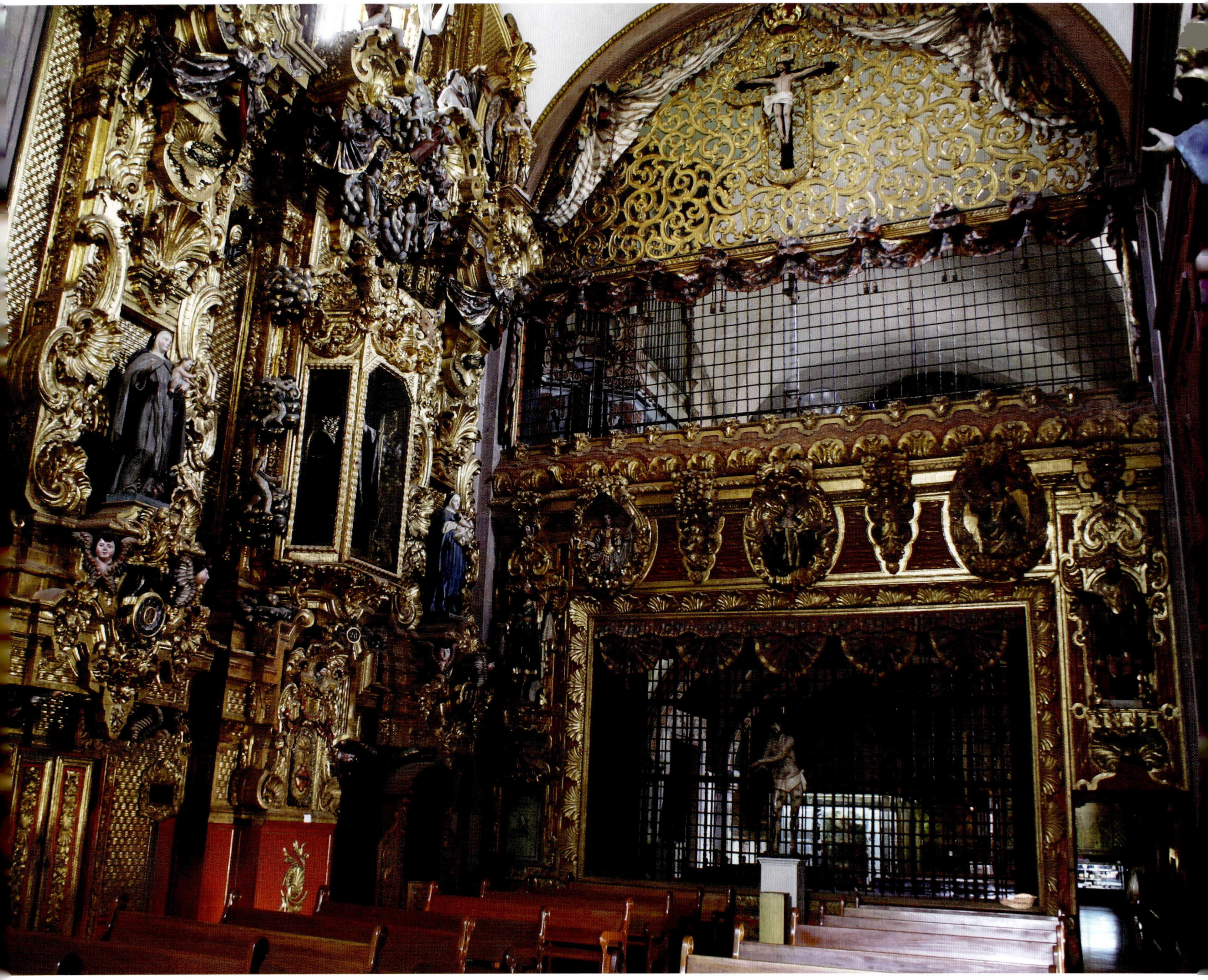

José de Bayas Delgado. Parte posterior da igreja com coro baixo e coro alto. Mosteiro de Santa Clara.

Nave única, cúpula e retábulo-mor. Mosteiro de Santa Rosa. Querétaro. México. Séc. xviii.

Os retábulos de Ignacio Mariano de las Casas, arquiteto de Querétaro, são monumentais. As estípites avançam sobre a nave, sustentam o entalhamento truncado, pinturas e esculturas que se mostram em contrastes de luzes e sombras, volumes ousados e planos requintados ao gosto francês. No arco das lunetas abrem-se janelas com tecidos esculpidos deixando penetrar na nave feixes de luzes que caprichosamente reluzem sobre o dourado dos altares na parede oposta[127].

No retábulo-tribuna com passagem na parte inferior para a antessacristia, dois anjos alados advertem sobre a beleza se o fiel ousar olhar a tribuna rendilhada por uma peça única de serralheria. Na parte posterior, com um arco triunfal da mesma altura que aquele da capela-mor, os dois coros, o baixo e o alto, têm grades simplificadas. De lá, as esposas de Cristo viam o sacrifício da missa. Suas vozes argentinas contrastavam com a robustez dos capitéis, concorriam com os concheados voluptuosos em formas de flabelos pendentes das grades e se esgarçavam nas talhas vazadas. O sacrifício para se alcançar a vida eterna é expresso nas formas e nos recursos da estética barroca. O Crucificado suspenso entre os emaranhados das gavinhas convive com a ousadia do panejamento que descortina a vida celeste. É um gozo artístico sem fim, prazer escultórico, início de viagem ao paraíso.

### Mosteiro de Santa Rosa.
### Querétaro, México | século xviii

As religiosas de Santa Rosa de Viterbo tiveram a permissão para viver em clausura em 1715 conforme as regras terceiras franciscanas quando já ensinavam para as jovens de Querétaro. O colégio real de 1727 teve dois arquitetos: Nicolás López Quijano e José Medina e, quando foi convertido em mosteiro, a igreja foi construída pelo arquiteto Ignacio Mariano de las Casas entre os anos de 1746 e 1757, sendo Vicente Velásquez y Lorena o benfeitor[128].

A igreja conventual tem mais visibilidade que sua vizinha Santa Clara, pois a praça fronteiriça é mais ampla assim como sua fachada paralela à via pública mostra a totalidade do conjunto: a entrada para o convento à esquerda, a torre com bulbos duplos sobre o primeiro tramo, entradas duplas nos tramos centrais, duas curiosas volutas invertidas servindo de contraforte para a belíssima cúpula octogonal. A severidade dos portais duplos contrasta com as formas da cúpula e da torre e o colorido dos pináculos piramidais cujos listrados descem pelas colunas ressaltadas e intradorso do arco da cúpula.

Se na parte externa o desenho concorre com a arquitetura, no interior a arquitetura é anulada pela ornamentação. Caso raro no modelo mexicano onde a solenidade arquitetural comporta a beleza dos retábulos mesmo que monumental. A cúpula é o elemento estrutural mais visível e ainda assim recoberta de pinturas. Ao entrar o impacto é imediato. O esquema ornamental é similar ao das clarissas. Os coros baixo e alto com as grades são guarnecidos na parte inferior por pinturas dos apóstolos emolduradas em inventivas formas rococós. Dois anjos voantes abrem o cenário monástico da reclusão. Acima, a Virgem suspensa entre emaranhados fitomórficos está coroada com um concheado que se expande por todo o arco acentuando a forma de imensa auréola reluzente.

A ornamentação ao longo da nave é sem dúvida dos melhores exemplares de unidade dos fazeres artísticos: a talha, o douramento, as pinturas sobre tela, o estofamento e o *trompe l'oeil* da cúpula e da capela-mor, pinturas de Tomás Xavier de Peralta e óleos de Miguel Cabrera. O douramento efusivo não ofusca, porém, as formas volumosas dos altares que em um crescendo buscam a verticalidade. Nas alturas, as formas se esvaem na luminosidade dos óculos acima dos dosséis. Os entablamentos truncados projetam sombras sobre as talhas mais planas, minuciosas e circunscritas nos imensos arcos. Das formas douradas saem anjos esvoaçantes, asas multicoloridas trajando roupas das legiões celestes, dos mais requintados figurinos romanos. Completando suas vestimentas surgem sandálias comprimindo robustas coxas róseas. Ao lado de tanta glória, anjinhos recatados e firmes atlantes cumprem o papel compositivo secundário das escalas das formas. Coroas, lambrequins, penachos e guirlandas disputam a visualidade na azáfama iconográfica, levando nosso sentido a leves desmaios na busca de paradigmas. É a gramática complexa do ultrabarroco mexicano[129].

## Mosteiro de Santa Rosa de Lima.
## Morelia, México | século XVIII

Las Rosas, assim é conhecido o mais importante mosteiro feminino de Morelia, das freiras dominicanas que se dedicaram ao ensino de meninas. A fama do ensino musical no mosteiro de Santa Rosa de Lima remonta ao período colonial, sendo considerado o primeiro do Novo Mundo e que ainda hoje abriga a Escola de Música Sacra e o Coro dos Meninos de Morelia. Anteriormente o mosteiro, construído em local considerado insalubre, era da ordem de Santa Catarina, até 1738, e na década seguinte o bispo Pablo Mateos Coronado iniciou a faustosa construção do novo convento-colégio, ofuscando outros conventos das cidades vizinhas.

O local onde se encontra é cenográfico: o imenso colégio dos jesuítas conduz o olhar do observador até as portas duplas da fachada no fim de uma rua em suave declive. Ele ainda pode ser admirado desde um promontório na parte posterior do mesmo colégio com um escadório que também converte para suas entradas. O edifício alonga-se de maneira serena por toda a praça arborizada de Las Rosas com sua cúpula hexagonal e a *loggia* – galeria – com arcos de meio ponto, digna de um palácio renascentista[130].

A fachada-retábulo com as portas gêmeas é do período final do barroco, depois de 1750. As portas estão confinadas por contrafortes que as distinguem das pedras apenas lavradas para as esculpidas formando pilastras dóricas no primeiro corpo e jônicas estriadas no segundo. Relevos em pedra mais clara mostram cenas da Sagrada Família e no lado oposto, a família dos santos dominicanos – Santa Rosa de Lima com o Menino, São Tomás de Aquino e São Vicente Ferrer, ambos abaixo das janelas. Entre os dois coroamentos curvilíneos, uma escultura de São João Nepo-

Ignácio Mariano de Las Casas. Fachada da igreja conventual de Santa Rosa, Querétaro. 1746-1757.

Fachada do mosteiro e Escola de Música. Las Rosas, Morelia.

Diego de Porres. 1734. Fachada-retábulo com apliques de estuque. Antigua.

Ruínas da nave da igreja. Antigua.

muceno com o Menino disputa o espaço com coruchéus e frisos. Ladeando o santo, os relevos mostram quatro medalhões com os santos Fermim, Francisco Xavier, Martinho de León e Teresa.

Ao passar pelas portas ricamente trabalhadas em madeira, vê-se ao fundo o coro inferior que abrigava as monjas por detrás das grades, o coro alto para o órgão e, voltando-se para a nave única que se estende no sentido longitudinal da via, três magníficos retábulos são iluminados pela luz expandida através das janelas da cúpula. Esses retábulos, verdadeiras relíquias apenas comparáveis ao outro mosteiro feminino das capuchinhas, são reminiscências de mais de cinquenta retábulos que existiam em Morelia, reduzidos hoje a apenas seis[131]. O retábulo central ocupa toda a extensão do arco com seus dois corpos, três tramos e coroamentos, sendo dedicado à Santa Rosa de Lima no primeiro corpo e acima à Virgem de Guadalupe. Nos tramos laterais, em peanhas, santos jesuítas, monjas e bispos. As colunas estípites seguram toda composição filigranada sobre a qual esvoaçam *putti* ora adoradores, ora em estado de êxtase por terem sido retirados dos céus e postos nas terras mexicanas. Os retábulos colaterais são dedicados à Virgem e a São João Nepomuceno. Ambos com estípites mais robustas ostentando entre as colunas belas pinturas com iconografias referidas aos temas dos santos invocados. Os dois retábulos das capuchinhas seguem o mesmo padrão de beleza surpreendente comprovando a escola erudita de entalhadores da antiga Valladolid na Espanha.

Retábulo-mor dedicado à Santa Rosa de Lima e Nossa Senhora de Guadalupe.

### Mosteiro de Santa Clara.
### Antigua, Guatemala | século xviii

O convento das clarissas em Antigua foi planejado depois do terremoto São Miguel de 1717, com projeto do arquiteto antiquenho Diego de Porres. Em 1734 ainda estava incompleto e, quando terminado, ruiu em 1773 com o terremoto Santa Marta. O conjunto é impressionante. Altos muros fecham toda a praça São Pedro para a qual havia a entrada para a igreja monástica guarnecida por pilastras abalaustradas. Entrando a partir do meio da nave única, os arcos guardavam os altares e a partir do entablamento erguiam-se os arcos sustentando quatro abóbadas cupulares além daquela que se pode ainda admirar sobre o coro. Um corredor ao longo dos quatro tramos da nave leva até a sacristia[132].

A fachada interna, que se pode admirar desde a entrada pela portaria na parte anterior da igreja e que fora certamente projetada para fazer parte da praça fronteiriça, é obra singular salva devido suas paredes espessas. De três tramos, dois corpos e frontão pouco menor, destacam-se as pilastras balaustradas duplas que fecham os quatro nichos com arcos invertidos. No tramo central há uma grande envasadura octogonal emoldurada por um arco de meio ponto e outra envasadura poligonal ladeada por frisos, ambas para entrada de luz para os coros alto e baixo. Os ornamentos florais em estuque são refinadas expressões do encontro de culturas expresso na fachada: as pilastras balaustradas criadas por Diego de Porres, que pesquisas apontam ser do tratadista Serlio são a contribuição europeia, as partes planas com ornamentos mouriscos lembram o mundo árabe e os anjos barrocos, executados pelos mestiços a partir da iconografia romana cristã, o sincretismo artístico e religioso.

As acomodações das reclusas eram amplas, com um claustro maior, dois pátios internos e um jardim com arcadas. O programa continua com a cozinha, refeitório, oficinas e cárcere para freiras dementes. Uma fonte com duas bacias estava no centro do claustro maior, outra em azulejos foi transportada para o palácio dos governadores. Ao se admirar a paisagem circundante por sobre as arcadas robustas dos claustros, avista-se o imenso convento franciscano, a floresta e os vulcões responsáveis pela tragédia da cidade que teve que ser abandonada.

## Mosteiro de Santa Clara. Bogotá, Colômbia | século XVII

A antiga capital do reino de Granada, Santa Fé de Bogotá, fundada em 1538, obteve a permissão para instalar o quarto mosteiro em 1629, antecedido pelos de Tunja (1573), Pamplona (1584) e Cartagena (1617). A madre fundadora foi Damiana de San Francisco, que recorreu a mestre Matias de Santiago para a construção do convento e da igreja, terminada em 1674[133]. E é essa construção que permanece mais íntegra, tendo sido as outras transformadas em apenas igrejas e no caso de Cartagena, em um hotel.

A igreja, como toda antiga construção do mosteiro, é severa como mandavam as regras tridentinas para o isolamento das

Arquitetura eclesiástica 255

< PÁG. ANTERIOR

NAVE CENTRAL E NA PARTE POSTERIOR O CORO ALTO.

CAPELA E RETÁBULO-MOR DEDICADO À SANTA CLARA E TRIBUNAS COM TRELIÇAS.

PINTURAS DA NAVE ÚNICA E CAPELA-MOR DO MOSTEIRO DE SANTA CLARA. SÉC. XVII. BOGOTÁ.

mulheres consagradas: deve ser construído dentro dos muros da cidade, longe de conventos masculinos, muros altos para garantir que não sejam vistas. Um imenso muro de pedras irregulares – *mampostería* – cria uma verdadeira fortaleza para o convento, disposto na parte posterior da igreja. No canto das ruas, um torreão truncado se sobressai do telhado do coro alto que tem duas grandes janelas para iluminá-lo e a mesma solução ocorre na parte inferior. O telhado da capela-mor, mais alto, determina a parte interna onde está o retábulo-mor. As portas duplas estão distribuídas assim: a parte central que leva para o meio da nave única tem um severo portal com arco e triângulo frontão truncado e acima um nicho com a imagem de Santa Clara que segue a mesma estética sem ornamentos e linhas quase planas e ambos arrematados por coruchéus. Um avanço do telhado protege o portal.

A abóbada cintilante tem apliques fitomórficos dourados sobre tonalidades azuladas criando uma atmosfera de firmamento estrelado. As luzes que entram pelas lunetas laterais ressaltam os relevos reluzentes e criam zonas claras e escuras alternadamente nos diversos níveis das abóbadas da nave, a principal, a da capela-mor e do coro alto, menor. O arco triunfal em arco de meio ponto tem pilastras planas afrescadas. A abóbada é intensamente iluminada por quatro grandes janelas com lunetas que destacam a mesma ornamentação, porém menos azulada nos intervalos dos apliques. O retábulo-mor é grandioso, aplicado em toda a espacialidade da parede e tem cinco tramos, três corpos, sendo o superior de três tramos, e dois relicários a guisa de voluta e um coroamento apertado. Difere dos altares laterais pela ausência de pinturas, pois as mesmas cobrem as duas paredes laterais. No retábulo-mor há 12 esculturas ornadas com rico estofamento e este tratamento dos drapeados contrasta com o despojamento do Crucificado na parte superior. Abaixo, sacrário barroco, de feitura posterior, serve de suporte para a imagem de Santa Clara, que é a patrona do mosteiro.

Nas paredes laterais, uma verdadeira pinacoteca, uma centena de pinturas em cavaletes estão distribuídas entre os retábulos. Alguns mais antigos, com colunas maneiristas espiraladas, e outros barrocos com colunas com os terços inferiores escamados ou estriados. As pinturas, com molduras trabalhadas com apliques e relevos em madeiras dourada, têm as efígies dos santos invocados como Santa Margarida Maria de Alacoque, São Gregório, São Martim de Tours, obras de Gaspar de Figueroa e São Francisco Solano[134].

INTERIOR DA IGREJA COM ABÓBADA CENTRAL ELÍPTICA, PÚLPITO E RETÁBULO-MOR.

### Mosteiro de Santa Clara. Quito, Equador | século xvii

A atual igreja do mosteiro das clarissas foi construída graças aos empenhos da abadessa Sóror Jorónima de San Agustín, filha da nobreza quitenha e do presidente da Audiência, dom Pedro Vásquez de Velasco, que obteve a permissão junto ao bispo Peña y Montenegro em 1650. O arquiteto responsável foi frei Antonio Rodríguez que também conduziu a construção do claustro principal de Santo Domingo, do segundo claustro de São Francisco e outros conventos quitenhos. A igreja foi reparada ainda em 1873.

A igreja disposta junto ao alinhamento da rua Cuenca tem as portas gêmeas continuando o arruamento dos franciscanos. Os portais em cantaria ostentam arcos de volta inteira, duas semicolunas estriadas clássicas com capitéis corintos que sustentam os entalhamentos duplos sobre os quais as molduras curvilíneas trilobares apresentam baixos relevos, um com a coroação da Virgem e outro com Santa Clara. Há ainda dois nichos para os santos franciscanos.

A igreja tem três naves abobadadas separadas por grandes pilastras. As abóbadas são octogonal, elíptica e uma sobre base quadrada, todas com abertura para iluminação. No parte posterior há os coros baixo e superior com rica cruzaria nos arcos que os sustentam. A iluminação proveniente das janelas laterais da nave esquerda auxilia a claridade dessa igreja conventual que difere das outras pelas suas três naves.

A igreja é rica na ornamentação de seus retábulos distintos uns dos outros, o que a torna atrativa, pois, sendo ampla e de três naves, cada altar se mostra como peça única, adaptada ao espaço. Ao entrar pelo fundo, logo se vê um retábulo com rica pintura da Virgem e portinholas que se movimentam sobre as

Retábulo-mor do Mosteiro de Santa Clara. Quito. Equador.

Viela do Mosteiro de Santa Catalina. Arequipa.

Cúpula da igreja do mosteiro e jardins internos. Arequipa.

pinturas do retábulo de tal forma que como antigos trípticos se abrem com novas cenas. Acima está o coro alto e ao lado o baixo com grades trabalhadas em madeira. O retábulo-mor de dois corpos tem amplo sacrário no tramo central e o nicho superior acompanha sua forma curva. Dois nichos inferiores acolhem as esculturas e os superiores pinturas. As colunas que delimitam os espaços são lisas com filetes de ramos de flores[135].

O retábulo de São Roque é dos mais interessantes da cidade de Quito. Adaptado para aquele espaço, recebe luz por uma abertura no coroamento onde deveria ter uma pintura. A predela tem duas cenas em baixo-relevo com duas figuras, uma do Antigo e outra do Novo Testamento – um rei e um apóstolo –, ambos deitados, porém de olhos abertos, ladeando um sacrário curvilíneo com cenas das cruzes no calvário, a Virgem, João e a cidade de Jerusalém. As colunas que dividem os três tramos têm sobrecargas escultórica e iconográfica: no terço inferior há os símbolos dos evangelistas, acima cabeças de querubins e abaixo do capitel compósito, um rebuscado relevo de escamados e florais. O mais surpreendente são as molduras vazadas das laterais tendo na parte inferior uma ave do paraíso a julgar pelas imensas caudas que se transformam em volutas seguidas por mascarões com bigodes em perfil e no arremate quimeras de dragões com cachos de uvas na boca. Uma união surpreendente de figuras e cenas bíblicas com animais míticos orientais, um perfil europeu e a uva, símbolo de Cristo, na boca de um dragão.

### Conjunto Santa Catalina.
### Arequipa, Peru | séculos XVI-XVIII

O mosteiro das irmãs dominicanas de Arequipa é sem dúvida obra *sui generis* na América. Seus dantescos muros bloqueiam o urbanismo formando uma cidade espiritual dentro das ruelas das reclusas. Essa cidadela dentro de outra conta com uma robusta igreja que faz contato com o mundo por meio de duas portas. Ao adentrar pela portaria, um labirinto de vielas com denominações de cidades espanholas – Sevilha, Burgos, Toledo, Córdoba e Granada – levam para as celas das religiosas. A prática de retirar-se do mundo vem dos primórdios do cristianismo e na Idade Média ganha regras específicas[136].

Junto aos claustros, à esquerda, com arcadas abobadadas, paredes coloridas e tímpanos afrescados, com cenas da vida da Virgem ou bíblicas, ficam as clausuras e o noviciado. Passando o novo mosteiro, à direita, estão as ruelas com celas para a prática solitária da religião. A cela feita em pedra, em geral com arcos

Igreja do convento de Santa Teresa, de nave única, retábulo-mor e forro *mudéjar*. 1685-1692. Potosí. Bolívia.

*Morte de Cristo na cruz*. Melchor Pérez de Holguin (1660-1732). Óleo sobre tela. Séc. XVII. Museo do Convento de Santa Teresa. Potosí.

sustentando pequenas cúpulas, abrigava todos os cômodos em um só ambiente do local para se dormir, orar, cozinhar e realizar afazeres das serviçais. A dureza arquitetônica se por vezes colaborava com o austero modo de vida religiosa, em outras contrastava com o luxo das reclusas que sem pudores se entregavam a banquetes e vaidades inerentes ao ser humano.

Esse eremitério urbano, que entrou em conflito com as normas da Contrarreforma devido à prática solitária do ideal religioso ainda com práticas medievais, criou um oásis em Arequipa, singular e único na América. Primeiro por criar o que se designa cidades com longos muros por vezes interrompendo o urbanismo proposto e, neste caso, com a aquisição e ampliação de duas ruas. Segundo pela clausura ao ar livre, uma cidadela amuralhada, quase autossuficiente no sentido de sobrevivência material, cultural e social. Lá as donzelas estavam livres dos caça-dotes casamenteiros, os nobres asseguravam suas linhagens e a educação religiosa e as mulheres e viúvas fiavam distantes do assédio dos homens.

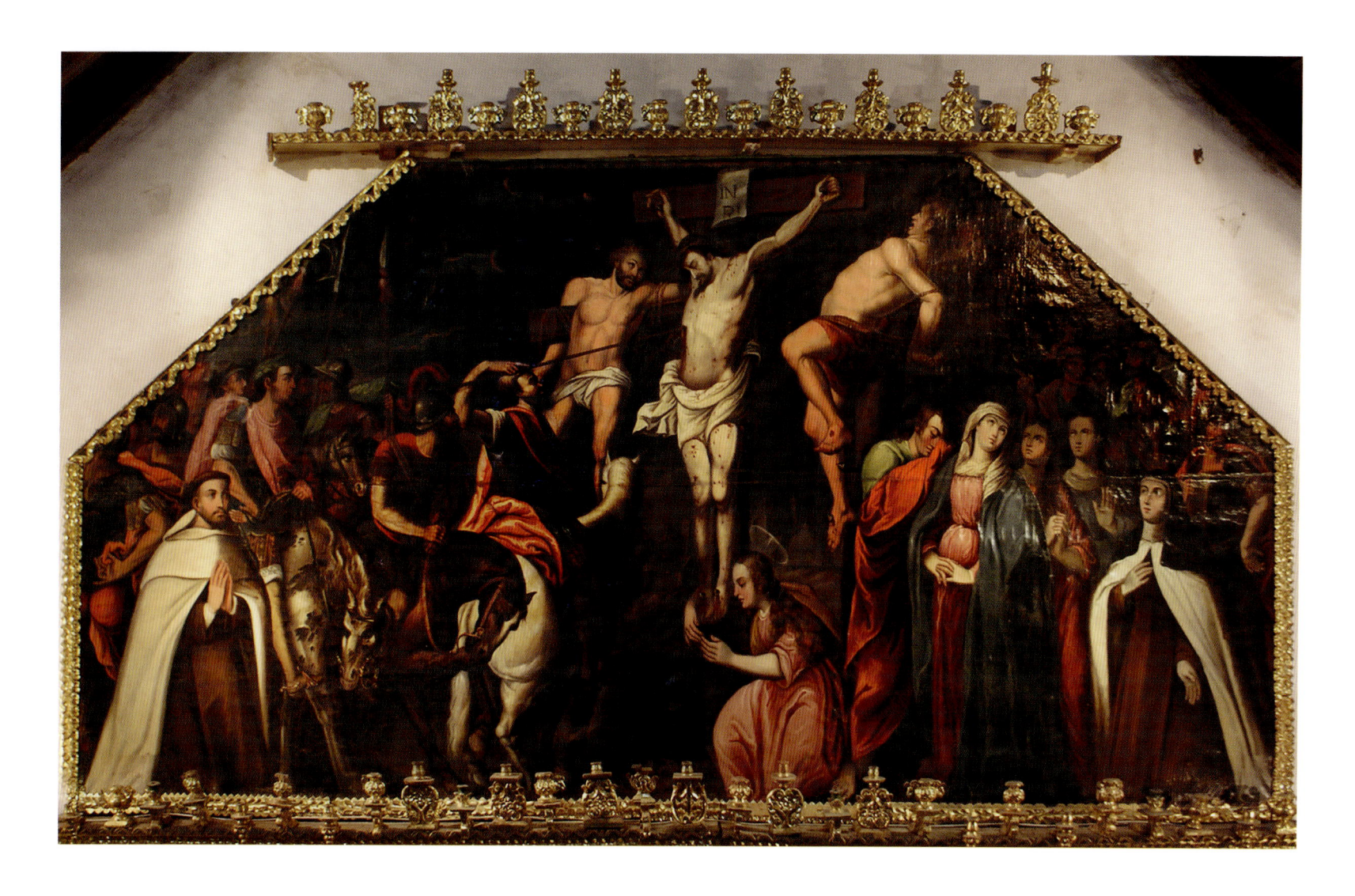

## Mosteiro de Santa Teresa.
## Potosí, Bolívia | século xvii

O conjunto do convento de Santa Teresa (1685-1692) se posiciona mais distante do urbanismo central, abaixo dos jesuítas. Seus muros formam um trapézio recortado que contém a igreja conventual, dois grandes claustros com as celas ao redor do segundo mais aos fundos da igreja. A cozinha e a despensa, para facilitar a entrega dos alimentos e impedir o contato com outras pessoas, está na parte da frente, com uma pequena entrada. O locutório onde as jovens se despediam de seus pais tem retratos do casal fundador do convento, pinturas dos beneméritos doadores, os casais Lorenzo e Ana Marriondo e Juan de Urdinza y Albeláez e esposa[137].

Em ambientes escuros estão expostas as pinturas que transmitem as severas regras da vida monástica: a árvore genealógica com os santos e santas das irmãs descalças, as faces das monjas coroadas com flores, espinhos e flores que remetem ao sofrimento e também às recompensas da vida em castidade, tendo o Menino Deus como protetor. No primeiro claustro com colunas de madeira sustentando o telhado há mostras da rotina diária: a vida silenciosa costurando, rendando, confeccionando bentinhos, flores e infindáveis guirlandas de pedras semipreciosas. No segundo claustro, os oratórios devocionais, os meninos ricamente vestidos, os paramentos bordados, toalhas e todo tipo de alfaias para as igrejas.

A surpresa, porém, fica para os dotes que as noviças herdavam de seus pais e benfeitores: um tesouro pictórico da mais alta qualidade está exposto nas salas mais amplas, como refeitório, sala capitular e no cemitério monacal. Junto à tradição pictórica, a das talhas douradas que emolduram as preciosas telas da escola potosina se junta ao mobiliário requintado dos oratórios, altares das pequenas capelas, ostentando uma riqueza material e artística proveniente dos dotes obrigatórios.

A igreja do mosteiro é de nave única com forro artesoado policromado avermelhado com flores azuis e partes douradas. Um rico altar lateral conjuga-se em beleza com o púlpito disposto em uma coluna que continua em arco para dividir o ambiente entre a nave e a capela-mor. O retábulo-mor em três tramos tem um sentido arquitetural pela clareza com que os espaços são distribuídos entre nichos e colunas. Há uma abertura desde o cemitério interno das monjas para o altar-mor. Na entrada da igreja está situado o coro alto interligado pela parte superior do claustro. O retábulo dourado da igreja é espetacular, sóbrio, com dois corpos, coroamento com mainel, volutas e pintura. Os três tramos têm divisão clara, maneirista: no centro o grande sacrário, acima o nicho mais elaborado com as volutas que se ampliam até a peanha do segundo nicho. Os tramos laterais têm nichos nos intercolúnios e todas as imagens são de vestir. Bem-compostos, os entablamentos truncados são salientes e as grandes volutas centrais animam a composição.

FACHADA COM GALILÉ DO CONVENTO DE SANTA TERESA. SÉCS. XVII-XVIII. OLINDA, PE.

CAPELA-MOR E RETÁBULO COM IMAGEM DE NOSSA SENHORA DO DESTERRO E ALTARES DO ARCO TRIUNFAL.

## MOSTEIROS FEMININOS NO BRASIL

No Brasil os mosteiros femininos existiram em número reduzido devido ao rigor com que a Coroa tratava as ordens segundas, dificultando a abertura dos mesmos para as donzelas que em princípio deveriam casar-se e ter filhos pelo simples motivo de ampliar a densidade demográfica. Outra razão foi o custo que esses mosteiros tinham para a Coroa portuguesa que, sem a descoberta das minas auríferas, preferiu investir em colégios para a educação dos jovens. Nos recolhimentos as jovens poderiam aprender a bordar, costurar, enfim, ter o hábito de bons costumes e pureza em vez de serem professas. Diferentemente na América espanhola, os mosteiros femininos eram mantidos por ricos mineradores.

Em Salvador, capital da Colônia, os mosteiros femininos eram os mais isolados da cidade. Os primeiros foram o de Santa Clara do Desterro de 1665 e o de Nossa Senhora da Lapa de 1681, seguido de recolhimentos da Santa Casa e Jesus do Perdão. Multiplicavam-se, porém, as casas pias, recolhimentos para educação das moças das famílias ricas e para o cuidado com o pudor, casas de recuperação para prostitutas. Em Olinda, o mosteiro de Santa Teresa, o primeiro do Brasil datado de 1576, e das carmelitas, outras três instituições no Rio de Janeiro que são de Santa Teresa, da Ajuda e do Recolhimento do Bom Parto. Com a devassa que o marquês de Pombal promoveu contra os clérigos, fechando os noviciados, dona Maria I continuou com a política de proibir a fundação de conventos para moças professas. O convento de Macaúbas, em Minas Gerais, funcionou sem a devida licença.

### Mosteiro de Santa Teresa.
### Olinda, Brasil | séculos xvi e xvii

O mosteiro nasceu de uma antiga igreja de Nossa Senhora do Desterro (c. 1645), custeado por João Fernandes Vieira como ex-voto pelo cumprimento de uma promessa. As carmelitas descalças, ainda naquele século, o ampliaram para funcionar como mosteiro.

O conjunto está situado em terras planas, tendo um grande adro fechado que margeia a estrada que vai para o Recife. O corpo da igreja se sobressai pelas linhas sóbrias, galilé com arcos plenos no térreo, duas janelas no corpo superior ladeando um grande nicho que se expande em bela moldura para abrigar a escultura da protetora. O triângulo frontão reto evidencia sua antiguidade. A torre acanhada, de fase posterior, desequilibra o corpo da portaria com uma porta em arco pleno. Os dois volumes do mosteiro tentam fechar o adro.

Internamente a ornamentação está concentrada no retábulo-mor que se conjuga com os dois altares do arco-cruzeiro formando um conjunto harmonioso. Os altares do arco têm nichos com os santos e o Crucificado com soluções posteriores à construção da igreja. A capela-mor tem grande unidade cromática que valoriza o altar rococó que tem no tramo central um nicho com o conjunto escultórico da Virgem do Desterro e da fuga do Egito.

Acima, no camarim, uma solução elegante mostra o trono para se colocar o ostensório para adoração. A abóbada da capela-mor é ornada com apliques policromados [138].

## Mosteiro de Nossa Senhora do Desterro. Salvador, Brasil | século XVIII

O convento das irmãs clarissas é o primeiro do Brasil e dos maiores da ordem segunda, que abriga freiras enclausuradas. A licença foi concedida em 1665, e quatro freiras vieram da cidade de Évora em Portugal, chegando dois anos depois e se instalando no outro lado do morro, por detrás do convento dos franciscanos. A volumetria impressiona exteriormente pelos altos muros, pela torre que se ergue entre as arcadas do claustro, e pelo mirante ou minarete. A construção iniciou-se pelas dependências das antigas celas das religiosas que lá se instalaram em 1681, feitas pelo mestre Francisco Pinheiro, que ampliou a igreja erguendo um coro. A entrada se faz pela lateral e as paredes impressionam até adentrar um dos dois claustros internos com arcadas, de onde se destaca uma torre

Francisco Pinheiro. 1681. Vista do mosteiro com arcos da portaria e mirante. Salvador, ba.

Nave da igreja com coro baixo e arcos do coro alto. Salvador, ba.

do século XVIII com arremate bulboso, contígua à igreja. O mirante foi feito por Manuel Antunes Lima[139].

A igreja se situa à direita ao longo do corredor e tem nave profunda. A capela-mor remodelada possui iluminação profusa por meio de um lanternim com janelas dispostas entre quatro arcos, sendo que os das laterais sustentam galerias. O retábulo neoclássico, obra de 1850, autoria de Cipriano Francisco de Souza, situa-se sob uma abóbada de arcos plenos com 264 estrelas, e o altar monumental tem oito colunas retas com caneluras douradas e duplo entalhamento, assim como o coroamento com arcos encimados por anjos dourados, obra de Manoel Joaquim Lino[140]. Na nave ampla ainda se destaca o coro baixo ricamente pintado em caixotões, com obras do português Antônio Simões Ribeiro que fazem parte do museu ali instalado.

Na capela da clausura encontram-se altares do período da fundação, por volta de 1680, sendo o maior em estilo nacional português e outro, para as relíquias, em talha rasa, do século XVII com nítida influência maneirista. Mais três conventos carmelitas se destacam no Brasil: o das carmelitas descalças em Olinda; o de Santa Teresa no Rio de Janeiro; e o de São Paulo, atual mosteiro da Luz, das irmãs concepcionistas.

### Mosteiro do Recolhimento da Luz.
### São Paulo, Brasil | século XVIII

A igreja sempre foi referência na cidade de São Paulo. Quando ainda era uma vila, a pequena ermida quinhentista da Luz estava distante do pequeno casario. Foi em 1774 que uma freira do recolhimento de Santa Teresa obteve consentimento para fundar a segunda clausura para mulheres, obra esta entregue ao arquiteto franciscano Antônio de Sant'Ana Galvão. O recolhimento tinha dimensões menores do que as atuais, porém já com a novidade da colocação de duas fachadas, tendo em uma delas a disposição da galilé de cantaria como base para o campanário, ao gosto franciscano paulista. Envolvido em questão política, o arquiteto teve de deixar a cidade, e os trabalhos foram terminados por frei Lucas da Purificação em 1802[141]. A obra tomou vulto ao redor do claustro que hoje abriga o Museu de Arte Sacra de São Paulo. A igreja conta com um coro com pinturas, fechado com treliça, assim como a lateral oposta à sacristia, de onde as enclausuradas assistem às cerimônias religiosas. O túmulo do santo lá se encontra ladeado pelos altares do arco-cruzeiro de São Francisco e Santo Antônio. No fundo da capela está o altar-mor com ampla camarinha e escultura da Virgem Maria. Pinturas dos evangelistas estão em molduras ovais nas paredes laterais. A pequena nave é octogonal com falsa cúpula em tabuado. Dois altares que estão no arco triunfal mostram antigas esculturas dos santos Antônio e Francisco, ambas em barro. Os púlpitos são ornamentais[142].

O monumento é símbolo de preservação e uso de espaços coloniais: está situado na parte central da metrópole, preservando intramuros o jardim fronteiriço à igreja, mangueiras e árvores de grande porte na lateral junto a um pequeno cemitério. O terreno original no qual se encontra a horta e o pomar foi parcialmente encurtado nos fundos, delimitado pela linha férrea.

Freis Antônio Galvão e Lucas da Purificação. Fachada do recolhimento e capela Nossa Senhora da Luz. 1774-1802. São Paulo, SP.

## Considerações sobre arquitetura eclesiástica no urbanismo

Vista anteriormente a importância da arquitetura eclesiástica para o urbanismo latino-americano, interessam para estas análises as teses de pesquisadores como Murillo Marx, que situa a arquitetura eclesiástica da Sé, dos conventos, das igrejas e dos mosteiros como norteadores do crescimento de cidades brasileiras, corroborada por tantos outros sobre a América espanhola.

O templo religioso em geral está instalado no centro urbano, a exemplo das catedrais, em frente à Plaza Mayor. Dificilmente eram suplantadas visualmente por qualquer outra construção na América espanhola. Dentro da quadrícula urbana as construções das origens religiosas seguiam distanciamentos e disposições segundo a possibilidade do terreno, se plano, cortado por nascentes ou anteriormente demarcados por templos religiosos das civilizações conquistadas. São os casos das cidades sobrepostas da Cidade do México, Cusco e Quito e aldeias onde houvesse construções para servirem de base, aproveitamento de pedras como no caso de pirâmides.

Os conventos das ordens primeiras – franciscanos, agostinianos, mercedários, carmelitas, beneditinos – tinham seus espaços compatíveis com seus programas construtivos que em geral ocupavam toda uma *manzana* – quadra. Eram assim constituídos: adro fronteiriço para a igreja conventual, em geral recuada da portaria, e convento tomando o espaço junto ao arruamento; claustros internos; dormitórios; capela interna; cozinha; enfermaria e pomar ou horta externa. Os jesuítas, que foram os últimos a se instalarem, mesmo com querelas, em geral se posicionaram perto da catedral e do palácio episcopal. O colégio tomava a maior parte do terreno com pátios para os estudantes e claustros para os noviços e padres e seguiam as mesmas instalações que as outras ordens. Em princípio, muitos de seus clérigos eram os próprios arquitetos, prática mais acentuada junto aos jesuítas. Os artífices conviviam décadas com seus mecenas religiosos.

As ordens segundas, os mosteiros das mulheres reclusas, tinham ordens específicas para serem mais distantes das ruas carroçáveis, solidamente fechados por muros ao redor e apenas duas entradas, a da portaria junto às igrejas e nos fundos para entrega de mantimentos. Vários claustros separavam monjas, freiras, noviças, senhoras viúvas, lavanderia e horto e jardim. O melhor exemplo é Santa Catalina em Arequipa. Santa Clara, em Havana, ocupa duas *manzanas*, são os imensos muros brancos que truncam as vias das cidades.

As procissões são marcadas por locais de se orar e reverenciar os passos de Cristo na Semana Santa e em Corpus Christi reviver antigos espaços sagrados como ocorre em Cusco. As festas dos santos patronos percorrem aquelas vias denominadas de ruas de procissão, onde estão situadas as ricas residências. Nos adros e praças o povo organiza os festejos para as festas dos seus santos que coincidem com as datas das colheitas, tempo de intenso comércio e sociabilidade.

Em Portugal e no Brasil, praça fronteiriça é chamada de adro da Sé ou da matriz. Constituiu-se o centro irradiador das ruas que levavam para os conventos, os mosteiros, as igrejas de irmandades e as capelas, ou, ainda mais ao extremo das muralhas e junto aos quartéis ou saídas das cidades, para as fortalezas.

Por muito tempo não se pode fazer muita distinção entre os arquitetos e os engenheiros ou entre os construtores religiosos e os militares. Porém, as massas arquitetônicas e seus embelezamentos militares ou palacianos não eram suplantados por

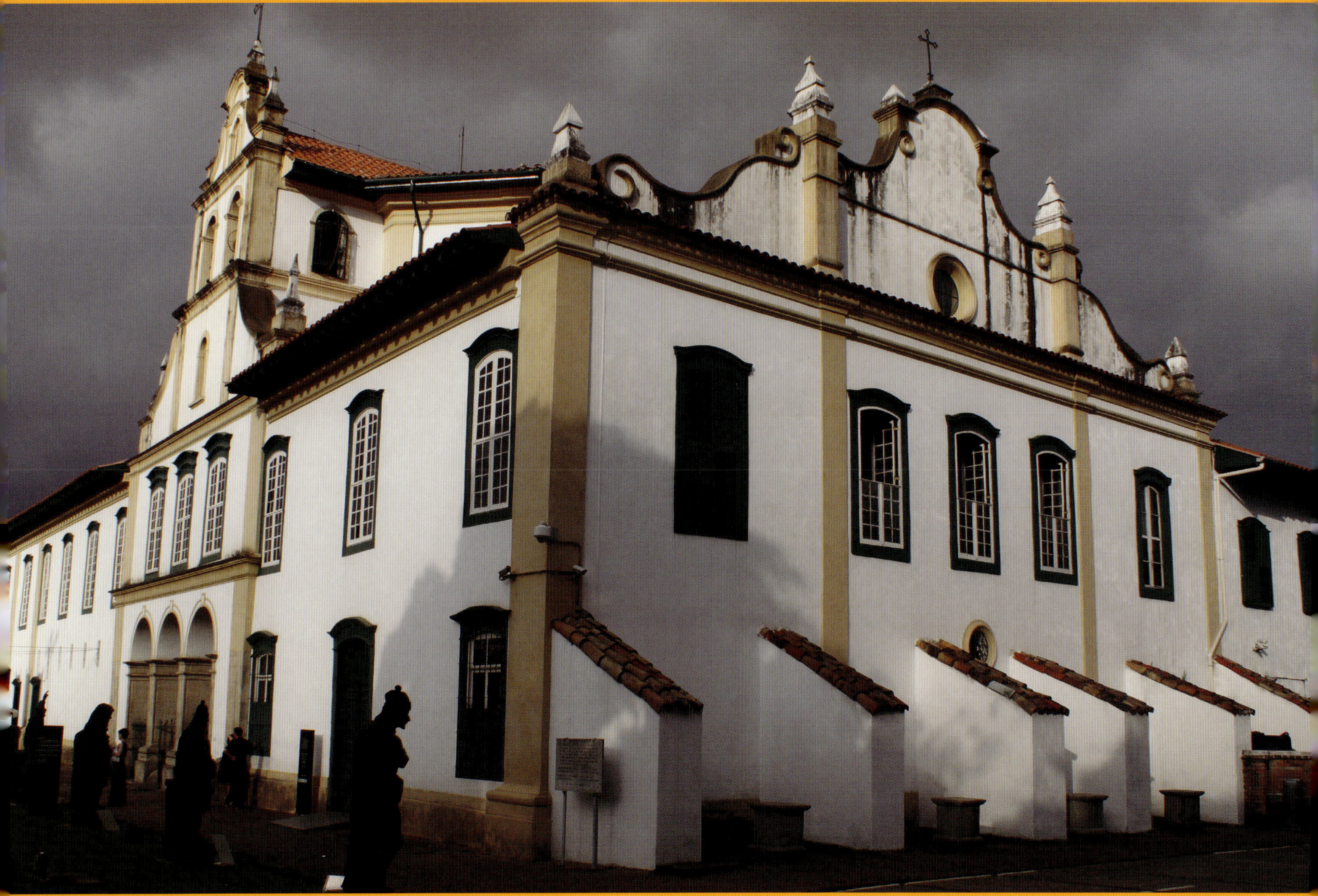

aqueles dos religiosos. As casas de câmara e cadeia, o paço ou mesmo o palácio do governo não chegam a competir em visualidade e espacialidade como na Plaza Mayor espanhola.

Os adros das igrejas ou terreiros que interligam as igrejas conventuais, como em Salvador, estando face a face jesuítas e franciscanos, são maiores que aquela praça municipal diante do palácio do governo. No Rio de Janeiro, o antigo largo dos carmelitas, diante do porto, era a maior praça existente no momento em que recebe o palácio dos governadores na sua lateral. Exceção é a praça Tiradentes em Ouro Preto, com casa de câmara e cadeia e ladeira frente a frente, sendo esta última ladeada pelas igrejas do Carmo e São Francisco.

A denominação largo da matriz ganhou força quando as cidades brasileiras obtiveram linearidade e o sistema da quadrícula foi disseminado nas zonas de fronteira com a América espanhola, ainda no século XVIII, e ao longo das vias férreas, nos séculos seguintes. Murillo continua na sua teoria, chegando à animação da vila como propulsora das manifestações coletivas, como, por exemplo, os autos de fé, procissões e festas religiosas, em contraste com os desfiles militares e revistas nas tropas.

A vida cultural das classes menos favorecidas, com suas festas nas igrejas de confrarias e de negros escravos, competia, porém, com a da classe dominante, com suas matrizes e igrejas terceiras franciscanas e carmelitas. Em outros artigos o autor faz uma leitura do desenvolvimento de cidades paulistas, baseado na triangulação dos conventos, estabelecimentos de ensino, santas casas e hospitais como norteadores do desenvolvimento das urbes. Por fim, a religiosidade compete com a toponímia indígena e geográfica denominando os lugares com evocação de santos[143].

A ocupação dos espaços pela arquitetura é posterior à concepção de um urbanismo dirigido ou espontâneo. Esse fato também ocorre na América espanhola, onde as cidades projetadas em quadrícula, no século XVI, ganham forma e beleza no período Barroco. A visualidade da cidade pode ser tanto fruto do conceito formal – ruas retas e quarteirões exatos – como também do espírito formativo cultural-religioso expresso no ímpeto da fé contrarreformista, e do estilo barroco vigente.

Do conceito formal tem-se a imagem real a ser promulgada com as regras sob a vigilância do aparato burocrático dos engenheiros militares. Do cultural-religioso, a articulação dos artífices e artesãos adaptando os modelos artísticos para o uso religioso catequético nas regiões mais distantes, e o esforço da aplicação exata, junto aos conventos e suas igrejas. Nas cidades da América espanhola e portuguesa é notório ressaltar que uma parte da população viveu reclusa em conventos e mosteiros, e outros se dedicaram ao auxílio ao próximo em hospitais, santas casas, leprosários ou aplicando a justiça em cárceres. Esses estabelecimentos formam verdadeiras cidadelas dentro da cidade e estão isolados por imensos muros, delimitando maneiras desde e convivência social até as práticas religiosas. Urbanisticamente criam beleza e monotonia nas ruas com centenas de metros de muros lisos, bloqueando quadras, ao mesmo tempo em que suas fachadas animam as praças e atraem os fiéis. O campo-santo, indício do fim da vida terrena, em sua concepção, finaliza os limites das cidades, segundo Murillo Marx.

## Notas

1. Pedro Navascués Palacio, *Las catedrales del Nuevo Mundo*. Madrid: Ediciones el Viso, 2000, p. 9-13.
2. *Ibidem*, pp. 15-19.
3. Gabriel Frade, 2015, pp. 61-82.
4. Pál Kelemen, *Baroque and Rococo in Latin America*. New York: Macmillan C., 1951, pp. 123-136.
5. Elizabeth Bell, *La Antigua Guatemala: la ciudad y su patrimonio*, op. cit.
6. Ramón Gutiérrez, "El urbanismo en Bolivia", *op. cit.*
7. Elizabeth Bell, *La Antigua Guatemala: la ciudad y su patrimonio*, pp. 4-10.
8. Pedro Navascués Palacio, *op. cit.*, pp. 29-35.
9. Virginia Flores Sasso, "La arquitectura de la catedral". Em: CHÉZ CHECO, José (org.). *Basilica Catedral de Santo Domingo*. Santo Domingo: Arzobispado de Santo Domingo, 2011, p. 259.
10. Justino Fernández, *Arte mexicano, op. cit.*, pp. 142-45.
11. Pedro Navascués Palacio, *op. cit.*, pp. 84-95.
12. Justino Fernández, *Arte mexicano, op. cit.*, pp. 135-37.
13. Donato Cordero Vázquez, 2008, pp 3-21.
14. George Kubler, *Arquitectura mexicana del siglo XVI*, 2012, *op. cit.*, p. 376.
15. Héctor Antonio Martínez González, 2000, pp. 3-30.
16. Manuel González Galván, *Catedral de Morelia. Tres ensayos*. México D.F.: Jaime Salcido Editor, 1993, pp. 12-5.
17. Pedro Navascués Palacio, *op. cit.*, pp. 18-93.
18. Pál Kelemen, *Baroque and Rococo in Latin America, op. cit.*, p. 37.
19. *Ibidem*.
20. Ramón Gutiérrez; VIÑUALES, Rodrigo Gutiérrez Viñuales, *Historia del arte iberoamericano*. Madrid: Lunwerg Editores, 2000, p. 136.
21. Oscar C. Zereceda, *Iglesias del Cusco historia y arquitectura*. Cusco: Regentus, 2004, pp. 43-9.
22. Pál Kelemen, *Baroque and Rococo in Latin America, op. cit.*, p. 34.
23. Pedro Navascués Palacio, *op. cit.*, pp. 162-6.
24. Enrique Marco Dorta. *La arquitectura del Renascimiento en Tunja*. Bogotá: Boletín de Historia y Antiguidades, 1942 vol. XXX.
25. Alberto Corradine Angulo, *op. cit.*, pp. 51-56.
26. Pedro Navascués Palacio, *op. cit.*, pp. 186-7.
27. San Antonio Cristóbal, *Terminología y concepto de la arquitectura planiforme. in Barroco andino. Memoria del I encuentro internacinal*. La Paz: Viceministerio de Cultura de Bolivia, 1996, pp. 10-50.
28. José Gabriel Navarro. *Contribuiciones a la Historia del Arte en El Equador*. Quito: Fundación J.G. N/FONSAL, 2006. 4 v., p. 159.
29. Pedro Navascués Palacio, *op. cit.*, pp. 208-13.
30. Saavedra, 2009, pp. 119-23.
31. Ramón Gutiérrez, "El urbanismo en Bolivia", *op. cit.*, p. 104.
32. Ramón Gutiérrez, *Arquitectura y urbanismo en Iberoamérica, op. cit.*, p. 133.
33. Justino Fernández, *Arte mexicano, op. cit.*, p. 234.
34. Ramón Gutiérrez, *Arquitectura y urbanismo en Iberoamérica, op. cit.*, p. 242.
35. *Ibidem*, p. 243.
36. Manrique Zago, *La catedral de Buenos Aires*. Buenos Aires: Ediciones, 1986.
37. José de Mesa; Teresa Gisbert. *Monumentos de Bolivia*. La Paz: Gisbert y Cia, 1992, p. 75.
38. Liliana de Denaro. *Buscando la identidad cultural cordobesa. 1573-1800*. Córdoba: Imprenta Corintos 13, 2008, p. 157.
39. Manuel Mesquita dos Santos, 1938, p. 26.
40. José Luiz Mota Menezes. "Sé, antiga igreja do Salvador". Em: José Mattoso. *América do Sul. Património de origem português no mundo. Arquitetura e urbanismo*. Lisboa: Fundação Calouste Gulbenkian, 2010, p. 144.
41. Gilberto Freyre, *Guia sentimental de Olinda*. Rio de Janeiro: José Olympio, 1968.
42. Fernando Machado Leal, *Catedral basílica de São Salvador da Bahia 1657*. Salvador: IPAC, 1998, p. 97.
43. Vitor Serrão, "A pintura de brutesco do século XVII em Portugal e suas repercussões no Brasil". *Barroco*. Ouro Preto: UFMG, 1992, n. 15, p. 122.
44. 1970, p. 34.
45. Germain Bazin, *Arquitetura religiosa e barroca no Brasil*. Rio de Janeiro: Record, 1983, vol. II, p. 69.
46. Percival Tirapeli, *Patrimônio da Humanidade no Brasil, op. cit.*, p. 92.
47. Antonio Bonet Correa, *Monasterios iberoamericanos*. España: Iberdrola, 2001, p. 19.
48. George Kubler, *Arquitectura mexicana del siglo XVI*, 2012, *op. cit.*, pp. 106-8.
49. Gabriel Guarda, *Barroco hispano americano en Chile: vida de San Francisco de Asís*. Madrid: Telefonica, 2002, pp. 19-25.
50. Benedito Lima de Toledo, "Do século XVI ao início do século XIX: maneirismo, barroco e rococó", em: Walter Zanini (org.). *História geral da arte no Brasil*. São Paulo: Instituto Moreira Salles e Fundação Djalma Guimarães, 1983, v. 1, p. 140.
51. Germain Bazin, *Arquitetura religiosa e barroca no Brasil, op. cit.*, p. 142.
52. Antonio Bonet Correa, *Monasterios iberoamericanos, op. cit.*, pp. 101-5.
53. Justino Fernández, *Arte mexicano, op. cit.*, p. 119.
54. Ramón Gutiérrez, 2010, p. 34.
55. George Kubler, *Arquitectura mexicana del siglo XVI*. 2012. *op. cit.*, p. 558.
56. *Ibidem*, pp. 568-71.
57. José Gabriel Navarro, *Contribuiciones a la historia del arte en el Equador*. Quito: Fundación J.G. N/FONSAL, 2006, pp. 45-127, v. 1.
58. Sebastiano Serlio. *Tutte époque de architettura et prospettiva*, Livro III. Vinegia: Francesco de'Franceschi, 1600.
59. Ramón Gutiérrez, *Arquitectura y urbanismo en Iberoamérica, op. cit.*, p. 52.
60. *Ibidem*, p. 132.
61. *Ibidem*, p. 154.
62. Pál Kelemen, 1967, pp. 63-4.
63. Rodolfo Vallin, "Pintura mural en Colombia y Ecuador". Em: GUTIÉRREZ, Ramón (org.). *Barroco iberoamericano de los Andes a las Pampas*. Espanha: Lunwerg Editores, 1997, p. 305.
64. Pál Kelemen, 1967, pp. 65-7.
65. Antonio Bonet Correa, *Monasterios iberoamericanos, op. cit.*, p. 314.
66. São imagens que possuem vestimentas de tecido. Nelas são visíveis apenas o rosto, as mãos e os pés, entalhados em madeira e sustentados por uma estrutura cônica também de madeira. São leves e fáceis de serem transportadas nos andores durante as procissões.
67. Ramón Gutiérrez, *Arquitectura y urbanismo en Iberoamérica, op. cit.*, p. 195.
68. La Quadricula, 2004, pp. 17-73.
69. Mozart Bonazzi da Costa, *A talha ornamental barroca na igreja conventual franciscana de Salvador*. São Paulo: Editora da Universidade de São Paulo, 2010, p. 122.
70. Clarival do Prado Valladares, 1978, pp. 47-70.
71. Mário Barata. *A igreja da Ordem 3ª da Penitência do Rio de Janeiro*. Rio de Janeiro: Agir Editora, 1975, pp. 21-7.
72. George Kubler, *Arquitectura mexicana del siglo XVI, op. cit.*, pp. 611-33.
73. Gérman Téllez, 1988, 2 v.

74 Lois Parkinson Zamora, *La Mirada exuberante: barroco novomundista y literatura latinoamericana*. España: Iberoamericana/Vermuert/Conaculta, *op. cit.*, p. 28.

75 George Kubler, *Arquitectura mexicana del siglo XVI*, *op. cit.*, p. 469.

76 Carlos Martínez Assad, *Legado messiánico: la sillería del coro de San Agustín*. México D.F.: UNAN, 2016.

77 Germán Téllez Castañeda, *Monumentos nacionais de Colombia, op. cit.*

78 George Kubler, *Arquitectura mexicana del siglo XVI, op. cit.*, pp. 634-45.

79 Justino Fernández, *Arte mexicano, op. cit.*, pp. 95-100.

80 Antonio Bonet Correa, *Monasterios iberoamericanos, op. cit.*, p. 50.

81 Justino Fernández, *Arte mexicano, op. cit.*, pp. 202-5.

82 *Ibidem*, pp. 154-8.

83 *Ibidem*, pp. 153-5.

84 Oscar C. Zereceda, *Iglesias del Cusco historia y arquitectura*. Cusco: Regentus, 2004, pp. 89-95.

85 Alberto Corradine Angulo, *La arquitectura en Tunja*, Bogotá: Imprenta Nacional de Colombia, 1990, pp. 63-8.

86 Pál Kelemen, 1967, p. 62.

87 Alberto Corradine Angulo, *La arquitectura en Tunja, op. cit.*, pp. 63-8.

88 José Gabriel Navarro, *Contribuiciones a la historia del arte en el Equador, op. cit.*, p. 24.

89 Juan B. Artigas, *Arquitectura a cielo abierto en Iberoamérica como un invariante continental México, Guatemala, Colombia, Bolivia, Brasil y Filipinas*. México: Edición de autor, 2001, p. 56.

90 Elizabeth Bell, *La Antigua Guatemala: la ciudad y su patrimonio, op. cit.*, p. 61.

91 Ramón Gutiérrez, *Arquitectura y urbanismo en Iberoamérica, op. cit.*, p. 127.

92 Oscar C. Zereceda, *Iglesias del Cusco historia y arquitectura, op. cit.*, pp. 59-63.

93 Antonio Bonet Correa, *Monasterios iberoamericanos, op. cit.*, pp. 227-47.

94 A Ordem dos Carmelitas foi instituída no século XII, porém, a devoção na Antiguidade remonta ao século X a.C. com os santos Elias e Eliseu ainda no Monte Carmelo na Palestina. Oriunda de Portugal, aportou no Brasil em 1568.

95 Percival Tirapeli. *Igrejas Barrocas do Brasil/ Barroque Churches of Brazil*. São Paulo: Metalivros, 2008, p. 54.

96 V. Calderón, *O convento e a ordem Terceira do Carmo de Cachoeira*. Salvador, UFBA, 1976, p. 49.

97 Percival Tirapeli. *Igrejas Barrocas do Brasil/ Barroque Churches of Brazil, op. cit.*, pp. 88-91.

98 Germain Bazin, *Arquitetura religiosa e barroca no Brasil, op. cit.*, p. 118.

99 C. M. Silva-Nigra, Construtores e artistas do Mosteiro de São Bento do Rio de Janeiro, Salvador: Beneditina, 1950, p. 22.

100 *Ibidem*, p. 21.

101 Percival Tirapeli. *Igrejas Barrocas do Brasil/ Barroque Churches of Brazil, op. cit.*, p. 152.

102 Edvaldo Arlego, *Olinda, patrimônio natural e cultural da humanidade*, Recife: Ed. Comunicarte, 1990, p. 79.

103 Juan B. Artigas, *Arquitectura a cielo abierto en Iberoamérica como un invariante continental: México, Guatemala, Colombia, Bolivia, Brasil y Filipinas, op. cit.*, pp. 51-3.

104 Antonio Bonet Correa, *Monasterios iberoamericanos, op. cit.*, p. 43.

105 Reminiscência do autor. [N.E.]

106 Juan B. Artigas, *Arquitectura a cielo abierto en Iberoamérica como un invariante continental: México, Guatemala, Colombia, Bolivia, Brasil y Filipinas, op. cit.*, pp. 46-50.

107 Josefina Plá, "El templo de Yaguarón. Una joya barroca en Paraguay. In Historia Cultural La Cultura Paraguaya y el Libro", Em: *Obras completas*. Asunción: Instituto de Cooperación Iberoamericana, 1992, p. 352.

108 Ramón Gutiérrez, *Las misiones circulares de los jesuítas en Chiloé: apuntes para una historia singular de la evangelización*. Buenos Aires: Apuntes, 2006.

109 Clara L. Wehlen, *Museo Nacional del Virreinato. Colegio de San Francisco Javier Tepotzotlan*. Mexico D.F.: DG José, 2004, pp. 16-22.

110 Sergio Barbieri; Iris Gori, *Iglesia y convento de San Francisco de Cordoba: patrimonio artístico nacional inventario de bienes muebles*. Córdoba: Academia Nacional de Bellas Artes/Gobierno de la Provincia de Córdoba, 2000, pp. 18-21.

111 Bozidar Sustersic, *D. José Brasanelli, escultor, pintor, arquitecto de las misiones de guaraníes*. Buenos Aires: ODUCAL, Jornadas, 1992, Tomo 2, p. 153.

112 Liliana de Denaro. *Buscando la identidad cultural cordobesa. 1573-1800, op. cit.*, pp. 65-9.

113 Klaiber, Jeffrey, Misiones exitosas y menos exitosas: los jesuitas en Mainas, Nueva España y Paraguay, 2007, pp. 328-33.

114 Bozidar Sustersic, *D. José Brasanelli, escultor, pintor, arquitecto de las misiones de guaraníes, op. cit.*, p. 179.

115 José Feliciano Fernandes Pinheiro, *Anais da província de São Pedro*, Porto Alegre: Mercado Aberto, 1982, p. 84.

116 Germain Bazin, *Arquitetura religiosa e barroca no Brasil, op. cit.*, p. 288.

117 Luiz Sobral, 1986, p. 79.

118 Germain Bazin, *Arquitetura religiosa e barroca no Brasil, op. cit.*, p. 324.

119 Antonio Bonet Correa, *Monasterios iberoamericanos, op. cit.*, pp. 63-83.

120 Jaime Gutiérrez Vallejo, *Iglesia Museo Santa Clara 1647*. Bogotá: Instituto Colombiano de Cultura, 1995, p. 10.

121 Nuria Salazar Simarro, "El linguaje de las flores en la clausura feminina". Em: *Monjas Coronadas Vida concentual feminina en Hispanoamérica*. México D.F.: Museo Nacional del Virreinato, 2003, p. 132.

122 Alexandra Kennedy (org.), *Arte de la Real Audiencia de Quito, siglos XVII a XIX: patronos, corporaciones y comunidades*. Quito: Editorial Nerea, 2002, pp. 109-28.

123 José Gabriel Navarro, *Contribuiciones a la historia del arte en el Equador, op. cit.*, p. 127.

124 Antonio Bonet Correa, *Monasterios iberoamericanos, op. cit.*, p. 392.

125 *Ibidem*, p. 340.

126 *Ibidem*, p. 342.

127 Justino Fernández, *Arte mexicano, op. cit.*, p. 188.

128 Antonio Bonet Correa, *Monasterios iberoamericanos, op. cit.*, p. 346.

129 Justino Fernández, *Arte mexicano, op. cit.*, p. 188.

130 Antonio Bonet Correa, *Monasterios iberoamericanos, op. cit.*, pp. 328-33.

131 López Brunni, *Santiago de Guatemala*. Antigua: Editores Brunni, 2007, pp. 86-90.

132 López Brunni, 2007, pp. 88-91.

133 Jaime Gutiérrez Villejo *Iglesia Museo Santa Clara 1647*, Bogotá: Instituto Colombiano de Cultura, 1995, p. 107.

134 Jaime Gutiérrez Vallejo, *Iglesia Museo Santa Clara 1647, op. cit.*

135 José Gabriel Navarro, *Contribuiciones a la historia del arte en el Equador, op. cit.*, p. 173.

136 Antonio Bonet Correa, *Monasterios iberoamericanos, op. cit.*, pp. 249-57.

137 Luis Prado Ríos, *Guía de Arquitectura*. Potosí. Sevilla: Gobierno Municipal/ Sevilla: Junta de Andalucía, 2004, p. 108.

138 M. E. Carrazoni (org.), *Guia dos bens tombados*. Rio de Janeiro: Expressão e Cultura, 1980, pp. 331-2.

139 Cristina Esteras Martín, "La platería barroca en Perú y Bolivia". Em: GUTIÉRREZ, Ramón (org.). *Barroco iberoamericano de los Andes a las Pampas*. Espanha: Lunwerg Editores, 1997, p. 167.

140 Luís A. R. Freire, *A talha neoclássica na Bahia*. Salvador: Odebrecht, 2006, p. 34.

141 Benedito Lima de Toledo, 2007, p. 25.

142 Maria Inés Coutinho, 2014, pp. 55-78.

143 Murillo Marx, *Cidade brasileira*, São Paulo: Melhoramentos/Edusp, 1980, pp. 91-8.

# III | Arte sacra – mobiliário e ornamentação

## Programa ornamental

O projeto completo de uma edificação eclesiástica transcende seu aspecto exterior, fachada, torres, sinos, já que o fiel ao entrar em seu interior deverá ser tocado por toda a beleza que o levará a sentir-se acolhido pelos ideais da fé. Assim, altares dourados, com imaginária e pinturas, que por vezes expandem-se por suas paredes e forros, completam a arquitetura na função de ampliá-la e mostrar as visões celestes.

O mobiliário dos espaços religiosos é adequado às funções do culto. A ornamentação, tanto nas catedrais como nas igrejas conventuais, é variada, específica e simbólica para cada tipologia de edificação. O mobiliário comum a todas elas é a mesa do altar encimada pelo retábulo com o sacrário, anjos adoradores, santos patronos e a camarinha para se colocar o ostensório. Nas catedrais góticas destacou-se um espaço na nave central unindo-se ao do coro com órgão e cadeiral. Nas igrejas renascentistas, a rica ornamentação em pedra policromada cedeu lugar ao mármore ou à madeira com grandes painéis pictóricos. Nas igrejas contrarreformistas, em estilo barroco, o retábulo foi elevado a foco visual mais importante devido a suas funções e simbolismo – adoração do Santíssimo – tanto nas catedrais como nas igrejas paroquiais.

Nos templos conventuais, os programas construtivos e todo o conjunto arquitetônico segue um padrão determinando sua visualidade que logo distingue uma ordem da outra. Os jesuítas têm capelas laterais comunicantes, os dominicanos têm a capela da Virgem do Rosário e os franciscanos e carmelitas, espaços para as capelas das ordens terceiras. Cada parte da construção – igreja, convento, capela, colégio – tem sua função e, neste caso, as fachadas-retábulos que se destacam no urbanismo estão unidas à arquitetura e escultura em pedra. Nos retábulos, as distintas artes, estatuária e pintura, estão unidas para tornar o retábulo uma expressão única para enlevo do fiel. No caso das fachadas-retábulos, a função é antecipar ao fiel as práticas da catequese, evangelização e exortar no exterior a religiosidade que se deve cultivar no interior do templo.

Os retábulos formam parte do mobiliário que se adequa à arquitetura nos distintos recintos da igreja: o principal, ou retábulo-mor dentro da capela-mor, deve ser o mais visível e portanto mais elaborado. Sua função é emoldurar o sacrário disposto acima da mesa do altar e mostrar a imagem do santo protetor da igreja exposto no trono da camarinha e demais santos em nichos. Os vasos sagrados que servem ao ritual da missa são dispostos em credências, mesas que se encostam nas laterais junto ao altar, ricamente ornadas com entalhes vazados e criativas pernas que as distinguem dos diversos estilos que se confundem com a nomenclatura do mobiliário palaciano. Essas ricas peças passaram das capelas-mores para os palácios quase sempre encimadas por ricos espelhos. Esse movimento do mobiliário do palácio para a igreja é o caso do uso dos espelhos e dos tronos episcopais com os tronos das dignidades políticas.

Se os sacrários evidenciam o sacramento da comunhão, os confessionários são móveis onde se exerce o sacramento do perdão. Fechado onde o padre ouve o penitente, o genuflexo é pouco amparado ou mesmo praticamente fica exposto ao ato de ajoelhar-se. Inventivos confessionários aguardam os sussurros dos fiéis entre rebuscadas colunas e frontões, os pecados se esvaem entre tantas cores e volutas.

Há altares nas capelas laterais para a prática devocional da irmandade e os retábulos do transepto, ou seja, aqueles dispostos nas extremidades do braço do cruzeiro em posição de destaque também pela grandiosidade e unidade estilística com o retábulo-mor, a exemplo da igreja de La Valenciana em Guanajuato. São em geral dedicados aos santos das ordens religiosas, patronos, ao passo que o retábulo-mor serve para a exposição do Santíssimo Sacramento, para os santos patronos das igrejas ou das cidades e ainda para louvar a Imaculada Conceição conforme as diretrizes do Concílio de Trento.

Uma tradição religiosa é a da exposição permanente do Santíssimo Sacramento e está unida a obrigatoriedade da procissão de Corpus Christi. Na Espanha e na América espanhola, há um local especial que denomina-se *sagrario*, com construção independente como em Sevilha, e, em Portugal e no Brasil, é a capela do Santíssimo. Localiza-se na lateral do mesmo edifício sob o mesmo conjunto e ambas têm mobiliário similar ao da capela-mor. As ordens religiosas que têm suas devoções especiais a Maria, como os dominicanos, dedicam uma capela para a Nossa Senhora do Rosário. Os jesuítas cultuam a Virgem de Loreto e em toda a América espanhola sempre há um altar dedicado à Virgem de Guadalupe. A Virgem de Copacabana tem sua devoção na região do lago Titicaca e tantas outras invocações multiplicam-se, e cada qual requer uma capela ou altar especial.

Os espaços ao redor da nave podem ser abertos, como as tribunas, ou fechados com ricas treliças, grades de ferro, como nos mosteiros femininos, tanto no coro alto como no baixo. Os muxarabis são soluções artísticas de grande complexidade de marcenaria, douramento em especial quando as talhas são vazadas a exemplo do coro dos jesuítas em Sucre, atual Casa de la Independencia, ou acima dos altares laterais dos dominicanos na Cidade do México. Em Antigua, na Guatemala, na igreja dos mercedários, o consolo da tribuna é obra espetacular de pintura oriental, peça que se destaca na alvura da parede.

A imaginária sacra barroca teve regras a seguir cujo realismo inicial após o Concílio de Trento ganhou notoriedade não apenas na veracidade de suas feições como também na imitação dos tecidos como se estivessem sempre em infinitos movimentos. Cada imagem tem que ter sua iconografia própria, muito clara para elucidar o fiel. São os atributos, objetos perenes daquele santo que o diferencia tanto pelas vestimentas como pelos objetos que carrega em suas mãos ou dispostos aos seus pés. Essa é uma constante, pois os artistas seguem contratos específicos junto ao clero que supervisiona a execução independente das linhas estilísticas de cada período – renascentista, maneirista, barroco, rococó e neoclássico.

Na pintura ocorre o mesmo rigor iconográfico. A função é a divulgação da fé e a ornamentação não deve ser excessiva, portanto imagens didáticas e eficientes. Os grandes painéis pictóricos cobrem amplos espaços arquitetônicos, como em pinturas murais, e que em telas mostram cenas bíblicas e santos de devoção das ordens religiosas. Nos conventos e mosteiros da América espanhola, os corredores são cobertos por telas com as vidas dos santos como livros abertos para a meditação. Em Portugal e no Brasil esse meio é substituído pelos painéis de azulejos.

Nos retábulos, as telas ocuparam espaços privilegiados, como as madonas pintadas pelo jesuíta Bernardo Bitti (1548-1610) introduzindo a pintura maneirista no vice-reino do Peru na segunda metade do século XVI. Anteriormente, com a aparição da Virgem de Guadalupe em 1531, a devoção passava de âmbito regional para disseminação em toda a América. As devoções em outras regiões eram à Nossa Senhora de Copacabana e ainda mais local à Virgem do Serro de Potosí. As diversas escolas de pintura onde atuavam os pintores indígenas divulgaram em suas obras as Virgens com amplas vestimentas triangulares, como se dispostas nos altares, e logo tiveram ampla aceitação entre os devotos americanos. Por vezes essas pinturas representavam todo o retábulo onde se encontra a escultura da Virgem, com os castiçais, flores e ornamentação.

A vida dos santos ganhou o gosto popular e era representada em grandes afrescos como São Cristóvão com grande pintura mural seguindo aquela da catedral de Sevilha. São João Batista e toda a sagrada parentela – São Joaquim, Santa Ana, São José, Maria e Santa Isabel –, além dos apóstolos, profetas e evangelistas, povoavam os altares laterais auxiliando nas práticas religiosas e se expandiam para as paredes, cúpulas e se apresentavam em grande estilo nos retábulos das capelas-mores.

A imaginária teve ampla aceitação na prática dos cultos nas igrejas e os devocionais particulares nos oratórios das casas. A presença física da escultura nos nichos dos retábulos marcou profundamente a religiosidade americana que expandiu suas práticas para os espaços livres públicos nas procissões, nichos das paredes das casas e os passos da Paixão em vias públicas. As imagens retabulares têm dimensões apropriadas para serem vistas à distância e compatíveis com os espaços a elas reservados nos tronos ou nichos secundários. Cada qual com sua iconografia, que envolve desde os hábitos ou vestimentas, que logo são distinguidas por seus atributos como animais, livros e penas de escrever para os santos doutores, palmas de martírios, báculos, mitras e chapéus para santos bispos e papas. Esses atributos podem ser objetos em prata ou ouro como coroas para a Virgem e resplendores para o Cristo.

O coro é um espaço privativo dos religiosos em suas igrejas conventuais onde desenrolam diversas funções durante o dia, como as matinas e as vespertinas, além dos cantos obrigatórios nas funções da missa. Seus bancos recebem o nome de estalas ou cadeiral do coro e são ricamente ornados com esculturas nos espaldares e nos descansos, chamados de misericórdia, esculturas imaginativas, de lutas ou mesmo de rico bestiário de quimeras vistas apenas quando levantados os assentos. Os relevos dos espaldares são em geral os santos daquela ordem e quando nas catedrais são os santos doutores aqueles que reconheceram na música um meio de doutrina. Anjos e santos povoam as duas ou até três fileiras de cadeiras formando um espaço dentro da catedral que é suplantado apenas pelas caixas dos órgãos ricamente ornadas formando a tribuna do coro. No centro do coro, uma grande estante chamada de atril tem quatro faces para suportar os grandes livros com as letras do canto chão a ser cantado pelos clérigos. Essas estantes são giratórias e facilitam que muitos padres visualizem a música.

Completa o mobiliário o arcaz nas sacristias para se guardar os paramentos, tronos e credências na capela-mor, cadeirais e estantes para os coros com seus órgãos e confessionários para o sacramento da penitência. As sacristias merecem um olhar especial, pois ali o sacerdote se prepara para o sacrifício, faz a ablução das mãos em ricos lavabos de mármores coloridos cheios de alegorias decorrentes das águas, dos golfinhos e dos cervos. Os arcazes são volumosos e portentosos com grande quantidade de gavetas para se guardar os paramentos. Sobre os mesmos sempre há um nicho com um crucifixo em preparação ao sacrifício

Órgão do coro da Catedral Metropolitana da Cidade do México. Séc. XVII.

da missa. No mundo ibérico as sacristias ganharam monumentalidade e se transformaram em importante espaço divisor entre aqueles sagrados e de preparação e silêncio que precede o rito dos sacramentos. Os forros receberam pinturas de santos ou laudatórios à Virgem. Na amplitude do social, as sacristias foram os primeiros locais a se registrar o nascimento, casamento e óbito dos fiéis. Por esse espaço se passa a ritualística da vida do cristão, um cartório para a eternidade.

Os objetos litúrgicos, que constituem o tesouro das catedrais, são feitos de metais preciosos como ouro e prata e vão desde os vasos sagrados até lampadários e tocheiros que chegam a rivalizar em beleza e arte com a pintura e a escultura. A prataria e a ourivesaria sacra formam uma história da arte à parte, pois a prata de Potosí e o ouro do México e do Brasil tiveram o uso simbólico de oferecer a Deus o que a natureza tem de melhor.

## Fachadas-retábulos: platerescas e barrocas

As fachadas-retábulos platerescas foram construídas nas primeiras igrejas maneiristas e ganharam notoriedade no segundo momento da evangelização, já no século XVII, nas igrejas barrocas. As fachadas platerescas conviviam com as aberturas das capelas abertas em balcões no alto dos edifícios religiosos ou ainda em espaços que se expandiam além das paredes e fachadas e continham rica ornamentação. As fachadas platerescas – a denominação se origina do trabalho delicado dos ourives ou *plateros* que executavam as filigranas – tiveram sua origem na Espanha, no reinado de Fernando e Isabel, pelo arquiteto Juan Guas ao erigir edifícios públicos. Elementos arquitetônicos renascentistas de Brunelleschi foram adicionadas em seguida pelo arquiteto Lorenzo Vázquez, juntamente com arcos góticos. O auge dos ornamentos platerescos ocorreu quando elementos renascentistas foram suplantados por desenhos caprichosos e simbólicos próprios da cultura ibérica. A ornamentação da catedral de Granada, obra de Alonso de Covarrubias e Diego de Siloé, é o requinte final do plateresco que, em Portugal, chamado de manuelino, conta com os exemplos dos mosteiros da Batalha e dos Jerônimos.

Os adros fechados franciscanos para a evangelização da multidão indígena eram notórios na capital mexicana e arredores. Aqueles templos do alvorecer do cristianismo na América apre-

Fachada-retábulo *churrigueresca* da Catedral de Zacatecas. México.

sentavam uma defasagem do período estilístico da península Ibérica aproximando aqui muitas vezes das soluções arquitetônicas góticas tardias ibéricas. Assim foram apreciadas as soluções das abóbadas com cruzaria como revérberos do medievo, apontando porém que essa prática mostrou-se inteligente para a segurança quando se tratam das altas abóbadas construídas nas terras americanas ameaçadas por terremotos.

Soma-se a isso outra defasagem da Espanha ainda gótica com a Itália já renascentista e o mesmo ocorrendo com Portugal que no início do século XVI estava desenvolvendo o estilo posteriormente chamado manuelino. As construções monásticas seguiram as das instruções das ordens religiosas com construções góticas, conventos, igrejas e catedrais-fortalezas, a exemplo da catedral de Santo Domingo na República Dominicana, até migrarem para o maneirismo, já em terra firme e se alinhando nas linhas do barroco do México ao altiplano Andino.

As imensas distâncias no próprio solo americano alimentaram soluções diferentes daquelas espanholas e aproximaram-se das adotadas em suas sedes conventuais ou episcopais, nos imensos bispados que iam de Cusco a Santiago do Chile, depois subdivididos nas Audiências de Charcas (Sucre) até Assunção do Paraguai.

Esse despertar para os referenciais das antigas catedrais americanas – tardo-góticas e com aspectos de fortalezas como a igreja franciscana na praça de las Tres Culturas na Cidade do México – para as mais novas – maneiristas como a de Puebla – dá origem a uma aclimatação graças a soluções específicas, levando a uma identificação à realidade americana não atrelada rigidamente ao referencial da catedral de Sevilha. Assim, os métodos arquitetônicos formando verdadeiras escolas nas províncias passaram a disseminar as soluções já distanciadas de Sevilha, e outras cidades portuárias europeias.

A catedral de Cusco passou a ser o referencial do altiplano Andino do vice-reino do Peru. No caso das ordens religiosas, a igreja da Companhia de Jesus, que ousou rivalizar em grandiosidade e beleza com a catedral de Cusco, pois convivem visualmente na Plaza de Armas, também transformou-se em um paradigma de fachada retabular, depois do terremoto de 1650, para as províncias de Cusco, Puno e Apurímac[1].

As fachadas-retábulos ganharam maior liberdade livrando-se dos modelos apenas com elementos arquitetônicos dos tratadistas europeus e voltando-se para uma conjugação de elementos escultóricos platerescos cinzelando nas pedras brandas os elementos culturais autóctones miscigenados a santos e símbolos católicos. Nas zonas mais ricas, como aquelas de mineração, as catedrais e suas torres puderam alcançar não apenas altitude, mas requinte de trabalho ornamental em pedras. A essas alturas acresciam os campanários como arremates que nasciam de paredes lisas das bases das torres gerando um acúmulo escultórico.

Na região de Cusco, Peru, as fachadas-retábulos em geral se concentraram entre as bases das torres, com emprego de maior ou menor numero de colunas distribuídas nos três tramos e dois corpos encimados com linhas curvas. O terremoto de 1650 motivou a reconstrução dos templos que aproveitaram para uma nova fase expressiva das fachadas-retábulos. As fachadas maneiristas dos séculos XVI, e as barrocas dos dois séculos seguintes, destacam-se nas entradas das catedrais, igrejas conventuais e mosteiros femininos. Esses monumentos arquitetônicos escultóricos ampliaram seu poder de persuasão e atração para que os fiéis, ao adentrar às naves, tivessem seus olhares voltados para o altar dourado da capela-mor.

Se nos frontispícios as torres comprimem ou emolduram os ornamentos em pedra das fachadas-retábulos, no interior essa função ficou a cargo do arco triunfal também denominado arco do cruzeiro. Das envasaduras laterais, a luz natural clareia a zona anterior à capela-mor, que na penumbra revela aos poucos toda a beleza dos altares com suas estruturas. A nobreza arquitetural completa o ambiente que os acolhe. Durante os cultos noturnos, os ambientes eram iluminados com velas e reflexos de espelhos cambiando de quando em quando a direção das chamas que parecem movimentar as formas das vestimentas dos santos.

A tradição tridentina de veneração dos santos, mártires, apóstolos e da Virgem teve lugar nas capelas laterais, intercomunicantes, cada qual com seu altar e séquito santificados de anjos e santos pintados ou esculpidos que povoavam os nichos e peanhas dos altares. A popularização das pinturas cujas ricas roupagens esticadas e bordadas dão o toque popular a tantas escolas pictóricas se expande para as imagens de vestir que têm

Catedral de Puno, antiga igreja dominicana na região do Lago Titicaca. Peru. Séc. XVII.

Fachada-retábulo da Catedral de Cusco. Francisco Domíngues Cháves y Arellano. Cusco. Peru. 1649.

Fachada plateresca da igreja do convento de Acolman. México. 1560.

278 Patrimônio colonial latino-americano

suas estruturas em madeira modificadas pela quantidade de roupas que recebem em ocasiões especiais.

As manifestações artísticas eruditas nas igrejas e mosteiros urbanos se mesclam no pensar a arte, por meio dos escritos dos tratados, e no fazer artístico, segundo artistas europeus. Elas são quase imperceptíveis na torêutica (madeira) devido a minúcias e douramento posterior. São mais visíveis, porém, nas obras líticas (pedra) e nas fachadas-retábulos que seguem à risca os desenhos renascentistas e barrocos. Nas capitais, Cidade do México, as fachadas ultrabarrocas da igreja de San Felipe Neri e Santísima Trinidad são exemplos dessas novas fachadas advindas da Espanha.

São soluções diferentes, pois a primeira, com pouco recuo para sua visualização com pequeno adro e torre no corpo do convento, destaca a portada central com dois corpos e três tramos com nichos e medalhões que é emoldurada pela laterais recuadas nas quais a aplicação da pedra aparelhada – *tezontle* – ressalta tanto as portas laterais como toda a fachada com o frontão curvilíneo. Já a igreja da Santísima Trinidad, que pode ser observada desde grande distância, é carregada e vai se revelando aos poucos. A fachada côncava da igreja de San Juan de Dios, de irmãos hospitalares, é pouco usual no sentido de ocupar toda espacialidade frontal.

Na capital Lima, a igreja de San Agustín recebeu uma fachada-retábulo *churrigueresca* em 1710, à maneira dos mercedários, de desenho e feitura eruditos destacando o nicho central com a imagem do santo protetor.

Já nas zonas mais distantes, longe dos olhos severos dos arquitetos, há um deleite artístico oriundo da conjunção dos desejos dos religiosos em construir uma arquitetura aclimatada aliada à vontade de um povo motivado pela busca de uma nova civilização. São os casos das fachadas planas na região Sul do Peru, que a partir da fachada-retábulo da Companhia de Arequipa de 1698 difundiram-se nas povoações ao redor do lago Titicaca e por toda a Bolívia, incluindo a antiga Audiência de Charcas, atual Sucre. Azulejos e estuques também foram utilizados para o embelezamento das fachadas de cunho popular, a exemplo da igreja mexicana de San Francisco em Acatepec e La Merced de Antigua, na Guatemala.

## Análise das fachadas-retábulos
### Mosteiro de San Agustín. Acolman, México | século XVI

O frontispício do conjunto agostiniano é dividido em três corpos. No centro do segundo piso está a capela aberta entre a fachada da igreja e as arcadas da entrada do convento à esquerda. Antes de adentrar o adro, uma cruz esculpida com a efígie de Cristo no cruzamento dos braços e a Dolorosa aos pés sinaliza o local sagrado. O imenso espalho fronteiriço escalonado é fechado com muros encimados com ameias. Dois portais com arcos plenos dão ao adro, que tem no canto perpendicular à fachada vestígios de uma capela *posa*. Atualmente, o adro está escalonado devido a um aluvião no século XVIII. Isso possibilita a chegada com uma visualidade da fachada na altura dos olhos.

A fachada-retábulo plateresca é do final do século XVI. Concebida em um grande plano retangular, destaca-se pela coloração clara da pedra lavrada em contraste com todo o restante dos planos com massa no frontispício e pedra não aparelhada em toda a volumetria restante. Sóbria, dividida arquitetonicamente por colunas e frisos em dois retângulos horizontais, destaca a entrada em arco e acima uma janela também em arco de meio ponto emoldurada por cornija horizontal. Sente-se em toda a obra o emprego de elementos platerestos elisabetanos, colunas renascentistas italianizadas, incluindo atlantes e apontamentos góticos que ganharam desenvoltura no interior do templo. Há um embate entre figuras nos nichos, pela tridimensionalidade, que alternam-se com relevos, medalhões e frisos plenos de minúcias figurativas prenunciando as belezas dos desenhos em traços pretos e leves coloridos na abside.

A fachada plateresca esculpida no grande plano de pedra aparelhada e de leve coloração rosa demonstra ter sido inspirada em desenho de tratadista para modelo a ser difundido por meio de publicações que se esforçam para passar do plano à tridimensionalidade. Na parte inferior, a porta com arquivolta de arco pleno é emoldurada por arcos concêntricos ornamentados por frutos americanos e europeus – cacau, maracujá, maçã, pera e laranja. Não fossem esses relevos, a porta em si perderia importância para toda a superfície que a rodeia, tornando-se secundária visualmente.

Na laterais, dois pares de colunas com caneluras finamente engaladas com fitas e laços ressaltam em seus nichos dos intercolúnios os santos Pedro – primeiro papa – e Paulo – o Evangelizador. Dois medalhões circulares têm relevos do anjo Gabriel e da Virgem com lírios simbolizando a pureza. Acima do entalhamento, com relevos de cavalos marinhos e data de 1592, há duas colunetas e meninos atlantes guardando o nicho do Menino Deus acompanhado por *putti* músicos tocando trombeta e violão. Em destaque no segundo corpo há uma magnífica janela em arco pleno guarnecida por pilastras e sobre a cornija horizontal há anjos que sustentam por meio de florões as armas agostinianas – a mitra episcopal de Santo Agostinho².

### *Sagrario*, Cidade do México, México | século xviii

Essa obra é fundamental para a difusão do protótipo das fachadas-retábulos *churriguerescas*. Obra do escultor espanhol Lorenzo Rodríguez, natural de Cádiz, realizada entre 1749 e 1768, não tardou em popularizar-se pelo seu apelo exacerbado ao sensorial, à abertura para inovações em especial por estar ao lado da catedral e importante para o escultor que adaptou-se ao novo clima cultural e social dos mexicanos. O apelo sensorial deve-se ao fato de o autor ter encontrado uma solução inédita ao reproduzir em pedra um retábulo que seria de madeira, cobrindo todo o espaço das duas fachadas que tinham como rivais visuais a majestade e a grandiosidade da própria catedral. Daí a inovação ao desmaterializar o fundo avermelhado do *tezontle* (pedra vermelha), criando com ela dois imensos triângulos dos quais surgem as magníficas portadas.

O artista valorizou a composição ao romper os espaços dos cantos da fachada-retábulo, possibilitando a visibilidade da cúpula a pairar sobre os planos das faces do telhado que seguem a forma de cruz grega da planta baixa. O corpo retilíneo da massa arquitetônica é envolvido por linhas recortadas das arestas dos

Lorenzo Rodríguez. Fachada-retábulo *churrigueresca* do *sagrario* da Catedral Metropolitana da Cidade do México, 1749-1768.

Feliciano Pimentel. Fachada-retábulo em estilo ultrabarroco mexicano do Mosteiro de Santa Mônica. Guadalajara.

triângulos sugerindo um jogo de velar e desvelar a volumetria. Foi criativo no arremate mais contido e horizontalizado para não concorrer com as linhas triangulares descendentes e ascendentes abrindo ainda mais o espaço arquitetônico. Assim, cuidadosamente preservada a arquitetura do *sagrario*, pode soltar-se nas fachadas-retábulos esculpindo verdadeira arte têxtil lítica. Para tal efeito utilizou-se das estípites (colunas triangulares invertidas), quatro no corpo inferior e seis menores no superior. Entre elas abriu nichos e colocou medalhões abaixo do entalhamento em parte reto e abrigando o nicho central, curvo e interrompido. No corpo superior, no tramo central, o frontão é truncado[3].

### Mosteiro de Santa Mônica.
### Guadalajara, México | século XVIII

A fachada do antigo colégio de Santa Mônica, das monjas recoletas agostinianas, é uma das mais complexas do México. A obra barroca data de 1730, dirigida pelo padre jesuíta Feliciano Pimentel, iniciada dez anos depois da chegada das religiosas que também tiveram seus mosteiros em mais quatro cidades mexicanas e três no Peru. O extenso frontispício que ocupa a testada de toda uma *manzana* tem nove tramos: o primeiro, mais baixo é o da entrada do colégio; o segundo, mais alto, onde se ergue a torre; e os dois seguintes, com duas envasaduras na parte inferior e janelas no superior, com molduras entalhadas.

A sequência seguinte são as duas fachadas-retábulos intercaladas entre dois tramos com nichos esculpidos na parte superior; e por último, com uma moldura poligonal e janela com relevos, o tramo que faz limite com a escultura de São Cristóvão que, sobre uma pilastra, faz-se visível ante o tramo com pedras lisas na esquina da rua. Essa obra executada em dois blocos, que pode ser posterior à toda a fachada, confirma a tradição da colocação de santos patronos de bairros dispostos em medalhões, nichos, chanfros de construções civis ou religiosas.

Uma análise do conjunto evidencia as características, primeiramente, das portas duplas dos mosteiros femininos, aqui destacadas como fachadas-retábulos. Depois, nota-se o espírito de reclusão a que são submetidas, com as grades nas janelas do coro superior em posição oposta ao altar-mor das avantajadas naves. Os óculos nas paredes cegas fixam o espírito da rigidez tanto da vida monástica, que aceitava fiéis em oras restritas, quanto da austeridade da massa arquitetônica.

A terceira característica recai sobre a iconografia rica das agostinianas unida àquela da Igreja tridentina afeita à prodigalidade ornamental. O programa iconográfico por vezes é suplantado pelo ornamental, sem perder, contudo, o sentido arquitetônico conseguido tanto pelo ritmo de paredes lisas e planas com as envasaduras emolduradas como pela clareza da divisão dos tramos com pilastras robustas[4]. Assim podem ser feitas leituras individualizadas tanto das duas fachadas-retábulos, como dos tramos com os nichos.

As duas portadas se assemelham na divisão bem marcada pelos quatro pares de colunas barrocas, as duas portas com arcos levemente abatidos, entablamentos duplos dividindo os dois corpos e ausência de arremates conseguidos por linhas truncadas e salientes na parte superior. Assim fica segura a composição estrutural dessas duas fachadas que se mostram surpreendentes na simetria das colunas mesmo que seus fustes espiralados se confundam na rica ornamentação barroca com parras e vinhas no corpo inferior e intrincados ornamentos, ora *mudéjares* ora barrocos, naquelas do corpo superior. Nos intercolúnios, a ornamentação verticalizada e plana remete às antigas soluções platerescas e alinha-se com as soluções horizontais dos entablamentos.

A emoção suplanta a racionalidade que busca nesse momento as classificações estilísticas que se mostram inadequadas e mesmo secundárias – ultrabarroco, mestiço ou mesmo barroco mexicano – para se transformar em inventividade de execução, que por vezes críticos incautos poderiam apontar como inabilidade. A busca do cumprimento dos modelos europeus impostos pela gramática barroca aliada ao entendimento de uma livre criação daqueles princípios ornamentais sobre a estrutura preestabelecida converte-se em arte que suplanta todos os limites comparativos.

O programa iconográfico dos agostinianos exige os escudos da ordem com a mitra de Santo Agostinho, o coração flamejante transpassado, escudos com efígies dos santos, leões e a fênix. O surpreendente fica pela liberdade que o escultor local imprimiu em toda a fachada resultante em um arcaísmo pleresco enriquecido pela rotundidade das colunas espiraladas barrocas. As parras agarram-se aos sulcos das espiras e delas emanam cachos de uvas que se confundem com as formas de espigas de milho. Dois anjos, no friso superior, cujas roupagens sugerem seres voadores, ladeiam uma águia bicéfala[5]. Sem titubear, o artesão cinzela uma sequência de rostos angelicais e ornamentos de meio corpo dos quais saem mãos que domam cabeças de águias e leões. Essa união de símbolos de culturas opostas – o leão europeu e a águia americana – está mais próxima plasticamente das urnas funerárias e dos defumadores com faces e atitudes de deidades pré-hispânicas do que os angélicos atlantes sacros da cultura europeia advindos da mitologia greco-romana.

Gabriel Ribeiro. Fachada pleresca da igreja da Ordem Terceira de São Francisco. Salvador, BA.

Antônio Francisco Lisboa, Aleijadinho. Detalhes dos relevos do frontispício da igreja da Ordem Terceira de São Francisco. Ouro Preto, MG.

## Fachadas no Brasil

No Brasil, a parte externa, via de regra, tem apenas como elementos decorativos a portada de pedra de lioz, ou ainda, como nas igrejas mineiras, de pedra-sabão. No Nordeste, os franciscanos utilizaram o calcário, criando fachadas monumentais, como na Igreja de Santo Antônio em João Pessoa, e criativas, a exemplo de Santa Maria dos Anjos em Penedo, formando uma "escola de escultura de monumentos"[6].

Houve outras soluções, como a importação de pedras de lioz para a igreja de Jesus, atual Sé, ou a fachada inteira para a igreja de Nossa Senhora da Conceição da Praia, ambas em Salvador. Utilizando pedras aqui lavradas, a fachada de Nossa Senhora da Guia, em Cabedelo, na Paraíba, e da ordem terceira de São Francisco em Salvador, constituem os mais elaborados exemplos em estilo pleresco. Ainda no Nordeste, a igreja de São Pedro dos Clérigos distingue-se pela severidade do frontispício e monumentalidade da portada, enquanto outras igrejas se alteiam em caprichosos frontões rococós no Recife. À parte, na floresta amazônica, na bela Belém do Pará, o arquiteto bolonhês Antônio José Landi, a partir de 1759, cria uma série de edifícios civis e religiosos dentro de um espírito italiano, já tendendo para o neoclassicismo de linhas harmoniosas, como a fachada reformada de Nossa Senhora das Mercês em Belém, entre outras.

Em Minas Gerais, com Antônio Francisco Lisboa, a ornamentação em pedra-sabão adquire *status* de arte maior. Senhor absoluto da torêutica e cantaria, o ornamentista de estilo ímpar legou as mais delicadas portadas rococós. Com suaves curvas integrou fachada e torres interligando envasaduras com cornijas e entablamentos com pedras de tonalidades rósea e cinza naturais. Trouxe para a porta dos templos a alegria dos festões renascentistas com o frescor do rococó francês e os medalhões da Virgem habilmente cinzelados como na igreja franciscana de São João del-Rei.

### Igreja da Ordem Terceira de São Francisco.
### Salvador, Brasil | século XVIII

A igreja foi edificada em 1644 e reconstruída em 1703, com a mais espetacular fachada em estilo plateresco tardio. O frontispício é de calcário e o projeto foi elaborado com pilastras nas extremidades e cunhais; uma ramagem de acanto preenche o espaço vazio, à semelhança de apliques em retábulos de madeira. Aqui os relevos se desenvolvem entre as pilastras de pedra que cercam um nicho central de São Francisco.

A ornamentação está dividida em três níveis: pavimento térreo, que antigamente tinha apenas uma porta, corpo principal e frontão. No segundo piso, junto às janelas do coro, quatro estátuas alegóricas de atlantes, são colocadas sobre consolos, localizados abaixo um do outro, que servem de suporte ao ressalto do entablamento. As quatro estátuas seminuas contrastam com a figura serena de São Francisco no nicho central. Na parte superior, o frontão com volutas invertidas comprimidas por pináculos e a cruz ladeada por dois querubins. Os símbolos contidos em toda a fachada remete ao padroeiro do templo, São Francisco da Penitência. Todo esse tesouro visual foi encoberto por argamassa quando, no século XIX, tornou-se comum pintar as igrejas douradas de branco, segundo o gosto neoclássico, até que, na década de 1940, por acidente, foi redescoberto.

### Igreja de São Francisco de Assis.
### Ouro Preto, Brasil | século XVIII

Igreja da ordem terceira de São Francisco da Penitência, obra de Antônio Francisco Lisboa realizada entre 1766 e 1774, teve sua implantação sobre o terreno levemente em declive do lado esquerdo, o que dá à massa arquitetônica uma leveza e profundidade paisagística que atinge até o pico do Itacolomi, pelo qual os bandeirantes paulistas se guiavam para chegar à antiga Vila Rica. Vista desde os degraus da entrada mais abaixo do adro fechado, a fachada plana ganha em imponência entre as duas colunas em itacolomito fulvo-dourado que sustentam as volutas truncadas com dupla função: fechar o frontão curvo e conduzir o olhar para a torre em movimento de rotação, o que transforma todo frontispício em curvo.

A portada com umbrais ondulantes desde as pilastras rima com as curvas da verga ocre-dourada, que recebe os ornamentos rococós de pedra-sabão em cinza, azul e verde. Dois anjos assentes sobre as volutas seguram atributos da ordem terceira: a cruz e o medalhão alado com as estigmas. Acima dos emblemas franciscanos, a Virgem dos Anjos dentro de um medalhão é ladeada por fitas falantes. A grande coroa acima apenas toca os ornamentos do óculo, que recebeu o baixo-relevo de São Francisco no Monte Alverne conhecido como Estigmata[7].

Aleijadinho, segundo o testemunho de Rodrigo José Bretas, forneceu o traçado do templo, além de ter participado do projeto arquitetônico do frontispício. As esculturas de pedra-sabão da portada também são de autoria do escultor mineiro, bem como os púlpitos entalados no arco triunfal, o lavabo na sacristia e toda a capela-mor, desde a abóbada em formato de barrete de clérigo até todo o altar-mor, que é considerado sua obra-prima retabular.

A pintura do forro da nave é obra de Mestre Ataíde, executada entre os anos 1801-2.

## Retábulos

No mobiliário sacro distingue-se o retábulo que ajustado à arquitetura passa a ser a peça de maior importância dentro do espírito contrarreformista que indica ser o retábulo-mor a peça de principal visualidade. Emoldurados pelo arco triunfal ofuscam a visão do fiel que passa da luminosidade advinda das cúpulas para a penumbra da capela-mor onde o dourado marca o espaço sagrado povoado de santos, anjos e do sacrário.

Com as normas pós-tridentinas, a arquitetura das igrejas de uma só nave passaram a mostrar na capela-mor o altar valorizado pelo entalhe dourado e a colocação das imagens barrocas de grande apelo devocional baseado no realismo das figuras. Sem dúvida é possível separar a imaginária da arte mobiliária retabular. Porém, a grande maioria foi concebida com esse fim e seus estudos podem ser individualizados devido a seus fortes apelos expressivos. Ao contrário, os estudos sobre os retábulos apontam para os elementos arquitetônicos que compõem o conjunto das partes que se articulam.

A imaginária segue as análises formais e expressivas da escultura a exemplos dos crucificados ou ainda as imagens grandiosas de São Jerônimo com vários atributos – leão, livro, caveira – e apelo do místico homem isolado do mundo. Projeto do retábulo e da imaginária, ambos se conjugam quando contemplados em seus nichos dourados, nas alturas, dialogando com outras imagens pelos gestos que se completam em iconografias específicas.

A construção do retábulo segue em geral modelos de tratadistas difundidos em todo mundo cristão, do período gótico ao neoclássico. Os modelos renascentistas ainda foram empregados no México, sendo, porém, mais comum os maneiristas, executados tanto em pedra como em madeira. Baixos-relevos continuaram a compor a iconografia da predela – parte posterior do altar na altura do sacrário, são os retábulos didáticos – à maneira gótica que continha uma narrativa. Posteriormente essa sequência escultórica foi substituída por mísulas ou anjos atlantes que sustentam colunas, quartelões e estípites – colunas invertidas – no caso do barroco mexicano.

Acima da mesa do altar eleva-se o sacrário, mais arquitetural quando em forma de pequeno templo de planta circular ou mais ornamental quando pleno de simbolismos e alegorias como o cordeiro a ser imaculado, anjos adoradores da hóstia sagrada. Tanto no frontal da mesa do altar como no conjunto do sacrário, o entalhe pode ser substituído pelo trabalho em prata tornando-o distinto do dourado aplicado em todo altar. As catedrais latino-americanas ostentam essa combinação dos brilhos dos metais preciosos com os cinzelados, repuxados não só nos frontais dos altares como também em completos altares dos sacrários, ou ainda em andores sobre rodas para as procissões, como na catedral de Cusco durante a procissão de Corpus Christi. A prata boliviana permitiu que na Espanha fossem executados carros andores como aquele da igreja dos jesuítas em Sevilha.

Acima da predela, ou mísulas, situa-se o corpo do retábulo que é dominado pelo espaço central aberto denominado camarim e tem a função de abrigar a imagem retabular do santo protetor da cidade ou da igreja. Dentro da camarinha há degraus sobrepostos formando o trono que ganha notoriedade pelos desenhos fantasiosos e esmerados. Acima de tudo, no último degrau, reserva-se o espaço para a colocação do ostensório para a adoração da eucaristia. Ladeando a camarinha estão as colunas que marcam a espacialidade e sustentam o entablamento, elemento arquitetural que eleva o retábulo às alturas suportando o coroamento que atinge por vezes o teto da capela-mor. Todas as tipologias estilísticas para colunas e capitéis são empregadas, desde as lisas circulares passando por aquelas com caneluras, estriadas e as torsas que prenunciam as barrocas salomônicas, criação genial de Bernini para o baldaquino da basílica de São Pedro. A divisão de um retábulo é feita pela sua horizontalidade, denominada corpo, e na verticalidade, auxiliado pelas colunas, são os tramos. Essas divisões verticais são determinadas pela largura das capelas-mores, pelas imagens ou pinturas entre as colunas. Em geral possuem de três a cinco tramos determinados pelas colunas que abrigam nos intercolúnios os nichos com os santos.

Altares clássicos, como o da catedral de Cartagena de Indias, possuem inúmeros nichos para esculturas e pinturas de fácil leitura. Os retábulos barrocos, como na maioria das igrejas jesuíticas, tornam-se complexos, pois buscam uma mensagem específica por meio de tipologias para determinadas funções: os retábulos eucarísticos – sacrário, tabernáculo ou baldaquino para o ostensório, a Virgem da Conceição e seus santos canonizados a partir de 1623. Retábulos para santos patronos, sem o sacrário, os devocionais mais simples, são dispostos nas capelas laterais e sacristias. Outros retábulos ainda tomam toda a espacialidade da capela-mor unidos às paredes laterais e saindo dos limites do arco triunfal, caso dos franciscanos de Quito e Bogotá.

O corpo do retábulo que é composto pela ordem arquitetônica das colunas e inclui o entablamento ganhou complexidade a partir dos modelos do jesuíta Andrea Pozzo no último período do barroco, já no século XVIII, com plantas combinadas de linhas côncavas e convexas resultando na parte superior entablamentos de linhas truncadas curvas e retas. Nas catedrais de muitas capitais latino-americanas, o retábulo-mor tem volumetria própria na forma arquitetural de um templo circular, rico em colunas que sustentam coroamentos com cúpulas, a exemplo da catedral de Puebla.

Os retábulos das capelas de *los Reyes*, na parte posterior do retábulo-mor, buscaram inspiração na grandiosidade da capela real da catedral de Sevilha, uma construção com entrada independente. Na América, conjugada à espacialidade circundante do *ciprés*, é diferenciado pela grandiosidade arquitetônica e emprego de materiais preciosos, como em Puebla, ou ainda na complexidade do retábulo churrigueresco do convento de São Domingos de Salamanca.

A capela de *los Reyes* na catedral do México é obra ímpar e inaugural de novas tendências. Ela espalha pelo México a complexidade ornamental do retábulo do convento dominicano de Salamanca com o emprego da nova tendência de profusão das estípites nascendo assim o ultrabarroquismo mexicano que se espalharia pelas capelas del Rosário dos dominicanos. O estilo churrigueresco encontrou um solo fértil para sua expansão que ultrapassou os limites internos das capelas-mores para se instalar nas fachadas, verdadeiro milagre lítico transposto dos modelos retabulares em madeira executados com a minúcia dos cinzelado dos *plateros*.

O coroamento, ou ático, pode ser triangular ou com uma pintura retangular comprimida entre volutas como no retábulo renascentista, e essa tradição continua no maneirismo. No barroco integra-se com a ordem arquitetônica das colunas tornando-os curvos quando em espaços assim determinados (estilo nacional português) e fantasiosos quando mais livres e adaptáveis à arquitetura. Os retábulos da Companhia de Quito e Tepotzotlán ganham liberdade colocando figuras de anjos, coroas, santos e mais nichos que se mesclam com pinturas e ornamentos geometrizados. A efígie de Deus Pai na parte superior orienta uma leitura de baixo para cima e em geral de maneira nítida.

Os retábulos barrocos, por um período do século XIX, foram postos em segundo plano e, seguindo o novo gosto neoclássico, desbancaram centenas de obras incomparáveis, principalmente nas capitais. Lima foi das mais afetadas com o novo estilo mais moderno das colunas lisas e menor afetação dos ornamentos com linhas mais sinuosas apenas nos entalhamentos abaixo dos coroamentos mais simplificados. O escultor e arquiteto espanhol Matías Maestro (1766-1835) foi o responsável pelo novo gosto neoclássico executando os altares da catedral, da igreja de San

Francisco e, para os jesuítas, da igreja de San Pedro e da capela de N. Sra. do Ó, situada na parte interna do colégio[8]. Em Salvador, antiga capital colonial brasileira, também o estilo neoclássico teve um sabor de modernidade e aproximação ao estilo da corte que se instalara no Rio de Janeiro[9]. Em Minas Gerais, as igrejas das ordens terceiras continuaram com seus retábulos barrocos e rococós visto que a exaustão do ouro levou aquela região a um adormecimento artístico de quase um século até a modernidade.

Completam o mobiliário de uma igreja os arcazes das sacristias onde se guardam as vestimentas dos sacerdotes; os cadeirais dos coros ou da capela-mor para os religiosos rezarem os ofícios, e seguem a tradição medieval do entalhe nos espaldares; as tribunas que emolduram os coros com grades que por vezes preservam a privacidade das ordens femininas; o órgão com suas caixas entalhadas e pintadas; as tribunas ornadas nas partes superiores tanto da nave como da capela-mor; confessionários que adquirem as mais diversas configurações, assim como tronos e cadeiras que ganham soluções surpreendentes. As estantes de canto chão colocadas no coro são de grandes dimensões e têm tampos quádruplos rotativos e se inspiravam naquela do coro da catedral de Sevilha. Na catedral da Guatemala há uma estante com incrustações de madrepérola na madeira escura.

Os púlpitos são concebidos como obras à parte e sua função é específica de abrigar o padre na sua prédica. Com um público iletrado, a oratória era considerada primordial na difusão da fé. Seu espaço na nave central sempre foi um foco de atenções e para tanto a sua escada é simbolicamente a elevação do sacerdote a disseminador da palavra de Deus.

### Igreja de San Cayetano Mina Valenciana. Guanajuato, México | século XVIII

Nos arredores de Guanajuato há muitas minas de ouro e prata e sobre uma delas, La Valenciana, os arquitetos Andrés de Riva e Jorge Archundía construíram o templo de San Cayetano entre 1765 e 1788. O promontório de rocha foi esmiuçado na busca dos metais e, hoje, apresenta-se recortado como uma grande estrutura com contrafortes sustentando uma praça inferior e outra superior, com o adro fechado do templo. Subindo as escadarias, as torres surgem como uma visão ofuscada pela coloração avermelhada dos muros ao redor. Não distante de lá, outro templo com similar fachada-retábulo é da mina de prata de Cata. Os dois corpos e três tramos de estilo churrigueresco tiveram o coroamento reformado posteriormente.

Quando se chega diante da fachada, o fôlego é retido e a mente busca parâmetros para a intelecção dos ornamentos. Entre as bases das torres – apenas uma está acabada – a fachada-retábulo em pedra rosada comprime-se no espaço recuado, com as inúmeras colunas, que emolduram a monumental porta, o nicho do óculo e o nicho superior. Lá estão os santos das ordens mendicantes: Francisco de Assis, Domingos Gusmão e os teólogos Tomás de Aquino e Boaventura. A torre única se deve ao fato de ser uma capela, já que torres configuravam privilégio dos templos paroquiais.

Retábulo-mor de San Cayetano de Thiène e almas do purgatório. Mina Valenciana. 1784.

Retábulo-mor e cúpula. Capilla del Rosario. Quito, Equador.

No interior pode-se sentir que o ambicioso projeto dá unidade aos três retábulos executados em 1784, com o emprego de colunas estípides, caracterizando o ultrabarroco mexicano. Cada retábulo expressa as devoções dos proprietários e sócios da mina de ouro. O retábulo dos *parcioneros* [sócios] é uma elegia aos santos doutores da Igreja: Agostinho de Hipona, Gregório Magno, Jerônimo, tradutor da Bíblia, e Ambrósio de Milão, seguidos pelos evangelistas e as devoções particulares aos santos João Batista, Pedro, Boaventura e Antônio, prediletos de Antonio de Obregón y Alcocer, conde de Valenciana.

O retábulo-mor é dedicado a São Caetano de Thiène e às almas do purgatório. Seu desenho é claro e apenas duas estípides sustentam o entablamento duplo quebrado pelo nicho central do santo patrono. Três tramos delimitam os nichos laterais e o central abre-se em arco pleno, acolhendo o conjunto do sacrário e o nicho do Crucificado. O coroamento é amplo, praticamente um novo retábulo com a Virgem da Luz recebendo as almas do purgatório. O terceiro é da Virgem de Guadalupe, em suas quatro aparições. A complexidade emanada dessa composição faz dela uma obra-prima comparável à sua rival espanhola em Salamanca, a igreja de Santo Agustín[10].

As estípides laterais se abrem na altura superior dos nichos e sustentam o entablamento interrompido pelo arco do nicho da Virgem, que tem São José na parte inferior do tramo central. O coroamento em arco tem São Miguel surgindo da luz natural da envasadura da parede, sendo cortejado pelos anjos Sealtiel, Barachiel e Gabriel à sua direita, e na posição oposta, Rafael, Uriel e Jehudiel[11]. Assim, a iconografia expressa na trilogia retabular contempla os doutores e evangelistas da Igreja como seus protetores, a Virgem de Guadalupe, com os arcanjos mensageiros da divindade e dos santos, e Maria salvando as almas do purgatório e as conduzindo à vida eterna.

## Capilla del Rosario. Igreja de Santo Domingo. Quito, Equador | século XVIII

Seguindo a tradição dominicana de divulgação da veneração da Virgem do Rosário, em Quito, como em Puebla e Oaxaca no México, a capela do Rosário é uma obra autônoma no recinto sacro. A igreja com ampla nave e teto *mudéjar* em madeira contrasta com essa obra barroca pela sua ornamentação, dois espaços distintos, iluminação e riqueza de imaginária. Localizada no braço do cruzeiro do lado da epístola, esta é uma obra-prima da plástica barroca quitenha: foi concebida com três planos, sendo o inferior envolto em penumbras, dedicado ao público. O intermediário, a ser galgado pelos presbíteros e o terceiro, na parte superior, para o retábulo-mor da Virgem do Rosário, distingue-se na planta poligonal, diversa das duas anteriores quadradas. Essa disposição foi em parte imposta por problemas de aclive do terreno e das espessas paredes que suportam o templo. Dessa forma, a solução foi genial, pois vista de baixo para cima o efeito de vislumbre apoteótico que deseja a gramática barroca foi aqui aplicada nos contrastes de luzes e sombras que se revessam criando o efeito ótico de unidade. O retábulo posicionado ante a planta poligonal cresce, mesmo sendo plano, pois é beneficiado tanto pela incidência da luz natural quanto pelos brilhos dos espelhos incrustrados no douramento.

Os apliques reluzentes dos retábulos destacam-se sobre o fundo avermelhado criando uma ambiência de claro e escuro como se a arquitetura fosse um suporte pictórico. Nota-se ser obra de fase posterior à construção da igreja em 1733 e coberta por cúpulas octogonais. Esse espetáculo barroco quitenho é atribuído ao escultor Bernardo de Legarda que pertencia à irmandade de Nossa Senhora do Rosário[12]. O escultor soube valorizar as luzes que jorram do lanternim sobre o retábulo-mor, escalonado, cuja composição irradia-se a partir do camarim da Virgem.

As sombras do primeiro ambiente criam uma ambiência de celestialidade acentuada pelo dourado que se conjuga com os fundos avermelhados. À medida que o fiel caminha para a luminosidade saindo das penumbras e galgando degraus, o retábulo se mostra por inteiro como um pomo dourado que se abre em volutas delirantes, curvas e contracurvas emoldurando nichos com grupos escultóricos galgando nas alturas um triunfante Cordeiro Divino.

### Igreja de São Francisco.
### Ouro Preto, Brasil | século XVIII

Considerada a obra-prima retabular de Antônio Francisco Lisboa, que concebeu toda a arquitetura da igreja em 1767 e a executou em 1794. Emoldurado por elegante arco triunfal no qual encaixou dois púlpitos em pedra-sabão, o retábulo não se contém apenas na parede posterior, mas se expande por toda a espacialidade das paredes laterais e da abóbada.

O retábulo é inteiro concebido como uma estrutura arquitetônica de univocidade com as curvas e contracurvas iniciadas na fachada, ampliada da portada e completada na capela-mor. Desde o supedâneo, as linhas graciosas rococós tremulam tomando o frontal do altar com volutas que o emolduram na altura da predela atingindo o tabernáculo e nicho acima onde São Francisco em vestes marrom escura segura a cruz e a caveira. Pequenas volutas levemente inclinadas sustentam os quartelões da camarinha. Nas laterais, diante do branco das paredes, duas colunas recebem o tremor das linhas, sentido nos primeiros terços inferiores ao se projetarem de maneira inédita criando uma instabilidade visual nesse elemento arquitetônico que aqui ganha as funções de estrutura e ornamentação conjugadas.

O entablamento duplo é curvilíneo, truncado e reflete a planta côncava do retábulo. O coroamento é grandioso desde o momento em que dois anjos adoradores, alados, estão genuflexos sobre volutas truncadas que antecedem ao arco que sustenta o grupo escultórico da Santíssima Trindade que recebe a Virgem Maria nos céus. A lua voltada para o trono da camarinha é o elo formal que se expande por todo o coroamento em linhas circulares que correm por toda a moldura do grupo escultórico.

Por fim, em um clímax escultórico, Lisboa não se contém nos planos das paredes e se arremessa nas faces da abóbada com medalhões e molduras com rocalhas esgarçadas que circundam um magnífico anjo alado com um cesto de frutos equilibrado entre as madeixas soltas e volumosas. Em um ato de bondade divina, de suas mãos, o anjo, qual Prometeu, deixa desprender das alturas um lampadário de prata entregando à humanidade o lume da fé e do conhecimento.

Antônio Francisco Lisboa. 1794. Retábulo-mor da Igreja de São Francisco. Ouro Preto, MG. Brasil.

Cristo morto com o Pai Eterno. Madeira policromada e resplendor de prata. Museo Santo Domingo, Antigua. Guatemala. Séc. XVIII.

## Escultura nos vice-reinos

A escultura do primeiro período logo depois da conquista espanhola é caracterizada pelo uso da pedra esculpida nas fachadas maneiristas. Ao lado de colunas com desenhos renascentistas cresciam os adornos com relevos de cenas dos santos protetores, como ocorre em Santo Domingo em Oaxaca. Outros santos da ordem são dispostos comportadamente em nichos entre colunas. Com maior compostura os escudos dos franciscanos se ordenam nas faces da capela *posa* de Huejotzingo e nos agostinianos, em Acolman, santos já ensaiam suas aparições mais volumétricas na fachada plateresca.

Os relevos emoldurados por frisos aos poucos foram sendo substituídos por figuras esculpidas em nichos e os medalhões multiplicavam-se entre colunas. Essa tradição gótica tardia, ou mesmo românica, permanece em zonas mais distanciadas das capitais. No vice-reino do Peru os relevos continuaram nas fachadas planas denominadas arte *mestiza*. Os motivos lavrados nas pedras esforçam-se em seguir desenhos propostos pelos modelos europeus a exemplo da fachada da igreja da Companhia de Arequipa, no Peru. Seguem ainda a fachada-retábulo da igreja de San Lourenzo em Potosí na Bolívia, de 1728, e a tardia fachada de Santa Mônica em Guadalajara, no México.

As fachadas-retábulos dos séculos seguintes, XVII e XVIII, evoluem em profusão de formas entre as quais os santos habitam em nichos como figuras autônomas unidas com as dos medalhões com relevos exuberantes como os de Santa Prisca, de 1758, em Taxco. Os relevos das estípites do *sagrario* da catedral da Cidade do México de 1749 autorizaram uma verdadeira inventividade denominada posteriormente ultrabarroco mexicano. Entre os melhores exemplos temos as fachadas dos jesuítas em Tepotzotlán e a catedral de Zacatecas, de 1775. Naquela construção do noviciado da Companhia confirmou-se a tese de artistas que trabalharam em madeira nos retábulos internos e também habilmente levaram a escultura para as fachadas desafiando as intempéries, as técnicas líticas e expondo sua arte ao sol escaldante enquanto no interior a madeira era recoberta com ouro.

Por todos os vice-reinos a mobília dos altares era o suporte para as esculturas retabulares, esculpidas em madeira. Ainda, com gestos contidos no período maneirista, essas obras por vezes serviam de demarcação e para os tramos ou mesmo os coroamentos dos altares. No período barroco as figuram distinguem-se pela agitação de suas vestimentas já que estão inseridas em um verdadeiro delírio de formas, ramagens, *putti*, que se expandem por todo espaço tornando o altar uma obra única. Essa modalidade está ligada após a feitura do altar da capela de *los Reyes* da catedral do México. A tradição da escultura em pedra nas fachadas perdura até os relevos da mesma catedral, já no século XIX em estilo neoclássico.

A escultura barroca está intimamente ligada à feitura escultórica dos retábulos em todos os vice-reinos. No século XVII, em madeira, ganha vitalidade própria, totalmente integrada em seu contexto de univocidade entre o mobiliário e as esculturas pintadas e estofadas em cores diversas. O retábulo-mor dos dominicanos de Puebla exibe dezoito esculturas policromadas. Diversa da pintura em tela, que pode narrar em seu espaço pictórico o fato ocorrido com o santo, a escultura se comporta no nicho com seus atributos. São as figuras retabulares de tamanho de vulto inteiro que perfilam nos retábulos pelos seus ricos panejamentos esvoaçantes, as representações da Virgem ricamente ornadas com mantos incrustrados com pedras preciosas. Convencionou-se na pintura em representá-las em seus altares, popularizando-as como virgens retabulares, com mantos triangulares, rigidamente dispostas em seu nicho retabular com os castiçais para velas e flores pintadas.

Nas capelas rurais os santos ganham vestimentas conforme o tempo religioso, as festas populares, as estações do ano e as devoções. Mesmo não sendo imagens de vestir, com apenas mãos, pés, cabeça e armação interna, os santos recebem vestimentas como pessoas, fato ainda comum na Guatemala. O Menino Jesus é invocado pelos jovens que o vestem segundo as profissões que almejam seguir quando adultos. A Virgem, que nas igrejas tem capela própria, destaca-se por seus mantos, a exemplo da Virgem do Rosário com os dominicanos. A presença de Cristo é obrigatória, evidenciando seus sofrimentos nos passos da Paixão, culminando com a crucifação. Em toda América espanhola esses Cristos sofridos com coroas de espinhos e flagelados chegam a estar arqueados com joelhos e mãos no solo, em posição de supremo sofrimento.

Além da pedra e madeira para o uso da escultura, há de se considerar o estuque como um meio tanto culto quanto popular em todo o México. Na igreja conventual dominicana em Oaxaca os relevos em estuque tomam conta de toda espacialidade desde o nartéx com a árvore genealógica dos dominicanos e seus santos entrelaçados com festões em toda a abóbada da nave e cúpula. A capela do Rosário, semelhante à de Puebla, é exemplo de manifestação escultórica em gesso com estuques cultos, ora policromados ora dourados. O estuque porém ganha sua intensidade máxima na igreja de Santa Maria de Tonantzintla, na qual todas as paredes, altares, abóbadas e cúpula se entrelaçam em uma manifestação orgiástica criativa. Brancos, dourados, coloridos violentos convivem naquela manifestação popular de fé e arte digna de uma página à parte na arte escultórica mexicana. O estuque é amplamente empregado também na Guatemala, onde ainda persiste nas paredes arruinadas de Santa Clara ou na fachada das Mercês.

Os mestres entalhadores e ensambladores criaram os cadeirais dos coros das catedrais, as estalas dos coros conventuais, ornando-as com relevos em madeira que permaneceram sem policromia a exemplo dos agostinianos na Cidade do México. Em

São Francisco Seráfico.
Madeira policromada e prata.
Convento de São Francisco.
Quito, Equador. Séc. XVIII.

praticamente todas as catedrais, os cadeirais constituem um capítulo à parte da escultura latino-americana baseada em princípios medievais. Os medalhões dos santos no espaldar das estalas e na parte inferior dos assentos – *misereres* –, com um rico bestiário, florais e anjos e santos, foram conservados na sua integridade, como no convento de San Francisco em Quito e na catedral da Cidade do México, obra de Juan de Rojas em 1696. Destacam-se ainda aqueles de la Merced em Cusco, no Peru.

A madeira empregada era o cedro e mais raro a nogueira para se fazer as grades dos coros como aquelas dos mosteiros femininos de Querétaro das clarissas e de Santa Rosa. São verdadeiras telas em madeira que recebem policromias e douramentos. Intrincados motivos mudéjares são desenvolvidos tanto nas grades dos coros altos e baixos como em coroamentos de altares em formas de arco.

### Escultura quitenha

A escola de escultura de Quito destaca-se pela fama de seus artistas que ultrapassaram aquelas fronteiras, como por exemplo Bernardo Legarda (1700-1773). Com seu irmão Manuel Chili, dito Caspicara (1720-1795), e auxiliares, Legarda formou um dos ateliês mais fecundos junto ao convento de São Francisco. A produção cobria grande variedade de materiais, direcionada, sobretudo, para o setor religioso: esculturas em madeira, bronze e gesso, além de estanho, marfim e cera. As imagens retabulares destacam-se pela beleza, fineza de traços e perfeição facial expressiva naturalista. As peças de louça chinesa trouxeram inovações incorporadas nas esculturas como a gestualidade e postura que podem ser vistas na Virgem apocalíptica ou alada, símbolo de Quito e da arte quitenha.

A disputa da arte retabular em Quito trava-se entre os escultores Legarda e Jorge Vinterer tendo como clientes os franciscanos e os jesuítas. As duas igrejas conventuais têm como vizinho a capela do *sagrario* da catedral. Essa trilogia de monumentos sacros barrocos forma um espaço cultural e artístico sem precedentes na América. Jorge Vinterer, idealizador dos altares da Companhia, deixou-se envolver pelas teorias do irmão jesuíta Andrea Pozzo, e nas práticas escultórica e toriêutica legou dos altares mais espetaculares na igreja da Companhia: o retábulo-mor e os altares laterais de São Francisco Xavier e de Santo Ignacio de Loyola, contendo ambos as esculturas dos santos jesuítas. Os paravantes das igrejas do *sagrario* e da Companhia concorrem em beleza e esplendor com qualquer obra ornamental da arte barroca universal. A escola quitenha de arte continuou ainda por mais dois séculos migrando para a cidade de Cuenca, depois da independência e da república, onde encontrou novas perspectivas logrando a continuidade do barroco nos movimentos modernistas em terras americanas[13].

### Forros caixotonados
#### Igreja Nossa Senhora da Conceição dos Militares. Recife, Brasil | século xviii

A construção iniciada pela capela-mor foi ultimada em 1726, e as obras na totalidade, concluídas em 1771. Durante as décadas seguintes foram realizados trabalhos de talha rococó e douramento da capela-mor, altares laterais e forro da nave. A pintura central da Virgem é atribuída a José Rabelo Gonçalves. A nave única retangular e a capela-mor da mesma configuração ajudam a divisar com um só olhar os oito altares adossados às paredes laterais e dois ao arco cruzeiro. A talha barroca exuberante toma conta de todas as paredes, incluindo a abóbada em forma de barrete de clérigo na capela-mor. Transbordando aquele espaço, sai do arco cruzeiro, segundo a tradição disseminada pelos jesuítas com altares fronteiriços e painéis pictóricos, para emoldurar onze pinturas abaixo de um varandim com figuras antropomórficas que simulam sustentar o forro todo entalhado com conchas nas extremidades dos ornamentos.

Germain Bazin a declara como sendo a "Capela Sistina brasileira" e afirma que não há nada semelhante em Portugal, sendo única no Brasil[14]. No centro está a Virgem da Conceição com o Espírito Santo ao peito, sendo observada por Deus Pai. Uma legião de anjos segura atributos. Nos quatro cantos há santos, inclusive um São Francisco recebendo as chagas de Cristo. Smith mostra que nesse forro há um equilíbrio entre as cores e os dourados, que, iluminados, são de uma fulgência celeste[15].

#### Capela Dourada de Santo Antônio. Recife, Brasil | século xvii

A Capela Dourada, junto ao convento franciscano de 1606, foi construída durante o apogeu econômico de Pernambuco, no século xvii. A construção teve início em 1696 e terminou em 1724 determinando o protótipo das capelas acopladas às igrejas franciscanas. Tornou-se sinônimo de Capela Dourada pelo equilíbrio entre os elementos ornamentais de talha, azulejo e pintura. A talha da capela-mor, o sacrário, o frontal e um armário de cada lado para servir de credência foram executados por Antônio M. Santiago em 1698. Robert Smith lembra que a solução com painéis pictóricos nas paredes do arco cruzeiro aproxima muitas igrejas nordestinas das soluções lisboetas, a exemplo do mosteiro de Madre de Deus em Xabregas, e se distancia da maioria de outras igrejas brasileiras.

A capela é inteiramente revestida de talha dourada com soluções arquitetônicas dos arcos em estilo nacional português. Smith aponta ainda o monopólio das soluções ornamentais já joaninas pelos franciscanos, desde a igreja de São Francisco no Porto, em Portugal, passando diretamente para Recife, Salvador e Rio de Janeiro. Há um equilíbrio entre a colocação de anjos e pássaros no meio de colunas cobertas de cachos de uvas que espalham sobre as superfícies um vocabulário comum de formas vegetais[16]. Da mesma forma, o teto curvo é formado de painéis pictóricos emoldurados por talha dourada. As portas laterais são almofadadas e de vergas retas. A azulejaria é assinada por Antônio Pereira[17].

## Estuques

O estuque pode ser aplicado tanto nas fachadas como nas abóbadas internas. Por vezes cobrem todas as paredes do templo vindo a substituir a madeira e dispensando o emprego de azulejos. Foram de grande emprego em toda a América espanhola, o que não ocorreu no Brasil onde os azulejos do período barroco foram disseminados em todo território brasileiro. As ornamentações com estuques são em grande parte eruditas, imitando relevos barrocos como se observa nas duas capelas de Nossa Senhora do Rosário nos mosteiros dominicanos de Oaxaca e Puebla. Os estuques de feitura popular são sem dúvida uma expressão de liberdade em formas protuberantes e de cores vibrantes e intensas, como a cúpula da igreja de Nossa Senhora de Tonantzintla e São Francisco em Acatepec, ambas em Clolula, na região de Puebla, no México.

A exemplo dessas duas igrejas indígenas, casos extremos de ornamentações com azulejos e estuques, pode-se apontar as características regionais e o emprego de materiais próprios confirmando diferenças de expressão entre o barroco europeu e o americano. A pedra-sabão empregada por Aleijadinho do Brasil, o estuque na região de Oaxaca, o azulejo e o ladrilho em Puebla com fachadas multicoloridas. A coloração pode estar na própria pedra, a exemplo

Antônio Fernandes de Matos, entalhador, e Antônio Pereira, azulejista, 1696-1724. Capela Dourada do Convento de Santo Antônio. Recife. PE.

da *tezontle* avermelhada, empregada na Cidade do México, ou da amarelada, *chiluca*, de ampla aplicação em todo o país. Em Cuba, a aplicação da pedra porosa cria uma textura própria nas paredes repetindo ou absorvendo a luz. Em Arequipa, a pedra não possibilita a construção de abóbadas e cúpulas até em fachadas planas[18]. O barroco decorativo americano aplicou-se com os materiais regionais sobre os modelos europeus – os estuques de Tomazini ou Oaxaca com cores diferentes das referências de Sevilha.

As fachadas das igrejas das missões de Sierra Gorda, em Concá, no estado de Querétaro, têm fachadas-retábulos coloridas com soluções *sui generis*: azulejos recobrem os pilares laterais formando cubos vermelhos e brancos e no centro a fachada em estuque com colunas de feitio fantasioso popular pintadas com cores ocres e arremate curvilíneo avermelhado. Na mesma região, em Tilaco, as fachadas-retábulos se conjugam com os campanários. Nichos se sucedem nos intercolúnios ornamentados com ramagens. O sabor popular emociona assim como as cores em tonalidades terrosas e pastel.

O estuque quando empregado nas fachadas imitam os relevos em pedra resultando em verdadeiros rendilhados ressaltados pelas cores ora vermelha, ora branca ou ocre. As fachadas das igrejas de Antigua são os melhores testemunhos seja quando os referenciais são renascentistas, como na fachada da igreja conventual de Santa Clara, seja quando forem populares, como na fachada da igreja de Nossa Senhora das Mercês. Ao redor da antiga capital guatemalteca os estuques nas fachadas expressam a habilidade dos artesãos maias diante da nova plástica sugerida pelas ordens religiosas.

## Capela do Rosário. Igreja de Santo Domingo. Puebla, México | século XVII

A capela do Rosário da igreja de Santo Domingo em Puebla, de 1690, é considerada pelos críticos como expressão máxima do ultrabarroco mexicano. Esse símbolo da perfeição da aplicação parietal do estuque que criou escola é acompanhado de uma simbologia da Virgem e suas litanias. Entra-se no ambiente de luminosidade através de uma penumbra ocasionada por um rebaixamento do teto criando uma espécie de nave. As paredes são todas revestidas de ricas molduras modeladas pintadas por José Rodriguez Camero com alusões ao rosário da Virgem.

Sob a cúpula octogonal, o baldaquino dourado em madeira recebe a luz natural do lanternim que segundo a incidência revela partes dos estuques e dessa caverna branca e dourada na cúpula, na abóbada do retábulo e da capela. As virtudes teologais e santos reverenciam a Virgem desde as envasaduras superiores e a proclamam como *Sancta Sanctorum* (alegoria ao Espírito Santo) deixando luzes penetrarem pelas lunetas laterais.

O clímax não é apenas teológico, como também artístico: considerada a "Potosí de Ouro", a capela nos leva à vertigem dos sentidos quando mergulhamos neste *theatrum sacrum* barroco. A tradição repete-se em outras igrejas dominicanas como em Oaxaca na mesma potencialidade[19].

### Igreja de Santa Maria.
### Tonantzintla, México | séculos xvi-xx

A ornamentação de Santa Maria de Tonantzintla é considerada obra máxima do barroco exuberante na Nova Espanha. A igreja iniciada ainda no século xvi em terras indígenas – Tonantzin, nossa mãe – foi consagrada à assunção da Virgem Maria. Uma das capelas data de 1685. Nos séculos seguintes foi ampliada para planta em cruz latina, quando a torre ficou no corpo da nave, e acrescida a cúpula recoberta de azulejos amarelos e azuis em contraste com a parte superior da torre em tonalidades ocre-avermelhado, azul e branco visíveis na parte lateral. Na parte frontal, o adro fechado focaliza a fachada com dois corpos, azulejada de maneira mais simplificada que sua igreja vizinha, a consagrada a São Francisco em Acatepec. Realizada por etapas testemunha momentos estilísticos cultos – neoclássico dos altares –, porém predominante na concepção popular da construção do espaço obsessivo da imagem. Esclareço. Há partes do estuque, como abaixo do coro, que são recentes. Porém, tão intensos em força criativa como dos primitivos. Os altares remodelados – a exemplo do calvário do cruzeiro – também têm a força daqueles antigos, como se o tempo não tivesse passado e a confirmação do ato da feitura popular em nada se alterasse. Foi concluída no século xx. Pedro Rojas em 1956 publicou *Tonantzintla*, suscitando o entusiasmo por essa igreja indígena, ou melhor, por esse local de oferenda à mãezinha Tonantzin, deusa do milho. No início do século xx, em um atlas das igrejas mexicanas populares, ela aparece em fotografias de Frida Kahlo e em seguida é classificada como exemplo do barroco exuberante por Manuel Toussaint[20]. Essa expressão entraria no vocabulário da arte mexicana em 1948. Diego Angulo Iñiguez, em *Historia del arte hispano-americano*, aproxima as formas arquiteturais da igreja com construções de Puebla, e Francisco de la Maza foi além com estudos que aproximaram as imagens dos estuques cristãos à sobrevivência do antigo Tlalocan, ou seja, o paraíso de Tláloc (deus asteca da chuva, do raio e do trovão). Foi o despertar na liberdade barroca do fundo da subsciência indígena que a conquista havia obrigado a dormir[21].

Se o exterior relaciona-se ao exemplar mais culto de San Francisco de Acatepec, é possível que o estuque interior tenha tido como referencial a capela do Rosário de Puebla. A iconografia mariana está presente no conceito da Virgem como uma flor pura e a ela deve-se entoar os cânticos. Flores, anjos cantantes realizam aí um ritual pré-hispânico.

> Recordo, ao adentrar na igreja indígena, e isto me ocorreu em janeiro de 1982, a visão terreal do paraíso imaginado pelos indígenas

ALTAR DA CAPILLA DEL ROSÁRIO E ESTUQUES DA CÚPULA OCTOGONAL. CONVENTO SANTO DOMINGO. PUEBLA, MÉXICO. 1690.

ABÓBADA E CÚPULA COM ESTUQUES DA IGREJA DE NOSSA SENHORA DE TONANTIZINTLA. PUEBLA. MÉXICO. SÉC. XVIII.

ANTÔNIO FRANCISCO LISBOA. *Cristo da Capela do Horto*. SANTUÁRIO BOM JESUS DE MATOSINHOS. CONGONHAS, MG.

tornara-se realidade. Naquela ocasião, uma velha fazia seus rituais indígenas entre rolos de intensa fumaça permitindo a visualização mais nítida dos raios solares que penetravam pelas janelas. Sem dúvida, eram sinais divinos, incidentes sobre a profusão de figuras cristãs amalgamadas com deuses indígenas. Ao seu redor, toda a simbologia católica mescla-se com as lembranças das religiões e ritos ancestrais: anjos morenos, meninos com penachos à maneira da antiga dignidade dos príncipes indígenas em meio à abundância da natureza mãe – tonantzin – a doar os frutos da terra como cacau, milho, abóbora e pimenta. Prostrei-me.

Contida a emoção, vislumbrei toda a ornamentação com estuques desde o nártex onde se pode perceber detalhes da execução da mão indígena e percorri com alguma distância a ornamentação que eleva-se pelas paredes acima do entalhamento. Toda a nave é tomada pelas formas modeladas uma a uma e expande-se pelas abóbadas em barrete de clérigo demarcadas por nervuras douradas. Os altares laterais são sustentados por colunas estípites, intromissão culta nesse templo de devoção popular.

No transepto, acima dos altares dos braços do cruzeiro e do altar-mor, a rica cúpula é a expressão máxima da arte indígena executada em estuque multicolorido e dourado. Oito relevos imitando colunas dividem a cúpula evocando os sete dias da criação de Deus e o oitavo reservado para aqueles artesãos que ousaram criar nos céus uma selva simbólica, naquela terra ressequida e banhada de vermelho pelo sangue dos oprimidos tombados pelos conquistadores. Sublimação. Esse elevo da arte impregnada da ancestralidade pré-hispânica e amalgamada com a iconografia cristã nos faz imaginar outro mundo pleno de imagens coloridas, douradas, inocente onde impera muito mais a fantasia que a teologia[22].

## Escultura no Brasil | séculos XVII e XVIII

A escultura sacra brasileira é profícua, proporcional à tradição devocional lusa. Durante três séculos, artistas, santeiros, escultores populares produziram aquele que é nosso maior acervo de arte sacra, a imaginária barroca baiana e tantas outras escolas regionais como a pernambucana, a maranhense e a mais antiga de todas, a paulista. Passados séculos, Antônio Francisco Lisboa, o Aleijadinho, em Minas Gerais torna-se o maior artista da arte imaginária rococó. O longo caminho percorrido por santeiros portugueses e fluminenses que povoaram com suas obras os retábulos das igrejas coloniais deixou a mais indelével marca na nossa história da arte.

Pode-se dizer que as esculturas religiosas do período colonial refletem os aspectos mais significativos e originais da arte brasileira. Sejam elas de cunho erudito ou popular, de barro cozido ou de madeira policromada ou dourada, executadas na esfera das oficinas conventuais ou pela mão de artistas e artesãos leigos, com incorporação de mão de obra indígena, no caso das missões, negra ou mestiça, em todo território nacional.

Os escultores ou santeiros coloniais, treinados nas oficinas conventuais ou leigas na tradição medieval das corporações de ofícios mecânicos, trabalhavam respeitando alguns critérios quanto à verossimilhança iconográfica da imagem, ao gosto do cliente e do próprio artista. A maior parte das esculturas produzidas na Colônia brasileira no século XVII origina-se das oficinas conventuais das ordens religiosas, particularmente a de jesuítas, franciscanos e beneditinos. As imagens eram submetidas a padrões estéticos e iconográficos conventuais, apresentando caráter monumental, posturas hieráticas, contenção de formas e expressões severas.

O estilo barroco é plenamente assimilado pela escultura religiosa brasileira a partir da terceira década do século XVII, assinalada pela evolução da talha dos retábulos, seguindo a princípio o modelo português e passando posteriormente à influência italiana, com formas eloquentes e novo sentido de dramaticidade teatral. As oficinas conventuais entram em decadência abrindo caminho para a ascensão de artistas leigos, contratados e pagos pelas irmandades, criando um campo de expansão para o novo estilo. Já a transição para o rococó é menos marcante nas imagens do que na talha dos retábulos, sendo as características mais visíveis a busca do requinte e a elegância nas esculturas, estruturas em linha sinuosa e com proporções alongadas, assim como a suavidade e a doçura das expressões fisionômicas, particularmente nas figuras femininas.

São três os principais imaginários beneditinos: frei Agostinho da Piedade (?-1661), de Portugal; o carioca frei Agostinho de Jesus (1600-1661), discípulo do primeiro; e frei Domingos da Conceição da Silva (1643-1717). A obra do primeiro foi toda produzida em argila com características estilísticas do maneirismo português da escola barrista do mosteiro de Alcobaça em Portugal. O frei Agostinho de Jesus foi atuante principalmente em São Paulo, seguindo a tradição do mestre e frei Domingos da Conceição da Silva, que trabalhou em madeira com grande requinte nos detalhes nas madeixas retorcidas e planejamentos enfunados.

As principais escolas brasileiras de escultura religiosa setecentista são da Bahia, representadas pela obra de Manuel Inácio da Costa (1763-1857), que adentra o século XIX. De Minas Gerais, vivendo no Rio de Janeiro, mestre Valentim da Fonseca e Silva (1745-1813) foi também entalhador, urbanista e fundiu as primeiras peças em bronze no Brasil. Ainda é possível distinguir características próprias em imagens de outras regiões, como Sergipe, Maranhão e Goiás, com José Joaquim da Veiga Vale (1804-1874).

Antônio Francisco Lisboa.
*Profeta Daniel*. Pedra-sabão. 1803.
Santuário de Congonhas, mg. Brasil.

## Os profetas de Antônio Francisco Lisboa, o Aleijadinho. Congonhas, Minas Gerais, Brasil | século xix

Antônio Francisco Lisboa (1730-1816) era filho de um arquiteto português com uma escrava. Aprendeu os ofícios de arquitetura e escultura com seus familiares, também arquitetos. Suas esculturas mais importantes se encontram em Sabará, Ouro Preto e no santuário de Congonhas, constituindo uma das páginas de glória da arte brasileira, nossa "Bíblia" esculpida em pedra-sabão, no dizer dos poetas modernistas Mário de Andrade e Oswald de Andrade, que viram ali a possibilidade de ruptura com a arte lusa em prol de uma legítima expressão de brasilidade.

O santuário é considerado uma capela aberta, por causa da colocação das seis capelas da via sacra contendo 66 esculturas em tamanho natural dispostas de maneira cenográfica. No adro do santuário o escultor posicionou doze profetas do Antigo Testamento executados também em pedra-sabão. Germain Bazin[23], que as estudou, diz se tornarem verdadeiras obras de arte deste que ele considera o último dos santeiros místicos do mundo. As doze obras dialogam entre si pelos gestos e textos que levam em rolos – filactérios – junto às vestes. Curvam-se, gesticulam e elevam braços e mãos ao pregar profecias. O fiel é convidado a entrar nas escadarias sob o olhar de Isaías e conduzido pelo gesto de Ezequiel. As esculturas ganham vulto conforme se pode admirá-las de todos os lados enquanto os olhares dos profetas ora dialogam entre si, ora chamam aos céus que suas profecias sejam ouvidas naquela imensidão de montanhas. Dispostos sobre muretas, alguns circunspectos, como Daniel, dialogam com o transeunte, outros erguem a cabeça como Jonas e têm seu olhar ofuscado pela luz intensa. Abdias e Habacuque lançam seus gestos aos céus na escuta do eco de suas vozes dessa "Bíblia talhada em pedra-sabão" segundo Oswald de Andrade.

De sua arte retabular, o altar-mor da igreja da ordem terceira de São Francisco em Ouro Preto é considerada sua obra-prima. E as portadas esculpidas em pedra-sabão são dignas de menção a referida igreja acima, a dos carmelitas, também em Ouro Preto, a dos carmelitas terceiros de Sabará, com os santos Simão Stock e João da Cruz, e, ainda, a dos terceiros franciscanos em São João del- Rei, onde desenvolveu todo projeto arquitetônico e dos altares da nave talhados depois de sua morte.

## Pintura sacra colonial na América | séculos xvi-xviii

A pintura sacra teve papel importante na divulgação e manutenção do espírito religioso, tanto para os colonizadores como para todos os povos americanos a serem evangelizados. Nesse processo reside uma das páginas mais importantes da história da arte da América, desde a importação de telas de ateliês europeus, em especial espanhóis e flamengos, quando não os modelos nas publicações por meio de gravuras e missais no ímpeto contrarreformista que impregnou a nova maneira de divulgar as imagens das vidas dos santos, cenas bíblicas e em especial as figuras da Virgem da Conceição e do Cristo. A outra maneira, talvez mais eficiente, foi o ensino da pintura nas oficinas dos mosteiros quando mestres e aprendizes juntos executaram obras seguindo os modelos das gravuras aplicados em desenhos em grisalha nas paredes e depois em telas a óleo divulgando por toda América a nova maneira de ornamentar os altares, os corredores dos conventos, as colunas nas igrejas e as mais recônditas celas nos mosteiros femininos.

Posteriormente, essa vastíssima produção foi estudada resultando em classificações de escolas segundo as mais diversas regiões geográficas – Andes ou pampas – ou políticas, como vice-reinos da Nova Espanha (México), do Peru ou das Audiências de Charcas ou Quito que abrangem também as religiosas como as missões. Porém, nessa abrangência do maior para o menor temos as escolas de maior divulgação como as mexicana, cusquenha, potosina, pacenha, quitenha e missioneira. Essas denominações auxiliam também no estudo da arquitetura, escultura que envolve todo o mobiliário sacro se estendendo para a prataria e ourivesaria. Cada qual ao seu tempo, riqueza, prestígio e materialidade desenvolveram desde os modelos propostos até atingirem uma autonomia provocada pelo distanciamento dos centros irradiadores de culturas, isolamento imposto pelas condições geográficas e facilidades de materiais, uma nova expressão artística fundamentada no caldeamento das culturas europeia e americana. Os estudos sobre o tema foram os mais calorosos durante todo século xx na busca de modelos e compreensão com visões mais eurocentristas ou americanistas cunhando termos como barroco andino, ultrabarroco mexicano, mestiço, ameríndio, missioneiro, além das escolas de pintura com tradições espanhola ou flamenga.

### Escola cusquenha

Cusco, antiga capital do Império Inca, tornou-se polo cultural sob o domínio dos espanhóis com importantes construções religiosas que necessitavam de pinturas para os mosteiros, igrejas e capelas das missões. Já no século xvi, o primeiro indígena cronista que se tem notícia foi o autodidata Felipe Huamán Poma de Ayala (1545-1620), que pintou cenas da vida no Peru colonial daqueles tempos protestando contra as condições miseráveis dos indígenas.

Dos artistas indígenas do século xvii, é possível destacar o inca Diego Quispe Tito – na pintura, e na escultura Marcos Quispe, Juan Cusihuallpa e Tomás Tairu Túpac, todos trabalhando no povoado de San Sebastián nos arredores de Cusco sob o mecenato do bispo Manuel de Mollinedo y Angulo (bispado de 1673 e 1699). O religioso também recebeu em seu ambiente artístico Juan Espinoza de los Monteros (atuante entre 1638 e 1669) e Basilio de Santa Cruz (atuante entre 1661 e 1690), ambos influenciados pelo barroco de Rubens, por meio de gravuras trazidas pelo próprio bispo juntamente com pinturas espanholas de Murilo. Suas obras se encontram na catedral de Cusco e logo influenciaram Juan Zapata Inca que não tardou em modificar a linguagem para as necessidades americanas[24].

Apesar dos modelos europeus do bispo mecenas, Diego Quispe Tito poderia ser apontado como o inovador que teve suas inventividades seguidas pela escola cusquenha. Ao interpretar uma gravura de Rubens/Vosterman, *Volta do Egito*, o pintor inca priorizou a paisagem, e as figuras sagradas ficaram secundárias sob intensa vegetação. Ampliou no fundo a paisagem flamenga com casario e lagos com cisnes. Estava aberto o flanco para a escola cusquenha plena de fantasia, invenção iconográfica, fábulas, arquiteturas inventivas e perspectivas sem compromissos apontando para uma inovação formal. O gosto por cores acentuadas, anjos entre flores, mais a mistura da paisagem flamenga com a fantasia, caía no gosto de todos e firmou-se naquele que foi seu discípulo Juan Zapata Inca, que fez o vínculo entre a pintura do século xvii, ainda autoral, e aquela do século seguinte, anônima.

A escola cusquenha, conforme assinala Francisco Stastny, é consequência também de um posicionamento social de restauração de hábitos incaicos como a poesia e as vestimentas, tão expressas nas pinturas das procissões de Cusco. Muitas dessas obras desapareceram depois da derrota de Túpac Amaru ii em 1781. A renovação é acompanhada de debates filosóficos entre as duas universidades de Cusco, a Santo Ignacio de Loyola, dos jesuítas, e a de San Antonio Abad. Passados dois séculos depois da conquista, os artistas buscavam novos temas, como retratar a formação da nova sociedade representando-a com suas vestimentas como aqueles sobreviventes da tribo dos curacas. É o caso da pintura enigmática *Matrimonio de M. de Loyola com uma princesa inca*, na igreja da Companhia.

Iconograficamente, cenas como a de Cristo no rio Cedron foram intercaladas com aquelas da Paixão; a defesa da eucaristia; a perspectiva e arquitetura fantasiosas; os anjos arcabuzeiros, foram as mais popularmente divulgadas juntamente com guirlandas de rosas ao redor de imagens de santos protetores iniciando assim uma verdadeira horticultura espiritual. A popularização trouxe uma deformação nas figuras santificadas vistas mais como imagens piedosas com suas vestimentas planificadas.

Dois artistas se destacam: Marco Zapata e Cipriano Gutiérrez (atuante entre 1762 e 1775) quando suas obras circularam de Lima a Trujillo e de Santiago a La Plata. Para o convento franciscano da capital chilena foi enviada a mais íntegra coleção sobre a vida de São Francisco, com 54 painéis com tamanhos aproximados de dois metros por três, sendo 35 deles terminados em 1668 e o último, *O enterro*, de 1684, é assinado por Juan Zapata Inga[25]. Do mesmo período são seis as obras do convento

La Virgen María y el Cerro Rico de Potosí.
c. 1740. Óleo sobre tela. 175 x 135 cm.
Museo de la Casa Nacional de Moneda,
Fundación Cultural Potosí. Bolívia.

dos mercedários em Cusco sobre a vida de São Pedro Nolasco e os restantes são atribuídos a Basílio de Santa Cruz, segundo José de Mesa e Teresa Gisbert.

### Escola potosina na Audiência de Charcas

A escola potosina de pintura, distanciada dos grandes centros, no altiplano boliviano desenvolveu-se primeiramente como aquelas anteriores a partir dos modelos europeus renascentistas e maneiristas de artistas migrantes como os de Cusco ainda no século XVI.

Dos italianos destacam-se Betti, Medoro, José Pastorelo e Benito Genovés; Viren Nury e Diego de la Puente, flamengos; o alemão Martin Schimidt; os castelhanos Lópes de Castro Martín de Oviedo e Gaspar de la Cueva. Essa vasta produção está designada como da primeira etapa de todo século XVI.

Na segunda etapa, de 1630 a 1700, conforme assinala Pedro Querejazu[26], continua a influência flamenga dos ricos coloridos incrementada pela importação de pinturas originais do ateliê de Rubens que serviram de modelo. O tenebrismo tão característico da pintura espanhola ocorreu com a vinda de obras de Zurbarán e gravuras de Diego Ribera.

As fortunas em prata retiradas da mina do Cerro de Potosí atraíram toda sorte de artistas e artesãos que trabalharam intensamente para um volume impressionante de construções religiosas como igrejas das ordens religiosas, mosteiros femininos e igrejas de indígenas que se multiplicaram não apenas em Potosí, mas em todo o circuito da prata em La Plata (Sucre), La Paz e toda região do lago Titicaca atingindo Juli e Pomata. Posteriormente, os modelos escultóricos das Virgens de Copacabana, Pomata e Sabaya, *Cristo de los Temblores,* anjos arcabuzeiros entraram no repertório pictórico que deu pouca importância para a paisagem e enfatizou o aspecto de fundos lisos inclusive dourados. Dos artistas indígenas destacam-se Tito Yupanqui, Acosta Túpac Inca, de Copacabana; Lenardo Flores de La Paz; Luis Niño, de Potosí e, da região de Cochabamba, um dos artistas com vasta obra é Melchor Pérez Holguín, todos eles pertencentes à segunda etapa do barroco propriamente.

Continua o mesmo autor designando de barroco mestiço a terceira etapa que abrange todo o século XVIII. Pode-se proclamar uma arte americana mesclada com a arte europeia e peninsular com novos valores pré-hispânicos apontando assim uma arte nacional boliviana. Os quatro evangelistas de Holguín pintados para o convento de São Francisco são prova dessa competência[27]. Com oficinas bem estruturadas, cada região passou a desenvolver suas maneiras específicas, de tal maneira que atualmente é possível reconhecer escolas de La Paz e das cidades circundantes do lago Titicaca, também conhecida como escola do Collao, e as de Charcas e de Potosí.

### Pinturas murais no vice-reino do Peru

No vice-reino do Peru, que ia do Equador à Bolívia, o emprego da pintura mural nas missões jesuíticas veio ao encontro de antigas manifestações semelhantes àquelas das culturas da Mesoamérica. A pintura em paredes, tais como superfícies internas ou externas dos palácios ou templos no alto das pirâmides, foi fruto de continuidade pois substituiu aquelas outras que representavam a vida dos antigos deuses pelos modelos religiosos do catolicismo.

Foi comum a representação dos escudos e das armas das ordens religiosas, as videiras com cachos de uvas, anagramas e – os casos mais complexos – os santos e as cenas de suas vidas. A técnica empregada era da grisalha, ou seja, em branco e preto. Os primeiros modelos eram feitos pelos padres, que logo os passavam para os indígenas e assim eram sincretizados, adaptados ao modo dos artesãos, convivendo motivos flamengos com pré-hispânicos.

Na zona andina, devido ao baixo índice pluviométrico, as igrejas e capelas feitas em adobe ou taipa se conservaram com pinturas em seus interiores, por vezes apenas retocadas ou realçadas. A simplicidade exterior exigida pela conservação da cal aplicada sobre as paredes de barro contrasta com a coloração exuberante dos interiores. Os motivos tirados dos missais ou da Bíblia são aplicados nas paredes de todos os compartimentos, motivos esses adequados a seus espaços, desde o batistério, o coro, abaixo do coro na entrada, barrados da nave, frisos acima dos altares, capelas devocionais, capela-mor e finalmente o teto.

### Pintura barroca no México | século XVII

No vice-reino da Nova Espanha (México) os primeiros pintores europeus como Simón Pereyns (1530-1600) e Sebastián Lópes de Arteaga

Cristóbal de Villalpando. *Aparição de São Miguel no monte Gargano*. c. 1687. Sacristia da Catedral Metropolitana, México, d.f.

(1610-1650) trouxeram as tradições cada qual de sua região de origem. O primeiro dos Países Baixos e o segundo de Sevilha. Pereyns traz consigo as tradições da pintura nórdica a partir de Maerten de Vos e italiana daquilo que se convencionou designar de pintura romana, mesclando as influências desde Veneza até Roma indistintamente. López de Arteaga, que, como Pereyns, também chegou na América em 1560, divulga as influências do claro-escuro da pintura de Francisco de Zurbarán coincidente com outros pintores como Baltasar de Echave Orio e o mais jovem, José Juárez.

Juana G. Haces aponta em artigo sobre a pintura barroca na América e o processo de nivelamento em dois momentos: o primeiro como aquele em que os primeiros pintores de tradições tanto flamenga como espanhola adaptaram as linguagens diversas adquiridas antes – influências de flamengos, italianos e espanhóis – e criaram uma nova forma um tanto edulcorada para se comunicar com o novo ambiente americano. O segundo momento é dos artistas americanos que a crítica os considera usando uma linguagem francamente adaptada – não que a pintura tenha se mestiçado – e portanto americana. A discussão das influências das escolas europeias e quando surgiria uma pintura americana passa pelas adaptações das linguagens de mestres e discípulos. Aponta ainda que os elementos que compõem a totalidade da obra pictórica – gestualidades, linhas e outras complexidades compositivas e coloração – sofreram uma redução e simplificação. Já os discípulos passaram a pintar a partir dessa linguagem adaptada. Assim essa forma franca regional gerou uma estandardização – distanciada daquela pintura cortesã ou religiosa europeias – constituindo em si uma linguagem que passou a conter nessa nova forma – a exemplo da escola cusquenha – as características da pintura barroca do novo mundo hispânico. As telas de grandes proporções passaram a ornamentar as paredes das igrejas como em Potosí, escadas e corredores de conventos, mosteiros femininos, cada qual com iconografias próprias de suas ordens. Outras convivem ainda com as pinturas murais de gosto popular, principalmente nas capelas das missões, constituindo um capítulo à parte dignificando a expressão indígena que trilhou aprendizados, intuitos e resultados formais diferentes.

Não apenas as obras se deslocavam – da Europa para a América e dentro dos diversos territórios dos vice-reinos e Audiências –, como os artistas de uma região para outra, como da Cidade do México para Puebla e em maiores períodos para as regiões de mineração como Querétaro, Durango, San Luis Posotí, Celaya e Valladolid.

O controle destas pinturas a óleo sobre tela foi determinado ainda em 1556, logo depois do primeiro concílio mexicano, quando publicou-se as Constituciones Sinodales que, entre tantas restrições, proibia que qualquer espanhol ou indígena pintasse imagens ou retábulos naquele arcebispado (México) e que as vendessem sem que fossem examinadas por juízes religiosos. Enviariam ainda examinadores às igrejas para verificarem as histórias e imagens para que não fossem apócrifas nem indecentes para a devoção dos fiéis [27].

As mesmas restrições ocorreram no vice-reino de Nova Granada exigindo que se dê notícias sobre as pinturas executadas para que não se misturassem com imagens idólatras. Isso explica o conservadorismo dos temas religiosos, o que acirrou os ânimos nas disputas iconográficas entre as ordens religiosas, principalmente entre franciscanos e jesuítas. No concílio provincial de Santa Fé de Bogotá, em 1774, as diretrizes são específicas para que não se coloque hábitos diferentes nos santos, anjos, apóstolos, evangelistas, e vestimentas da Virgem e do Cristo deveriam estar conforme as regras da Igreja.

### Tadeo Escalante. Capela de San Juan Bautista de Huaro. Cusco, Peru | século xvii

Esse programa pictórico é intenso e o resultado assemelha-se a um olhar cambiante através de um caleidoscópio. A profusão colorística toma todo o templo, das paredes ao teto, passando pelo coro e os altares dourados com os santos vestidos e plenos de adereços populares. Uma vertigem inicial coloca o fiel envolvido por aqueles planos pictóricos. A profusão de informação inicia-se nas paredes abaixo do coro com duas cenas maiores, um programa evangelizador pertinente em outras igrejas, *Caminho ao céu* à direita, e no lado oposto *Caminho ao inferno*. No centro da pintura da base do coro, o protetor da capela São João Batista [28].

### Luis de Riaño. Igreja de San Pedro Apóstolo de Andahuaylillas. Cusco, Peru | século xvii

Mais ampla que a capela de Huaro, a igreja de São Pedro Apóstolo está sobre um promontório diante da imensa praça. Uma construção senhorial avança sobre a espacialidade fronteiriça fechando o retângulo ajardinado no centro. Nos nichos da fachada antigos afrescos representam o santo protetor com o báculo papal, com vestimentas e chapéu de peregrino.

Ao entrar, a visão de infinito está no teto ondulado formando nuvens coloridas com losangos flutuantes encarnados e azulados. Cada ondulação do teto permite, segundo a incidência dos raios solares, brilhos diferentes das estrelas pintadas, que se expandem em novas formas como visões de flores celestes. Seus brilhos se assemelham ora ao da estrela vésper, ora ao do alvorecer. O forro *mudéjar* da capela-mor é uma perfeita alusão à abóbada celeste. Tem o *status* de estudo astronômico digno da arte dos moçárabes que lá materializaram os ditames ocultos de Zaratustra. Com a certeza de terem descoberto os caminhos dos astros, a grande forma estelar central de oito pontas repercute nas menores de quadro e nos pendentes arredondados de 16 estrias. Duas conchas, símbolo do batismo, em posições opostas, sustentam virtualmente as linhas das rotas celestes que ao se tangerem saltam de seu centro nove linhas e derramam suas bênçãos radiantes em direção à Terra. A meio caminho flutua o sol apocalíptico, com o cordeiro sobre o livro dos sete selos antes de atingir o dourado retábulo-mor.

Volta-se o olhar para o coro. Dali as vozes celestes trombeteavam as novas da religião. Duas grandes pinturas abaixo do coro, no nártex, advertem os fiéis: há dois caminhos apenas a seguir: ou para o céu ou para o inferno[29]. Do lado esquerdo, no afresco *Caminho ao inferno*, os demônios aguardam aqueles que não praticam a caridade no inferno depois da morte. Do lado direito está a pintura *Caminho ao céu*, em que aqueles que se sentam com os pobres e distribuem o pão terão a caridade como ponte para o paraíso.

### Igreja de Curahuara de Carangas. Bolívia | século XVII

O conjunto religioso de Curahuara evoca para si o título de "Sistina dos Andes". Antes, porém, ao adentrar sua espessa muralha de barro nos remete aos espaços arquetípicos de templos ancestrais.

O campanário, mais minarete muçulmano que torre cristã, é da época da construção entre os anos de 1587 e 1608. Seu aspecto de massa oriental é consequência da construção dos contrafortes em barro para não caírem suas altas paredes internas e teto, como ocorreu em 1901, destruindo os afrescos. As cenas inspiradas no livro do *Apocalipse* são de 1777. Em 1980 foi declarada patrimônio da humanidade pela Unesco e restaurada pela embaixada da Alemanha entre 1977 e 1985.

A entrada é pela lateral do lado esquerdo, no meio da nave. Ao entrar, vê-se na parede oposta a pintura do juízo final. A capela-mor é profunda do lado direito, pela qual se entra na sacristia. No fundo, sobre uma plataforma de terra está o coro e ao lado entra-se para a capela batismal por estreita e baixa porta.

A capela-mor é poligonal com um retábulo de madeira pintado com cenas da crucificação e nas laterais duas grandes pinturas murais sobre a ressurreição e ascensão do Cristo. No forro, o Cristo na abóbada celeste está ladeado por todos os apóstolos (pintura refeita devido a um desmoronamento). Mais abaixo, litanias à Virgem rodeada por santos que a aclamam rainha de todos os santos[30].

Interior da Igreja de Huaro. Cusco, Peru.

Interior da Igreja de Andahuaillillas. Cusco, Peru.

### Afrescos da Casa do Fundador.
### Tunja, Colômbia | século XVII

Os afrescos da casa do fundador da cidade de Tunja, Gonzalo Suárez Rendón, também conhecida como casa dos *castellanos*, fazem parte de outros afrescos na casa de Juan Delgado de Vargas. Ambos afrescos tiveram como referenciais gravuras de livros raros flamengos, franceses e mesmo espanhóis.

Na Casa do Fundador os afrescos pintados por artistas nativos são extremamente interessantes pelos seus motivos, embora não tão elaborados quanto os da casa de Vargas. No grande salão estão os brasões de dona Mencia de Figueroa e seu segundo marido dom Juan Núñez de Cerda e os de León y Castilla, Málaga e dos reis espanhóis Carlos I e Felipe II. Especialistas, como José Miguel Morales Folguera, relacionam esses afrescos com a obra de Joannes Stradanus de 1578, *Venationes ferarun, avium, piscium*[31].

O grande afresco está disposto nos cinco planos da cobertura. Espessas travas imobilizam as paredes do salão que tem acesso por uma porta no piso superior. No plano superior há desenhos com círculos e dentro de um deles o símbolo religioso IHS. Uma moldura com motivos florais cerca essa parte plana. Nas laterais, em planos inclinados, os espaços estão simetricamente distribuídos em arcos sustentados com finas colunas. Nos espaços com fundos brancos estão pintados animais, flores, arbustos, com destaque para o rinoceronte, tendo como referencial a gravura do artista renascentista alemão Albrecht Dürer, que também jamais vira o animal. Cenas de caça de cervo com cão, um touro ferido com duas lanças e outros de difícil identificação convivem com flores e arbustos gerando uma desproporcionalidade que aponta para um primitivismo lírico. Nas extremidades, nas formas trapezoidais estão os escudos dos reis espanhóis, Málaga, León y Castilla e da família[32].

No dormitório do casal, de menor espaço, os cinco planos desenvolvem-se com maior espacialidade das cenas de caças nos dois planos das laterais, brutescos nos planos trapezoidais e ornamental mais elaborado na parte superior. As cenas de caça ao cervo com cães têm castelos nas extremidades, o da esquerda maior e o menor à direita procurando dar profundidade para a cena de tonalidade amarronzada com pássaros voando entre árvores. Essa cena remete às gravuras de Cornelis Galle[33].

*Juízo Final. Levantai-vos mortos*. 1777. Pintura sobre a parede na Igreja de Curahuara de Carangas. Bolívia.

Afrescos do Salão Nobre da Casa do Fundador de Tunja. Colômbia

Arte sacra – mobiliário e ornamentação 303

## Pintura ilusionista no Brasil

A prática da pintura ilusionista, que praticamente não existe na América espanhola devido ao sistema construtivo que privilegiou as cúpulas, mesmo nas regiões de grandes abalos sísmicos, teve repercussão nas igrejas brasileiras, que optaram por essa solução em vez de grande quantidade de telas menores nos altares ou mesmo paredes. As oficinas de pintura cusquenhas, potosinas, quitenhas ou pacenhas enviaram suas obras para todo continente americano. As pinturas ilusionistas restringiram-se às regiões específicas hoje denominadas escola mineira, pernambucana ou fluminense, tendo, porém, em cada artista sua individualidade, e não uma generalidade pictórica ou mesmo temática – como os anjos e arcanjos –, como ocorreu nas escolas hispano-americanas anteriormente mencionadas. Os valores estéticos são aqueles oriundos da Europa disseminados por meio de gravuras em livros religiosos, como a *História Sagrada de Demarne,* que reproduziam os afrescos de Rafael no Vaticano.

Na biblioteca do convento beneditino do Rio de Janeiro encontra-se um calendário intitulado *Annale Benedictinum* (1675-1677), com gravuras ilustrando histórias dos santos beneditinos[34]. Quanto ao perfil estilístico, elas seguiram os direcionamentos europeus tardo-renascentista, maneirista e barroco.

A partir da mudança na estrutura arquitetural dos tetos, na segunda metade do século XVIII, com o abandono das abóbadas de alvenaria, permite-se um diferente esquema de pintura interna das igrejas: sobre as tábuas corridas que constituem o teto o que antes era subdividido em caixotões.

No início do século XVIII, Portugal incorpora tal técnica de representação do espaço, dada a presença de mestres italianos no país, como Vincenzo Baccarelli. No Brasil, essa perspectiva com elementos frontais na visão do centro, cercada por pinturas em perspectiva também frontal nas laterais foi aplicado na Igreja de São Pedro dos Clérigos no Recife para a construção das imagens que compõem a narrativa do centro. As principais escolas de pintura em perspectiva foram Pernambuco, Bahia, Rio de Janeiro, Minas Gerais e São Paulo. Da chamada escola baiana, temos o nome de José Joaquim da Rocha, que trabalhou na pintura do teto da igreja de Nossa Senhora da Conceição da Praia, por volta de 1773, na igreja de São Domingos também em Salvador, no convento franciscano de João Pessoa, tendo sido catalogadas dezenas obras de sua autoria entre forros e painéis pictóricos[35].

No Rio de Janeiro trabalharam pintores dignos de nota, autores de decorações de tetos e de paredes, à maneira ilusionista. Caetano da Costa Coelho foi ativo de 1706 a 1749 e criou, com o teto da igreja da ordem terceira de São Francisco, uma das primeiras e convincentes perspectivas no Brasil. Compositivamente mais rica e mais solta do contexto característico da pintura de Minas Gerais, de claro cromatismo, está a obra do pintor José Soares de Araújo, nascido em Braga, Portugal. Desde 1765 na antiga Diamantina, ainda que de profissão guarda-mor, produz muitas obras destinadas à ornamentação da igreja local. Sua obra-prima é a decoração do teto da igreja de Nossa Senhora do Carmo na mesma Diamantina, caracterizada por um *trompe l'oeil* de perspectiva arquitetônica que confere ao espaço aspecto festivo.

A aplicação da perspectiva para criar a divisão ilusória no forro da nave impressiona pela complexidade dos elementos representados. Manuel da Costa Ataíde nasceu em Mariana, em 1762, e faleceu em 1830. Ataíde colhe a herança de numerosos pintores precedentes, pois sua obra se caracteriza pela amplidão e elegância, servindo-se de cores claras, como o amarelo, o azul e o vermelho muito tênues. José Patrício da Silva Manso e seu discípulo Jesuíno do Monte Carmelo foram os principais pintores paulistas do século XVIII. Jesuíno decora a igreja da ordem terceira do Carmo em São Paulo e a igreja do Carmo e de Nossa Senhora do Patrocínio em Itu. Patrício Manso pintou a igreja de São Bento no Rio de Janeiro, a da Ordem Terceira da Penitência em São Paulo e a Candelária em Itu.

Na pintura do século XVIII predomina a encomenda religiosa. Somente a partir do século XIX, com o advento da concepção estética da Academia Imperial de Belas-Artes, no Rio de Janeiro, temos os temas dos retratos e cenas do cotidiano pertencendo à produção destacada e consumida por outras classes sociais, além da eclesiástica. O sistema de ensino modifica-se e a precisão técnica expande-se.

José Joaquim da Rocha. Pintura ilusionista da Igreja de Nossa Senhora da Conceição da Praia. Salvador, ba.

## José Joaquim da Rocha. Igreja da Conceição da Praia. Salvador, Brasil | século xviii

José Joaquim da Rocha é o mais profícuo artista da pintura ilusionista brasileira, tendo estudado em Lisboa onde aprendeu o ofício. Trouxe em sua bagagem cultural os modelos das pinturas em *trompe l'oeil* das igrejas barrocas lisboetas de tradição italiana levadas para Portugal por Bacarelli. A obra de Rocha desenvolveu-se na segunda metade do século xviii junto às ordens religiosas franciscanas, das clarissas e terceiros dominicanos. Em João Pessoa pintou para os franciscanos uma obra monumental em quadratura. Em Salvador seguiu os modelos portugueses, que hoje são raridades, visto que aqueles foram destruídos pelo terremoto de 1750 na antiga Lisboa barroca[36].

A pintura ilusionista de grandes proporções foi pintada a óleo nos anos de 1774 para essa igreja basílica que é considerada a mais portuguesa das igrejas brasileiras. Suas pedras foram lavradas em Portugal, lá enumeradas e transportadas como lastro das embarcações, e montadas em 1739 junto à praia na parte baixa de Salvador. As duas irmandades, da Conceição da Praia e do Santíssimo Sacramento, encomendaram a obra que foi acompanhada por religiosos quanto à iconografia da Imaculada Conceição e da eucaristia.

A arquitetura apenas pintada, que ladeia o tabuado côncavo de grandes dimensões, encerra um verdadeiro tratado de pintura ilusionista, pois é aplicada em toda sua complexidade como recurso de alongamento do espaço real. Vários pontos de fuga auxiliam ao realismo espacial com recursos de colocação de tribunas, galerias, colunas em perspectiva e entablamentos curvos com linhas truncadas sustentando as abóbadas e emoldurando a visão central. Imensos arcos triunfais vistos de baixo para cima ampliam a espacialidade rebuscada, recoberta de detalhes. A pintura em quadratura desenvolveu-se no barroco e aqui se apresenta como uma aula compreensível na cientificidade das leis da óptica que demonstram o aspecto invisível e teológico da vida eterna. Um *teathrum sacrum*, lógica do velar e desvelar das sombras e luzes do barroco.

## Manuel da Costa Ataíde. Igreja de São Francisco. Ouro Preto, Brasil | século xix

A pintura de Nossa Senhora dos Anjos, de Mestre Ataíde, é uma síntese de sua obra realizada no princípio do século xix, quando desenvolveu a última fase da pintura rococó mineira dentro dos ditames da beleza e elegância dessa tendência artística de origem francesa. Outras obras de mesmo valor artístico se encontram nas matrizes de Santa Bárbara, Itapeva e igrejas de Mariana, onde Mestre Ataíde nasceu em 1762 e morreu em 1830.

A complexa composição em quadratura da igreja franciscana se desenvolve em superfície coberta de madeira em forma côncava com partes convexas nos quatro cantos coincidentes

Manuel da Costa Ataíde. Nossa Senhora dos Anjos. Manoel da Costa Ataíde. Forro da nave da igreja da Ordem Terceira de São Francisco. Ouro Preto. 1801-1805.

com as torres na parte posterior e arco triunfal com visão para o retábulo-mor. Nesses espaços o artista posicionou tribunas para os quatro doutores que participaram em suas vidas religiosas da reestruturação da Igreja por meio de cantos gregorianos, ambrosianos, teologia agostiniana e São Jerônimo ao traduzir a Bíblia.

A estrutura arquitetônica que sustenta a visão da Virgem dos Anjos (ou da Porciúncula) é formada por dois possantes arcos triunfais sobre o coro e arco triunfal. Nas laterais, dois pórticos com pares de colunas emolduram arcos fantasiosos com esbeltas volutas à guisa de balizamento para as tribunas de anjos cantores. A visão, que é a parte central da pintura, onde ocorre o encontro do humano com o divino nos céus, nesta obra está envolta por rolos de nuvens e cercaduras esgarçadas, na base está o rei Davi glorificando com sua harpa as virtudes de Maria cercada por uma orquestra de anjos que tangem instrumentos que compunham as orquestras dos mestiços escravos que sonhavam com a liberdade. Liberdade esta que está presente na pincelada desse militar de cor branca representando sua amada, morena, como a Virgem da Porciúncula ladeada de anjinhos mulatos buliçosos, seus filhos bastardos. A cor azulada envolve de espiritualidade a pintura pontilhada de tonalidades róseas e grises desmaiados que se afinam com as vozes argentinas desse alvorecer de liberdade da arte brasileira[37].

## Azulejos

A chegada à península Ibérica, no século XVI, da técnica de fabricação de painéis de azulejaria, conhecida como maiólica, impulsionou a moda de utilizá-los em decoração de igrejas. Essa técnica produziu os mais destacados painéis de azulejaria barroca das igrejas construídas no Brasil Colônia e foi trazida ao país inicialmente entre 1620 e 1640.

Em terras brasileiras encontra-se essa mesma decoração espalhada por vários estados, principalmente do Nordeste. No recôncavo Baiano, precisamente na cidade de Cachoeira, há enormes painéis de azulejaria recobrindo a maior parte das paredes da igreja do Rosário, "das mais surpreendentes decorações de azulejos das que me foi dado ver no Brasil e que a fazem a mais importante do seu gênero neste país [...]"[38]. Na cidade vizinha de Paraguaçu, nos franciscanos, a igreja conventual tem barrado azulejado com cenas da vida de Santo Antônio.

Em Pernambuco, nas cidades do Recife e de Olinda, os claustros franciscanos são revestidos de painéis de azulejos com cenas do Antigo Testamento e no interior das igrejas com cenas da hagiologia franciscana, em especial das vidas de Santo Antônio e de São Francisco. O mesmo ocorre em Sirinhaém, onde os barrados estão na nave, capela-mor e portaria do convento[39].

O revestimento mais surpreendente, à maneira portuguesa, em toda extensão das paredes, está na igreja de Nossa Senhora dos Prazeres em Jaboatão dos Guararapes, igreja sob a tutela dos beneditinos[40].

No Sudeste, o destaque fica para os azulejos da igreja de Nossa Senhora do Outeiro da Glória e em todo o perímetro da sacristia dos franciscanos na antiga capital imperial, Rio de Janeiro. Em Minas Gerais e São Paulo não há azulejos pela impossibilidade do transporte sobre lombo de mulas, o que acarretaria grandes perdas. Artistas executaram barrados em tinta azul imitando os azulejos nas igrejas de São Francisco em Ouro Preto, matrizes de Santa Bárbara e Itaverava, obras de Mestre Ataíde[41]. Em São Paulo, os desenhos com cenas do Antigo Testamento estão na matriz da Candelária em Itu.

No México, a maiólica teve grande prestígio no revestimentos de paredes tanto internas como externas ornamentando fachadas como em Puebla, no convento de São Francisco, com painéis de florões aplicados isoladamente em composições simétricas. A ocorrência mais singular, porém, é a aplicação com cores diferentes formando frisos, molduras, quadriculados em partes planas e ganhando maior beleza nos revestimentos dos arremates das torres e nas cúpulas de muitas igrejas conventuais, paroquiais e rurais. Puebla torna-se referência no fabrico da cerâmica Talavera, oriunda da Espanha no século XVI e acrescida de outras influências como árabe, italiana e chinesa. Os azulejos coloridos, em Acatepec, na igreja rural de São Francisco encontram sua maior expressão e nas torres da igreja indígena de Nossa Senhora em Tonantzintla. As torres e a cúpula da catedral de Guadalajara receberam esse revestimento no século XIX. Ainda no México o emprego do azulejo nas fachadas das casas teve grande aceitação na arquitetura civil. No centro histórico da Cidade do México há um ótimo exemplo que é a conhecida Casa dos Azulejos, que tem duas de suas fachadas recobertas de azulejos multicoloridos, estando a fachada principal defronte ao portal do conjunto franciscano que tem uma fachada-retábulo *churrigueresca*.

Em Lima, a igreja jesuítica de São Pedro tem barrados de azulejos nos corredores das capelas laterais com padronagem de grande requinte nas cores dominantes amarelo e azul, além do branco e tonalidades mescladas.

Os revestimentos de fachadas em forma de biombos ou partes das torres com materiais diversos que não sejam esculpidos tendem para o brilho dos revestimentos cerâmicos ou absorção das luzes intensas pelas pedras porosas. O emprego de materiais regionais apontam características próprias confirmando diferenças a mais do barroco europeu. A pedra-sabão empregada por Aleijadinho no Brasil, o estuque na região de Oaxaca, o azulejo e o ladrilho em Puebla, a exemplo de São Francisco em Chapupec com fachadas coloridas.

Opostos às fachadas azulejadas sobre as quais a luz incide e brilha, estão os materiais construtivos, as pedras, que por si só constituem a estrutura e a ornamentação. Esta aplicação de materiais porosos que constitui uma solução regional, pois aquele material existente é um fenômeno geológico, o artista ou a sociedade ao decidir o seu emprego em larga escala está procurando um diferencial que o distinguirá de outras regiões. Dessa maneira esta solução aponta para uma característica do barroco americano que o distancia do europeu e o aproxima das soluções inovadoras como exemplificadas nas fachadas-retábulos. Se em Minas Gerais não se pode empregar o azulejo devido a seu difícil transporte, Aleijadinho elegeu a pedra-sabão. No México há fachadas azulejadas e outras com pedras coloridas regionais. As pedras coloridas em vermelho escuro ou marrom como *tezontle* em partes lisas das fachadas nas bases das torres como na Cidade do México ou a pedra amarelada *chiluca* em outras regiões do México. Em Cuba a aplicação da pedra porosa cria uma textura própria nas paredes, refletindo ou absorvendo a luz. Em Arequipa, a pedra não possibilita a construção de abóbadas e cúpulas até das fachadas planas com pedras porosas, cinzas, que com a incidência da luz tornam-se prateadas[42]. O barroco decorativo americano aplicou-se com os materiais regionais sobre os modelos europeus – os estuques de Tomazini ou Oaxaca com tonalidades verdes diferentes das referências de Sevilha.

*Quem é rico é quem nada cobiça. Bartolomeu Antunes. Painel de azulejo português no claustro do convento de São Francisco. 1749. Salvador, ba.*

### Claustro do convento de São Francisco. Salvador, Brasil | século xviii

Em Salvador, antiga capital do Brasil Colônia, no claustro do convento de São Francisco, 37 painéis retratam todo tipo de entidades pagãs da mitologia greco-romana. Fica-se até em dúvida se se está em uma igreja cristã ou em um templo dedicado a alguma entidade mitológica. Segundo os freis responsáveis pela administração do convento, a função dessas imagens "cristianizadas" era fazer com que os religiosos enclausurados meditassem sobre os valores cristãos. De qualquer forma, é forte a impressão de moralização, pois quando passeamos pelo claustro, lendo as epígrafes dos painéis – textos incluídos nas molduras – que contém dizeres como *Sors sua quemque beat* [A própria sorte faz cada um feliz], percebemos a revelação desses valores. Outro fator relevante que se apresenta nos painéis do claustro trata-se do fato da não originalidade dos desenhos, que foram adaptados das gravuras de outros artistas como era costume na época. No caso do claustro de São Francisco, foram reproduzidas a partir de gravuras do artista holandês Otto van Veen[43].

Na capela dos terceiros, contígua, o pequeno claustro exibe um precioso barrado com cenas das bodas de dom José I tendo como pano de fundo toda a Lisboa vista desde os barcos do rio Tejo e o cortejo passando sob os arcos de arquitetura efêmera. É uma festa em azul, ímpar na azulejaria portuguesa[44].

### Fachada da igreja de San Francisco em Acatepec. Cholula, México | século xviii

A igreja de San Francisco em Acatepec, na região de Puebla, tem exterior e interior tão surpreendentes como a igreja vizinha de Tonantzintla. O adro fechado guarda esse tesouro da fachada executada com azulejos. Seu exterior é amplo, escalonado e ajardinado, e a fachada ergue-se destacando-se de forma assimétrica das construções do lado esquerdo.

O frontispício em forma de biombo destaca a fachada-retábulo em pedra cinza escura que emoldura os azulejos. As cores azul e amarela criam um plano para a fachada de três corpos. No corpo inferior há colunas com capitéis corintos e acima do entablamento truncado, no corpo superior, as colunas mostram-se mais criativas e emolduram os nichos e a janela do coro. O coroamento curvilíneo escalonado abriga o grande óculo em forma estelar que agasalha a imagem de São Francisco e acima, uma representação apócrifa da Santíssima Trindade – três figuras semelhantes. O pequeno campanário do lado esquerdo contrasta com a beleza complexa do arremate da torre com colunas torsas que ganham altura nos coruchéus. Esse delírio da colorística é amainado pelo fundo de cores terrosas com lampejos azulados e brilhos amarelados. Outras capelas com as quais se pode comparar são a de Aranzazu e a igreja do Carmo, que estão em São Luis de Potosí[45].

A fachada azulejada é convite para entrar na nave. É fascinante, com abóbadas de canhão e lunetas para a entrada de luz, a arte do estuque se faz presente em todo seu esplendor. A ornamentação intensa abarca toda espacialidade das abóbadas e as paredes revelam cenas de santos. Emergem dos entablamentos buquês de cabeças angelicais. Pequenos medalhões evocam a anunciação a Maria, o Espírito Santo, e os santos franciscanos e,

Fachada-retábulo da igreja de San Francisco. Séc. xviii. Acatepec, Puebla. México.

Interior da igreja de San Francisco. Séc. xviii. Acatepec, Cholula. Puebla, México.

por último, da Santíssima Trindade na capela-mor. Hostes celestes submeteram-se a serem eternizadas no convívio com indígenas mexicanos. Alguns se conformaram com suas representações em meio corpo como atlantes, outros, mais vaidosos, de corpo inteiro com trajes coloridos. Os forros do nártex e do coro, local das vozes argentinas, das músicas celestiais, chamaram para si a beleza exuberante a ser admirada na altura dos olhos, com a sofreguidão de uma súplica que busca a impossibilidade. Diante das preces, anjos e santos multiplicam-se em formas infinitas.

A cúpula octogonal é iluminada por quatro envasaduras. Uma estrela de 16 pontas marca em suas extremidades anjos de gola e oito colunas com três cabeças – base, meio e ponta – sustentando a iconografia mariana – estrela da manhã – com delicados brilhos nos estuques entremeadas de desenhos com cachos de uvas unindo Maria e o Cristo. O retábulo-mor com colunas torsas, ora em tríades, ora únicas, abre nichos em seus intercolúnios com santos, Cristo e o patrono São Francisco. No coroamento está a Virgem. Nas paredes laterais, as colunas emolduram quadros e dois púlpitos no intradorso do arco triunfal do cruzeiro. As capelas dos braços do cruzeiro repetem a profusão ornamental tendo como unidade as colunas salomônicas torsas ricamente ornadas com elementos fitomórficos. Espelhos ampliam os espaços refletindo os ornamentos simétricos que dão a sensação de que jamais as formas barrocas exuberantes se esgotariam naquele universo de encontro das culturas americana e europeia.

## Notas

1. Roberto Samanes Argumedo, "Orígenes y difusión del barroco cusqueño". Em: *Barroco andino: memoria del I encuentro internacinal*. La Paz: Viceministerio de Cultura de Bolivia, 2003, pp. 109-17.
2. George Kubler, *Arquitectura mexicana del siglo XVI. op. cit.*, p. 469.
3. Justino Fernández, *Arte mexicano, op. cit.*, p. 163.
4. *Ibidem*, p. 151.
5. Pál Kelemen, *Baroque and Rococo in Latin America, op. cit.*, p. 98.
6. Germain Bazin, *Arquitetura religiosa e barroca no Brasil, op. cit.*, p. 137.
7. Germain Bazin, *O Aleijadinho e a escultura barroca no Brasil*. Rio de Janeiro: Record, 1971, p. 136.
8. Manuel Sorari Swayne, 1982, p. 148.
9. Luís A. R. Freire, *A talha neoclássica na Bahia, op. cit.*
10. Justino Fernández, *Arte mexicano, op. cit.*, p. 188.
11. Raúl Herrera Cervantes *et al., Guanajuato de piedras y religión: una mirada al arte sacro minero*. Guanajuato: Ediciones La Rana, 2010, v. 2, pp. 41-59.
12. José Gabriel Navarro, *Contribuiciones a la historia del arte en el Equador, op. cit.*, p. 11.
13. Alexandra Kennedy (org.), *Arte de la Real Audiencia de Quito, siglos XVII a XIX: patronos, corporaciones y comunidades*. Quito: Editorial Nerea, 2002, pp. 185-203.
14. Germain Bazin, 1975, p. 317, vol. 1.
15. Robert Smith, 1970, p. 48.
16. Robert Smith, 1979, pp. 101-7.
17. Sylvia T. H. Cavalcanti, *O azulejo na arquitetura religiosa de Pernambuco: séculos XVII e XVIII*. São Paulo: Metalivros, 2006, p. 77.
18. Ramón Gutiérrez, *Arquitectura y urbanismo en Iberoamérica, op. cit.*, p. 105.
19. *Ibidem*, p. 158.
20. Pedro Rojas, 1978, p. 21.
21. Pedro Rojas, 1978, p. 27
22. Reminiscências do autor. [N.E.]
23. Germain Bazin, *O Aleijadinho e a escultura barroca no Brasil, op. cit.*, p. 186.
24. Francisco Stastny, "La pintura en el Perú colonial", *op. cit.*
25. Gabriel Guarda, *Barroco hispanoamericano en Chile: vida de San Francisco de Asís, op. cit.*, p. 25.
26. Pedro Querejazu, "La pintura y la escultura de la escuela cuzqueña". Em: GUTIÉRREZ, Ramón (org.). *Historia del arte iberoamericano*. Madri: Lunwerg Editores, 2000, p. 152.
27. Teresa Gisbert Mesa, "Mélchior Péres Holguín". Em: RISHEL, Joseph J. (org). *Revelaciones: las artes en América Latina, 1492-1820*. México D.F., Fondo de Cultura Económica, 2007, pp. 442-5.
28. Rodolfo Vallin, "Pintura mural en Colombia y Ecuador". Em: Ramón Gutiérrez (org.). *Barroco iberoamericano de los Andes a las Pampas*. España: Lunwerg Editores, 1997, p. 163.
29. *Ibidem*.
30. *Ibidem*.
31. José Miguel Folguera Morales, *Tunja Atenas del Renascimiento en el Nuevo Mundo de Granada*. Espanha: Universidad de Granada, 1998, p. 243.
32. Rodolfo Vallin, "Pintura mural en Colombia y Ecuador", *op. cit.*, p. 305.
33. Galle Cornelis. *Deer Hunt with Lassos*, 1596.
34. C. M. Silva-Nigra, *Construtores e artistas do Mosteiro de São Bento do Rio de Janeiro, op. cit.*, p. 22.
35. Carlos B. Ott, *A escola bahiana de pintura (1764-1850)*. São Paulo: MWM, 1982, p. 69.
36. *Ibidem*.
37. Lélia Frota, *Vida e obra de Manuel da Costa Ataíde*. Rio de Janeiro: Nova Fronteira, 1982, pp. 40-58.
38. J. M. dos Santos Simões, 1965, p. 30.
39. Sylvia T. H. Cavalcanti, *O azulejo na arquitetura religiosa de Pernambuco: séculos XVII e XVIII, op. cit.*
40. *Ibidem*, p. 26.
41. Lélia Frota, 1982, pp. 58-72.
42. Ramón Gutiérrez, 2000, p. 105.
43. Patrício Dugnani, *A herança simbólica nos azulejos do claustro da igreja de São Francisco*. São Paulo: Ed. Mackenzie, 2012, pp. 30-42.
44. José Meco, *Festa barroca a azul e branco: os azulejos do claustro e do consistório da Ordem Terceira de São Francisco de Salvador, Bahia*. Lisboa: Monumenta, 2002, pp. 51-73.
45. Justino Fernández, *Arte mexicano, op. cit.*, p. 184.

# Considerações finais

Termino este estudo de maneira despretensiosa como o iniciei: certo de que cheguei a algum lugar, sem desvendar o outro, com a alma plena de emoção, assim entrego minha contribuição ao leitor, na certeza de que ao amanhecer poderei ter novas descobertas ainda a serem reveladas. Projetar um amplo olhar como pretendi, unir as duas Américas, a espanhola e a portuguesa, enaltecendo suas artes visuais do período colonial, poderia me levar a erros e a deixar imensas lacunas. Porém é meu dever legar essa ampla visão depois de ter percorrido por décadas as cidades e catedrais latino-americanas procurando aproximações no urbanismo, na arquitetura eclesiástica e em suas ornamentações. Retomo aqui alguns aspectos procurando aqueles elos tecidos por civilizações perdidas como a que impulsionou uma nova América.

## A tipologia do urbanismo

A tipologia das cidades na América após as conquistas vincula-se à funcionalidade de se ter um porto seguro. Assim foram fundadas as incipientes vilas de Santo Domingo, Vera Cruz, Cidade do Panamá, Portobelo, Cartagena de Indias, Havana e, na América portuguesa, São Vicente, Olinda e Salvador, junto às desembocaduras de rios, em portos naturais logo transformados em fortificações ainda no início do século XVI. Seus traçados eram comprimidos entre as muralhas e, com o passar do tempo, foram alterados e retificados. Mesmo assim se mostraram insuficientes, transpondo as muralhas que, por vezes, se esforçavam em abarcar no seu interior áreas agrárias, o que garantiria seu sustento em caso de prolongados cercos.

Na segunda metade do século XVI, as normas oficiais das *Ordenanzas de Población* (1573) buscaram harmonizar os novos conjuntos urbanos. As cidades semirregulares acima se acomodaram dentro de suas muralhas, buscando regularidade e ligação entre as praças de mercado mais ao centro, junto às portas das muralhas e fortalezas, como no caso de Havana, contornando sempre as águas da baía. O mesmo acontece com Cartagena de Indias, com praças junto às portas e *plazuelas* diante das igrejas.

As cidades conquistadas, como a Cidade do México, Cusco e Quito, todas no interior do território, foram replanejadas aproveitando as antigas vias nas zonas centrais mais planas. Suas *manzanas* foram regularizadas até as bordas dos terrenos irregulares, para onde se expandiram, para além dos limites da antiga cidade. Salvador na Bahia, que ainda conserva seu traçado regular inicial, em pouco tempo suplantou as barreiras para as ladeiras do seu pelourinho. Lima, Cidade do Panamá e Cartagena de Índias rapidamente tiveram populações margeando os muros.

Ramón Gutiérrez[1] aponta os exemplos das cidades sobrepostas como os antigos assentamentos urbanos e rurais dos indígenas. A Cidade do México e Cusco, antigas capitais imperiais, já possuíam um traçado regular junto às fontes naturais de água, canais e vias de acesso, até os grandes templos, ao redor dos quais se desenvolviam mercados, vida social e religiosa. Não havendo praticamente uma divisão entre o agrário e o urbano, caso de Cusco, o novo urbanismo reorganizou os espaços entre os conquistadores e a elite incaica. A grande praça foi subdividida e os templos da nova religião foram sobrepostos aos alicerces dos primitivos templos pagãos. Outras cidades fortificadas, amuralhadas com função de defesa de certos pontos, já no século XVIII foram idealizadas a exemplo de Montevidéu, para guardar tanto as entradas pelas águas do oceano como as do rio da Prata. Ao longo da costa chilena, Nacimiento e Angol se organizam em ruas regulares dentro das muralhas. O mesmo ocorre em Trujillo no Peru, com muralha ovalada.

Gutiérrez continua enumerando as cidades espontâneas, que nasceram da necessidade de evangelização, e que tiveram como núcleo inicial uma capela destinada ao culto dominical. As atividades comerciais – mercado –, sociais e religiosas – festas, procissões, casamentos – incrementaram aquelas localidades em toda a América Latina. Com uma sociedade eminentemente agrária, a localidade para o comércio de alimentos, atividades artesanais como têxteis e cerâmicas contribuíram para o crescimento desses povoados que giravam em torno da igreja na praça central, no caso hispano-americano, ou largo da matriz, no caso brasileiro, com arruamentos ao redor da praça e que levam até o cemitério.

Alfonso Ortiz Crespo, por sua vez, exemplifica as cidades pela seguinte classificação: forma regulares, semirregulares e irregulares; pela capacidade defensiva: fortificadas e não fortificadas; pela localização: marítimas, semimarítimas e interiores; pelas atividades: comerciais, mineração, defensivas e administrativas; pelo papel estratégico: de passagem e conexão ou origem e destino e, por fim, pelo padrão de crescimento: unidirecional, multidirecional e mixto[2].

Finalmente, há os povoados de índios em regiões mais distantes das rotas das riquezas da mineração com situações diferentes, muitas vezes no meio das selvas. Existem, porém, exemplos mais próximos daqueles locais conquistados, onde havia construções incas, sobre as quais foram implantadas igrejas e edifícios governamentais, como no caso de Chincheros, nos arredores de Cusco, no Peru. No México, os exemplos se multiplicam, como Huaxutla (1580) e Tentenango (1582), seguidos até o Peru, em Juli, com a catequese dos jesuítas e, na Argentina, em Dolores de Malvalaes. Quito e Arequipa também foram construídas sobre antigas construções indígenas.

## Urbanismo no Brasil

No Brasil, a primeira capital colonial, Salvador, planejada nos modelos portugueses em dois níveis – segundo a tradição de comércio junto ao porto na cidade baixa e, na cidade alta, a instalação dos poderes político e religioso junto aos jesuítas e franciscanos. Ainda conserva o traçado original regular, mas logo, porém, extrapolou os limites para os terrenos irregulares no pelourinho em direção ao convento do Carmo e, na direção oposta, ao mosteiro beneditino ao longo do espigão. Olinda, como tantas outras cidades litorâneas instaladas sobre colinas, permaneceu com o traçado vernacular, com as ladeiras.

A cidade portuária do Rio de Janeiro, até transformar-se na capital do vice-reino, em 1763, teve seus fortes e igrejas sobre o morro do Castelo e o porto na parte plana, junto ao palácio dos governadores. Suas muralhas deixavam para fora o conjunto franciscano, e o morro com os beneditinos determinava outra extremidade junto às águas da baía. No início do século XX foram abertas avenidas no centro e seus edifícios ganharam feições ecléticas. O morro do Castelo foi destruído em 1922 e lá se construiu a nova esplanada dos ministérios da então capital[3]. A cidade republicana expandiu-se para além das orlas da baía ganhando nas zonas das praias nova configuração de convívio entre urbanismo e natureza exuberante.

No século XVIII, a corrida do ouro marcou a interiorização urbanística do país. A partir de São Paulo, no planalto do Piratininga, os caminhos se intensificaram com a corrida às minas auríferas transpondo as serras do Mar e da Mantiqueira. O caminho da Antiga Estrada Real se iniciava no Rio de Janeiro, de barco até o porto de Parati, subia a serra do Mar e adentrava pelas cidades do Vale do Paraíba até alcançar Minas Gerais. O Caminho Novo para Ouro Preto encurtou o trajeto por Juiz de Fora, na Zona da Mata mineira, e encontrava-se com o Caminho Velho na altura de Congonhas, estendendo-se até a cidade de Diamantina.

## Catedrais no traçado urbano

Inserida no modelo de quadrícula das primeiras capitais americanas, a catedral teve destaque construtivo à altura dos palácios dos vice-reis e dos *ayuntamientos* das municipalidades, ocupando na maioria das vezes uma quadra inteira na Plaza Mayor onde também era construído o palácio episcopal. Durante longos períodos, as catedrais foram submetidas às inovações artísticas, se românica ganhava partes góticas; se góticas, novidades barrocas. Na Espanha, a era das grandes catedrais iniciadas ainda na Idade Média ganha o máximo de esplendor com a expulsão dos muçulmanos de Granada em 1492. O reaproveitamento dos espaços e materiais construtivos das mesquitas destruídas ou antigas catedrais góticas reformadas é fundamental para a construção das novas catedrais como em Salamanca e Granada, mais amplas, e nesta última, com a convivência dos estilos tardo-gótico, renascentista, plateresco e barroco.

Na América espanhola foram destruídas as pirâmides e templos astecas, maias e incas e sobre eles construídas as catedrais renascentistas, maneiristas e por fim as barrocas com torres altas e fachadas ornamentadas. Isso quanto à sua materialidade no uso do reaproveitamento das pedras, que em outra leitura é a afirmação do cristianismo no Novo Mundo sobre as antigas religiões politeístas dos nativos. E, claro, também mostra a imposição de novo regime imperial estritamente ligado ao poder da Igreja pela lei do padroado, que une os poderes espiritual e temporal.

Segundo as leis de *Ordenanzas*, a construção elevava-se em degraus acima da praça e abre-se em um amplo átrio, que lhe dá grande dramaticidade cenográfica, tendo a fachada como fundo para as várias liturgias que cadenciam o cotidiano. Dessa forma, a fachada ostentava decoração primorosa com nichos, estátuas, colunas e pilastras. Em geral possuíam três entradas e apenas uma torre, e nos séculos seguintes duas torres que seguravam as paredes laterais e a fachada, além de serem postos de observação. A tipologia de interior mais difundida é a de três naves correspondentes às portas de entrada, separadas por colunas que sustentam as abóbadas, sendo a principal mais alta. Aponta ainda os livros referenciais tanto para a construção como para a ornamentação escultórica e pictórica, destacando os ensambladores de madeiras que executaram os magníficos forros mouriscos. Antes de analisar cada uma das grandes catedrais, afirma que, além dos terremotos, tempestades e incêndios, colaboraram para a descaracterização da beleza colonial "as revoluções e o execrável gosto da metade do século XIX para frente que adicionou pouco valor artístico, demoliu inúmeros edifícios antigos ou os modernizou com o atroz estilo francês burguês de Napoleão III e a moda vitoriana"[4].

## Arquitetura das ordens primeiras

As ordens mendicantes vindas para o Novo Mundo, devido a seus votos de pobreza, deveriam iniciar suas construções de maneira mais simples, privilegiando a catequese, a evangelização e o contato com os fiéis. Ao chegarem à América reproduziram as técnicas construtivas ainda do período gótico para suas igrejas conventuais que se diferenciavam daquelas europeias: lá os conventos eram maiores para abrigar maior número de religiosos, e as igrejas menores, de acordo com o número de fiéis. Já na América, as igrejas deveriam abrigar enorme contingente de novos fiéis e os conventos seriam destinados para menor número de religiosos. O modelo se repetiu, porém em outra escala, com as funções externas – catequese, liturgia, ensino ecumênico –, e as funções internas: produção agrícola e artesanal, formação episcopal. As igrejas salões, com alto pé-direito, de uma só nave e medidas proporcionais foram logo adotadas como padrão. Eram cobertas com abóbadas ou com forros de madeira. Devido à necessidade, as naves ganharam um sentido longitudinal, determinando toda a extensão que viria a ser tomada pelo mosteiro. As pedras das paredes nem sempre lavradas – *mampostería* – davam para as igrejas aspecto de fortalezas medievais. Essa tradição continuou para os mosteiros femininos.

No México, os principais mosteiros femininos se localizavam nas grandes cidades ao redor da capital (22 no total), Puebla (onze), Guadalajara (cinco), Oaxaca (cinco) e populações menores como Querétaro (três), Lagos, San Cristóbal e Mérida, um em cada cidade, totalizando 57, sendo nove deles fundados no século XVI, sete no XVII e seis no XVIII[5]. As primeiras ordens a chegar foram as terceiras franciscanas, em 1541, para ensinar as índias. Em outros vice-reinos e no Caribe, os principais foram em Havana, Cuba e Santo Domingo, na depois República Dominicana, e as clarissas no final do século XVI, ao todo sessenta no vice-reinado de Nova Espanha.

Na Colômbia, as clarissas estiveram em Bogotá (1606), Tunja (1574), Pamplona (1584) e Cartagena de Índias (1617). As concepcionistas em Tunja (1599), Santa Fé de Bogotá (1595) e Pasto (1537) e as carmelitas em Santa Fé de Bogotá (1606), Cartagena de Índias (1607) e, no século XVIII, em Medellín, Popayán e La Enseñanza e novamente em Santa Fé de Bogotá. Em 1645 foram as dominicanas seguidas pelas agostinianas em Popayán.

No Brasil, a maioria dos mosteiros femininos foi acolhida nas cidades litorâneas do Nordeste, em Olinda, na antiga capital colonial, Salvador, na nova capital, Rio de Janeiro, e no sertão, em São Paulo. O fato de existir um número reduzido desse tipo de mosteiro na Brasil deve-se ao direcionamento político de Lisboa que não incentivava a reclusão das mulheres, já que se esperava que elas aumentassem a população.

## Fachadas-retábulos e ornamentação

As fachadas-retábulos do início do século XVI seguiam os modelos tratadistas renascentistas e maneiristas, com pórticos e portadas tanto na fachada principal como na lateral, à maneira de desenhos de retábulos. No século seguinte ganham complexidade compositiva unindo os elementos ornamentais aos arquitetônicos, com os entablamentos parte curvos no tramo central, parte retos atingindo as torres que adquiriam ornamentos semelhantes aos pórticos. Os arremates das torres ganharam elementos escultóricos diversos, para além da tradicional cúpula em meia-laranja. A complexidade compositiva levou a um barroquismo com formas proeminentes, emprego de pedras de diferentes colorações e sobrecarga de informações, concorrendo com as minúcias dos retábulos internos. É o caso das fachadas *churriguerescas* do México e daquelas que formavam enormes conchas para proteger suas esculturas externas. Em regiões atingidas frequentemente por terremotos, as fachadas tiveram a solução em três planos e torres rebaixadas. No século XVIII, o barroco denominado mestiço continuou a criar as fachadas-retábulos planas com grande beleza de ornamentos aclimatados pelos artífices locais.

## Artistas europeus e modelos na América

A pintura é das expressões que mais contaram com modelos originais a seu alcance, assim como artistas que puderam atuar nas capitais dos vice-reinos, como Cidade do México e Lima e de lá para Quito e Cusco. O primeiro grêmio de artistas pintores na Cidade do México data de 1557, contando com o flamengo Simón Pereyns que lá aportou em 1566, o andaluz Andrés de la Concha, um ano depois, e o basco Baltasar de Echave Orio, já no século seguinte, em 1612. A arte ítalo-flamenga disseminou-se não apenas com os modelos produzidos no México como também com os da escola de Sevilha pelos contatos, obras para lá enviadas e livros referenciais. Em Lima, capital do vice-reino do Peru, os artistas atuantes eram italianos, como o jesuíta Bernardo Bitti, de Ancona, que lá chegou em 1575 e disseminou sua arte maneirista para Cusco e Sucre na Bolívia; Angelino Medoro, romano, atuante na Colômbia e Peru e seu compatriota Mateo Péres de Alesio, de ascendência espanhola que antes de vir para a América trabalhara em Sevilha.

Segundo momento estilístico, o barroco tenebrista espanhol tornou-se mais conhecido com as obras importadas de Sevilha, servindo aqui como modelo as telas de Zurbarán. No México, o mestre sevilhano Sebastián López de Arteaga trouxe não apenas a maneira barroca de pintar, como obras de Zurbarán[6]. Em Lima, o artista Luis de Riaño continuou a tradição tenebrista inspirado em obras de Zurbarán e posteriormente de Murillo. Uma importante coleção de obras de artistas espanhóis foi levada até Cusco pelo então bispo Manuel de Mollinedo em 1673. Por ocasião de uma procissão de Corpus Christi, os pintores já mestiços espanholizados, segundo José de Mesa e Tereza Gisbert, pediram para que índios pintassem os arcos de triunfo para a famosa celebração. Na Cusco colonial os artistas Diego Quispe Tito e seu rival Basílio de Santa Cruz eram indígenas e suas pinturas seguiam modelos ora flamengos, ora espanhóis. Segundo críticos como Damiám Bayon, Mesa e Gisbert, assim nasce a arte mestiça, que deve ser vista mais como processo artístico e cultural do que de miscigenação. Outras escolas de pintura se desenvolveram em Quito no Equador e, mais ao sul, na cidade de mineração de Potosí, onde destaca-se a obra de Melchor Pérez Holguín. A difusão das obras dos artistas indígenas popularizou-se por toda a região do lago Titicaca, atingindo até Santiago do Chile com grandes encomendas que se convencionou chamar de obras da "escola cusquenha".

É importante observar que as denominações da arte barroca, característica do período colonial latino-americano, que atinge todas as artes, incluindo a escultura na arquitetura, para efeito apenas de categorização, são na maioria das vezes provenientes dos conceitos eurocentristas de arte *mestiza,* sem perceber que a riqueza da expressão barroca é, antes de tudo, a miscigenação de crenças, amálgama de desejos e possibilidades de buscas e aspirações. A escala mensurável dessas manifestações apresenta variáveis de materiais, clima e funções, todas porém unidas em imenso e tenso arco entre o poder temporal e o espiritual, materialidade e mítica, a presença terrena do rei e a divina de Deus.

Embora alguns historiadores que se apegaram a essas manifestações provincianas preconizem que elas são simulacros de modelos europeus, lembramos que tanto percepção quanto manifestação, na arte, não podem ser impositivas e os resultados não necessariamente são iguais. No caso da América Latina, como apresentamos, seu imenso patrimônio colonial apresenta riquíssima diversidade, o que requer uma aproximação particular dentro dos estudos da história da arte universal.

### Notas

1. Ramón Gutiérrez, "Povoados e reduções indígenas na região de Cusco: persistência e inovações". Em: *Cidades latino-americanas: um debate sobre a formação de núcleos urbanos*. Rio de Janeiro: Faperj e Casa da Palavra, 2010, pp. 82-9.
2. Alfonso Ortiz Crespo, "La ciudad colonial hispanoamericana: sus orígines, desarollo y funciones", *op. cit.*, p. 27.
3. José Antonio Nonato, 2000, pp. 267-319.
4. Pál Kelemen, *Baroque and Rococo in Latin America, op. cit.*, p. 26.
5. Antonio Bonet Correa, *Las órdenes religiosas femeninas*, 2003, p. 371
6. Clara Bargellini Cioni, 2007, pp. 324-336.

# Bibliografia geral

ARGAN, Giulio Carlo. *Imagem e persuasão. Ensaios sobre o barroco*. São Paulo: Companhia das Letras, 2004.

_____. *Clássico anticlássico. O renascimento de Brunelleschi a Bruguel*. São Paulo: Companhia das Letras, 1999.

ANGULO IÑIGUEZ, Diego; DORTA, Enrique Marco; BUSCHIAZZO, Mario J. *Historia del arte hispanoamericano*. Barcelona e Buenos Aires: Salvat, 1956, 3 v.

BAYLEY, Gauvin A. *Art of colonial Latin America*. Londres: Phaidon, 2005.

BAYÓN, Damián. *Panoramica de la arquitectura latinoamericana*. Paris: Unesco, 1977.

_____. The many faces of colonial art. Em: *Americas*. Washington: The Organization of American State, 1971, pp. s 14-s 17.

BAZIN, Germain. *Arquitetura religiosa e barroca no Brasil*. Rio de Janeiro: Record, 1983. Vols. 1 e 2.

BURCKHART, Jacob. *A cultura do Renascimento na Itália*. Trad. Sérgio Tellaroli. São Paulo: Companhia das Letras, 2009.

CORREIA, José Eduardo Horta. *A arquitectura: maneirismo e estilo chão*. Lisboa: Editorial Vega, 1988.

COSTA, Lúcio. "A arquitetura dos jesuítas no Brasil". Em: *Revista do Patrimônio*. Rio de Janeiro: IPHAN/MINC, 1997.

D'ORS, Eugenio. *Lo barroco*. Madrid: Alianza/Tecnos, 2002.

FERNÁNDEZ, Justino. *Arte Mexicano*. México D.F.: Editorial Porrúa, 2009.

GASPARINI, Graziano. "Space, baroque and Indians". Em: *Americas*. Washington: The Organization of American State, 1971.

_____. *A arquitetura barroca latino-americana: uma persuasiva retórica provincial*. Em: ÁVILA, Affonso (org.). *Barroco teoria e análise*. São Paulo: Perspectiva, 1997.

GOITIA CHUECA, Fernando. *Invariantes en la arquitectura hispano-americana*. Madrid: Universidad de Madrid, 1967, n. 42-43.

GUTIÉRREZ, Ramón. *Los pueblos jesuíticos del Paraguay. Reflexiones sobre su decadência. Evolución urbanística y arquitectónica del Paraguay*. Resistencia: Universidad Nacional del Nordeste, 1978.

_____. (org.). *Barroco iberoamericano, de los Andes a las Pampas*. Madrid e Barcelona: Lunwerg Editores, 1997.

GUTIÉRREZ, Ramón; VIÑUALES, Rodrigo Gutiérrez. *Historia del arte iberoamericano*. Madrid: Lunwerg Editores, 2000.

_____. *Arquitectura y urbanismo en Iberoamérica*. Madri: Manuales Arte Cátedra, 2010.

_____. "Povoados e reduções indígenas na região de Cuzco: persistência e inovações". Em: *Cidades latino-americanas: um debate sobre a formação de núcleos urbanos*. Rio de Janeiro: Faperj e Casa da Palavra,

KUBLER, George. *El problema de los aportes no ibéricos en la arquitectura colonial latino-americana*. Caracas: Universidad Central de Venezuela, 1968. En Boletin del CIHE.

_____. *A arquitectura portuguesa chã: entre as especiarias e os diamantes (1521-1706)*. Lisboa: Editora Veja, 2005.

_____. *Arquitectura mexicana del siglo XVI*. México D.F.: Fondo de Cultura Económica, 2012.

LLOSA, Mario Vargas. "Unidad y dispersión en América Latina". Em: *Revelaciones. Las artes en América Latina, 1492-1820*. RISHEL, Joseph J. (org.). México D.F.: Fondo de Cultura Económica, 2007.

HAUSER, Arnold. *História social da literatura e da arte*. São Paulo: Mestre Jou, 1980.

MÂLE, Emile. *El arte religioso de la contrarreforma*. Madrid: Ediciones Encuentro, 2001.

MARAVALL, José Antonio. *A cultura do barroco – análise de uma estrutura histórica*. São Paulo: Edusp e Imprensa Ofical do Estado, 1997.

MACHADO, Lourival Gomes. *Barroco mineiro*. São Paulo: Perspectiva, 1969.

OLIVEIRA, Myriam Andrade Ribeiro. *O rococó religioso no Brasil e seus antecedentes europeus*. São Paulo: Cosac & Naif, 2003.

PANOFSKY, Erwin. *O significado nas artes visuais*. São Paulo: Perspectiva, 2002.

KELEMEN, Pál. *Baroque and Rococo in Latin America*. New York: Macmillan C., 1951 (primeira edição).

KELEMEN, Pál. *Baroque and Rococo in Latin America*. New York: Dover Publications, 1967 (segunda edição).

RISHEL, Joseph. *Revelaciones: las artes en América Latina 1492-1820*. México D.F.: Fondo de Cultura Económica, 2007.

SÁIZ, Concepción Garcia. "La interpretación de los modelos europeos em las artes de tradición indígena". Em: *Felipe II y el arte de su tempo*. Madrid: Fundación Argentaria e Ciudad de México: UNAM, 1998, pp. 293-303.

TOUSSAINT, Manuel. *Arte colonial en México*. México D.F.: Instituto de Investigaciones Estéticas, UNAM, 1974.

WEISBACH, Werner. *El barroco, arte de la contrarreforma*. Madrid: Espas-Calpe, 1974.

WÖLFFLIN, Henrich. *Conceitos fundamentais da história da arte*. São Paulo: Martins Fontes, 2000.

_____. *Renascença e barroco*. São Paulo: Perspectiva, 2000.

ZAMORA, Lois Parkinson. *La Mirada exuberante: barroco novomundista y literatura latino-americana*. Espanha: Iberoamericana/Vermuert/Conaculta, 2011.

## Capítulo I
### Urbanismo colonial

BAETA, Rodrigo Espinha. *O barroco a arquitetura e a cidade nos séculos XVII e XVIII*. Salvador: UFBA, 2012.

BANDEIRA, Manuel. *Guia de Ouro Preto*. Rio de Janeiro: Letras e Artes, 1963.

BAYÓN, D.; MARX, Murillo. *Historia del arte colonial sudamericano: sudamérica hispana y el Brasil*. Barcelona: Polígrafa, 1989.

BELL, Elizabeth. *La Antigua Guatemala: la ciudad y su patrimonio*. Antigua: Recorridos Antigua, 2006.

CASTAÑEDA, Germán Téllez. *Monumentos nacionais de Colombia*. Bogotá: Ministerio de Cultura, 1997.

CERVANTES, Raúl Herrera. *Guanajuato de piedras y religión: una mirada al arte sacro virreinal*. Guanajuato; Ediciones La Rana, 2009.

CRESPO, Alfonso Ortiz. "La cuidad colonial hispano-americana: sus origines, desarollo y funciones". Em: RISHEL, Joseph J. (org.). *Revelaciones las artes en América Latina, 1492-1820*. México D.F., Fondo de Cultura Económica, 2007, PP. 229-32.

_____. "Ensayos de urbanismo barroco en la Audiencia de Quito". Em: GUTIÉRREZ, Ramón (ORG.). *Barroco iberoamericano de los Andes a las Pampas*. Espanha: Lunwerg Editores, 1997, pp. 39-48.

FRIEDMAN Fania; ABREU, Martins (orgs). *Cidades latino-americanas: um debate sobre a formação de núcleos urbanos*. Rio de Janeiro: Faperj/Casa da Palavra, 2010.

GOULART REIS, Nestor. *Imagens de Vilas e Cidades do Brasil Colonial*. São Paulo: Imprensa Oficial e Edusp, 2000.

LARRAMENDI, Julio; PORTAL, Raida Mara Suárez. *Habana Vieja*. Habana: Editorial Martí, 2005.

LORENZO, José Maria. *Catedral de Cuernavaca: ruta de los conventos del siglo XVI en Morelos*. Cuernavaca: Publicaciones S.A. de Cuernavaca, 2009.

MARX, Murillo. *Cidade brasileira*. São Paulo: Melhoramentos/Edusp, 1980.

_____. *Cidade no Brasil em que termos?* São Paulo: Studio Nobel, 1999.

MATTOSO, José (org.). *América do Sul: patrimônio de origem portuguesa no mundo: arquitetura e urbanismo*. Lisboa: Fundação Calouste Gulbenkian, 2010.

MORI, Victor Hugo; LEMOS, Carlos; CASTRO, Adler. *Arquitetura militar: um panorama histórico a partir do porto de Santos*. São Paulo: Imprensa Oficial do Estado de São Paulo/ Fundação Cultural do Exército Brasileiro, 2003.

NICOLINI, Alberto. *La traza de las ciudades hispanoamericanas em el siglo XVI*. Buenos Aires: FADU/UBA, 1997.

_____. "Imagem da cidade e do território do vice-reinado do Peru: sua construção e consolidação, entre 1535 e 1581, pelo fundador Francisco Pizarro, o ouvidor Juan Matienzo e o vice-rei Francisco Toledo". Em: *Cidades latino-americanas: um debate sobre a formação de núcleos urbanos*. Rio de Janeiro: Faperj e Casa da Palavra, 2010.

OLIVEIRA, Mário Mendonça. *As fortificações portuguesas de Salvador quando cabeça do Brasil*. Salvador: Fundação Gregório de Mattos, 2004.

PARENT, Michel. *Dossiê IPHAN/UNESCO*. Rio de Janeiro: Arquivo Noronha Santo, 1967.

PILAR, María; CANTÓ, Pérez. *Lima en el siglo XVIII: estudio socioeconomico*. Madri: Ed. Universidad Autónoma de Madrid Cantoblanco, 1985.

POZO, Félix. "Potosí una mirada transversal". Em: RIOS, Luis Prado et al. *Guia de arquitectura de Potosi*. Sevilla: Agencia Española de Cooperación Internacional, 2004.

RIOS, Luis Prado et al. *Guia de arquitectura de Potosi*. Sevilla: Agencia Española de Cooperación Internacional, 2004.

SAINT-HILAIRE, Auguste. *Viagens pelas províncias do Rio de Janeiro e Minas Gerais*. Belo Horizonte: Ed. Itatiaia e Edusp, 1975.

SALCEDO, Jaime Salcedo. "El urbanismo em el nuevo reino de Granada y Popayán en los siglos XVII y XVIII". Em: GUTIÉRREZ, Ramón (org.). *Barroco iberoamericano de los Andes a las Pampas*. Madrid: Lunwerg Editores, 1997, pp. 185-91.

SAN MARCOS, S. L. *Guía de Panamá Viejo*. Madrid: Ediciones Balboa, 2007.

TEIXEIRA, Manuel C. *A forma da cidade de origem portuguesa*. São Paulo: Imprensa Oficial do Estado de São Paulo e Ed. Unesp, 2012.

TIRAPELI, Percival. *Patrimônio da Humanidade no Brasil*. São Paulo: Metalivros, 2007.

VIÑUALES, Graciela María. *El espacio urbano en el Cusco colonial: uso y organización de las estructuras simbólicas*. Lima: Epígrafe Editores, 2004.

## Capítulo II
### Arquitetura eclesiástica

ALARCÓN, Alma Montero. *Jesuitas de Tepotzotlán: la expulsión y el amargo destierro*. México D.F.: Instituto Nacional de Antropología y Historia, 2008.

ARGUMEDO, Roberto Samanes. "Orígenes y difusión del barroco cusqueño". Em: *Barroco andino: memoria del I encuentro internacinal*. La Paz: Viceministerio de Cultura de Bolivia, pp. 109-17.

ARLÉGO, Edvaldo. *Olinda, patrimônio natural e cultural da humanidade*. Recife: Ed. Comunicarte, 1990.

ARTIGAS, Juan B. *Arquitectura a cielo abierto en Iberoamérica como un invariante continental México, Guatemala, Colombia, Bolivia, Brasil y Filipinas*. México: Edición del autor, 2001.

BARATA, Mário. *A igreja da Ordem 3ª da Penitência do Rio de Janeiro*. Rio de Janeiro: Agir Editora, 1975.

BARBIERI, Sergio; GORI, Iris. *Iglesia y convento de San Francisco de Cordoba: patrimonio artístico nacional inventario de bienes muebles*. Córdoba: Academia Nacional de Bellas Artes/Gobierno de la Provincia de Córdoba, 2000.

BARGELLINI CIONI, Clara. *El arte de las Misiones del Norte de la Nueva España. 1600-1821*. México D.F.: Instituto Nacional de Bellas Artes, 2009.

_____. *La arquitectura de la plata: iglesias monumentales del centro-norte de México, 1640-1750*. Madrid: UNAM, Instituto de Investigaciones Estéticas, 1992.

_____. "La pintura colonial em América Latina". Em: RISHEL, Joseph J. (org.). *Revelaciones las artes en América Latina, 1492-1820*. México D.F., Fondo de Cultura Económica, 2007, pp. 324-36.

_____. "Los retablos del siglo XVI y princípios del siglo XVII". Em: *Retablos de la ciudad de México, siglos XVI al XX*. México D.F.: Asociación del Patrimonio Artístico Mexicano, 2005.

BARROCO Andino. *Memoria del I Encuentro Internacional*. La Paz: Viceministerio de Cultura y la Unión Latina, 2003.

BELL, Elizabeth. *La Antigua Guatemala: la ciudad y su patrimonio*. Antigua: Recorridos Antigua, 2006.

BONET CORREA, Antonio. *Monasterios iberoamericanos*. España: Iberdrola, 2001.

BRUNNI, López. *Santiago de Guatemala*. Antigua: Editores Brunni, 2007.

BUCHÓN, Micó. *La iglesia de la Compañia de Quito*. Quito: Fund. Pedro Arrupe, 2004.

*Catedral de México*. México D.F.: Secretaria de Desarrollo Urbano y Ecologia, Fomento Cultural Banames, 1968.

CALDERÓN, V. *O convento e a ordem Terceira do Carmo de Cachoeira*. Salvador, UFBA, 1976.

CARRAZONI, M. E. (org.). *Guia dos bens tombados*. Rio de Janeiro: Expressão e Cultura, 1980.

CASTEDO, Leopoldo. *História del arte Iberoamericano*. Madrid: Alianza Editorial, 1988, tomo I.

CASTRO, Patrício R. *Arequipa*. Rio de Janeiro: Spala Edições, 1988.

CERVANTES, Raúl Herrera. *Guanajuato de piedras y religión: una mirada al arte sacro virreinal*. Guanajuato: Ediciones La Rana, 2009, pp. 21-46, T. 1.

COELHO, Geraldo Mártires; OLIVEIRA, Myriam Andrade Ribeiro. *Feliz Lusitânia: Museu de Arte Sacra*. Belém: SECULT/PA, 2005.

COLMENARES, P. José Luis. *Catedral Metropolitana Relicario de fe en Guatemala*. Ciudad da Guatemala: Kolask, 2010.

CRISTÓBAL, Antonio San. "Terminología y concepto de la arquitectura planiforme". Em: *Barroco andino. Memoria del I encuentro internacinal*. La Paz: Viceministerio de Cultura de Bolivia, pp. 95-106.

CORRADINE ANGULO, Alberto. *La arquitectura en Tunja*. Bogotá: Imprenta Nacional de Colombia, 1990.

_____. "Arquitectura barroca en Colombia". Em: GUTIÉRREZ, Ramón (org.) *Barroco iberoamericano de los Andes a las Pampas*. Madrid: Lunwerg Editores, 1997, pp. 233-42.

COSTA, Mozart Bonazzi da. *A talha ornamental barroca na igreja conventual franciscana de Salvador*. São Paulo: Editora da Universidade de São Paulo, 2010.

COUTINHO, Maria Inês. *Museu de Arte Sacra de São Paulo*. São Paulo: Secretaria da Cultura de São Paulo, 2014.

CRESPO, Alfonso Ortiz. "La iglesia de la Compañia de Jesús de Quito, cabeza de serie de la arquitectura barroca en la antigua Audiencia de Quito". EM: KENNEDY, Alexandra (org.) *Arte de la Real Audiencia de Quito, siglos XVII-XIX*. Quito: Editorial Nerea, 2002.

DELGADO, Edgar Bustamante (org.). *Bahia: tesouros da fé*. Barcelona: Bustamante Editores, 2000.

DENARO, Liliana de. *Buscando la identidade cultural cordobesa. 1573-1800*. Córdoba: Imprenta Corintos 13, 2008.

DÍAZ RUIZ, Marco. *Arquitectura en el desierto: misiones jesuítas em Baja California*. México D.F., UNAM, 1986.

DRAIN, Thomas A. *A Sense of Mission Historic Churches of the Southwest*. São Francisco: Choricle Books, 1994.

ESCOBAR, Viviana Arce. *Museo iglesia Santa Clara*. Bogotá: Ministerio de Cultura, 2014.

ESPINOSA, Jesús Joel Peña. "Crisis, agonia, y restauración del monastério de Santa Mónica de la ciudad de Puebla, entre 1861 y 1951. Los conventos de monjas, arquitectura y vida cotidiana del virreinato a la postmodernidad". Em: *Boletín de Monumentos Históricos 30*. México D.F.: Instituto Nacional de Antropología e Historia, 2014, pp. 283-302.

FERNÁNDEZ, Justino. *Arte mexicano*. México D.F.: Editorial Porrúa, 2009.

FRADE, Gabriel. *Antigos aldeamentos jesuíticos*. São Paulo: Edições Loyola, 2015.

FREIRE, Luís A. R. *A talha neoclássica na Bahia*. Salvador: Odebrecht, 2006.

FREYRE, Gilberto. *Guia sentimental de Olinda*. Rio de Janeiro: José Olympio, 1968.

GALLAS, Fernanda e Alfredo. *O barroco no reinado de D. João V: arquitetura, moedas e medalhas*. Bragança Paulista: Edição do autor e Diocese de Bragança, 2012.

GISBERT Teresa; MESA, José de. *Arquitectura andina: 1530-1830*. La Paz: Embajada de España, 1997.

_____. *Monumentos de Bolívia*. La Paz: Gisbert y Cia, 1992.

GONZÁLEZ, Héctor Antonio Martínez. *Catedral Basílica de la Asuncion de Maria*. Guadalajara: Instituto Cultural Ingnacio Dávila Garibi, A.C., 2000.

GONZÁLEZ GALVÁN, Manuel. *Catedral de Morelia: tres ensayos*. México D.F.: Jaime Salcido Editor, 1993.

GUARDA, Gabriel. *Barroco hispanoamericano en Chile: vida de San Francisco de Asís*. Madrid: Telefonica, 2002.

IRIARTE, Alfredo. *Treasures of Tunja*. Bogotá: El Selo, 1989.

KENNEDY, Alexandra. "Mujeres en los claustros: artistas, mecenas y coleccionistas". Em: Alexandra Kennedy (org.). *Arte de la Real Audiencia de Quito, siglos XVII a XIX: patronos, corporaciones y comunidades*. Quito: Editorial Nerea, 2002.

KLAIBER, Jeffrey, S.J. "Misiones exitosas y menos exitosas: los jesuitas en Mainas, Nueva España y Paraguay". Em: Manuel Marzal y Luis Bacigalupo (editores). *Los Jesuitas y la Modernidad en Iberoamérica 1549-1773*. Lima: Universidad Del Pacífico, 2007.

KUBLER, George. *Arquitectura mexicana del siglo XVI*. México D.F.: Fondo de Cultura Económica, 2012.

_____. *A arquitectura portuguesa chã. Entre as especiarias e os diamantes (1521-1706)*. Lisboa: Ed. Vega, 2005.

KRÜGER, Kristina. *Órdenes religiosas y monastérios 2.000 años de arte y cultura crisnos*. Barcelona: H.F. Ulmann, 2007.

LA QUADRICULA. *Basílica Nuestra Señora del Pilar*. Buenos Aires: La Cuadricula S.R.L, 2004.

LANDA, Fray Javier Zugasti. *Templo de Santo Domingo de Gusman*. Oaxaca: Frayles Dominicos, SD.

LEAL, Fernando Machado. *Catedral basílica de São Salvador da Bahia 1657*. Salvador: IPAC, 1998.

LEVINTON, Norberto. *La arquitectura jesuítico-guaraní: una experiencia de interacdción cultural*. Buenos Aires: SB, 2008.

LÓPEZ, Pedro Antonio Herrera. *El convento de Santa Clara de la Habana Vieja*. Havana: CENCREM, 2006.

MARCO DORTA, Enrique. *La arquitectura barroca en el Perú*. Madri: Instituto Diego Velázquez, 1957.

_____. *La arquitectura del renascimento en Tunja*. Bogotá: Boletín de Historia y Antiguidade, 1942 v. XXX, p. 89.

MARTINS, F. S. *A arquitectura dos primeiros colégios jesuítas de Portugal, 1542-1759: cronologia-artistas-espaços*. Porto: Faculdade de Letras, 1994.

MATTOSO, José. *América do Sul. Patrimónío de origem português no mundo. Arquitetura e urbanismo*. Lisboa: Fundação Calouse Gulbenkian, 2010.

MENEZES, José Luiz Mota. "Sé, antiga igreja do Salvador". EM: MATTOSO, José. *América do Sul. Patrimónío de origem português no mundo. Arquitetura e urbanismo*. Lisboa: Fundação Calouse Gulbenkian, 2010, p. 144.

MENDOZA, Adalberto García de. *El ex colegio noviciado de Tepotzotlán. Actual Museo Nacional del Virreinato*. Ciudad de Mexico: Editorial Progreso, 2010.

MESA, José de; GISBERT, Teresa. *Monumentos de Bolivia*. La Paz: Gisbert y Cia, 1992.

NAVARRO, José Gabriel. *Contribuiciones a la historia del arte en el Equador*. Quito: Fundación J.G. N/FONSAL, 2006, V. 4.

NAVASCUÉS PALACIO, Pedro. *Las catedrales del Nuevo Mundo*. Madri: Ediciones el Viso, 2000.

ONETTO, Carlos Luis. *San Ignacio Miní: um testimonio que debe perdurar*. Buenos Aires: Dirección Nacional de Arquitectura, 1999.

PAGE Carlos A. *El caminho de las estancias: las estancias jesuíticas y la manzana de la Compañia de Jesús*. Córdoba: Báez Ediciones, 2016.

PINHEIRO, José Feliciano Fernandes. *Anais da província de São Pedro*. Porto Alegre: Mercado Aberto, 1982.

PFEIFFER, Heinrich. *Los jesuitas arte y espiritualidade*. Em: *Colegios jesuitas en la Nueva España*. México D.F.: Artes de Mexico, 2001, N. 58, PP. 37-71.

PLÁ, Josefina. "El templo de Yaguarón. Una joya barroca en Paraguay. In Historia Cultural La Cultura Paraguaya y el Libro". Em: *Obras completas*. Assunção: Instituto de Cooperación Iberoamericana, 1992, p. 352, V. II.

PRIMO, Fray Antonino Peinador. *Visita a la Capilla del Rosario*. Puebla de los Angeles: Koinonia, 2010.

RAMOS, Carlos López. *Iglesia de la Compañia de Jesus de Córdoba: historia de su construcción*. Buenos Aires: Fundación Fondo para el Patrimonio Argentino, 2010.

ROCHA, Mateus Ramalho. *A igreja do mosteiro de São Bento do Rio de Janeiro*. Rio de Janeiro: Studio Lúmen Christi, 1991.

RÍOS, Luis Prado. *Guía de arquitectura Potosi*. Sevilla: Gobierno Municipal/Sevilla: Junta de Andalucía, 2004.

SAN CRISTÓBAL, Antonio. *La catedral de Lima: estúdios y documentos*. Lima: Museo de Arte Religioso de la catedral de Lima, 1996.

SANTOS, Manuel Mesquita dos. *A Sé Primacial do Brasil*. Salvador: Cia. Editora e Gráfica da Bahia S.A., 1933.

SANTOS, Paulo F. *O barroco e o jesuítico na arquitetura do Brasil*. Rio de Janeiro: Kosmos, 1951.

SERLIO, Sebastiano. *Tutte époque de architettura et prospettiva*. Livro III. Impresso por Francesco de'Franceschi em Vinegia, 1600.

SERRÃO, Vitor. *A pintura de brutesco do século XVII em Portugal e suas repercussões no Brasil*. Barroco. Ouro Preto: UFMG, 1992, N. 15, p. 122.

SASSO, Virginia Flores. "La arquitectura de la catedral". EM: CHÉZ CHECO, José (org.). *Basilica Catedral de Santo Domingo*. Santo Domingo: Arzobispado de Santo Domingo, 2011.

SAWYNE, Manuel Solari. *San Pedro de Lima la penitenciaria y la Virgen de la O*. Lima: Peruinvest, 1982.

SILVA-NIGRA, C. M. *Construtores e artistas do Mosteiro de São Bento do Rio de Janeiro*. Salvador: Beneditina, 1950.

SIMARRO, Nuria Salazar. "El linguaje de las flores en la clausura feminina". EM: *Monjas Coronadas Vida concentual feminina en Hispanoamérica*. México D.F.: Museo Nacional del Virreinato, 2003.

SMITH, Robert C. *Arquitetura jesuítica no Brasil*. São Paulo: FAU/USP, 1962.

SOBRAL, Luís de Moura. "Ut pictura poesis: José de Anchieta e as pinturas da sacristia da catedral de Salvador". Em: MIRANDA, Selma Melo (org.). *O território do barroco no século XXI*. Belo Horizonte: Rona Editora, 2000.

STASTNY, Francisco. "Sintomas medievais no barroco americano". Em: ÁVILA, Affonso (org.). *Barroco teoria e análise*. São Paulo: Perspectiva, 1997.

TAVARES, Eduardo. *Missões jesuítico-guaranis*. São Leopoldo: Unisinos, 1999.

TEJEIRA DAVIS, Eduardo. *Guía de Arquitectura y Paisaje de Panamá*. Sevilla: Consejaria de Obras Públicas y Transportes; Panamá: Instituto Panameño de Turismo, 2007, p. 98.

TÉLLEZ, Germán. *Iglesia y convento de San Agustín*. Bogotá: 1998.

TIRAPELI, Percival. *Igrejas Barrocas do Brasil/Baroque Churches of Brazil*. São Paulo: Metalivros, 2008.

_____. *São Paulo artes e etnias*. São Paulo: Editdora UNESP/Imprensa Oficial do Estado de São Paulo, 2003.

TOLEDO, Benedito L. *Frei Galvão: arquiteto*. Cotia: Ateliê Editorial, 2007.

TOUSSAINT, Manuel. *La catedral y iglesias de Puebla*. Puebla: Ed. Porrúa, 1994.

TOVAR, Guillermo Teresa de. "El convento de Santo Domingo y su capilla del Rosario". Em: *Programa del sexto festival del centro historico de la Ciudad de México*. 1990, pp. 46-48.

TRENTO, Aldo; TORTEROLO, Marcelo; LESMES, Guillermo. *Los templos jesuíticos de Chiquitos*. San Rafael: Parroquia San Rafael, 2009.

URIOSTE, Mario Linares. *La obra jesuítica en la Real Audiencia de Charcas. Perú, Bolivia, Argentina, Paraguay*. Sucre: Fundación Cultural/Casa de la Libertad, 2008.

VALLADARES, Clarival do Prado. *Nordeste histórico e monumental*. Salvador: Odebrecht, 1982.

_____. *Rio barroco. Análise iconográfica do barroco e neoclássico remanescentes no Rio de Janeiro*. Rio de Janeiro: Prefeitura do Rio de Janeiro/Bloch Editores, 1978.

VALLEJO, Jaime Gutiérrez. *Iglesia Museo Santa Clara 1647*. Bogotá: Instituto Colombiano de Cultura, 1995.

VALLIN, Rodolfo. "Pintura mural en Colombia y Ecuador". Em: GUTIÉRREZ, Ramón (org.). *Barroco iberoamericano de los Andes a las Pampas*. Madrid: Lunwerg Editores, 1997.

VARGAS LUGO, Elisa. *La iglesia de Santa Prisca de Taxco*. México D.F.: UNAM, 1982.

VÁSQUEZ, Donato Cordero. *Catedral Angelopolitana*. Puebla: Servicios y Lecturas Turísticos, 2008.

WEHLEN, Clara L. *Museo Nacional del Virreinato. Colegio de San Francisco Javier Tepotzotlan*. Mexico D.F.: DG José, 2004.

ZAGO, Manrique. *La catedral de Buenos Aires*. Buenos Aires: Ediciones, 1986.

ZERECEDA, Oscar C. *Iglesias del Cusco historia y arquitectura*. Cusco: Regentus, 2004.

## Capítulo III |
### Arte sacra – mobiliário e ornamentação

ANDAHUAYLILLAS. "Templo San Pedro Apostl". Capilla Sixtina Andina. Cusco: Unigraf, 1997.

ARTIGAS, Juan B. *Arquitectura a cielo abierto en Iberoamérica como un invariante continental México, Guatemala, Colombia, Bolivia, Brasil y Filipinas*. México: Edición del autor, 2001.

ASSAD, Carlos Martínez. *Legado messiánico: la sillería del coro de San Agustín*. México D.F.: UNAN, 2016.

BAZIN, Germain. *O Aleijadinho e a escultura barroca no Brasil*. Rio de Janeiro: Record, 1971.

BRUNETTO, Carlos Javier Castro (org.). *Arte barroco: una revisión desde la periferia*. Las Palmas de Gran Canaria: Fundación Mafre, 2004.

BURKE, Marcus. "El curso paralelo del arte latinoamericano y europeo en la época virreinal". Em: RISHEL, Joseph J. (org.). *Revelaciones las artes en América Latina, 1492-1820*. México D.F., Fondo de Cultura Económica, 2007, pp. 71-85.

_____. *Pintura y esculturas em Nueva España: el barroco*. México D.F.: 1992.

CAVALCANTI, Sylvia T. H. *O azulejo na arquitetura religiosa de Pernambuco séculos XVII e XVIII*. São Paulo: Metalivros, 2006.

CERVANTES, Raúl Herrera et al. *Guanajuato de piedras y religión: una mirada al arte sacro minero*. Guanajuato: Ediciones La Rana, 2010, v. 2.

COSTA, Mozart Alberto Bonazzi da. *A talha ornamental barroca na igreja conventual franciscana de Salvador*. São Paulo: Edusp, 2010.

GALLE, Cornelius. *Deer Hunt with Lassos*, 1559. (álbum)

DUGNANI, Patrício. *A herança simbólica nos azulejos do claustro da igreja de São Francisco*. São Paulo: Ed. Mackenzie, 2012.

FROTA, Lélia. *Vida e obra de Manuel da Costa Ataíde*. Rio de Janeiro: Nova Fronteira, 1982.

GÓMEZ, Teresa Morales. *Esculturas de la Colonia. Colección de obras. Museo de Arte Colonial*. Bogotá: Ministerio de Cultura, 2000.

GUARDA, Gabriel O.S.B. "Un mundo maravillado san Francisco de Asís y la pintura colonial en Chile". Em: *Barroco hispanoamericano en Chile*. Santiago: Ministerio de Educación Cultura y Deporte, 2002.

GISBERT, Teresa. *Iconografía y mitos indígenas en el arte*. La Paz: Ed. Gisbert y Cia, 2008.

HACES, Juana G. *La pintura barroca novohispana como un proceso de nivelación*. La Paz: Viceministerio de Cultura de Bolivia – Unión Latina, 2003, pp. 51-9.

HURTADO, Alvaro Gómez; TOVAR, Francisco Gil. *Arte colonial em Bogotá*. Bogotá: Villegas Editores, 1987.

KENNEDY, Alexandra (org.). *Arte de la Real Audiencia de Quito, siglos XVII a XIX patronos, corporaciones y comunidades*. Quito: Editorial Nerea, 2002.

_____. "Escultura y pintura barroca en la Audiencia de Quito". Em: VALLEJO, Jaime Gutiérrez. *Iglesia Museo Santa Clara 1647*. Bogotá: Instituto Colombiano de Cultura, 1995.

LEITE, Serafim. *Artes e ofícios dos jesuítas no Brasil, 1549-1760*. Lisboa: Edições Brotéria, 1953.

MÂLE, Emile. *L'art religieux de la fin du XVI siècle, du XVII siècle et du XVIII siècle (étude sur liconographie après le Concile de Trente)*. Paris: Colin, 1951.

MAZA, Francisco de la. *El pintor Cristóbal de Villalpando*. México D.F.: Instituto Nacional de Antropologia e História, 1964.

MESA, Teresa Gisbert. "Mélchior Péres Holguín". Em: RISHEL, Joseph J. (org.). *Revelaciones las artes en América Latina, 1492-1820*. México D.F., Fondo de Cultura Económica, 2007.

MESA, José de; GISBERT, Teresa. *Historia de la pintura cuzquenha*. Lima: Fundación Augusto N. Weise, 1982.

NECO, José. *Festa barroca azul e branco: os azulejos do claustro e do consistorio da Ordem Terceira de São Francisco de Salvador, Bahia*. Lisboa: Monumenta, 2002.

NONATO, José Antonio (org.). *Era uma vez o morro do Castelo*. Rio de Janeiro: IPHAN, 2000.

ROJAS, Pedro. *Tonantzintla*. Ciudad de Mexico: Universidad Nacional Autonoma de Mexico, 1978.

MORALES FOLGUERA, José Miguel. *Tunja Atenas del Renascimiento en el Nuevo Mundo de Granada*. España: Universidad de Granada, 1998.

MUJICA, Pinilla et al. *El barroco peruano*. Lima: Banco de Crédito, 2003, 2 v.

NAVARRO, José Gabriel. *Contribuiciones a la Historia del Arte en El Equador*. Quito; Fundación J.G. N/FONSAL, 2006. 4 v.

OLIVEIRA, Myriam A. R. *Aleijadinho passos e profetas*. São Paulo: Itatiaia/Edusp, 1984.

OTT, Carlos B. *A escola bahiana de pintura (1764-1850)*. São Paulo: MWM, 1982.

POZZO, Andrea. *Perspective in Architecture and Painting*. New York: Dover Publications, 1989.

QUEREJAZU, Pedro. "La pintura y la escultura de la escuela cuzqueña". Em: GUTIÉRREZ, Ramón (org.). *Historia del arte iberoamericano*. Madrid: Lunwerg Editores, 2000.

RÉAU, Louis. *Iconografia del arte cristiano: iconografia de la Bíblia – Nuevo Testamento*. Barcelona: Ediciones de Serbal, 2008.

ROBLES, Eugenio Noriega. *Mexico colonial*. México D.F.: Monclem Ediciones, s.d.

SCHENONE, Héctor H. *Iconografia del arte colonial: los santos*. Buenos Aires: Fundación Tarea, 1992, 2 v.

SÁIZ, Maria Conceipción G. "Pintura y escultura colonial en Iberoamérica". Em: GUTIÉRREZ, Ramón (org.). *Historia del arte iberoamericano*. Madrid: Lunwerg Editores, 2000.

SERRÃO, Vitor. "A pintura de brutesco do século XVII em Portugal e suas repercussões no Brasil". Em: *Barroco*. Ouro Preto: UFMG, 1992, N. 15, p. 122.

SILVA-NIGRA, C. M. *Construtores e artistas do mosteiro de São Bento do Rio de Janeiro*. Salvador: Beneditina, 1950.

SIMÕES, João M. dos Santos. *Azulejaria portuguesa no Brasil. 1500-1822*. Lisboa, Fundação Calouste Gulbenkian, 1965.

STASTNY, Francisco. "La pintura en el Perú colonial". Em: GUTIÉRREZ, Ramón (org.). *Barroco Iberoamericano de los Andes a las Pampas*. Madrid: Lunwerg Editores, 1997.

SUSTERSIC, Bozidar. *D. José Brasanelli, escultor, pintor, arquitecto de las misiones de guaraníes*. Buenos Aires: ODUCAL, Jornadas 1992, tomo 2.

SUSTERSIC, Bozidar Darko. *Imágenes Guaraní-Jesuíticas Paraguay/Argentina/Brasil*. Asunción: Centro de Artes Visuales/Museo del Barro, 2010.

TOLEDO, Benedito Lima de. "Do século XVI ao início do século XIX: maneirismo, barroco e rococó". Em: ZANINI, Walter (org.). *História geral da arte no Brasil*. São Paulo: Instituto Moreira Salles e Fundação Djalma Guimarães, 1983, v. 1.

TRENTO, Aldo, Marcelo Torterolo e Guilherme Lesmes. *Los templos jesuíticos de Chiquitos*. San Rafael: Parroquia San Rafael, 2009.

TREVISAN, Armindo. "Um barroco indígena". Em: *Missões jesuítico-guaranís*. São Leopoldo: Unisinos, 1999.

VALLIN, Rodolfo. "Pintura mural en Colombia y Ecuador". Em: GUTIÉRREZ, Ramón (org.). *Barroco iberoamericano de los Andes a las Pampas*. Espanha: Lunwerg Editores, 1997, pp. 303-8.

VÉLEZ, Santiago L. *Arte colombiano 3.500 años de historia*. Bogota: Villegas Editores, 2001.

VEREA, Cecilia Palomar. "La morada de los ángeles: el convento de Santa Mónica de Guadalajara. Los conventos de monjas, arquitectura y vida cotidiana del virreinato a la postmodernidad". Em: *Boletín de Monumentos Históricos 30*. México D.F.: Instituto Nacional de Antropología e Historia, 2014, pp. 151-66.

VILLEGAS, Benjamin & Asociados. *Arte Colonial en Bogotá*. Bogotá: Villegas Editores, 1987.

# Glossário visual

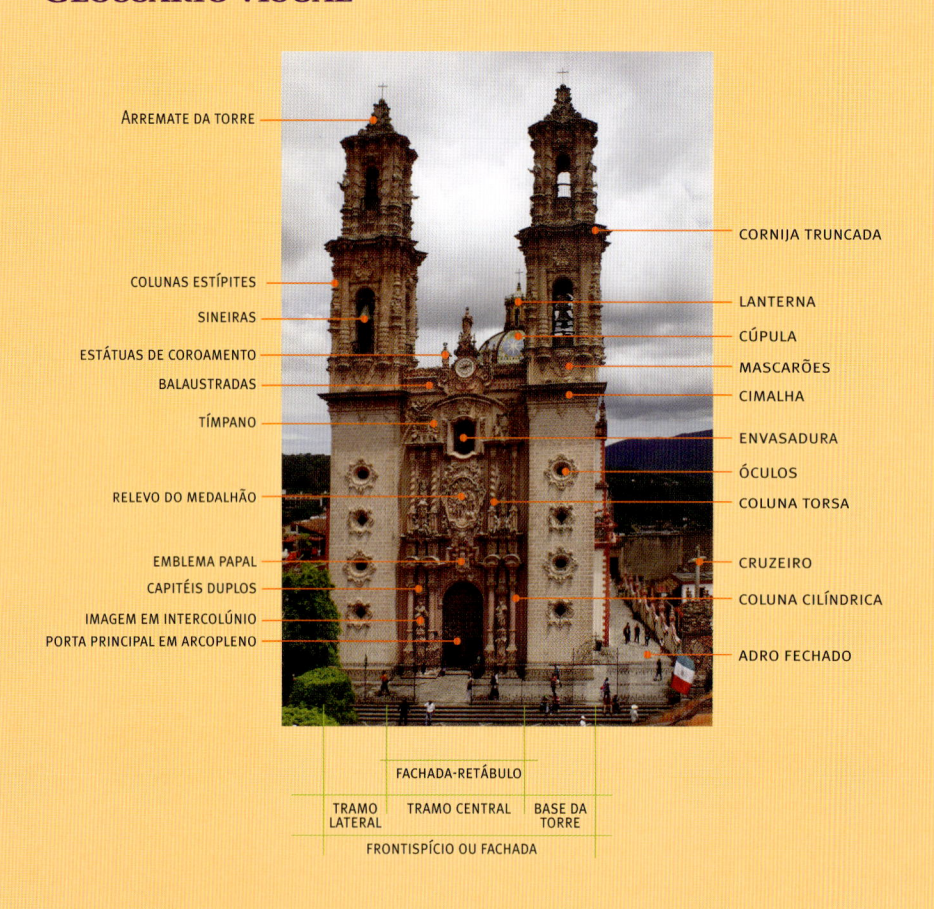

**Imagem esquerda (fachada):**
- Arremate da torre
- Colunas estípites
- Sineiras
- Estátuas de coroamento
- Balaustradas
- Tímpano
- Relevo do medalhão
- Emblema papal
- Capitéis duplos
- Imagem em intercolúnio
- Porta principal em arcopleno
- Cornija truncada
- Lanterna
- Cúpula
- Mascarões
- Cimalha
- Envasadura
- Óculos
- Coluna torsa
- Cruzeiro
- Coluna cilíndrica
- Adro fechado
- Fachada-retábulo: Tramo lateral | Tramo central | Base da torre
- Frontispício ou fachada

**Imagem direita (retábulo):**
- Friso
- Conjunto escultórico
- Óculo
- Anjo
- Voluta
- Entablamento
- Camarim ou tribuna do trono
- Nicho com imagem
- Coluna salomônica
- Peanha
- Mísula ou consolo
- Sacrário
- Mesa do altar
- Frontal
- Supedâneo
- Coroamento
- Coro
- Embasamento
- Tramo lateral | Tramo central | Tramo lateral
- Retábulo-mor
- Capela-mor

# Índice toponímico

### ARGENTINA
**Buenos Aires.** 16, 44, 45, 49, 60, 63, 69, 139, 141, 143, 151, 157, 190, 202, 226, 234. catedral: 142; fachada, 143; igreja N. Sra.do Pilar: fachada e altar, 176; Palácio do Congresso: fachada, 61.
**Córdoba.** 67, 134, 138, 157, 160, 202, 220, 227, 234, 244, 259. catedral: fachada, 139; interior: 144; conjunto jesuítico: 231; capela do noviciado: 232; igreja: altar: 232.
**Estância de Alta Gracia.** igreja: 233;
**Santa Catalina.** 176, 206; fachada, 229.
**Mendoza.** 44.
**Santiago del Estero.** 44.
**Tucumán:** 44, 45, 144, 176, 202.

### BOLÍVIA
**Curahuara de Carangas.** 223. Igreja: pinturas, 302, 303.
**Deserto de Sajama.** 223. capela, 221.
**La Paz.** 44, 61, 103, 141, 144, 152, 157, 299, 300. catedral: fachada: 143; Palácio do Governo: fachada, 60, igreja de San Francisco: 174, fachada e altar: 175.
**Missões de Chiquitos.** 70. San Gabriel: ornamentação, 229; San José: fachada, 229.
**Potosí.** 16, 17, 23, 28, 30, 42, 43, 45, 60, 73, 84, 103, 139, 152, 157, 222, 261, 279, 289, 293, 299, 300, 301, 314. Casa Real de la Moneda, desenho da fachada, 10, 11; fachada: 76; pintura: 299; planta, 74, 76; Cerro Rico: 74; Igreja de San Francisco: 74; Igreja de San Lorenzo: fachada, 29, 76; Mosteiro de Santa Teresa: 74, 259; altar: 260; pintura: 261; Torre da Companhia: 76.
**Sucre.** 17, 44, 45, 49, 73, 95, 101, 134, 143, 157, 221, 274, 277, 279, 299, 314. catedral: altar: 135; fachada,136.

### BRASIL
**Belém.** 60, 66, 70, 95, 151, 204, 282. igreja São Francisco Xavier: 236; fachada: 238;
**Cachoeira.** 210, 212. igreja do Carmo: altar, 213; ornamentação, 214, 306.
**Cananeia.** 43, 65, 70.
**Catas Altas.** 84.
**Congonhas.** 312. santuário: esculturas: 295 ; profetas: 296, 297.
**Cuiabá.** 85.
**Diamantina.** 84, 312. urbanismo: 89, 91; igreja N. Sra. do Carmo: pintura, 304.
**Fortaleza.** 69, 70.
**Florianópolis.** 63, 70; fortalezas de Anhatomirim: 62; Santo Antônio de Ratones, Santa Bárbara e Santana do Estreiro, 63.
**Goiás.** 69, 81, 85, 296.
**Itamaracá.** 43.
**Itaverava.** 307.
**Itu.** igreja da Candelária: 304, 307; igreja do Patrocínio: 304.
**Jaboatão dos Guararapes.** igreja N. Sra. dos Prazeres, 307.
**João Pessoa.** 69, 70, 282, 305.convento de São Francisco: pintura, 304.
**Juiz de Fora.** 312.
**Mariana.** 91, 95, 304, 305. catedral/Sé: fachada, 148; interior: 149.
**Natal.** 69. fortaleza Reis Magos, 62.
**Olinda.** 16, 40, 43, 70, 71, 95, 146, 159, 210, 263, 265, 307, 311, 312, 313; colégio N. Sra. da Graça: 19; convento de Santa Teresa: fachada, 262; altar: 263; convento N. Sra. das Neves: interior, 158; igreja N. Sra. do Carmo: fachada, 211; mosteiro de São Bento: 218; fachada, 219; retábulo: 219; Sé: fachada, 145, 146.
**Ouro Branco.** 84.
**Ouro Preto.** 84, 85, 159, 211, 268, 282, 283, 289, 297, 305, 307, 312. Casa de Câmara e Cadeira, 86, 87; igreja N. Sra. do Rosário, (largo), 86; igreja do Carmo: fachada, 88; igreja de São Francisco: altar, 288; fachada: 283; pintura: 305, 306; matriz N. Sra. do Pilar: 88; Palácio dos Governadores, 86; Praça Tiradentes, 86.
**Paranaguá.** 69, 70.
**Parati.** 312.
**Porto Seguro.** 43.
**Recife.** 60, 62, 70, 72, 212, 263, 282, 304. Capela Dourada: ornamentação, 291, 292, 293; igreja de Santo Antônio: azulejo, 24; igreja N. Sra. da Conceição dos Militares: forro: 32, 291; igreja N. Sra. do Carmo: capela-mor, 212; igreja de São

Pedro dos Clérigos: pintura, 307.
Rio de Janeiro. 22, 24, 43, 60, 62, 63, 64, 70, 95, 145, 151, 211, 215, 226, 263, 265, 268, 286, 292, 296. igreja de Santo Antônio: altar, 180; igreja N. Sra. do Outeiro da Glória: 307; igreja de São Francisco: 180; altar, 181; pintura, 304; mosteiro de São Bento: 216; altar: 217, 218; 304.
Sabará. 84, 211. igreja do Carmo: 297.
Santa Bárbara. igreja, 305, 307.
São João del-Rei. 159, 211, 282. igreja de São Francisco: 297.
Salvador. 16, 19, 23, 40, 60, 62, 65, 69, 70, 73, 95, 145, 151, 159, 177, 190, 211, 213, 214, 224, 236, 244, 262, 264, 265, 268, 282, 283, 286, 305, 308, 311, 312, 313, catedral Basílica: 146, 148, 236; altar: 147, 237; fortalezas: Santo Antônio, 64; igreja do mosteiro de São Bento: 215; igreja e convento de São Francisco: altares, 178, 179; azulejos do claustro: 308; fachada, 177; igreja N. Sra. do Carmo: fachada, 210; igreja de N. Sra. da Conceição da Praia: pintura, 304, 305; igreja da Ordem Terceira de São Francisco: azulejo, 308; fachada, 283; mosteiro de N. Sra. do Desterro: altar: 265; fachada, 264.
São Miguel das Missões. 234, 235.
São Paulo. 95, 145, 148, 151, 159, 215, 228, 265, 266, 296, 307. catedral/Sé: 148; fachada, 150; igreja do Carmo: 304; igreja de São Francisco: interior, 158, 304; mosteiro do Recolhimento da Luz: fachada, 267; Museu de Arte Sacra: escultura, 23, 265.
São Vicente. 19, 43, 70.
Serro: (Vila do Príncipe). 90, 91.
Sirinhaém. 307.

## CHILE
Angol. 311.
Nacimiento. 311.
Santiago do Chile. 43, 61, 101, 104, 139, 141, 143, 157, 277, 314.catedral: 142; fachada, 143; Palácio de la Moneda: fachada, 60.
Arquipélago de Chiloé. 228; capela de Nercón: 228.

## COLÔMBIA
Aranzazu. azulejos, 302.
Bogotá. 44, 49, 50, 53, 61, 101, 104, 126, 139, 141, 157, 183, 285, 301, 313. catedral: fachada, 140; interior, 142; igreja Santo Agustín; interior, 187; fachada: 188; igreja San Francisco: altar: 173, 174; palácios governamentais, 56, 57; mosteiro Santa Clara: altar, 254; nave, 255, 256; Sagrario: 142; Museo Nacional: pintura, 241.
Cali. 44.
Cartagena de Indias. 16, 44, 57, 62, 63, 98, 120, 157, 285, 311, 313. catedral: 122; altar: 124; fachada: 123; fortalezas: San Felipe, 68; igrejas de: San Francisco, Santo Domingo, Concepción e San Juan de Dios, 67; Palácio da Inquisição: portada, 124; urbanismo, praças: 68.
Medellín. 313.
Mongui. convento franciscano: claustro e fachada, 157, 172.
Pamplona. 254, 313.
Pasto. 313.
Popayán. 44, 57, 157, 190, 313, 331.
Tunja. 17, 31, 57, 58, 120, 124, 157, 189, 199, 201, 245, 254, 303. casa do Fundador: afrescos, 303; catedral: fachada, 125; altar: 126; igreja Santo Domingo: 197; altar, 199; capela do Rosário: 197; interior, 198, 200.

## CUBA
Guanabacoa. 65.
Havana. 16, 61, 62, 63, 122, 136, 141, 168, 227, 266, 311, 313. urbanismo, 65, 66; catedral: fachada, 138; interior: 137; fortalezas: 41; La Fuerza Real, 65; Los Tres Reyes del Morro, 63; igreja San Francisco: fachada e interior, 168; mosteiro Santa Clara: 66; igrejas: Anjo Custódio, Belém, Espírito Santo e La Merced, 66.

## EQUADOR
Cuenca. 291.
Quito. 14, 17, 23, 30, 43, 44, 50, 57, 58, 61, 101, 104, 133, 150, 152, 157, 173, 183, 190, 193, 199, 201, 202, 204, 227, 244, 245, 266, 285, 287, 290. escultura: 291; urbanismo: 48, 59; catedral: 131; igreja da Companhia de Jesus: altar, 20, 291; igreja de San Francisco: claustro, escultura, 290, 291; fachada, 164; interior, 165, 167, 291; igreja Santo Domingo: capela do Rosário: 287; fachada, 201; interior (forro mudéjar), 202; mosteiro Santa Clara: nave, 257; retábulo-mor: 258; Sagrario: fachada, 131; interior, 132, 291.

## ESPANHA
Cádiz. 122.
Granada. 24, 38, 39, 108, 113, 312. catedral (coro), 285, 286.
Madri. 28, 76.
Salamanca. 22, 106, 108, 285, 312. igreja de Santo Agustín, 287.
Segóvia. 101, 106, 108.
Sevilha. 13, 24, 51, 62, 74, 98, 101, 103, 105, 106, 122, 126, 136, 243, 259, 274, 277, 284, 285, 286, 293, 300, 307, 314. catedral, arquitetura, interior: 96.

## ESTADOS UNIDOS DA AMÉRICA
Los Angeles. 220.
São Francisco. 220.

## GUATEMALA
Antigua. 54, 56, 63, 55, 98, 103, 104, 155, 156, 189, 204, 205, 207, 222, 252, 274, 279, 293. catedral: planta, 99; fachada, 102; igreja de La Merced: fachada, 206; igreja de San Francisco: fachada e interior, 155; mosteiro de Santa Clara: fachada e ruínas, 253; Museo Santo Domingo: escultura, 289.
Atitlán (Lago). 221. igreja de Santiago: 224, 225.
Cidade da Guatemala. 50, 54, 56, 60, 61.
San Juan del Obispo. igreja, capela posa: 204, 205, 222.

## ITÁLIA
Ancona. 314.
Florença. 20.
Milão. 83, 101, 287.
Roma. 11, 17, 20, 22, 24, 28, 60, 113, 227, 300.
Veneza. 20, 300.

## JAPÃO
Kioto, Osaka, Saki. 48.

## MÉXICO
Acapulco. porto: 14, 62.
Acolman. 16, 183, 279, 289. convento agostiniano, fachada: 278; interior e afrescos: 182, 184, 185.
Campeche. fortaleza, 63.
Aguas Calientes. 77.
Cholula. 16, 24, 162, 220.capela Imperial: fachada, 160; interior, 161; igreja de San Francisco de Acatepec: estuque, 292, 294; azulejo, 307, 308, 309.
Concá (mision Serra Gorda). 293.
Cuernavaca. 16, 46, 152, 220. desenho, 48; catedral N. Sra.da Assunção (antiga franciscana), 47, 48; Palácio de Cortés, 47.
Guadalajara. 16, 51, 80, 101, 114, 115, 152, 156, 181, 189, 307, 313. catedral: fachada e sagrario: 114; interior: 115; igreja de San Francisco: fachada, 156; Mosteiro de Santa Monica: fachada, 280, 281; Palácio do Governo: fachada, 53.
Guadalupe. 80.
Guanajuato. urbanismo, 77; vista geral, 78; catedral, igreja La Valenciana: fachada, altar: 286.
Lagos. 313.
Mérida. 313.
México, Cidade do. 14, 16, 17, 19, 22, 51, 54, 58, 60, 61, 95, 98, 101, 103, 104, 105, 106, 113, 114, 115, 116, 160, 186, 193, 202, 215, 223, 245, 247, 266, 274, 277, 279, 280, 281, 289, 290, 291, 293, 301, 307, 311, 314. desenho do urbanismo, 15; catedral: fachada,18, 110; altar do Perdão: 111; coro: 275; sacristia, 300; Colegio San Ildefonso: cadeiral agostiniano,186; igreja La Enseñanza, fachada, altar: 245, 246; igreja de San Felipe Neri: fachada-retábulo, 31; igreja de San Francisco: fachada, 162; interior: 163; igreja de Santo Domingo: 190; fachada: 191; interior: 192; Monastério de Santa Teresa: fachada, 243; Palácio Nacional: fachada, 50; Plaza de las Tres Culturas: 17; Sagrario: fachada, 18, 280, 281; Zócalo, 15.
Morelia. 16, 51, 55, 117, 139, 152, 154, 155, 182, 204, 252. catedral: fachadas, 116; mosteiro de Santa Rosa: altar, 251; fachada: 251; igreja de San Francisco: fachada, 154; urbanismo, 52, 53, 54; Oaxaca: catedral: fachada, 118; igreja de Santo Domingo: 194; capela do Rosário: 195, 292; fachada, 195; interior,195.
Puebla. 16, 17, 50, 98, 101, 103, 108, 110, 112, 113, 115, 120, 151, 189, 193, 195, 199, 221, 277, 285, 287, 290, 292, 294, 295, 301, 303, 308. biblioteca: Palafox, 112; catedral: capela de los Reyes: 113; fachada, 113; planta, 112; igreja do Rosário, 193, 293; igreja de San Francisco: pintura, 153; azulejo, 307.
Querétaro.77, 244, 251, 291, 293, 301, 313.mosteiro de Santa Clara: 247; coro, 248; mosteiro de Santa Rosa, fachada: 250; igreja: 249.
San Cristóbal. 313.
San Luis Potosí. 76.
San Miguel de Allende. 77, 78.
Taxco. 22, 30, 289. urbanismo, 78; igreja de Santa Prisca, 82.
Tenochtitlán (antiga capital asteca). 14, 50, 106, 160.
Tepotzotlán. 22, 82, 195, 227, 238, 240, 251, 285, 289. igreja de San Francisco Xavier: capela de Loreto: 231; fachada: 230, altar: 231; Museo Nacional del Virreinato: pinturas, 239, 240. igreja de Santa Maria: 25; estuque: 292, 294.
Tonantzintla (Cholula/Puebla). 290, 307, 308.
Vera Cruz. fortaleza, 16; porto, 62, 63, 193, 311.
Zacatecas.16, 22, 30, 76, 80, 81, 141, 176, 189. catedral, fachada: 80, 81, 276; vista geral, 77, 79.

## PANAMÁ
Panamá Viejo. 14, 43, 44, 67; desenho, 39; arqueologia, 66.
Panamá Histórico. 61, 62, 66, 311, 312. vista geral, 67; catedral: fachada, 119; planta, 120.
Portobelo. 45, 63, 66, 311.

## PARAGUAI
Assunção. 44, 61, 69, 139, 141, 142, 144, 246, 277. Casa do Governo: fachada, 60.
Missões. Caazapá: altar, 157; Jesús: 234; Trinidad: 234; Yaguarón: 159, 176, 223, 225, 226.

## PERU
Andahuaylillas. 221. igreja de San Pedro Apóstolo: pintura, 301, 302.

Apurímac. 277.
Arequipa. 30, 31, 43, 104, 143, 258, 260, 266, 279, 289, 293, 307, 312. catedral: fachada, 133; interior: 134. igreja da Companhia: fachada, 27; monastério Santa Catalina: claustro, 259.
Ayacucho. 43.
Callao. 49, 62, 74, 75.
Cusco. 23, 30, 43, 45, 58, 73, 96, 98, 103, 104, 122, 133, 143, 144, 152, 157, 164, 189, 190, 202, 204, 221, 228, 266, 277, 284, 291, 298, 299, 301, 302, 311, 312, 314. cidade: 14, 48; Bispado: mapa, 97; catedral: 120; fachada: 121, 278; interior: 121; igreja da Companhia: fachada, 44; convento de La Merced: claustro, 208; fachada, 207; pinturas, 203; convento de Santo Domingo: fachada, 196; Plaza de Armas: 44.
Huaro. 221. capela de San Juan Bautista: pintura: 301, 302.
Juli. 44, 299, 312.
Lago Titicaca. 30, 44, 122, 190, 274, 279, 299, 300, 314. paisagem: 223.
Lima. 14, 16, 28, 44, 48, 57, 60, 61, 62, 73, 74, 76, 95, 98, 103, 104, 120, 126, 152, 157, 168, 193, 204, 209, 215, 226, 241, 244, 245, 251, 252, 279, 285, 298, 307, 311, 314. planta: 43; catedral: altar: 127; fachada 128; planta: 129, 130; igreja de San Francisco: convento, 170; fachada, 169; interior, 170, 171; igreja de San Miguel (mercedário): fachada-retábulo: 209; igreja de San Agustín; fachada, 183; igreja da Companhia (San Pedro): 286; capela do Ó: 286.
Pomata. igreja de N. Sra. de Pomata: 223.
Puno. 44, 190, 228, 276. catedral: fachada, 278.
Trujillo. 43, 298, 311.

## PORTUGAL
Braga. 22, 218, 304. pintura, 304; Évora: igreja do Espírito Santo: 227.
Coimbra. 22.
Lisboa. 24, 69, 70, 104, 146, 148, 305. igreja de São Roque, 31, 146, 227, 236; mosteiro Madre de Deus, 292.
Porto. 22, 24. igreja de São Francisco, 292.

## REPÚBLICA DOMINICANA
Santo Domingo. 16, 43, 62, 67, 89, 95, 103, 151, 202, 277, 311. Alcázar de Colón, 46; Calle las Damas, 5, 12; Casas Reales, 46; catedral: 104; fachada, 106; interior, 108; convento de Santa Clara, 242; planta de Santo Domingo, 46; Plaza Mayor, 104; Torre del Homenaje, 45.

## URUGUAI
Colônia de Sacramento. 62, 63, 70.
Montevidéu. 60, 61, 63, 139, 311.

## VATICANO
Basílica de São Pedro, 20, 22, 24, 95; jardins, 166.

## VENEZUELA
Caracas. 49, 104; catedral: fachada, 101.

## Agradecimentos

Brasil: Instituto de Artes da UNESP, às bibliotecárias, em especial Sebastiana Freschi; Ronaldo Graça Couto e Bianka Ortega Tomie, da Metalivros, por terem apostado desde o início no projeto; Danielle Manoel dos Santos Pereira, Priscila Beatriz Alves Andreghetto, Luiz Tirapeli, Maria Elisa Linardi de Oliveira Cezaretti, Maria José Spiteri Tavolaro Passos pelas leituras prévias; Victor Hugo Mori, pela montagem fotográfica e fotos..
Bolívia: José Roberto de Andrade, à época da produção local, diplomata da Embaixada do Brasil em La Paz. Hugo Cochanamidis, pela pesquisa nas Missões de Chiquitos; ao segundo mestre-capela da Misión Santa Ana, o cacique Don Luis Rocha, pelo concerto e pelas fotografias. Potosí: Casa Nacional de la Moneda pela permissão das fotografias.
Colômbia: Gino e Claúdia Senna pela recepção e produção local. Olga Isabel Acosta,Universidad de Los Andes; Biblioteca do Convento de Santo Agustín, Tunja.
Cuba: aos funcionários do Centro Nacional de Conservación, Restauración y Museología.
Espanha: Rodrigo Gutiérrez Viñuales, da Universidade de Granada, pelo acesso dado a tantos locais na América Latina, María Tecla Portela Carreiro, Carlos Brunetto e Archivo General de Indias pelas fotografias em Sevilha; Emelina Acosta, Rafael e Laura, Valladolid.
Equador: Nancy Morán Proaño por me guiar por Quito e o arquiteto Edgar Guerra Zunárraga por adentrar o complexo franciscano durante pleno restauro; Macshori Ruales, por me acolher duas vezes em Quito e levar-me a seus arredores.
Guatemala: restauradores Julio Moraes e Paula Tabanez pela companhia especial por Antigua e Lago Tical.
Paraguai: Arq. Julio Découd (ICOMOS) e sua esposa Edith.
Peru: Elizabeth Kuon Arce, antropóloga, especialista em Cusco.
México: Alma Monteiro Alarcón e a toda a equipe do Museo Nacional del Virreinato, em Tepotzotlán.
República Dominicana: Arqs. Estebán Prieto Vicioso e Virgínia Sasso Flores pela acessoria cultural em Santo Domingo.
Especial agradecimento a todos os bispos, párocos e sacristães que permitiram e se dispuseram a me acompanhar durante as tomadas fotográficas. O mesmo agradecimento é extensivo aos encarregados e funcionários de museus e instituições culturais: Museo Nacional del Virreinato do México, Tepotzotlán, México; Museo del Barro, Assunção, Paraguai; Museo de la Moneda, Potosí, Bolívia; Casa de la Libertad, Sucre, Bolívia; Museo de Arte de La Paz, Bolívia; Museo de Arte Sacro de Santo Domingo, Antigua, Guatemala; Museo da Catedral Metropolitana da Ciudad da Guatemala; Museo Catedralicio de Sucre, Bolívia; Museu de Arte Sacra da Bahia UFBA; Museu das Missões, São Miguel das Missões (RS); Museu de Arte Sacra de São Paulo.

### Créditos fotográficos e agradecimentos pela cessão

Fotografias do autor, realizadas entre 2008 a 2016, exceto as relacionadas abaixo.
Agradecimento especial a Petra Haubold, em memória de Günter Heil.

Carolina Tirapele: págs. 44, 127, 223 (direita).
Cristiano H. Tirapelle: pág. 137.
España. Ministerio de Educación, Cultura y Deporte. Archivo General de Indias: págs. 10, 15, 75, 77, 97, 99, 100, 112, 120, 129, 130.
Erik Cleves Kristensen | https://www.flickr.com/photos/erikkristensen/4335405657/in/photolist-7B764p-ecdCUA-ecdzT9-ecdxRL-ec8ag4-ec7TqB-ecdA | Creative Commons: pág. 101.
Günter Heil: capa, págs. 24, 84, 85, 147, 149, 217, 219 (direita), 237, 283 (ambas), 288, 295, 296, 305, 306, 318 (direita).
José Manuel Almansa: pág. 223 (esquerda).
Julio Meiron: pág. 228.
Laura Carneiro: foto do autor (orelha).
Lina Bandiera: pág. 60 (centro), 143 (esquerda).
Luciano Milano Filho: pág. 229 (esquerda).
Roberto Tonera (www.fortalezas.org): págs. 16, 62 (centro).
Ronaldo Graça Couto: pág. 62 (alto).
Victor Hugo Mori: págs. 49, 128, 169, 170 (ambas), 171 (esquerda).
Vidício da Silva Paranhos: pág. 62 (baixo).

### Tratamento de Imagens
Guen Yokoyama, Lauro Galvão de Oliveira, Letícia Mayumi Ozono, Gabrielle Navarro, Guilherme Hammel, Yuri Huang e Fernando Scavone.

Fontes  Utopia, Trajan e Meta
Papéis  Couchê fosco 115 g/m² e Supremo duo design 300 g/m²
Impressão  Nywgraf Editora Gráfica Ltda.
Maio de 2018

MISTO
Papel produzido a partir de fontes responsáveis
FSC® C044162